"十二五"普通高等教育本科国家级规划教材

新编21世纪社会学系列教材

经济社会学

第四版

主　编　周长城
副主编　杨　敏　张杨波

Economic Sociology

中国人民大学出版社
·北京·

内容简介

《经济社会学（第四版）》力求反映国内外经济社会学发展的最新动态，用社会学理论和方法对经济行为、经济组织进行分析，表现非经济因素对经济行为的影响，等等。主要内容包括经济社会学的理论渊源、经济社会学的发展及其研究、理性选择与经济生活、社会资本、市场转型的经济社会学分析、交换及交换中的中介价值、集体消费与舒适物、劳资关系、经济组织、企业家与企业家精神，以及经济与文化等。本书与其他教材的不同之处在于，除了传统的经济社会学相关内容外，还对中外经济社会学的学术组织及其最新研究方向进行了尽可能详细的介绍，加入了最新的金融社会学和集体消费研究相关内容，并对企业家与企业家精神进行了社会学分析。

主编简介

周长城　博士，武汉大学二级教授，博士生导师，武汉大学珞珈杰出学者，武汉大学生活质量研究与评价中心主任。曾任武汉大学法学院副院长、社会学系副主任、武汉大学学位评定委员会委员、武汉市人民政府参事（两届）、中国社会学会经济社会学专业委员会理事长、教育部高等学校社会学类专业教学指导委员会委员、湖北省政协委员（第九、十、十一届）。现兼任中国社会学会经济社会学专业委员会终身名誉会长、武汉市社会学学会会长、武汉市社会组织促进会副会长、黄石市政府咨询委员、国际社会学协会会员、美国社会学学会会员等，美国哈佛大学和斯坦福大学高级访问学者、瑞典乌普萨拉大学访问学者、英国利物浦大学客座研究员、德意志学术交流中心学者。多次参加世界社会学大会、亚洲研究大会、美国社会学年会等重要的国际学术会议，并多次组织国际国内学术会议。其学术成果分别获得教育部高等学校科学研究优秀成果奖（人文社会科学）二等奖、中国社会学会优秀成果奖一等奖、湖北省社会科学优秀成果奖二等奖、武汉市社会科学优秀成果奖二等奖和武汉大学第九届人文社会科学研究优秀成果奖二等奖等。

第四版说明

《经济社会学》自第一版出版以来，受到了学界和广大师生的欢迎，各版次都先后多次重印。在此，我要特别感谢大家对本书的厚爱和支持，这是我不断修订本书、推陈出新的巨大动力。

在保持本书一贯风格的前提下，我在《经济社会学（第三版）》（2015 年 4 月）的基础上进行了编辑修订。本次修订不仅对第三版中的文字进行了校正，还对部分章节的结构和内容做了调整与增补。同时，依据国内外经济社会学的最新动态，对部分文献资料进行了相应的更新与删减。

在全书结构上，本次修订对部分章节结构进行了调整，以便更为清晰流畅地展现本书行文逻辑。调整主要包含：将第三版中的第一章第三节移作第二章第一节；原第二章第一至四节变动为第二至五节。调整后，第一章聚焦于经济社会学的理论渊源，而第二章则更为完整全面地展现了经济社会学的发展过程和不同地区经济社会学的主要研究对象。

在调整后的结构基础上，本次修订进一步对第二章中大部分内容进行了更新。主要包括对美国社会学学会的最新情况的介绍，对中国社会学会经济社会学专业委员会组织情况及学术活动的介绍，对欧美当代经济社会学主要研究领域的介绍，以及对国内经济社会学目前主要的研究议题和展望的介绍。目前，金融社会学是国内经济社会学最前沿的研究领域，本次修订特别加入了关于金融社会学在国内的发展脉络及主要研究对象的相关内容，希望可以给予读者有益的参考。

为方便读者对具体研究领域的最新动态进行把握，本书第四章在原有结构基础上对文献资料进行了更新和调整，并对部分内容做了适当的删减和增补。

此外，本书新增一章“集体消费与舒适物”，考虑到本教材的篇幅问题，将新增章节替换了原第七章“消费行为”。“集体消费与舒适物”一章介绍了消费研究的最新动向，将消费研究从私人消费拓展到集体消费，探讨了城市舒适物的社会效用与供给途径。

最后，为方便读者拓展学科视野，特别新增了美国加利福尼亚大学伯克利分校社会学系（2015 年秋）经济社会学教学大纲作为附录内容。

本次修订力图做到对原有写作风格和教材体系的继承和发展，尽量反映经济社会学的最新动态。但由于编者能力所限，本书可能还存在一些有待完善的地方，希望读者、师友们能够提出宝贵的意见和建议。

本次修订分工如下：

第一章，周长城、徐鹏；

第二章，周长城、徐鹏、周天宇、邹隽若、胡译尹；

第三章，周长城；

第四章，杨敏、周长城；

第五章，周长城；

第六章，周长城、李汉宗（北京大学深圳研究生院）；

第七章，张杨波、周长城；

第八章，周长城、程慧栋（湖北省社会科学院）；

第九章，任敏（华中科技大学）、周长城；

第十章，周长城；

第十一章，周长城；

附录，周长城、徐鹏、周天宇。

周长城

2021 年 2 月 7 日

第三版说明

本书是在《经济社会学（第二版）》（2011 年 8 月）基础上修订而成的，第三版除了对第二版中的文字进行技术性的校正外，还对各章内容进行了增补，更新了部分经济社会学研究的最新内容，相应的参考文献也做了更新。本次修订分工如下：第一章，周长城、徐鹏；第二章，周长城、徐鹏；第三章，周长城、陈云（中南民族大学）；第四章，杨敏、周长城；第五章，周长城；第六章，周长城、李汉宗（北京大学深圳研究生院）；第七章，周长城、何芸（北京师范大学）；第八章，周长城、程慧栋（湖北省社会科学院）；第九章，任敏（华中科技大学）、周长城；第十章，周长城；第十一章，周长城；附录一、附录二、附录三，周长城、徐鹏。

第三版没有对教材内容框架做调整，期待再版时有所变化。热情欢迎读者对本书提出宝贵意见和建议！

周长城

2015 年 2 月 12 日于圣地亚哥

再版前言

本书是在原《经济社会学》（中国人民大学2003年4月版）的基础上改编的。在改编本书之时，有许多的话要说，但又不知从何说起。我要感谢国内从事经济社会学教学和研究的同行们，是你们对《经济社会学》的厚爱，对我工作的理解与支持，使其在出版后能够先后印刷六次（2003年4月、2003年11月、2005年、2008年、2009年和2010年），共发行逾两万余册，这确实让我受宠若惊。然而，面对同行们的支持，我内心也感到不安，因在教学中发现书中有许多不尽如人意的地方，一直想寻找机会对其修改。但由于近几年我的研究兴趣集中在生活质量研究领域，而且自2002年《经济社会学》交稿以后（2003年正式出版），我承担了教育部人文社会科学重大项目、教育部人文社会科学首次重大攻关项目、联合国计划开发署（UNDP）项目、国家社会科学基金重点项目，一直无暇顾及修改本教材。所以在此要感谢中国人民大学出版社的领导和同人们对我的大力支持和帮助，尤其是潘宇博士的支持和鼓励，是他们让我充满信心，保持旺盛的精力投入我所喜爱的工作。同时还要感谢中国国家留学基金委员会再次给我机会来到美国斯坦福大学从事研究工作，让我有时间和机会对原《经济社会学》一书进行修改。

在保持原书风格的基础上，本次修改幅度比较大，主要是对原书某些章节（原第四章"网络与经济生活"、原第五章"市场"、原第十章"企业理论与企业行为"）进行了删减；增加了一些章节（第四章"社会资本"、第九章"经济组织"），并对部分没有调整的内容章节进行了不同程度的改写，甚至重写（涵盖本书所有章节），当然，重写、改写后参考文献更加丰富充实。另外，更新了附录一，增添了附录二，等等。这次修改试图做到在原有教材体系和写作模式不变的前提下，尽量反映经济社会学的前沿动态，使得经济社会学的知识体系更加具有逻辑性和关联性，同时尽量采用一些比较新的事例和数据，并使内容更通俗易懂。由于本人的学识和能力所限，不知能否使这些想法得以实现，还有待于热心的读者去检验。因此，继续欢迎广大读者和同人对本教材提出宝贵意见，我的邮箱：czhou@whu. edu. cn。

本书撰写与修改分工如下：

第一章（修改），周长城；

第二章（修改），周长城；

第三章（修改），周长城、陈云；

第四章（新编写），杨敏；

第五章（修改），周长城；

第六章（修改），周长城、李汉宗；

第七章（修改），周长城、何芸；

第八章（修改），周长城、陈云、程慧栋；

第九章（新编写），任敏；

第十章（修改），周长城、刘红霞；

第十一章（修改），周长城；

附录一、附录二，周长城。

周长城

2010 年 3 月 16 日

第一版序

当今世界上许多国家的社会学系都为本科生开设了经济社会学课程。经济社会学课程的开设反映出经济制度不能脱离文化/生态和政治来理解，同时也反映了学生需要更多的信息和掌握更多的方法来帮助他们探索日渐跨越国界的经济过程。目前在欧美国家所开设的经济社会学课程，涉及的内容相当广泛，包括劳动力市场、金融市场、公司控制和工业部门的社会组织等，但也有些焦点，其中之一就是对新古典经济学行为假说的挑战。其核心的主题是权力的社会渊源以及生产力与社会变迁。一个共同的主题是社会制度如何阻碍或者如何促进行动者的功利行为。许多经济社会学的研究都对经济行为是如何嵌入现存的社会关系之中的感兴趣。[①]

尽管经济社会学教学所涉及的内容一直在增加，但有些研究主题在经济社会学教学中却没有被反映出来，如对消费社会学的重视就显得不够，对消费者偏好机制的构成缺乏了解。人们对金融市场有大量的研究，这在教学材料中有所反映，但对货币的研究却不太重视，尽管货币在金融制度重建时代以及人们如何接近和使用货币的主要社会转变时期对理解社会动力学起着关键作用；同时，经济社会学课程内容的国际化相当有限，在教学中很难体现北美以及欧洲以外的经济社会学家所完成的研究成果，因此不能进行较大范围的比较研究。在全球化的今天，经济社会学家需要用一种深刻的比较眼光和洞察世界的视野来审视自己的研究。对于 21 世纪的学生而言，由于劳动市场和金融市场的迅速转变，显然必须具备懂得经济生活复杂性的能力，而这种能力只有经济社会学可以提供。

经济社会学是一门相当年轻的学科，在国际学术界，不仅经济社会学的教科书寥寥无几，而且连这门课程的名称尚未有统一的叫法。一般最为常用的名称是“经济社会学”，次之的是“经济与社会：经济生活中的社会学”；同时还有其他名称，如“经济社会导论”“经济与社会导论”。根据美国社会学协会 1996 年的统计，下

① 周长城．欧美经济社会学的教学及其研究．社会学研究，2001 (3).

列课程名称也放在欧美经济社会学的栏目之列："企业家的社会学"（杜克大学）；"资本主义政治经济：文化与经济"（美国东北大学）；"社会经济导论：公正、自由的寻求：性别、种族和阶层"（波士顿学院）；"资本主义经济学的社会组织"（哈佛大学）；"种族的政治经济学"（加利福尼亚大学戴维斯分校）；"社会的公司"（托雷多大学）；"消费文化"（伦敦大学）；等等。

在欧美的著名大学中，经济社会学的教学目的与要求也不尽相同，一般表现在以下方面：简要回顾经济社会学的历史和当代的主要理论，从社会学的角度，用历史的方法和比较的方法探讨主要的经济过程和经济制度，为学生提供一套社会学概念和理论体系，以及一种分析经济制度和经济行为的社会学方法，使学生能够分析和解释市场、价格、公司、供给、需求、生产、工作、交换、产权以及其他经济行为；使学生理解社会关系和经济行为是互为条件的；寻求理解和解释当代社会中经济与社会之间关系的社会思想与研究；研究经济行为的不同观点；构建经济社会学的完整知识体系，以及开拓经济与社会的社会学视野；等等。

经济社会学的教学内容一般包括两大部分。第一部分为经济社会学基础，它涉及三个问题：第一，探究作为古老社会科学的经济学及其学术渊源与经济社会学之间的关系，理解现代经济学的核心概念和原理，考察对经济学传统进行补充和挑战的分析经济行为的社会学方法；第二，探讨经济学和经济社会学的主要理论基础，并对新古典模式的核心假设——在外部约束情形下做出选择的理性自我利益行动者——提出质疑，同时探讨经济学家和社会学家是如何做出修正的；第三，探究经济社会学的核心的实质性概念和理论：市场、合同、产权、网络、公司和阶层等等。第二部分主要用社会学的方法探讨具体的、制度的和与政策有关的主题，如劳动市场、技能获取、经济竞争、技术变迁、劳动过程和全球化等，试图理解在成熟的资本主义全球经济中制度的功用。从生产的社会组织角度探究制度的功用，逐步考察公司的组织、部门问题和宗教问题；研究市场，尤其是劳动力市场、技能获取和资本市场；考察全球资本主义过程中劳动的组织和政治方面的问题。

经济社会学研究和教学正在世界范围内广泛开展，世界社会学学会中经济与社会研究会是最为活跃的研究会之一。美国著名社会学家斯梅尔塞、巴西现任总统卡多佐以及现任世界社会学会主席意大利米兰大学教授马丁蒂利都曾为该研究会的主席，现任主席为乔治城大学著名社会学家麦克纳马拉教授。美国社会学学会经济社会学分会也于 2000 年 8 月成立，第一任主席是密歇根大学的韦恩·贝克（Wayne E. Baker），现任主席为普林斯顿大学著名经济社会学家薇薇安娜·泽利泽（Viviana Zelizer）。现有 400 多个会员，活跃的经济社会学的学者包括怀特（Harrison C. White）、哈密尔顿（Gary Hamilton）、斯威德伯格（Richard Swedberg）、伯格特（Nicole Woolsey Biggart）、弗林格斯塔（Neil Flingstein）、格兰诺维特（Mark Granovetter）以及赫希（Paul Hirsch）和乌兹（Brian Uzzi）等。

坦率地讲，我是不太愿意写教材的，也不善于写教材，事实上，在教学实践中，我也不太受教材的约束。在清华大学沈原博士的推荐下，受中国人民大学出版社潘宇女士之约，我才不得不开始编写教材的痛苦之旅，尽管曾几次想放弃，但在他们的不断鼓励下，还是完成了这一工作。

本教材正是适应社会科学发展的需要，为社会学专业本科生教学而编写的。教材力图反映当前国际学术界的最新动态，与国际学术界同步，因此，教材中大量吸收了国际学术界的最新研究成果，同时，也考虑到我国经济社会发展的特点，选编了切合我国实际的有关内容，如劳资关系问题。教材中涉及的主题也是我多年来所关注的研究领域，大部分内容是我在教学中多次用过的材料，有些是根据我和我的合作者先后公开发表的论文改写而成的。在编写中，也参考了大量的中英文文献，这里，对原文作者表示谢意。

需要说明的是，本教材的编写不同于传统的教材编写方法与体系，试图以研究视野与研究主题为线索来展开教学内容。其目的是让学生了解社会科学呈多学科交叉的特点，给学生更多的想象空间。这种教材是否能适应本科生教学的特点，有待于在教学实践中得以检验。同时，由于本人的知识与能力所限，加之时间较紧，教材中的不足之处在所难免。殷切希望各位同人批评指正，以便进一步完善经济社会学的学科建设和教学体系。

感谢中国国家留学基金委员会（China Scholarship Council，CSC）资助我留学瑞典乌普萨拉大学（Uppsala University），在那里我得到了著名经济社会学家、我的挚友和导师汤姆·伯恩斯（Tom Burns）教授的慷慨帮助；感谢中欧高等教育合作项目（EU-China Higher Education Cooperative Programme）为我在英国利物浦大学（University of Liverpool ）从事合作研究提供了方便，在那里我得到了肯·罗伯茨（Ken Roberts）教授的帮助；感谢加拿大政府资助我赴多伦多大学（University of Toronto，UofT）、不列颠哥伦比亚大学（University of British Colombia，UBC）研究劳资关系问题；感谢福特基金会（Ford Foundation）资助我从事中外合资企业的劳资关系的调查；感谢国际教育协会（International Institute of Education，IIE）为我提供在泰国国立发展管理学院（National Institute of Development Administration，NIDA）、珠拉隆宫大学（Chulalongkorn University）、菲律宾大学（University of the Philippines，UP）从事研究的机会；同时感谢美国康奈尔大学（Cornell University）斯维德伯格教授、斯坦福大学（Stanford University）格兰诺维特教授、加利福尼亚大学伯克利分校（University of California ，Berkeley）弗林格斯塔教授对我经济社会学研究和教学的一贯支持。

最后，感谢我在硕士研究生学习期间的导师、华中科技大学（原华中理工大学）社会学教授刘中荣先生以及博士研究生学习期间的导师、武汉大学经济学教授周茂荣先生，他们多年来在学术研究和个人生活中给予我极大的帮助。同时感谢我的研究生们，他们是本书的第一读者，并提出了一些建设性的意见。

周长城

2002 年 10 月

于武昌珞珈山

目录

第十章
企业家与企业家精神

第十一章
经济与文化

附录一
美国经济社会学分会推荐的经济社会学部分阅读书目

附录二
美国斯坦福大学经济社会学教学大纲

附录三
美国哈佛大学经济社会学教学大纲

附录四
美国加利福尼亚大学伯克利分校经济社会学教学大纲

第一章

经济社会学的理论渊源

目前，经济社会学的理论与研究已经取得了长足进展。经济社会学已经成为社会学和经济学的交叉学科（Zafirovski，1999）。经济社会学的发展源远流长。在一定程度上，经济社会学的发展是经济学和社会学互动的结果。本章将回顾经济学家对经济现象的非经济因素分析以及社会学家对社会现象的经济因素分析，以说明经济学家和社会学家对经济社会学的发展做出了同等重要的贡献。

第一节　经济学家的经济社会学思想

“经济社会学”术语何时出现，在哪里出现，一直是有争议的问题。有学者认为“经济社会学”术语最早始于1879年，英国经济学家杰文斯（W. S. Jevons）在其著作《政治经济学理论》（*The Theory of Political Economy*）中第一次使用（斯威德伯格，2005）。最早把经济社会学作为一门学科名称记录在册的是埃米尔·涂尔干（Émile Durkheim）于1898年创办的法国《社会学年鉴》（朱国宏，桂勇，2005）。

根据斯威德伯格的观点，经济学家中的经典经济社会学思想可追溯到古希腊（Swedberg，1991）。从古希腊到1790年，亚里士多德（Aristotle）、坎梯伦和亚当·斯密（Adam Smith）分别对经济社会学的发展做出了一定的贡献。亚里士多德注重对奴隶、财富和国家的研究；坎梯伦在考察经济现象时试图把阶级斗争引入经济分析，用其分析市场在现代城市产生中所起的作用；亚当·斯密则强调劳动分工的重要性。在18世纪末期，由于受功利主义的影响，经济学家认为经济制度的存在是外在的，因而经济社会学理论没有得到进一步发展。正如熊彼特（Joseph Alois Schumpeter）所认为的，功利主义一直对经济社会学的发展起着阻碍作用。“就经济社会学而言，功利主义是完全失败的，因为功利主义的个人行为和社会的理性概念是根本错误的。”（Schumpeter，1954）

从一定程度上讲，古典经济学家忽略了经济生活中国家和社会阶级的影响。只有马克思关注到这一问题，他把社会阶级的概念引入对问题的分析之中，并且提出经济因素影响社会结构和社会态度的理论。所以，熊彼特认为马克思的“所谓历史的经济解释无疑是当时社会学的最大个人成就”（Schumpeter，1942）。马克思将经济理论和经济社会学整合在一起。尽管经济理论在1870—1914年的44年间取得了一定进展，但经济学家极少参与社会学的研究。经济学家未涉及社会学研究的现象直到制度主义出现才有所改变。美国早期制度主义的“三剑客”是凡勃伦（T. B. Veblen）、康芒斯（John R. Commons）和米切尔（G. D. Mitchell）。新制度经济学对新经济社会学的发展产生了重大影响（Swedberg，1991）。新制度经济学的主要趋向是用微观经济学解释社会行为和社会制度。从理论上讲，新制度经济学比经济社会学使用范围更广泛；在实际研究中，新制度经济学也常被用来研究诸如政府、财产、继承权、合同等问题。新制度经济学产生于20世纪50年代，到20世纪70年代才大致趋于成熟和完善。在这20年间，新制度经济学主要被应用于法律、政治和社会制度等领域。20世纪70年代以后，有些经济学家开始借助不对称信息、交易成本和委托—代理等概念提出新的组织行为理论。

波兰尼（Karl Polanyi）在《大转型》（*The Great Transformation*）一书中根据时间顺序对经济学家中的经济社会学思想做了归纳，他把经济学家分析经济行为的社会视角分为：（1）原始的社会视角；（2）原始的经济学家的视角；（3）回到社会视角；（4）回归经济学家的视角；（5）既回归社会又回归经济学家的视角（见表1-1）。

表1-1 关于经济的社会视角的演变

（1）原始的社会视角	（3）回归社会视角
孟德斯鸠（Montesquieu）（1748）	凯莉（Carey）（1837）
魁奈（Francois Quesney）（1758）	李斯特（List）（1841）
亚当·斯密（Adam Smith）（1776）	马克思（Marx）（1859）
（2）原始的经济学家的视角	（4）回归经济学家的视角
汤森德（Townsend）（1786）	门格尔（Menger）（1871）
马尔萨斯（Malthus）（1798）	（5）既回归社会又回归经济学家的视角
李嘉图（Ricardo）（1817）	马克斯·韦伯（Max Weber）（1905）

资料来源：SMELSER N，SWEDBERG R. The handbook of economic sociology. NJ：Princeton University Press，1994：8.

回顾经济学家对经济社会学的贡献，可以看出，经济学家在发展自己的经济思想的同时，对社会生活中的非经济方面也做过一些明确的诊断，有时这些诊断在其经济理论中还占有相当大的分量。与此同时，经济社会学思想也被经济学家越来越广泛地采用。客观地说，许多经济学家不同程度地对经济社会学的发展做出了贡献，由于篇幅所限，这里仅介绍其中几位著名经济学家及其社会学思想[①]。

① 有兴趣的读者可参见：周长城．现代经济社会学．武汉：武汉大学出版社，2003.

一、阿尔弗雷德·马歇尔[①]

马歇尔的经济社会学思想主要表现在三大方面：(1) 偏好的产生；(2) 行为理论；(3) 作为生产第四要素的组织 (Aspers, 1999)。

马歇尔之所以关注经济社会学是因为他对经济学有着自己独特的看法，他认为经济学是研究人类一般生活事务的学问，它研究个人和社会活动中与获取和使用物质福利必需品最密切相关的活动，是一门既研究财富又研究人的学科（马歇尔，2009)。马歇尔指出，对人产生影响的主要因素是经济力量，下等阶级“身体的、精神的和道德的不健康，虽然部分是出于贫困以外的其他原因，但贫困却是主要原因”(马歇尔，2009)。他认为，经济学的目的在于解救贫困，谋求社会福利。马歇尔的社会学思想主要受三位社会学家的影响，他们是孔德（August Comte)、赫伯特·斯宾塞（Herbert Spencer）和马克思，其中斯宾塞对马歇尔的影响最大[②]。马歇尔自己也承认斯宾塞的生物学观点以及黑格尔（Hegel）的哲学和历史学观点对他的《经济学原理》一书影响最大（Aspers, 1999)。从一定意义上讲，马歇尔不仅受到经济学家的影响，而且受到哲学家、历史学家和社会学家的影响。

（一）偏好的产生

根据阿斯帕尔斯的观点，马歇尔对经济社会学的第一个贡献就是研究了偏好（preference）是如何产生的（Aspers, 1999)。一般而言，经济学家在进行经济分析时，通常认为偏好是给定的，从不过问偏好是如何产生的。然而，马歇尔讨论了偏好，或者用他自己的术语——需求（wants）是如何形成的问题。偏好的产生

---

① 本书特别将经济学家马歇尔作为对经济社会学有贡献的经济学家。在一般的文献中，很少提及马歇尔对经济社会学的贡献。比如，斯梅尔瑟（Neil J. Smelser）的《经济社会学》(华夏出版社，1989 年）一书中提到的经济学家是亚当·斯密、马克思和凯恩斯（John M. Keynes)（7～15 页）；斯威德伯格的《经济社会学原理》(中国人民大学出版社，2005 年）一书中提及的除社会学家外，只有马克思、熊彼特和波兰尼（4～21 页）；卡罗·崔吉尼亚（Carlo Trigilia）的《经济社会学》(*Economic Sociology: State, Market, and Society in Modern Capitalism*, Oxford: Blackwell, 2002）一书中，介绍了熊彼特、韦伯、桑巴特（Werner Sombart)、凡勃伦等，没有提及马歇尔；汪和建的《现代经济社会学》(南京大学出版社，1993 年）提及的除社会学家外只有马克思和韦伯可以说既是社会学家，又是经济学家（34～49 页）；肖永年、郭成铎的《当代经济社会学》(黑龙江教育出版社，1998 年）介绍了亚当·斯密和马尔萨斯的经济社会学思想（25～28 页）；只有朱国宏主编的《经济社会学》简单提到过马歇尔的经济社会学思想。笔者于 1998 年在瑞典斯德哥尔摩大学社会学系发现博士生帕特里克·阿斯帕尔斯（Patrik Aspers）正在研究马歇尔的经济社会学思想，这引起了笔者的兴趣，后来他的研究成果发表在《美国经济学和社会学杂志》1999 年第 4 期上，因此，在编写本教材时就将阿斯帕尔斯的研究成果介绍给国内学者（本书第一版也是基于同样的考虑)。

阿尔弗雷德·马歇尔（Alfred Marshall, 1842—1924)，英国著名经济学家，剑桥学派的创始人。生于伦敦附近的克兰法姆，其父是银行高级职员。他曾先后在剑桥大学攻读数学和物理学，1868 年，为了研究康德哲学去了德国，同年回国，任剑桥大学道德学讲师。1875 年因研究保护政策而远渡美国。在剑桥大学期间，由于和哲学、经济学界人士的往来，他的兴趣由物理学转向哲学和经济学。1877—1882 年，马歇尔任布里斯托尔大学的政治经济学教授，兼任学院主任。1883 年马歇尔担任牛津大学经济学讲师，1885 年回剑桥大学任经济学教授。1908 年退休后，继续在剑桥从事研究和写作。其主要代表作是《经济学原理》(1890)。

② 在他的书房里收藏了斯宾塞的所有著作，并且在书的封面上做了特别的标记。

在马歇尔构建的理论大厦中发挥着十分重要的作用。很显然，经济学家和社会学家都对这一问题感兴趣，同时，这一问题使经济学和社会学这两门学科进行合作成为可能。

根据马歇尔的观点，随着时间的推移，人的需求水平将越来越高，参与的活动也越来越多，于是活动促进了偏好的产生。当然，这里的活动是广义的活动，包括商业活动和日常生活的活动。实际上，若限定在经济活动方面，马歇尔所说的活动是生产（production）或者供给（supply）的另一种说法，需求则只是消费（consumption）和需要（demand）的代名词而已。这样，马歇尔就将生产和消费结合在一起。这种结合不仅体现在其著名的供需曲线上，也体现在活动产生需求的一般思维方法上。根据他的观点，生产和消费是极其相关的，这种观点是对李嘉图强调生产重要性的批判。

（二）行为理论

马歇尔对经济社会学的另一个贡献是他的行为理论（Aspers，1999）。一般来讲，一个人的偏好是由他的活动（生产）产生的。消费意味着一个人满足其偏好。当偏好变成“主动”时，其动机也就形成了。动机和机会一并成为行动的理由。虽然马歇尔没有明确地对此加以论述，但他给出了合理的解释。首先，他认为货币是人类行为的主要动机，然后，他讨论了产生这一行为动机的理由，或者说动机的动机。传统经济学理论假定人是功利主义的和原子化的，也就是说，一个人的行动不受其他行动者行动的干扰。马歇尔的观点与此相反，他认为人的行动在多数情形下是基于行动者对其他行动者行动的认识。换言之，一个人的偏好或者动机，与其他行动者的偏好是相关联的。显然，马歇尔关于行动的理论与韦伯的行为理论是一致的，即当一个行动者考虑其他行动者的行为时，这一行动具有社会性特征。

由于非原子化的动机影响着经济，所以，马歇尔认为非原子化的动机是重要的。他指出，虽然货币是行为的主要动机，但更有意义的是发现这一动机、更深刻地揭示社会维度的意义，比如，虽然所有的商人都想获得金钱，但大多数商人又不太关心金钱，他们只是将金钱视为一种成功的标志。由此看来，社会认知是基本的动机。另一个例证是垄断者，马歇尔认为价值成功只是证明一种权力的获取。人们工作的动机也是出于使其家庭在社会上获得较高的地位。马歇尔讨论了地位消费，他对经济动机分析的社会学维度更为显著。他认为富有者花费大量钱财不是为了获得幸福或者提高福利，而是为了显示自己的社会地位，服饰、好客、居室等只是用来显示自己社会地位的方式（马歇尔，2009）。这一观点显然与凡勃伦的炫耀性消费理论是一致的（Aspers，1999）。

（三）作为生产第四要素的组织

生产要素通常分为土地、劳动和资本三类。土地是指大自然在各方面所赋予的物质和力量，劳动指人类用手或脑进行的经济工作，资本是指为了生产物质资料和获取收入利益而准备的一切储备。“组织是生产的第四要素”是马歇尔对经济社会学的第三大贡献（Aspers，1999）。马歇尔最先把组织作为一个独立的生产要素，并强调它在发展生产力方面的重要作用。马歇尔在四个分析层面上讨论了组织和知识：第一个层面是社会层面，有时，他也称之为“社会群体”，如一个民族；第二个层面是社会的经济层面；第三个层面是产业层面；第四个层面是单一的公司层面（Aspers，1999）。

马歇尔指出，保证工业组织有效性的首要条件是，使每个受雇者承担最合适的工作，并供以最好的机械和其他工具。在对手工技能有很大需要的低级工作中，劳动的专业化能大大提高效率，但在高级工作上则不尽然。马歇尔在研究企业管理时，考察了“私人合伙企业”“股份公司组织”“国有企业”和“合作社”等经济组织形式，分析了它们各自的优势和弊端。他特别强调企业家和企业管理者的作用，并从这个角度出发，认为所有权和使用权相分离的股份公司“给具有经营管理天赋而没有继承任何物质资本或营业关系的人提供了很大机会”。马歇尔认为，作为生产组织者的企业家，既需要具有对自己行业中的物质要素的透彻知识，又应是人的天生领导者。很少有人具备这种理想的全部才能。他认为，经营才能是组织要素得以发挥作用的重要手段，而随着经济的发展经营管理日趋复杂，必须对它加以重视（Aspers，1999）。

二、约瑟夫·熊彼特

熊彼特[①]在《经济分析史》（*History of Economic Analysis*）一书中对经济社会学有过一段精辟的论述。他认为，所谓“经济社会学”，即对与经济相关的制度如政府机构、财产继承、私营企业、习惯性行为或“理性”行为的描述和解释——或称解释性的描述；所谓“经济学”，即对经济组织的解释性描述，这种经济组织存在于任何给定的制度之中，如市场组织（熊彼特，1991）。熊彼特不仅清楚地解释了经济理论的历史（定义为“经济结构”的分析），还回顾了经济社会学的历史（定义为“经济制度”的分析）。

熊彼特对经济社会学的贡献主要体现在他对经济学与社会学关系的论述以及对企业家与创新的研究上。

（一）经济学与社会学的关系

熊彼特强调经济学和社会学是相互联系的。在20世纪20年代，经济学是极力

---

① 约瑟夫·熊彼特（1883—1950），原籍奥地利，美国著名经济学家。熊彼特出生于奥地利一个织布厂主家庭。1901—1906年就读于维也纳大学，随后两年游学伦敦。1909—1918年在奥匈帝国的捷尔诺维茨大学和塔拉兹大学任教。1921年任维也纳私营皮达曼银行总经理。1925—1932年间曾应邀任日本客座教授，并在德国的波恩大学担任教授。1932年迁居美国。他不仅是著名的经济理论家，而且是经济计量学家。他是国际经济计量学会的创立人之一、第五任会长（1937—1941年），美国经济学会会长（1948年）。

排斥社会学的，但此时熊彼特则主张经济学家应该欢迎社会学的发展，其理由是，在经济理论中“一些主要的问题”用纯经济学的方法是不足以解决的。那种认为经济学处理经济现象，而社会学处理除经济现象以外的其他人类活动的观点是不正确的。熊彼特认为社会学对理解和分析经济现象是十分有用的。他在《经济分析史》一书中说明了经济社会学在分析经济现象中的作用，他指出：“（科学的）经济学”由“四个领域”构成，它们是“经济理论”“经济历史”“统计学与统计方法”和“经济社会学”。经济社会学与经济历史一道研究应用于各种经济理论的制度框架。经济社会学不同于经济学的是，它采用更规范、更典型、更设计化的方法看待行为。熊彼特对经济社会学的具体分析主要反映在他的《帝国主义的社会学》（*The Sociology of Imperialisms*）和《税收国家的危机》（*The Crisis of the Tax State*）这两本著作中。令人遗憾的是，在论及社会学历史的正统教科书中很少提及熊彼特，但由于他的《资本主义、社会主义和民主》（*Capitalism，Socialism and Democracy*）一书的价值，他在政治社会学界的影响颇大。

熊彼特一向认为科学，特别是社会科学各门学科的研究对象的划分，主要是为了便于进行研究，所以他自己虽然在《经济周期》（*Business Cycles*）中将与资本主义发展或经济周期有关的因素分为“内部因素”和“外部因素”，但并不是要把外部因素排除在经济学或经济史研究的对象之外。他在《经济周期》出版之后，接着写了《资本主义、社会主义和民主》这部著作，晚年又主张在经济理论、经济史和统计学之外另立一门所谓“经济社会学”，作为研究诸如政府、财产继承、契约等与人的经济行为相关的制度的学科。熊彼特所讲的政府、财产和契约之类的问题就是资本主义生产关系的上层建筑。所以，他虽然按照西方社会科学界的传统把这类问题列为“非经济”因素，却绝不是认为这些问题不应该研究。

虽然熊彼特并不试图以社会关系的其他一般性理论替代经济理论，但是其著作中使用了出自同类学科的范畴，这些范畴主要出自社会学，还有少量出自政治学和心理学。他倾向于把资本主义的特定历史现实理解为一种经济体制，并把历史知识与理论建构整合在一起。在他的著作中，社会学成分虽占有很大篇幅，但主要作为基本经济核心的补充。正如他在《经济分析史》一书的导言中所阐明的那样，经济分析的任务是研究人们在给定的时间如何行动，以及该行动导致何种结果；而经济社会学的任务则是研究人们为何恰好在经济活动被卷入其中的、更大的制度脉络中行动。这种强调含蓄地出现在其关于经济发展和经济周期的经济学著作中，在其论及资本主义、社会主义和民主，以及社会阶级和帝国主义的著名社会学著作中则有直接体现。

（二）企业家与创新

企业家的功能是熊彼特的发展理论中的关键要素。他将其界定为革新——促成生产（和劳动）诸因素的新结合，当这种结合与信贷联系在一起时，便打破了经济生活循环流动的静态均衡，把经济生活提高到新的水平。企业家改变了供应条件，以新的方式把现存资源结合在一起，因而建立了新的生产特色。韦伯强调企业家的革命特征（有时，他使企业家处于与马克思所说的革命无产阶级同样的令人敬畏的地位）。然而，尽管企业家职位有时被人格化，但熊彼特还是把它主要看作一种功能：它不是指财产的需要，不基于冒险的假设，无须属于商业组织。但它仍保持这样一种状况：企业家的功能显然在能动性上已超出了日常商人的活动。

为了证实企业家的特质和作用，熊彼特凭借一系列社会学和心理学洞见，论证了企业家身份需要某种不同于经济人（economic man）理性行为的人格及行为类型。企业家是勇敢的领导者，乐于打破平常的束缚，这使得他不同于业务经理。此外，企业家具有创新、抓住本质、抛开琐事、迅速行动和凭直觉理解的能力。企业家凭借其意志和个人权威行动；当新的革新行为被认为是异常和危险的时候，他必须乐于摒绝此时总会提出的批评。尽管企业家具有某种与昔日的宗教领袖和军事领导相同的成分，但他很少是神话中的那种英雄。企业家在更受限制的领域中工作，在社会中处于更不稳定的地位。

熊彼特还论述了企业家角色的心理。企业家行为是理性要素与情感要素的混合。一方面，他因需要大规模的预测和计划方案而具有理性；另一方面，他并不因为依赖于支撑自己获取和创造的自主驱力及最终建立家族王朝的企业家梦想而成为狭隘的功利主义者。企业家利用他周围的基于理性的事物，如货币、科学和个人自由，在其行为上赋予理性的价值观，但这并非最终的结果。企业家的革新基本上是创造性的行为，它背离了从计算个人短期利益的较狭隘视角来界定理性的资产阶级文化。企业家的“理性”具有营利成分，除此之外还基于创新的愿望和能力。在这种阐述中，熊彼特背离了新古典经济学家的假设，以及韦伯、帕累托（Pareto）、维尔纳·桑巴特（Werner Sombart）、滕尼斯（Ferdinand Tönnies）等学者的思想，所有这些人都以不同的方式倾向于把功利主义的理性等同于资本主义。

关于企业家身份与社会阶级之间的关系问题，熊彼特实际上发展出一种独特的社会分层观点。对于他来说，阶级结构就是诸家庭的等级秩序的一种表现，个人属于独立于其意志之外的阶级。解释家庭在阶级中流动的基本因素类似于解释从一个阶级到另一个阶级流动的因素：适应特定历史时代社会环境所需要的能力，以及展示那些为领导角色所必需的技能的能力。像旅店一样，社会阶级随时间推移而缓慢变迁，也就是为不同的人所占据。为了说明这一社会分层观点，熊彼特阐述了德国贵族制的兴衰和世袭制历史现象中功能与阶层之间的关系。

阶级要素在社会中履行重要的功能，因为它产生社会声望，把社会分化为若干阶层。而且，社会声望系统一旦建立起来，便趋于获得自己的生命力——社会的报偿、奖赏、影响和遵从的生命力，并往往在其功能的基础被侵蚀之后仍长期残存。上层阶级在社会中的身份和名门望族在此阶级中的地位，是通过其成员之间的团结纽带和社会特权的世代传承来巩固的。在这样的资本主义社会中，资产阶级是领导阶级，因为其在经济中承担革新和领导功能，获得和巩固声望、权力和财富，并把它们传给后代。同时，随着企业家功能趋于衰退和诸如私人财产和契约这样的资产阶级制度被削弱，上述过程也有助于解释资产阶级的衰落。

熊彼特的阶级理论不同于马克思的阶级理论，后者把阶级同生产结构本身联系在一起；熊彼特的阶级理论也不同于帕累托的精英理论，后者实际上基于社会重要功能的履行，而不是社会中权力地位的保护。熊氏理论有更浓厚的功能主义色彩，并且不同于古典功能主义的阐述（Martinelli and Smelser，1990）[①]。

三、卡尔·波兰尼

波兰尼[②]发展出一种比政治经济学传统所提供的选择对象更为广泛的经济观点。他的中心论点是经济“嵌入”更大的社会之中（因而他建立了同美国制度学派经济学家凡勃伦、康芒斯、米切尔所持观点的部分亲和性）。与其他经济学家相比，波兰尼的著作少有人问津。

波兰尼认为经济与社会的关系固然随着时间的变化而变化，但一般而言，社会有优先权并控制着经济。在历史和比较视野中，经济总是嵌入社会关系之中，经济行为者的活动并非旨在最大限度地扩大其物质利益，而是为了维护其社会地位、身份和社会优势。实际上，波兰尼把市场和工业资本主义看作一种过程的结果，通过这一过程，经济已使自身摆脱社会的控制，使社会生活的所有其他方面服从其自身需要。

波兰尼在其著作中专注于三个核心命题：市场经济及其矛盾；作为基本制度的自我调节的市场；对古典和新古典经济理论范式普遍效力的要求的限制。对这些命题的讨论可见诸他的第一部且最知名的著作——《大转型》。在这本书中，波兰尼试图探索“19 世纪文明”（现代工业资本主义）的起源、原因及其在 20 世纪的崩溃。波兰尼的中心论点是：自我调节的市场是资本主义经济调节的制度机制，但若不消除在物质上可摧毁人类并把环境变成沙漠的“社会中的人与天然的实体”，该市场是不会长存的。以自我调节的市场为基础建构的经济，基本上与其他社会制度相分离，它迫使社会其余部分依据其规律发挥功能，同时又把土地和劳动变成“虚构的商品”。在一定程度上，自我调节的市场机制构成了经济的一种防御战略，而若是对市场的调节改由政治制度来进行，这本身就会产生进一步的矛盾（Polanyi，1957）。实际上，波兰尼的批评大都基于他对其所谓的“双重运动”的分析，这种

---

① 有关熊彼特的经济社会学思想还可参见：斯威德伯格．经济社会学原理．北京：中国人民大学出版社，2005：17-19. 也可参见：SWEDBERG R，JOSEPH A. The economics and sociology of capitalism. NJ：Princeton University Press，1991.

② 卡尔·波兰尼（1886—1964），经济历史学家。1886 年出生于奥地利首都维也纳，生长在匈牙利的布达佩斯。第一次世界大战期间被送进了俄罗斯前线监狱，从监狱释放后，他又回到了维也纳。1933 年波兰尼移民到英国，并成为一名家庭教师。1940 年到美国演讲，并在伯灵顿学院接受教席。1944 年，他完成了著名的《大转型》一书。1947 年美国哥伦比亚大学社会学系为他提供了一个职位，但由于他妻子的原因，美国政府不发放签证。这样，波兰尼被迫来到加拿大，并往返于多伦多和纽约之间。1957 年他在哥伦比亚大学完成了第二部著作《早期帝国的贸易与市场》。波兰尼一生未能定居，总是处在边缘的流放状态，即使在学术上，也一直未被列入主流。

运动试图控制市场经济与社会之间难以调和的冲突，并试图通过对劳动、资本和自然资源交换的控制，允许自由的、自我调节的市场与社会的整合并存。

波兰尼通过引用英国早期工业革命时期和 20 世纪国际不稳定时期的史料，来“检验”这种或许过于简单的中心论点。波兰尼不仅分析了早期的市场力量，而且研究了若干社会政策，其中包括社会和劳动立法、工会战略、关税政策和中央银行的活动。此外，在整部著作中，通过批评功利主义和古典经济学的哲学和理论原则，波兰尼扩大了他的分析，针锋相对地提出了他自己的可供选择的作为制度过程的经济概念。最后，他提出了一条具有鲜明社会学特色的分析路线，即在功利主义价值观支配下的个人主义社会中，如何保持必要的社会团结。我们认为，这个问题至今未有答案，因为现代福利大国仍在同经济效益和市场自由与社会调节和社会权利之间顽强的张力进行持续不断的斗争（Martinelli and Smelser，1990）。

波兰尼基于自己的人类学研究，详细阐述了三种经济整合原则的类型学：互惠、再分配和交换。每一种类型在空间上都需要不同的分配形式：互惠指对称群体之间的相互关联的交易（如礼品交换）；再分配指到“中心”和从“中心”的适当交易（如从行政上组织食品的分配，即慈善事业）；交换涉及市场系统中“诸手”之间的交易（买与卖）。这种分类的必然结果是，在具有这些结构群体种类（如对称地组织起来的亲缘关系）的社会中，将依此形成不同的经济转让方式。

事实上，波兰尼的类型学是不完善的，例如，它似乎没有包括对用于集体行动的经济物品和服务（如战争用品）的政治动员。另外，波兰尼的这种类型学基本上是静态的分类方案，缺乏经济动态原则感或从一个体制向另一个体制转变的感觉。

第二节　社会学家的经济社会学思想

经济社会学的起源可以追溯到 18 世纪的启蒙运动，当时许多社会思想家都试图建立一种有关经济、政策和文化的多维理论（Swedberg，1987）。但是，直到 19 世纪末 20 世纪初，这一学术传统才在马克斯·韦伯、涂尔干和其他同代人的分析中凸显出来。这种分析可以被看作对早已建立的自由主义和政治社会学的批判，但在某些方面，又与其有相同之处。

韦伯和涂尔干都认为，经济不是仅用自由主义或政治经济学的术语就能解释明白的，市场和经济权力是现代西方社会中重要的社会制度性安排。出于对自由主义的敬仰，他们都认同功利主义者的观点，即经济与社会的关系可以理解为个体控制欲和自我利益驱动所产生的社会需求。但韦伯更赞同自由主义在道德和政治方面的观点（Holton and Turner，1989），涂尔干则对个体自由主义持批判态度，他相信能唤起社会团结和社会整合的超个体的社会制度的重要性。不过，涂尔干也意识到社会化个人和异质的世俗个体活动在现代社会中的重要地位。这一点将他从政治上与自由主义区分开来，而和极端的自由民主运动划归一类。可见，社会学家中的经济社会学思想也相当丰富。

古典经济社会学的先驱们包括托克维尔（Tocqueville）、马克思、韦伯、涂尔干和齐美尔（George Simmel）等（斯威德伯格，2005）。下面将着重介绍涂尔干、韦伯和齐美尔的经济社会学思想。

一、埃米尔·涂尔干

作为社会学学科规范化的大力倡导者，埃米尔·涂尔干①无疑是社会学大家。尽管我们不能将涂尔干的大部分著作视为经济社会学著作，但在他的著作中仍包含许多经济社会学思想。涂尔干对经济社会学的贡献主要表现在他比较关注经济因素与非经济因素的关系，如经济与文化的关系、经济与政治的关系等。

（一）经济与文化的关系

涂尔干认为文化应整合于经济分析之中，有关这种关系的分析主要体现于涂尔干对社会秩序的讨论，也就是“社会是怎样整合起来的”。在传统社会中，由于社会分工程度有限，机械团结十分重要。在氏族社会里，机械团结是建立在社会个体和文化活动的高度同质性基础之上的，体现在宗教和法律等文化习俗之中，对涉足社区团结之外的人也有约束（涂尔干，2000）。

在现代社会中，涂尔干强调社会分工对机械团结的磨蚀作用，特别是经济从社会中分化出来，以及个人从传统社区中独立出来，这给社会秩序带来很多麻烦。在经济方面，涂尔干强调劳动分工和职业专门化在社会分化中的重要性。个人从严格的社区控制中挣脱出来，比如，人们从乡村迁入城市，不但带来更多的职业选择和政治选择，同时也导致社会生活更为理性化，理性和科学在社会中逐渐居于统治地位。

涂尔干认为在社会变迁的时代，结构分化的社会面对机械团结而整合起来。机械团结借助于均质性压力和象征着忠诚的习俗发挥作用，这种习俗被认为是理所当然、自然而然并且恒久存在的。那么，社会分工明确的社会又是怎样整合起来的呢？在已将个体差异视为一种主要文化价值观的社会中，是否能够在一个相对有序的结构内，找到某种能够使相互冲突的力量整合起来的、概括性的、居于中心地位的价值体系呢？

涂尔干反对这样的自由经济的观点，即对个体利益的追求会以亚当·斯密著名

---

① 埃米尔·涂尔干（1858—1917），法国第一位学院式社会学家，也是欧美最著名的社会学家之一。涂尔干于1858年4月15日出生在法国埃皮纳勒一个犹太教士家庭。1879年，涂尔干在两次落榜后，终于通过了享有盛誉的巴黎高等师范学校的入学考试，从而进入这一培养法国知识精英的摇篮。他29岁时受聘于波尔多大学，在该校文学院教授教育学和社会科学。1896年，涂尔干晋升为法国第一位社会学教授。两年后（1898年），他创办了《社会学年鉴》，成为法国社会学学派的创始人和组织者。1899年，他应聘到巴黎大学，1906年被聘为教育学教授。1917年，由于儿子安德烈的战死，涂尔干身心疲惫，离开了人世，时年59岁。涂尔干的代表作有《社会分工论》（1893）、《社会学方法的准则》（1895）、《自杀论：社会学研究》（1897）等。

的“看不见的手”的方式自动产生社会秩序。他对自由经济主义的批判并非仅表现在对以斯密的“看不见的手”为代表的经济理论的批判上，还表现在他站在与自由主义社会学家赫伯特·斯宾塞相反的立场上。斯宾塞认为追求个体利益的个人可以通过契约达成有序的交易模式，而涂尔干则认为契约本身对其当事人并无约束作用，只要对自己有利，追求个人利益而不受其他任何限制的个体总是会努力寻求避开或打破契约。如果契约能有效地约束追求个人利益的个体，那么一定是因为存在某种特别的道德影响，使个体产生对契约的敬畏。涂尔干称这种特别的道德影响为“契约的非契约性基础”。

涂尔干认为道德准则的维系作用在现代个性化的社会里，比在传统的有机团结中显得更微弱、更分散。劳动分工的动态力量、个体的人身自由和民主化的力量一旦被释放出来，就再也不可能回到过去存在的那个强大的、公开的、约束性的道德维系结构中去。而且如果道德确实存在约束力量，那么其特征是通过个体行动，特别是通过施加于个体的责任体现出来的。换句话说，涂尔干要人们警惕他所称为过度社会化的社会，在这种社会中，如同传统社会一样，强大的道德联系限制着个体的行动。

涂尔干接受自由主义的部分观点，反对经济与社会的过度社会化的观点，但同时他也反对自由主义将个体从社会本身抽象出来的说法，他认为这等于用非社会化或最小社会化的概念代替过度社会化，是站不住脚的，因为现代社会中新的社会团结形式不断涌现出来，从而限制了个体利益，它们并不拥有机械团结那样有力的道德约束，而是一种更弱、更分散但仍有约束力的有机团结的结构。

在有机团结中，分化（包括劳动分工和个体分化）的过程为承认差异的契约所控制，但同时又使其从属于更高级的统一。涂尔干有关“契约的非契约性基础”的论述就是为了验证这一点。契约的当事各方（如买方与卖方）在交易中有不同的利益，这些差异又通过承担接受维系性契约的义务而共存，从而形成能控制这些差异的一般性统一框架。这一框架承认个体利益与个人的存在，而且由于它已被证明是一种涉及责任感的道德契约，因此与个人紧密相关。

涂尔干的观点在很大程度上来自这样一个事实，即大部分的经济活动经历了一段时间，而不如新经济学派的市场模型描述的那样，是刹那间发生的事。由于经济活动具有延续性，因此个体利益就形成了一个并不可靠的交易秩序。在不可重复的瞬时性单个交易中，可信度没有多大价值，但在可能再次发生的关系中，以及大多数行动者想知道其他当事人是否会遵守事先的约定的情况下，可信度就十分重要了。

关于涂尔干“契约的非契约性基础”最有说服力的证据，是围绕信任这一概念展开的。在经济与社会分析中，信任的重要性在于，它是作为处于经济关系中心地位的经济文化的一个方面，而不是作为一种文化表达方式，也就是说，在经济之外作用于经济而存在的。经济制度通过“委托关系”把信任确立为“管理者”与“组织”、“专家”与“委托人”以及“买方”与“卖方”等关系。在信贷法、保险法以及公司法中，信任还被正式列入法律条文，同时，它更多的是通过经济网络非正式地起作用。比如，它们典型地表现在由一些非正式的表达——如“口头承诺”“击掌为信”或者“约定俗成的诚信”等——所支撑起来的成千上万宗没有正式合同的经济交易中。而自由经济主义的“看不见的手”的假设，并没有为这个经济网络中的“秩序维持”过程提供详尽的描述。因此，社会科学家必须清醒地认识到，经济文化和组织文化对经济交易、经济管理以及组织行为的分析具有重要的意义。

涂尔干的论述当然不是仅停留在对“契约的非契约性基础”的分析上，尽管对于经济文化的讨论很重要。这是因为他关注的主要问题是宏观的秩序问题，而不在微观的交易层面上。

（二）经济与政治的关系

在1893年出版的著作《社会分工论》中，涂尔干做了第一种尝试，为社会秩序给出了一个既对自由经济主义提出挑战，也对马克思主义政治经济学提出挑战的答案。在对“契约的非契约性基础”这一论点深化分析时，涂尔干将注意力放在作为有机团结基础的劳动分工上。他接受了当代马克思主义者的观点，即经济生活比政治生活更能控制人口。由于政府的政治事务过于远离日常生活，不能成为社会秩序的基础，因此他将注意力转向日常经济生活。

19世纪晚期的法国与其他地方一样，劳资冲突在经济生活中蔓延开来，相对于一个概括性强、涵盖面广的社会秩序框架结构来说，日常经济生活并非一个有前途的研究领域。然而，涂尔干认为这种分裂将逐渐被劳动分工的整合作用抵消。这种整合作用首先与生产者之间的相互依赖有关——每个人都要靠他人来满足个人需求。依涂尔干所言，如果这种相互依赖感被制度化，而不是仅作为个人表达，那么它就足以将社会维系起来。由于促进职业发展的特殊职业的生产者组织的存在，他把这个制度化过程看作对整个社会凝聚力的贡献。这些与日常生活十分接近的组织同促进个体间合作有关，但同时又是远超越于个体之上、形成某种社会契约的组织。换句话说，它们是位于个人与社会之间的中介机构，更像中世纪的行会。在社会秩序的分析中，涂尔干依据机会的均等性，又在最初的尝试中加入了第三种元素。如果个人在能力和需求方面的多样性能够充分表现出来，就会形成职业多元化的局面。例如，依据出身或财富继承来决定能否享受高级教育，当天才被这一特权束缚的时候，就违反了这种开放性。由于随之而来的对社会凝聚力的破坏，个人就只能被迫选择，而非自由选择了。

虽然这个社会秩序分析从政治经济学中得到许多经济框架的启示，但它仍意图对完全建立在权力关系基础上的经济与社会理论提出挑战。它认为，劳动分工在个体间为社会秩序打下了基础，而职业身份和职业责任的制度化则提供了均等机会以保证有效的职业选择。由于涂尔干认为创造适合经济行动者接受社会义务的条件是建立社会秩序的基础，因而他的整个论述都是要将文化重新引入经济分析中来。

涂尔干试图建立一种社会秩序理论的尝试，也许没有取得像他有关经济秩序和

“契约的非契约性基础”那样的成功。“契约的非契约性基础”已成功地通过信任、非正式网络以及组织文化等概念，被应用到实证分析之中。但职业凝聚力和相互依赖性的论述有一个更严格的实践范围，它被限定在对顾客负责的职业道德范围内，而不是所有职业的范畴内。在服务性行业之外，很少见到这种责任感，而更多的是将工作视为达到目标的手段，持一种工具理性态度。当个体经历的工作关系产生与工作机会、管理所造成的机会封锁相关的矛盾时，这种倾向性就十分重要了。这表明工作活动的突出性在个人生活里减少了，并且提出这样一个问题，即：是否存在另一个可供选择的社会秩序建立的一般性基础?

与这一问题有关的另一尝试是，涂尔干恢复了政治和政治文化作为社会秩序建立的基础。这种回归政治的趋势是必然的，因为他逐渐相信，经济生活和职业秩序本身不能产生充分的超越差异和个体利益的一般性道德准则。他并不是放弃了对中介性的经济制度的强调，而是将它们归结于政治文化的象征性最高权力之下。涂尔干正是在民主政治文化中，发现了能把所有个体都维系起来的可概括的道德准则，它们与民主政治的公民权相关。这不但包括每一个公民（因而，也就将基于出身和财产的排外性政治途径排除在外），而且将公民这一象征提高到一个神圣的重要地位。这样，一方面，积极的独立公民权变成一种道德义务，从而有效地压制了个人主义潜在的分裂作用。另一方面，神化过程将被进一步推进，并且通过将民主政治作为人人参与其中的、普遍的社会凝聚力框架来加以赞颂，而将之定期上演。

涂尔干没有就这一内容进行详细描述，在保证社会凝聚力的政治仪式的重要性方面，也没有完善，而且充满问题。涂尔干试图借用有关社会秩序和社会凝聚力的论述，将民主制融入经济与社会理论，但仍与传统政治经济学中类似的对民主政治的关注有很大不同。政治经济学将民主政治看成阶级集体利益的表达手段，或者是阶级斗争的政治工具，涂尔干则更多地把它看成一个文化象征意义上的术语，是社会秩序整合的真正源泉。典型的政治经济学依据不同经济利益间的相对力量来看待政治与经济间的关系，而涂尔干则依据社会分化条件下对个人利益的道德限制来看待这一关系。典型的政治经济学依据经济利益追求过程中的集体经济利益（包括阶级利益）来看待经济生活的政治管制［或者解除管制（deregulation）］，涂尔干则依据与经济利益冲突共存同时又超越其上的、保证社会凝聚力的努力来看待这一问题。

怎样看待这两种对比鲜明的观点，最终取决于在多大程度上相信存在着不能被归于经济利益问题的道德限制和价值观。当然，涂尔干的思想可能被政治经济学和马克思主义思想吸纳，以帮助论证权力常常需要文化支持，以及经济利益的冲突在文化上常常表现为对一般的普遍性利益的主张。但是，这样的论证避开了涂尔干的挑战。涂尔干认为，表现在法律和政治方面的道德准则确实代表了一般的普遍性利益。

涂尔干上述观点成立的前提是，存在把道德利益和物质利益明确区分的可能性。即使道德争论常常发生在物质利益的服务方面，也并不意味着所有的道德主张都能被简单地看作是以这种方式发挥作用的。涂尔干认为，道德利益更常见的是以对理想（如统一、凝聚力、和平与秩序）以及对超越于个体利益或阶级利益的统一体（如社会、民族国家或者民主制）的服从义务的形式表现出来的。韦伯却对这种统一体的有机性抱有怀疑态度，他建立了一种类似的有关物质利益之外的理想独立性观点。这种典型的理想既包括神秘或禁欲、入世或出世的宗教价值观，也包括可在民族国家或种族群体中看到的自豪与荣誉感的象征。

无论是在永存的紧密联系（如民族主义）中，还是在较松散的联系（如在民主制或决策时取得一致意见的过程）中，都有很多证据表明这种道德责任感的存在。没有人曾为资本主义而死，但许多人为他们的国家或为捍卫民主而死。经济利益在身份识别过程中，并不是唯一明显的一点，即使是在比较平静的日常环境中，个人义务问题也仍然很重要。无论是自由经济主义还是政治经济学，都没有完全接受这一观点，从而大大降低了它们对经济和社会的分析能力。

聚焦于身份识别和凝聚力的非经济文化来源，并不一定就认为社会正是通过提供这些联系而成功地整合起来的。事实上，文化联系既可能是凝聚力的源泉，也可能是冲突的根源。不过，涂尔干的研究对经济与社会理论的最主要的意义在于，它巩固了这一观点，即追求个体利益的经济交易必须建立在某些文化联系的基础之上，这些联系经过一定时间仍然连贯，仍然能发挥作用，但它们存在的范围对于实证分析仍是一个问题。

从某个角度来看，将文化分析应用于社会变迁有点出人意料，因为文化更多的与整合以及维持力量联系在一起，而较少与社会变迁相连。在经济学和经济史学中，常用经济术语或技术术语来解释变迁，而单独考察文化对这种经济决定的变迁模式有何影响还很少见。因为文化涉及的是变迁的方式或面对变迁的反应，而不是变化本身的原因。

二、马克斯·韦伯

马克斯·韦伯[①]对经济社会学的贡献主要体现在以下几个方面：（1）资本主义的兴起；（2）对经济行为概念的界定；（3）经济与政治之关系分析；（4）经济与法律之关系分析；（5）经济与宗教之关系的探讨（Swedberg，1998）。而这些经济社会学思想主要体现在韦伯的三本著作中，即《新教伦理与资本主义精神》（*The Protestant Ethic and the Spirit of Capitalism*）、《经济与社会》（*Economy and Society*）以及《经济通史》（*General Economic History*）。

① 马克斯·韦伯（1864—1920），德国著名的社会学家。出生于德意志爱尔福特一名门望族，青年时代就学于海德堡大学法律系。1889 年以《中世纪商业合伙史》一文获法学博士学位，1891 年获得柏林大学法学教授职务，1894 年转入弗莱堡大学教授政治经济学，1896 年在海德堡大学教授政治经济学，1910 年与滕尼斯、齐美尔等一起创立德国社会学学会，1920 年 6 月 14 日逝世。其代表作有《经济与社会》（1921）、《新教伦理与资本主义精神》（1905）等。

（一）资本主义的兴起

对于西方资本主义是如何产生的，不同的学者有着不同的解释。马克思在《资本论》（1867）中强调革命和阶级斗争是资本主义产生的根源，他认为资本主义之所以取得成功是因为资本主义打破了封建主义的枷锁，从而解放了生产力。诺思（Douglass North）和托马斯（Robert Paul Thomas）在他们的著作《西方世界的兴起》（*The Rise of the Western World*）（1973）中认为是产权与激励导致了资本主义的诞生，为了经济增长，当私人收益率和社会收益率大规模地达成一致时，资本主义就产生了。当然还有其他学者认为就现代经济的形成而言，工业革命比资本主义的诞生更为重要。换句话说，18 世纪后半叶以来的技术在经济生产中的运用更为重要。

韦伯则对此有着自己的观点，他在其著名的《新教伦理与资本主义精神》一书中有过重要的论述。韦伯认为是宗教尤其是禁欲新教，导致了一种新的经济思想（economic mentality），即理性资本主义的产生。需要指出的是，韦伯认为，尽管宗教对于资本主义精神的产生起着重要作用，但是，现代资本主义的出现是一个循序渐进的过程，在长达几个世纪的过程中，制度、文化等都起着作用。禁欲主义宗教仅仅是这一长久过程中的一种因素而已（Swedberg，1998）。

韦伯对资本主义兴起的讨论不仅体现在《新教伦理与资本主义精神》一书中，同时在其巨著《经济与社会》和《经济通史》中也做了进一步的分析。韦伯指出，现代资本主义的产生是多因素共同作用的结果，不仅仅受禁欲主义新教的影响，股份公司的演变、现代国家制度的出现、工业革命等都对资本主义的兴起起着至关重要的作用。简而言之，现代资本主义的诞生是一个相当复杂的过程，它包括国家的建立、许多新型经济制度的创立、新型经济思想的形成、技术的引入和技术的创新等。

韦伯在《经济通史》中论述了资本主义兴起的逻辑。首先，韦伯讨论了社会群体与前资本主义社会的农业问题。其次，在该书的第二部分讨论了前资本主义的工业问题，韦伯所讨论的“工业”是指“原材料的转移”，他认为这种转移是以不同方式进行的。最后，韦伯分析了前资本主义的贸易问题。在上述谈论之后，韦伯进而分析了资本主义产生的原因。美国宾夕法尼亚大学社会学家柯林斯（Randall Collins）认为韦伯的《新教伦理与资本主义精神》集中讨论了西方资本主义出现的“观念要素”（ideal factors），而在《经济通史》中，韦伯分析了资本主义产生的“更加基础的历史和制度理论”（the more fundamental historical and institutional theory）。由此可以看出，柯林斯试图展示一种“韦伯式的因果链”（the Weberian casual chain）模式（Collins，1980）。

斯威德伯格在《马克斯·韦伯与经济社会学思想》（*Marx Weber and the Idea of Economic Sociology*）一书中，将韦伯对西方资本主义兴起的分析归结三个方面，即经济的、政治的和宗教的。

韦伯还分析了西方资本主义产生的原因、先决条件以及西方资本主义的特征（见表1-2）。

表1-2 西方资本主义产生的原因、先决条件和西方资本主义的特征

西方资本主义产生的原因	西方资本主义的特征
1. 理性的企业	1. 劳动力的理性组织
2. 理性的会计制度	2. 内外经济的无差异性
3. 理性的技术	3. 现代国家
4. 理性的法律体系	4. 理性的法律
5. 理性主义精神	5. 现代科学
6. 理性的生活行动	6. 生活行动的理性伦理
7. 理性的经济伦理	
西方资本主义产生的先决条件	
1. 理性资本核算	
2. 市场的自由性	
3. 理性技术	
4. 理性法律（并具有可操作性）	
5. 自由的劳动力	
6. 经济生活的商品化	

资料来源：SWEDBERG R. Marx Weber and the idea of economic sociology. NJ：Princeton University Press，2005：24.

韦伯认为，近代资本主义是西方文明理性化不断增长的结果，但影响其发展的具体因素是多重的。西方历史上特有的基督教新教伦理，合作社衰落导致的家与职业分离，进而导致的专业化的产生，文艺复兴之后意大利城市经济中货币的使用和银行的出现，这些都是促使近代资本主义在西方出现的原因。韦伯认为，近代资本主义作为一种经济体系已根深蒂固，以至于人们不可能通过一种革命来摧毁它，因为资本主义经济在某些方面体现了经济理性化的必然性，而且资本主义经济的合理性会促使其不断地更新社会结构，满足经济发展的需要（谢立中，1998）。

（二）对经济行为概念的界定

韦伯对经济社会学的贡献首先体现在对经济行为的认识上。韦伯认为经济行为是一种社会行为，这是经济行为的第一个精确的社会学概念。韦伯对经济行为的论述主要反映在其巨著《经济与社会》的第二章“经济行为的社会学基本范畴”中。韦伯一开始就强调，经济行为的概念在经济社会学中和在经济理论中一样，都以经济为取向，或者以设法满足对有用效益的欲望为取向。

然而，韦伯经济行为的社会学概念在两方面不同于其在经济理论中的概念。其一，在行为影响因素的问题上，韦伯指出，行为总是以人的行动为取向，总是参考其他行动者的行为；其二，在经济行动与权力的关系问题上，韦伯认为，“经济行为”应该被叫作一种和平地行使以经济为主要取向的支配权力，而“合理的经济行为”应该被叫作目的合乎理性地（即有计划地）行使以经济为取向的支配权力（韦伯，1998），这种权力通常就是指“经济权力”。

韦伯将利益驱动分析与社会行为分析结合起来，对“经济行动”“社会行动”和“经济社会行动”进行了区分。他认为“经济行动”是一种主要受物质利益驱动，以效用为导向，不考虑其他行动者的行动；“社会行动”则是一种受物质利益和精神利益双重驱动，行动者受习惯、利益和情绪的影响，并且指向他人的行动；“经济社会行动”如同“经济行动”一样主要受物质利益驱动，以效用为导向，但也顾及其他行动者的行动，同时，“经济社会行动”也受传统和情绪的影响（Swedberg，2005）。

韦伯在《经济与社会》中除了讨论了经济理论与普通社会学的关系外，还分析了经济社会学与经济理论的关系，认为经济社会学比经济理论涉及的领域更宽阔，不过经济社会学和经济理论都有一个共同的主题，即具有社会性的、理性的以及仅具经济目标的经济行为（见表1-3）。

表1-3　经济理论和经济社会学的主观领域

	理性经济行为	非理性经济行为
仅具经济目标	经济理论/经济社会学	经济社会学
非仅具经济目标	经济社会学	经济社会学

资料来源：SWEDBERG R. Marx Weber and the idea of economic Sociology. NJ：Princeton University Press，2005：30.

韦伯还讨论了有关经济行动的四大主题：（1）经济行动的不同种类（the different types of economic action）；（2）理性在经济生活中的作用（the role of rationality in economic life）；（3）经济制度的社会结构——产权、经济组织、市场和货币（the social structure of some economic institutions：property，economic organizations，the market，and money）；（4）宏观结构——包括资本主义的不同类型（macro structures，including different types of capitalism）（Swedberg，2005）。

（三）经济与政治之关系分析

韦伯对于经济与政治的关系问题有着和马克思以及涂尔干不同的观点。马克思认为经济与政治之间的互动表现在经济对大多数社会现象起决定性影响，涂尔干认为社会因素决定经济因素（Swedberg，2003）。而韦伯认为经济与政治的互动关系不仅表现在经济影响社会，而且非经济因素也会影响经济。同时，经济现象也未必是以一种决定性的方式影响社会的。

韦伯对经济与社会的关系分析主要集中在（Swedberg，2005）：（1）政治支配与财政社会学；（2）城市的经济与政治；（3）现代国家中的经济与政治；（4）社会主义的经济与政治。

韦伯分析了不同的政治支配类型对经济的不同影响。经典的经济学研究是对法理型、个人魅力型和传统型三种合法统治类型的分析。根据韦伯的观点，这三种合法统治都与经济中的一些组织相关，并以其独特的方式影响经济（见表1-4）。

法理型支配是指被统治者对政治领袖的自愿服从，对所颁布的法规的合法性的信任。其原因不在于领导者自身的品质，而在于领导者是按照已经为人们所接受的规则而选取的。因此，人们不是服从发出命令的人，而是服从法律本身。这种类型的统治需要一个官僚机构来确保其正常运行。从历史的观点来看，法理型统治与现代理性资本主义是并存的，现代理性资本主义需要可预测性与专门的技能，而这些只有官僚机构和相关的规则才能保证。

个人魅力型支配（亦称卡里斯马支配）的特点是领导者通过其非凡的或者超自然的力量来吸引其追随者。卡里斯马人格被描述成日常生活中没法找到的一种超人的特征，个人魅力型统治的精神与现存的秩序，尤其与日常生活的支柱——经济相违背。然而，很快就出现了某些常规，个人魅力型统治与现有的国家事务逐渐达成一种和解，其结果是传统类型经济秩序，而不是理性资本主义的形成。

传统型支配比个人魅力型支配或法理型支配复杂得多。传统型支配以两种主要的形式出现：家长制和世袭制。在家长制下，服从主要是出于对传统的尊重；而在世袭制下，服从主要是出于主仆之间的契约关系。家长制对于政治资本主义来说是正面的，因为统治者渴望拥有更多可支配的资源，但是对理性资本主义来说却是负面的，因为它过于武断。在传统型支配里有两个不同的领域，在其中一个领域里统治者必须遵守传统，在另一个领域里统治者可以随心所欲，而后者就是专制出现的领域。世袭制精神中存在着一种很深的反商业的道德规范，这对经济有保守的影响。

表 1-4　统治的类型及其对理性资本主义崛起的影响

	法理型	个人魅力型	传统型（家长制）	传统型（世袭制）
统治类型的特点	对法律以及规则，而不是个人的服从	服从是出于对领导者超凡的能力的崇拜	服从主要是出于对传统的尊重	服从是出于主仆之间的关系以及传统因素和个人魅力因素的综合
对经济尤其是对资本主义的影响	对于理性资本主义来说是必不可少的；与以政治为取向的资本主义对立	开始时对所有的系统经济活动持敌视态度，但是当常规化后，通常是保守力量	由于其专制的特点而与理性资本主义对立；有利于经济传统主义以及以政治为取向的资本主义	世袭制反对任何形式的资本主义；对于经济来说是极端保守的影响因素

注：根据韦伯的观点，每一种统治类型都有可能对理性资本主义的崛起产生影响。

资料来源：WEBER M. Economy and society：an outline of interpretive sociology. Berkeley：University of California Press，1978：212-301.

上面主要介绍了韦伯对于现代资本主义的兴起的阐述、其经济社会学中对经济行为概念的论述以及关于经济与政治之关系的讨论。韦伯经济社会学的思想博大精深，他关于经济与法律之关系的分析、经济与宗教之关系的探讨等，这里不做详细介绍，有兴趣的读者可以参考有关文献①。

---

① 可参见：SWEDBERG R. Marx Weber and the idea of economic sociology. NJ：Princeton University Press，2005.（本书已有中译本：斯威德伯格．马克斯·韦伯与经济社会学思想．北京：商务印书馆，2007.）

三、乔治·齐美尔

乔治·齐美尔[①]有关经济社会学的论述观点主要表现在他的《社会学》和《货币哲学》两本书中。

在《社会学》(1908) 一书中，齐美尔对日常生活中的利益进行了分析。他指出："社会是一种形式，在其中，个体聚集在一起，团结一致，并且他们的利益在其中得以实现。在他们利益的基础上——感觉上或观念上，瞬间的或持久的，有意识或无意识的，因果论或目的论的——个体形成这些单位。"［Simmel，(1908) 1971］。齐美尔的另一个重要的命题就是利益（包括经济利益）能够以不同的社会形式表现："同一利益在不同的社会可能呈现不同的形式。经济利益（举例来说）以生产者竞争和有计划的组织的形式来实现，既与其他团体相隔离，又与他们相融合。"［Simmel，(1908) 1971］《社会学》还包含一些对经济现象（包括竞争在内）的启发性分析。例如，在论述关于社会生活中参与者数量的作用时，齐美尔认为，竞争能够采取"坐收渔利"（第三方受益）的形式。在这一情境中，包含三个参与者，A 发现 B 和 C 为其竞争——如买或卖某物。竞争最终不仅涉及竞争者 B 和 C，而且涉及 A——竞争的目标。

齐美尔将竞争与冲突做了比较，他认为，冲突意味着两位参与者正面的对抗，而竞争暗示着平行的努力，即意味着社会能从参与者双方的行为中获取利益。与冲突摧毁对手不同的是，竞争是做与竞争对手相同的事情——只是做得更好而已。齐美尔还在分析中强调了与第三位参与者（坐收渔利者）的联系，指出技术好的竞争者为了抢先其对手通常会如何断定消费者需要什么："很多次竞争完成了通常只有爱情才能完成的事情：预言他人内心的希望，甚至在其本人意识到之前。对于竞争对手的紧张使得商人对大众倾向的灵敏性甚至是洞察力变得敏感，从而适应未来大众的品位、流行时尚以及兴趣的变化。"［Simmel，(1908) 1971］

在有关经济生活变化的符号秩序的分析中，关于西方现代社会兴起的研究更多的是被齐美尔推进的，而不是涂尔干和韦伯。在齐美尔的重要著作《货币哲学》(1900) 中，他采用货币的符号意义而不是技术意义来作为一种社会制度。齐美尔认为，可以把经济交换看作社会相互作用的一种形式。在人类历史中，货币是作为一种逐渐变得抽象的价值手段和交换中介出现的，与交换中的货品无关，甚至也与

---

① 乔治·齐美尔 (1858—1918)，生于德国柏林，又译成格奥尔格·西梅尔。1881 年获得柏林大学哲学博士学位。1885 年，齐美尔成为柏林大学的一位私人讲师。从宗教信仰来说，他是个基督徒，而从民族归属来讲，他却是西班牙裔犹太人，后面这一点说明了为什么尽管他享有相当高的学术声望，但在学术生涯中却只获得了一种边缘性的位置。他的大多数任职不是名誉上的职位，就是依赖于"不固定"的捐资而设立的。最终在 1914 年，他才得以就任时属德国的阿尔萨斯的斯特拉斯堡大学哲学教授，但那里的学术也是一片凋敝。齐美尔于 1918 年 9 月 28 日因肝癌逝世。齐美尔是"形式社会学"的创始人，也是德国社会学学会的创始人之一。其主要代表作有《货币哲学》(1900)、《社会学》(1908) 等。

货币的物理性质无关。它最开始是以交易体系中对人类生活有自身价值的价值表现形式（如牛）出现的，然后转变成从物质资料中分离出来的贵金属形式（如黄金），最后转变成本身无价值但能以最灵活的方式表现其他所有物品价值的纸币。当货币交换形式取代了以前的实物交换形式时，社会成员之间相互作用的形式也就随之发生重大变化。

齐美尔认为，货币已取代了宗教象征（如上帝），成为一种新的、世俗的、普遍的可用来表示其他所有物品价值的等价物。其应用的普遍性、灵活性和便携性带来了技术和经济上的优势，但同时又将货币和交换与任何超物质的文化价值分离开来。货币表现的是终极的现实，即经济交换与价值无关。货币允许主观价值以一种普遍化的形式变得客观化，但是，这种普遍的世俗等价物的发展又将个人从仅对细分社会的特殊忠诚中释放出来，投入一系列瞬时即逝的偶然的交换活动中。对于齐美尔而言，这些不体现在工业组织或生产中，而体现在城市中心的日常文化中，特别是在国际性大都市中，就像魏玛时代的柏林一样，充斥着永不安分的世俗个人主义和对时尚的奇思异想的关注。

对现代的诊断也许可以部分地用自由主义和政治经济学两方面的核心部分来解释。在与自由主义相关的方面，齐美尔认真地将个人主义和经验的分裂看作现代社会真正的文化特征。虽然他想使这个诊断更社会化和历史化，但他不想将世俗的个人主义重新与基本的社会权力或文化关系联系起来，而使得现代交换关系过度社会化。在与政治经济学相关的方面，齐美尔将货币看作一个崭新的文化世界的象征，这与马克思的异化理论有许多联系。但马克思批评异化是对人的创造性的扭曲，而齐美尔却不愿将这个新世界看成是完全病态的。一些评论家试图用马克思的方式来解释齐美尔，认为他论述了资本主义怎样把个人之间的关系变成他们的“目标”或所有物之间的关系。这种解释仅仅将齐美尔看作一个对物质化的批判者，而很少提到他对现代文化的矛盾态度。无疑，齐美尔的论述确实存在着强烈的批判因素，但他同时也将现代都市文化看作文化的一个独立而真实的方面。从这一点来看，齐美尔并不是一个寻求超物质的共产主义价值、要求毁灭物质化、对资本主义持批判态度的社会主义者或马克思主义者。而且，他正是通过强调经济交换和消费在现代分化的世俗文化中的重要地位，而对文化社会学——以及经济社会学做出贡献的。

齐美尔将文化符号化应用于经济与社会的构成中，这一特殊做法并没有体现经济生活中符号主义的所有方面，特别是它没能解释涉及工作、技术、科学和发明其文化意义的生产中心性符号主义的持久存在。工作中心性价值观的不断发展甚至神化，以及它们的个人典范，都没有进入齐美尔的研究框架。

齐美尔认为，货币有助于人类对事物的理性计算，并能促进现代社会的特点——理性化。当货币在人们的交往间使用得更为普遍时，抽象的计算便进入社会生活，例如，亲属关系或美学评价领域。

正由于货币有可能把交易限制在眼前的目的，因而它扩大了个人的自由，促进了社会的分化；货币靠自愿结盟取代了“自然”派别，这种结盟有利于具体合理的目的。在任何已被观念交易渗透到的地方，那些建立在血缘、亲属、忠诚关系基础上的种种契约都受到了冲击。在现代社会，货币不仅是价值标准和交换手段，除了具有经济功能，它还象征并体现了现代精神的合理性、不可靠性和非人格性。货币消除了物与物之间、人与人之间质的不同，并且为从礼仪社会过渡到法理社会铺平了道路（Martinelli and Smelser，1990）。

本章主要介绍了经济学家马歇尔、熊彼特和波兰尼以及社会学家涂尔干、韦伯和齐美尔著作中的经济社会学论述。经济学家关注到了经济现象中的社会因素，社会学家也将经济因素纳入社会分析之中，他们对经济与社会的关系的论述成为经济社会学的理论渊源。不过，正式提出经济社会学概念和创立经济社会学分支学科是20世纪六七十年代的事，本书第二章将对此进行详细介绍。

本章要点

经济社会学是社会学和经济学的交叉学科，经济学家马歇尔、熊彼特、波兰尼和社会学家涂尔干、韦伯、齐美尔等都对经济社会学的发展做出了贡献。

基本概念

理性经济行为　经济社会学

复习思考题

1. 从课外阅读中了解某一经济学家，如马歇尔、熊彼特或波兰尼等的社会学思想。

2. 根据所学的社会学理论和社会学史的知识，考察某一社会学家对经济现象和经济行为的分析。

推荐阅读书目

1. 齐美尔．社会学．北京：华夏出版社，2002.
2. 斯皮格尔．经济思想的成长：上，下．北京：中国社会科学出版社，1999.
3. 斯威德伯格．经济社会学原理．北京：中国人民大学出版社，2005.
4. 斯威德伯格．马克斯·韦伯与经济社会学思想．北京：商务印书馆，2007.
5. 韦伯．经济与社会：下卷．北京：商务印书馆，1998.
6. 韦伯．新教伦理与资本主义精神．北京：商务印书馆，1998.
7. 汤在新．近代西方经济学史．上海：上海人民出版社，1990.

8. 涂尔干．社会分工论．北京：三联书店，2000.

9. 熊彼特．经济分析史：第1～3卷．北京：商务印书馆，1991，1992，1994.

10. 熊彼特．经济发展理论．北京：商务印书馆，2009.

11. TRIGILIA C. Economic sociology：state，market，and society in modern capitalism. Oxford：Blackwell，2002.

参考文献

1. 马歇尔．经济学原理：上卷，下卷．北京：商务印书馆，2009.

2. 斯梅尔瑟．经济社会学：历史线索与分析的问题．国外社会学，1992 (12).

3. 斯梅尔瑟．经济社会学．北京：华夏出版社，1989.

4. 斯威德伯格．经济社会学原理．北京：中国人民大学出版社，2005.

5. 涂尔干．社会分工论．北京：三联书店，2000.

6. 韦伯．经济与社会：下卷．北京：商务印书馆，1998.

7. 巫宝三，等．经济思想史论文集．北京：北京大学出版社，1982.

8. 谢立中．西方社会学名著提要．南昌：江西人民出版社，1998.

9. 熊彼特. 经济分析史：第1卷. 北京：商务印书馆，1991.

10. 朱国宏，桂勇．经济社会学导论．上海：复旦大学出版社，2005.

11. ASPERS P. The economic sociology of Alfred Marshall. American journal of economics and sociology，1999，58 (4).

12. COLLINS R. Weber's last theory of capitalism：a systematization. American sociological review，1980，45.

13. GRANOVETTER M. The old and the new economic sociology：a history and an agenda//FRIEDLAND R，ROBERSTON A F. Beyond the marketplace：rethinking economy and society. London：Aldine de Gruyter，1990.

14. HOLTON R J，TURNER B. Max Weber on economy and society. London：Routledge，1989.

15. KRIER D. Assessing the new synthesis of economics and sociology：promising themes for contemporary analysts of economic life. The American journal of economics and sociology，1999，58 (3).

16. MARTINELLI A，SMELSER N. Economy and society：overviews in economic sociology. London：Sage，1990.

17. PARSONS T，SMELSER N. Economy and society：a study in the integration of economic and social theory. New York：Free Press，1956.

18. POLANYI K，ARENSBERG C，PEARSON H. Trade and market in the early empires：economies in history and theory. Chicago：Henry Regney Company，(1957) 1971.

19. POLANYI K. The great transformation. Boston：Beacon Press，1944.

20. ROBERTS J，DIETRICH M. Conceptualizing professionalism：why economics needs sociology. The American journal of economics and sociology，1999，58（3）.

21. SCHUMPETER J. Capitalism，socialism and democracy. New York：Harper & Row，1942.

22. SCHUMPETER J. History of economic analysis. London：Allen & Unvin，1954.

23. SCHUMPETER J. The communist manifesto in sociology and economics in essays on entrepreneurs，innovations，business cycle，and the evolution of capitalism. New York：Transaction Publishers，（1949）1989.

24. SIMMEL G. The philosophy of money. Boston：Routledge & Kegan Paul，（1907）1978.

25. SIMMEL G. The problem of sociology//SIMMEL G，LEVINE D. On individuality and social forms. Chicago：University of Chicago Press，（1908）1971.

26. SMELSER N，SWEDBERG R. The handbook of economic sociology. NJ：Princeton University Press，1994.

27. SWEDBERG R. Economic sociology：past and present. Current sociology，1987，35（1）.

28. SWEDBERG R，JOSEPH A. Schumpeter：the economics and sociology of capitalism. NJ：Princeton University Press，1991.

29. SWEDBERG R. Major tradition of economic sociology. Annual review of sociology，1991，17.

30. SWEDBERG R. Mark Weber and the idea of economic sociology. NJ：Princeton University Press，1998，2005.

31. SWEDBERG R. Principle of economic sociology. NJ：Princeton University Press，2003.

32. ZAFIROVSKI M. Economic sociology in retrospect and prospect：in search of its identity within economics and sociology. American journal of economics sociology，1999，58（3）.

第二章
经济社会学的发展及其研究

从上一章经济社会学发展的渊源可以看出，经济社会学的发展是经济学家和社会学家共同努力的结果。同时，经济社会学是社会学的一门分支学科，并且是很重要的分支学科，与社会学发展的历史也是基本同步的。换句话说，经济社会学的发展源于欧洲，首先在欧洲繁荣，20 世纪转移到北美大陆，尤其在美国得到长足的发展。20 世纪 80 年代后，欧洲和北美的经济社会学又差不多平行发展，各有所长。20 世纪末 21 世纪初以来，经济社会学在世界各国蓬勃发展，在中国也不例外。本章将首先介绍经济社会学的概念与研究对象，再根据斯威德伯格的划分，将经济社会学的发展分为三个阶段来展开叙述（Swedberg，1987），并对当代欧美学术界经济社会学的研究动向做些介绍，最后回顾一下经济社会学研究在中国的恢复与发展状况及主要研究议题。

第一节 经济社会学的概念与研究对象

传统的经济学研究一般只集中在社会生活的一个方面，即研究人们是如何运用有限的资源来组织生产、进行分配、交换货物和实施消费服务的。尽管经济学家们承认社会生活的其他方面如政治、文化、法律、教育等，也对经济生活有很大影响，但是，在通常情况下，他们都假定这些影响对经济分析而言是给定的，不能改变经济过程。换言之，即使经济学研究这些因素，也只是研究“特定的”体制，因此，限制了对经济过程的进一步研究。经济学家简化经济与社会变量之间关系的这种做法受到越来越多的批评。

经济社会学的概念和理论发展一方面是经济学与社会学互动的结果，另一方面也是社会生活中的经济活动越来越复杂，传统的经济学理论无法完整地解释纷繁的经济现象和社会发展的必然结果。本节将从经济社会学的概念和定义出发，探讨经济社会学的研究对象，以及经济社会学面对社会事实而不断修正的研究视野和方法。

一、经济社会学的概念

关于研究经济与社会之间关系的学科，至今国际学术界仍未有统一的名称，一般最为常用的名称是“经济社会学”（Economic Sociology），其次是“经济与社会：经济生活中的社会学”（Economy and Society：the Sociology of Economic Life），同时还有其他名称，如“经济社会导论”“经济与社会导论”。根据美国社会学学会的统计，下列课程名称也被放在经济社会学的栏目之列：“企业家的社会学”（杜克大学）、“资本主义政治经济：文化与经济”（美国东北大学）、“社会经济导论：公正、自由的寻求，性别、种族和阶层”（波士顿学院）、“资本主义经济学的社会组织”（哈佛大学）、“种族的政治经济学”（加利福尼亚大学戴维斯分校）、“社会的公司”（托雷多大学）和“消费文化”（伦敦大学）等（Green and Myhre，1996）。

目前，中国关于这一学科的名称较为统一，教育部高等学校社会学类专业教学指导委员会规定的10门社会学专业主干课程中，这一课程的名称就是“经济社会学”，目前国内翻译出版的几本教科书也使用了“经济社会学”这一名称①。事实上，从目前国际学术界发展的趋势来看，使用“经济社会学”这一名称已是大势所趋。

另外，也有人在经济社会学前面冠以一个“新”字，即所谓的“新经济社会学”（New Economic Sociology），这一做法主要始于1985年格兰诺维特的那篇发表在《美国社会学杂志》（*American Journal of Sociology*）上的著名文章——《经济行为与社会结构：嵌入性问题》（Granovetter，1985）。后来，格兰诺维特把这种注重网络分析方法的经济社会学称为“新经济社会学”，以便与以前的经济社会学相区别。同时，格兰诺维特使用“新经济社会学”这一名称，旨在用一种社会学理论取代传统的经济学理论（Swedberg，1997）。目前，我国的社会学家开始接受“新经济社会学”的概念，特别是年轻的社会学工作者，他们尝试在格兰诺维特的基础上，把网络分析应用到经济现象的各个方面，并且已经取得了一定的成效（张其仔，2001）。

二、经济社会学的定义

从严格意义上讲，无论是早期的经济学家，还是早期的社会学家，都没有给经济社会学下一个明确的定义。直到1976年，斯梅尔瑟第一次给经济社会学下了明确的定义。他指出：“经济社会学就是运用社会学的基本框架、变项和解释模型，研究同稀缺物品及服务的生产、分配、交换、消费有关的复杂行为。”（斯梅尔瑟，1989）美国康奈尔大学社会学系给出的经济社会学定义为：经济社会学是借助于已有的社会学概念和方法分析经济现象的学科，市场、网络、公司、产权、性别、工作和许多经济现象都是经济社会学研究的内容②。

实际上，斯梅尔瑟的经济社会学定义是相对于经济学家萨缪尔森（Paul A. Samuelson）的经济学定义提出来的。萨缪尔森认为：“经济学研究人和社会如何进

---

① 即使斯梅尔瑟的著作的英文原名为 *The Sociology of Economic Life*（直译为《经济生活中的社会学》），在翻译出版时，方明和折晓叶先生也将其译为《经济社会学》。其他翻译著作有日本富永健一的《经济社会学》（英文原名是 *Economic Sociology*）。

② 参见康奈尔大学官网，网址：http：//www. cornell. edu。

行选择，来使用可以有其他用途的稀缺的资源以便生产各种商品，并在现在或将来把商品分配给社会的各个成员或集团以供消费之用。”（萨缪尔森，诺德豪斯，1992）

为了进一步说明经济社会学的特点，斯梅尔瑟强调，经济社会学“研究社会生活中的经济方面”，但并不属于通常意义上的经济学。实质上，经济社会学“着重研究社会生活中经济方面与非经济方面之间的关系，即两者是怎样交叉重叠、怎样相互影响的”。经济社会学“还对经济活动进行社会学分析”，他将这些研究称为“经济社会学”。

从斯梅尔瑟的经济社会学定义可以看出，经济社会学应研究两个重点。第一，研究经济背景中的社会学变量同非经济背景中的社会学变量之间的关系，换言之，研究经济与其社会文化环境之间的关系，包括经济与文化、经济与政治、经济与社会群体、经济与社会分层等。第二，研究经济行为本身，即经济行为如何把不同的角色和集体结合在一起，换言之，对经济过程进行社会学分析，研究包括地位体系、权威关系、权力系统等对经济行为的影响。

尽管后来的经济社会学家们也从不同的角度给经济社会学下了不同的定义，表述不一，但基本上都没有超出斯梅尔瑟的定义。如日本经济社会学家富永健一认为：“经济社会学，是把经济行为和经济体系分别看作社会行为及社会体系的一种形态或下属部门。从这种观点出发，使用社会学的概念工具及理论体系，说明经济行为及经济体系的经济社会学是社会学的一个外延的独立分支。”（富永健一，1984）这一定义所强调的也是用社会学的概念工具和理论体系来研究经济行为和经济体系。

中国社会学界于1985年在天津召开了第一次经济社会学研讨会，并形成了中国学者的经济社会学定义：“经济社会学以经济和社会现象的互动关系为研究对象。经济社会学应该运用社会学的观点和方法，把经济现象置于广阔的社会背景中进行研究，既要研究经济政策、经济发展引起的社会后果，也要研究影响经济发展的各种社会因素。”（汪和建，1993）这一定义强调经济社会学所要研究的经济发展问题是与中国现实的社会经济发展水平相吻合的，切合中国经济与社会发展的需要，是符合中国国情、具有中国特色的经济社会学定义。

如前所述，目前的国际经济社会学界尚未给出一个具有权威性的定义，不同的经济社会学家有着不同的定义。

需要指出的是，我们认为经济社会学的诞生应以孔德创立社会学之后，韦伯最早使用“经济社会学”（Wirtschaftssoziologie）术语为准。尽管在韦伯之前有大量的经济社会学方面的研究，但至少可以说在社会学创立以及“经济社会学”术语使用之前所进行的对经济行为的社会学分析，不能被作为经济社会学这门学科诞生的标志，只能说是具有经济社会学思想的研究。

三、经济社会学的研究对象

经济社会学究竟应该研究什么？这一直是经济社会学家在不断探讨的问题。斯梅尔瑟在20世纪70年代就指出，经济社会学应从三个方面着手研究经济与社会的关系：一是从社会系统的角度将经济视为一种社会结构，来考察经济结构与其他社会结构，如经济与文化（价值观念、意识形态等）、政治等之间的关系；二是从经济过程的角度进一步考察经济因素与非经济因素之间的静态关系，如商品生产与服务、分配、交换和消费等；三是从经济变迁与社会变迁的角度考察经济变迁与社会变迁之间的动态关系（斯梅尔瑟，1989）。

苏联学者指出，社会学长期以来集中致力于发展社会结构及其组成部分，而忽略了对经济关系的研究。虽然社会学的许多分支，如劳动社会学、工业社会学、组织社会学，也各自研究了一系列“与经济学有关的现象”，但没有一个分支是把经济学发展本身作为一种反映社会阶级、阶层和群体的特殊行为和相互作用的社会过程来加以研究的，而经济社会学正是要弥补这一漏洞（泽格特，维尔戈斯，1990）。

经济社会学的研究对象是经济发展的具体社会机制。这种社会机制被定义为社会群体内部、群体之间及其同国家之间，在生产、分配和消费物质产品及劳务方面相互作用的稳定系统。

20世纪80年代前期，经济社会学开始把研究重点放在下列问题上：首先是揭示政府管理经济活动与进步的经济行为方式之间的相互关系，前者是刺激还是阻碍了后者；其次是分析各社会群体的社会地位、经济利益与其对社会经济改革的态度有何联系，以发现新经济机制的采纳将以何种方式影响各群体的社会地位和社会声望；最后是设计经济及社会政策和相关措施，以此形成广大的主观上对改革有兴趣的社会主体，并遏制对改革没有兴趣的群体的作用。

从1984年起，经济社会学确立了下列发展方向：第一，确定那些在相互作用上有助于奠定经济发展社会机制基础的社会群体，并刻画出其质的特征；第二，探讨社会群体经济行为的形式、方式和客观规律；第三，分析群体经济行为的条件，如社会经济状况、国家组织对群体经济行为的调节；第四，研究社会群体的社会经济意识，尤其是群体的利益、需要、价值观、舆论、生活计划以及对完善社会关系的途径所持的态度；第五，确立经济的社会调节体系，确保各群体之间及其同国家间利益的一致，开拓有效利用劳动力和生产潜力的具体途径，并在实践中对其加以检验。

1992年，格兰诺维特和斯威德伯格出版了《经济生活中的社会学》一书。在书中，他们对经济社会学的研究对象做了描述，认为经济社会学研究的内容应该包括：首先，从社会学的视角审视经济，这是从理论层面来叙述经济社会学的研究内容；其次，经济社会学应该从历史的层面和比较的视角来研究经济，这主要是在研究方法上展示经济社会学的研究内容；再次，经济社会学应该把经济制度研究作为自己的主要研究对象；最后，经济社会学应该研究经济组织，包括公司研究、工业组织研究等。1994年，斯梅尔瑟和斯威德伯格在充分调查经济社会学家所从事的研究的基础上，对经济社会学的研究对象做了进一步阐述。他们认为经济社会学的研究应该集中在：（1）用社会学的视角审视经济，这包括从文化的角度研究经济，以及从多学科的角度研究经济（如制度经济学、交易成本经济学、组织理论、进化理论、理性选择理论等）。(2) 研究经济的核心问题，如经济系统、经济制度和经济行为。一方面应从宏观社会学的角度研究经济，另一方面应研究经济制度和经济行为。(3) 研究公司、组织和工业。(4) 研究社会与经济的关系，包括其他制度与经济的关系，如教育制度与经济、宗教制度与经济、福利制度与经济、分配制度与经济，同时也包括性别与经济、种族与经济以及环境与经济等（Smelser and Swedberg，1994）。

1996 年，美国西北大学的经济社会学家布鲁斯·卡鲁瑟尔斯（Bruce Carruthers）指出，经济社会学就是用社会学的观点研究经济制度和经济行为。经济社会学应该建立一套社会学概念和理论，用以解释市场、价格、公司、供给、生产、工作、交换、财产等经济现象（Green and Myber，1996）。

1997 年，格兰诺维特在为斯坦福大学开设经济社会学课程时，明确提出了经济社会学的研究对象：经济社会学应用社会学的视角研究工业组织、商业联盟、劳动力市场、信息网络在物品生产和服务中的作用，物品通过非市场机制如何进行分配，非西方国家的资本主义，经济中的权力关系以及像法律和医疗中存在的专业组织[①]。

美国社会学学会经济社会学分会于 2000 年 8 月成立，它明确规定经济社会学的研究对象分为四个方面。从某种程度上讲，这是迄今为止对经济社会学研究对象较为权威的表述。

(1) 宏观社会学视角下的经济。实际上，许多经典经济社会学家对经济研究持宏观社会学的观点，如韦伯、马克思、涂尔干、帕森斯（Talcott Parsons）、斯梅尔瑟、波兰尼和熊彼特等。现代经济社会学家如格兰诺维特、斯廷施凯姆（Arthur Stinchombe）和爱桑尼等基于传统的理论，运用更新、更复杂的方法研究美国、拉丁美洲、欧洲和亚洲的经济系统。

(2) 经济制度和经济行为的社会学分析。经济社会学家研究许多主要的经济制度，包括市场（劳动力市场、生产市场、工业市场、金融市场和服务市场）、货币、银行、贸易、交通、网络、消费（包括消费行为）以及非正式经济等。

(3) 社会学视角下的公司、组织和产业。组织是经济活动中主要的社会行动者，因此，经济社会学家分析组织的结构、行为和效率，研究主题包括企业家、工资、激励机制、组织运行、商业集团、行业、工业区域、战略联盟、供需关系和非法活动（如共谋性欺骗）等。

(4) 经济与社会系统、政治系统的关系。经济社会学家分析经济制度与非经济制度的相互关系，把经济生活扩展到社会制度和政治制度之中，同时，也将政治制度和社会制度扩展到经济生活领域。其研究主题包括经济与文化、经济与教育、经济与性别、经济与种族、经济与闲暇、经济与国家、经济与政治体制，以及经济与环境的相互关系等。

将美国经济社会学分会对经济社会学研究对象的概括与斯梅尔瑟等人对经济社

---

① 参见 http://www.leland.stanford.edu/class/soc114/catalog.htm。

会学研究对象的论述进行比较，可以发现美国经济社会学分会的观点主要取自斯梅尔瑟和斯威德伯格的观点。

根据斯梅尔瑟和斯威德伯格的观点，经济社会学的研究领域主要包括三大块：第一，导论（经济社会学的一般性问题）；第二，经济的核心主体（经济系统、经济制度和经济行为）；第三，经济与非经济变量之关系研究（见表2-1）。

表2-1　经济社会学研究领域的变化

第一版（1994）	第二版（2005）
导论（经济社会学的一般性问题）	
1. 经济的社会学视角	1. 经济社会学导论
2. 文化与经济	2. 经济社会学的历史与比较方法
3. 制度经济学的回归	3. 经济学与社会学中的新制度主义
4. 交易成本经济学和组织理论	4. 经济人类学原理
5. 经济变迁的进化理论	5. 行为经济学
6. 经济发展的制度	6. 情感与经济
7. 经济社会学的理性选择理论	
经济的核心主体（经济系统、经济制度和经济行为）	
（一）宏观社会学视角下的经济	
1. 文明与经济组织	1. 古代地中海世界的经济社会学
2. 国际经济与经济发展	2. 全球经济：组织、管理与发展
3. 社会主义经济系统	3. 国际经济秩序的政治社会学与经济社会学
	4. 市场转型国家经济体制
（二）经济行为和经济制度的社会学	
1. 作为社会结构的市场	1. 社会中的市场
2. 资本主义与劳动力市场	2. 劳动力市场和工会的社会学
3. 货币、银行和金融市场	3. 银行业与金融市场
4. 贸易、交通与空间分布	4. 工作与职业社会学
5. 网络与经济生活	5. 文化与消费
6. 消费、偏好与变迁的生活方式	6. 货币与信用社会学
7. 非正式经济及其两难困境	7. 网络与经济生活
	8. 非正式经济
（三）公司、组织和工业社会学	
1. 商业集团	1. 商业集团与社会组织
2. 企业家精神与管理	2. 企业家精神
3. 公司、工资与激励	3. 公司与环境
4. 公司及其环境	
5. 经济组织的绩效测量	

续表

第一版（1994）	第二版（2005）
经济与非经济变量之关系研究	
1. 教育与经济	1. 国家与经济
2. 性别与经济	2. 法律与经济的社会学视角
3. 宗教与经济生活	3. 福利国家与经济
4. 种族经济	4. 教育与经济
5. 劳动与闲暇	5. 宗教与经济生活研究的新路径
6. 国家在经济生活中所扮演的角色	6. 性别与经济社会学
7. 福利国家与经济	7. 种族经济
8. 分配与再分配的社会学	8. 技术与经济
9. 经济与环境	9. 经济与环境

资料来源：SMELSER N，SWEDBERG R. The handbook of economic sociology. NJ：Princeton University Press，1994. SMELSER N，SWEDBERG R. The handbook of economic sociology. 2nd ed. NJ：Princeton University Press，2005.

从表 2-1 的对比可以发现，在从 1994 年到 2005 年的 10 多年间，尽管经济社会学学科发展突飞猛进，但经济社会学的知识体系，或者说这一学科研究的领域基本没变，只不过在这 10 多年里，国际与全球问题的社会学研究，行为经济学研究，经济人类学研究，法律与经济、技术与经济、情感与经济、经济与社会关系的制度主义研究，转型经济以及工作职业等方面的研究增加了许多，并且日益成为经济社会学研究的主要领域。

四、新经济社会学

古典经济社会学与新经济社会学的不同之处在于，古典经济社会学是残余的、补充的、过于侧重面对面的经济分析的，而新经济社会学则试图摆脱这种局面，集中探讨经济变量的内核。新经济社会学的核心观点是，对于许多传统上由经济学家处理的经济问题，可以借助于社会学来进行有效的分析。

新经济社会学有两个基本的社会学假设：一个假设认为行为总是被社会定位，不能仅用个人的动机来解释行为；另一个假设认为社会制度不可能是自发形成的，而是由社会构建的（Granovetter，1990）。

格兰诺维特把新经济社会学中所研究的经济现象分为三个层次。第一个层次是“个人经济行动”（individual economic action），即充分利用稀缺资源来满足自己需求的有目的的行动；第二个层次是“经济产出”（economic outcomes），即个人行动的规范模式，如稳定的商品价格的形成以及不同类工人之间工资的差异；第三个层次是“经济制度”（economic institution），与经济产出不同，它是经济行动丛，指的是应该如何办事，如经济组织系统、资本主义制度等（Granovetter，1990）。

新经济社会学就是要研究个人经济行动、经济产出和经济制度三者之间的关系。它的核心概念是“嵌入”（embeddedness）。格兰诺维特把嵌入分为两种，即关系嵌入和结构嵌入。所谓关系嵌入，是指经济行动、经济产出和经济制度受行动者个人关系的影响；所谓结构嵌入，是指经济行动、经济产出和经济制度受整个关系网络结构的影响（Granovetter，1990）。

斯威德伯格在一篇文章中对新经济社会学的发展做了详细介绍，其主要内容见表 2－2（Swedberg，1997）。

表 2－2 作为一个理论群体的新经济社会学

代表性文献	格兰诺维特的《经济行为与社会结构：嵌入性问题》(1985)
基本方法	借助于标准的社会学方法分析主要的经济过程，特别是网络理论、组织理论和文化社会学
中心概念	“嵌入”“经济制度的社会构建”
主要人物	格兰诺维特、贝克、伯格特、伯特（Ronald Burt）、迪马吉奥（Paul DiMaggio）、弗雷格斯坦、哈密尔顿、赫希、迈耶（Marshall Meyer）、波茨（Alejandro Ports）、鲍威尔（Walter Powell）、舒尔茨（Michael Schwartz）、斯密（Charles Smith）、乌兹、怀特、泽利泽等*
研究基地	美国的许多大学，如 20 世纪 80 年代的纽约州立大学石溪分校、20 世纪 90 年代的加利福尼亚大学的各校区**
重要的专题文章***	格兰诺维特的《找工作》(1974) 泽利泽的《道德与市场》(1979)、《给无价的孩子定价》(1985)、《货币的社会意义》(1994) 舒尔茨的《美国商业的权力结构》(1985) 弗雷格斯坦的《公司控制的转换》(1990) 斯密的《拍卖》(1990) 伯特的《结构洞》(1992) 波茨的《移民经济社会学》(1993)

* 表中所列的人物是本书中出现过的，除此以外，还有 Mitchel Abolafia、James Baron、Fred Block、Bruce Carruthers、Frank Dobbin、Robert Eccles、Paula England、George Farkas、Roger Friedland、Micheal Gerlach、John Lie、Patrick McGuire、Mark Mizruchi、Marc Orru、Joel Podolny、Frank Romo、Linda Brewster Stearns、Michael Useem 等。

** 事实上，正如本书所指出的那样，经济社会学在国际社会学界，特别是在美国，发展突飞猛进。表 2－2 中所列的研究基地仅限于到 1990 年前期，后来居上者如康奈尔大学、斯坦福大学、美国西北大学等，也都是经济社会学的主要基地。

*** 这里对原文中的专题文章进行了筛选。

第二节 经济社会学的发展

一、经典经济社会学在欧洲

经典经济社会学的发展过程离不开欧洲大陆的社会科学家的努力，尤其是德国和法国的社会学家们对经济社会学的产生和发展产生了较大影响。

（一）德国的经济社会学发展

德国经济社会学自 20 世纪初诞生起就体现出明显的德国社会学“历史和比较

的双重特征”的学术传统，德国的经济社会学家使经济研究体现出“文化科学”的味道，运用解释的方法去分析经济问题。德国的社会学家们着重于德国的经济发展以及国家在经济发展中的作用，韦伯、桑巴特和熊彼特等的研究充分说明了这一点。他们试图消除源于经济学家在历史与理论之间的方法论上存在的差异。韦伯指出，经济社会学应同时吸收历史研究和分析理论的精华，它应该是历史研究与分析理论的纽带。除韦伯外，卡尔·毕歇尔（Karl Bücher）、奥托·欣策（Otto Hintze）、熊彼特、齐美尔和桑巴特都对这一问题做过认真研究（Swedberg，1991）。

韦伯是德国经济社会学发展的主要贡献者①。在韦伯的学术生涯中，他研究了许多经济社会学主题，如中世纪的贸易公司、股票交易、古代经济史、经济学的历史学派和主要宗教的经济伦理等。他在后半生也一直试图建立经济社会学的理论基础，其未完成的巨著《经济与社会》就是这种努力的结果。韦伯的《经济与社会》和《经济通史》不仅是其经济社会学思想的精华，也是德国经济社会学走向成熟的标志（Swedberg，1998）。韦伯经济社会学的理论范畴主要集中在两个方面，即经济社会学必须是解释性的，权力在经济中起着关键作用。韦伯强调“所有‘经济的’过程的宗旨都是有明显特征的——人的行为意义”（韦伯，1987），认为权力概念与社会是不可分的。在他看来，对于许多重要的经济现象，如获得、消费行为等，只有适当地考虑经济权力的作用，才能正确地理解（Swedberg，1991）。

在这一阶段，德国的其他学者也研究了诸多经济社会学主题：桑巴特在他的著作《现代资本主义》（*Der Moderne Kapitalismus*）中，对资本主义的特征和起源进行了探讨，在《三种国民经济学》（*Diedrei National Konomien*）中，概括了“解释性经济学”的方法论；欣策在关于18世纪普鲁士的商业政策研究中，特别注重国家和经济的关系问题，他关心的是国家在市场结构中的作用；熊彼特试图分析国家的财政问题，他受马克思主义的影响，在《资本主义、社会主义和民主》一书中对资本主义体系的结构矛盾做了精辟的分析；毕歇尔在《工业进化》（*Industrial Revolution*）中对阶段理论和制度主义的解释在欧美引起了很大的反响；齐美尔在《货币哲学》中就货币社会学做了论述，他更着重于对经济行为中信托作用的研究（Swedberg，1991）。

（二）法国的经济社会学发展

法国的安奈（Annee）小组对经济社会学的发展也做出了贡献（Swedberg，1987）。这些研究包括：M. 哈尔瓦奇（M. Halwach）关于工人阶级的等级研究，C. 玻欧格尔（C. Bougle）关于法国经济社会学发展的综述，M. 莫斯（M. Mauss）关于送礼的研究，以及F. 斯密尔德（F. Simiand）关于工资与经济长期波动的关系的研究。其中，莫斯的《礼物：古式社会中交换的形式与理由》和斯密尔德的《工

① 瑞典著名社会学家斯威德伯格专门研究了韦伯的经济社会学思想，他的研究成果集中反映在其著作《马克斯·韦伯与经济社会学思想》（*Marx Weber and the Idea of Economic Sociology*）中，该书中译本由商务印书馆于2007年出版。

资与经济波动》最为著名。由于这两项研究的方法不同，因而反映了法国在此期间经济社会学研究的大致范围。莫斯的研究对经济社会学的价值在于，他对各种经济制度进行了理论化的描述，他关心的是送礼的社会结构。莫斯不赞成那种认为送礼只是一种简单的慷慨信号的观点，认为送礼至少包括三种责任和义务，即“付出”“收到”和“还礼”。在《礼物：古式社会中交换的形式与理由》一书中，莫斯还讨论了慷慨、信用、利率、施舍、社会福利、消费和合同等。斯密尔德研究了法国18世纪至1930年工人工资的变化与经济波动的关系，他的最初目的是了解工资是如何随时间变化的，以及如何解释其变化。在研究中，他发现工资波动呈现出五个不同阶段，即：从法国革命开始到19世纪初期的上升阶段，在后几十年到1850年的下降阶段，再到1880年的上升阶段，大约到1900年的下降阶段，以及到1930年的上升阶段。为了找到这一循环变化的原因，他认真考察了各种人口社会因素、法律和技术因素。最后，他发现这些因素都不足以解释工资的长期波动和变化，而真正的原因是价格的波动。斯密尔德认为货币是一种“社会现实”（social reality），由此可以看出，斯密尔德的研究实际上具有“社会货币主义”（social monetarism）的特征。

综上所述，德国经济社会学和法国经济社会学各有其特征，韦伯、桑巴特和熊彼特等德国经济社会学家最为关心的是资本主义以及资本主义斗争，德国社会学试图在经济学理论中为经济社会学寻找一席之地；而涂尔干等法国经济社会学家却热衷于“工业社会”以及工业社会的黏合问题，同时涂尔干还与经济学家做斗争，试图用经济社会学替代经济理论。不过两国经济社会学的发展有着共同的特点：都把文化-符号放在中心位置，德国经济社会学采用的是弗里德里希·戈特勒（Friedrich Gottle）的“相互理解”（verstehen）概念，法国经济社会学则采用了涂尔干的“集体观念”（collective representations）的概念。

两国经济社会学存在差异的原因是两国经济社会学有着不同的学术渊源：德国的经济社会学源于历史经济学和马克思主义，而法国的经济社会学却源于圣西门（Saint-Simon）和孔德的思想。圣西门是第一个分析“工业社会”的思想家，他准确地定义了工业社会；孔德认为要解决工业社会的问题，需要一种与经济理论不同的社会理论。另外，法国的经济社会学家普遍认为现代经济制度在宗教行为中必有其根源，因而，经济社会学也应运用人类学的理论（Swedberg，1991）。

二、经济社会学发展的低谷阶段

正如随着社会学的统治地位由欧洲向美国转移一样，经济社会学在欧洲（主要是德国和法国）的研究也每况愈下。不仅仅是欧洲，全球经济社会学在20世纪40年代也一直处于低谷阶段。根据斯威德伯格的分析，其主要原因是这一时期数量经济学盛行，而且排斥社会学家涉足经济领域。在经济社会学发展的初期，经济社会学尚未在美国出现，美国社会学家也没有关于经济方面的著作问世。美国经济学家对经济社会学的研究也不感兴趣，他们认为社会学家应该专注于婚姻、家庭、越轨行为和贫穷等社会问题的研究，而不应该涉足经济领域。美国的经济学家与社会学家对他们所处的状态感到很自然，因此，经济学家与社会学家之间的交往甚少，这种现象一直持续到20世纪50年代（Swedberg，1991）。

美国经济社会学的创立应归功于社会学家帕森斯[①]。帕森斯在《社会行动的结构》（*The Structure of Social Action*）一书中所谓的“分析因素法”代表了经济-社会思潮的早期观点。20世纪50年代，经济社会学在美国越来越受到学者们的重视，经济人类学、经济心理学、行为经济学的诞生，以及现代化理论和工业社会学的分析研究，使得经济社会学在美国显得十分活跃。1951年，帕森斯的学生沙顿（Sutton）在哈佛大学开设“经济行为的社会学分析”课程，鼓励经济学家凯森（Kaysen）、托宾（Tobin）和哈里斯（Harris）从事经济行为的社会学分析，他们在1956年合作出版了《美国商业纲要》（*The American Business Creed*）一书，该书认为美国商人的信条是商人在社会生活中的角色紧张所致。帕森斯则与斯梅尔瑟合作出版了巨著《经济与社会》，在此书中，帕森斯提出了自己的观点，即经济是社会系统的一个子系统，经济理论只是社会理论的特例。

这一阶段经济社会学的发展与以前有着显著不同，这种不同在帕森斯和斯梅尔瑟的《经济与社会》中有详细的阐述（Martinelli and Smelser，1990）。首先，他们创立了包括社会理论在内的一般行为理论，他们既没有（像韦伯那样）进行宏大的文化和制度比较研究，也没有（像熊彼特那样）发展资本主义动力和矛盾的历史特定理论，而是旨在以最抽象的分析术语展示社会面临的迫切需要，划分出以满足这些需要为取向的分化子系统的主要类型，以及识别出这些子系统之间的重要关系。其次，帕森斯和斯梅尔瑟的分析是在功能主义理论框架内进行的，从而远离了他们的先驱。最后，与第一阶段的先驱们相比，帕森斯和斯梅尔瑟接受了大量的形式经济理论的范畴和关系，如生产因素、供给和需求、信贷和货币理论以及均衡分析法，并把它们作为合法的理论框架，甚至将某些方面作为社会科学理论化的模式。

斯梅尔瑟在帕森斯转向其他领域之后仍继续研究经济社会学。此时，他更注重经济社会学中的社会变迁问题，这种研究集中反映在他的《工业革命中的社会变迁》（*Social Change in the Industrial Revolution*）一书中。斯梅尔瑟不同意将经济独立于政治与法律控制之外，以及把经济作为一个独立的现象进行研究的观点。1963年，他在第一本经济社会学教科书《经济社会学》（*The Sociology of Economic Life*）中，用不同于先驱者的非正规假设展开自己的研究，他在该书的中文版序言中指出：“不管怎么说，经济总是一种制度，既然它是一种制度，也就不可避免地受到能够影响社会上各种制度的社会因素和心理因素的影响，认识经济就必须深入认识整体社会。对各种不同经济——资本主义、社会主义、共产主义、自由的、

---

① 帕森斯同大多数美国学者一样，在欧洲获得了博士学位（在经济社会学发展的第一个阶段，美国还没有研究生教育），他是韦伯和桑巴特的学生。帕森斯起初是一名制度主义者，后来，他对制度主义丧失了信心，转而相信新古典主义理论必将流行，因此转向对新古典主义理论的研究。

受控制的、混合的经济——的比较研究足以证实这一基本原理。”（斯梅尔瑟，1989）

三、经济社会学的复兴

经过帕森斯、斯梅尔瑟时代之后，经济社会学又处于低谷阶段，经济学与社会学的分离达到了高潮。产生这种现象的原因有两个方面：一是经济学家迷恋经济学的技术分析手段，而忽略了社会学的方法；二是社会学本身的理论水平没有提高。直到20世纪70年代，石油危机和西方经济的“滞胀”动摇了经济学的自信心，经济学家对自己的经济学视野以及经济学理论产生了怀疑；20世纪60年代和70年代新马克思主义开始复苏，新韦伯思想开始产生影响；美国国内20世纪六七十年代民权运动和女权主义的盛行，导致了经济生活中的性别问题研究。因此，20世纪70年代以后，经济社会学开始步入新的发展阶段，这个阶段一直延续至今。

经济社会学自创立以来，一直都得力于经济学家和社会学家的共同努力。由于经济学家自身对主流经济学产生了动摇，他们认识到新古典经济学也不适应当前经济社会的发展，于是开始对新古典主义的效用理论进行大量的修正，并且对经济进行了大量的实证研究，这样，就产生了所谓的“行为经济学”。行为经济学主要是运用心理学的理论，同时也考虑社会因素。20世纪70年代中期，加里·贝克尔（Gary Becker）的名著《人类行为的经济分析》（*The Economic Approach to Human Behavior*）即行为经济学的代表性著作（贝克尔，1993）。从那以后，行为经济学盛行于经济学界，并被广泛地应用于人口学、社会学、法学和政治科学、经济史学等领域。

20世纪70年代中期，经济学家创立了新制度主义。所谓新制度主义，就是用微观经济学的理论解释社会行为、社会秩序和社会制度。新制度主义反对传统的“个人主义研究方法”，反对把个人作为研究的出发点，而着重于“集体行为”；反对传统的脱离实际的抽象法，主张研究各国的具体历史材料；反对传统的经济制度永恒不变的说法，提出所谓历史起源的方法。“新制度主义这种演进的、整体的方法是有别于新古典主义学派的静止的、机械的均衡分析方法的。”（刘涤源，谭崇台，1990）加尔布雷斯（J. K. Galbraith）是新制度主义的主要代表人物之一，而引起经济社会学注意的是威廉姆森（O. Williamson）的《市场与层级制》（*Markets and Hierarchies*）。

经济学中行为经济学和新制度主义的出现，充分说明了在传统经济学的困境面前，经济学家对所研究问题的一种敏锐反应。而正是这种敏锐的反应激励着社会学家们考虑他们在经济现象研究中的地位。20世纪70年代后期，社会学家怀特开始了有关市场的一系列开拓性研究，随后，他的学生格兰诺维特发表了《经济行为与社会结构：嵌入性问题》一文，此文被社会学家和经济学家公认为经济社会学再度发展的决定性文章。后来，格兰诺维特把这种注重网络的分析方法称为新经济社会学（Swedberg，1991）。

第三节　当代美国经济社会学

一、当代美国经济社会学发展概况

经济社会学是当今社会学中最为活跃的分支学科之一，尤其在美国社会学界，这可以从美国一年一度的社会学年会专题讨论会的数量变化和研究生教育的专业设置中看出[①]。2000 年，第一届美国经济社会学分会成立，第一届分会主席是 W. 贝克，分会组织委员会委员包括伯格特、弗雷格斯坦、乌兹、旺德利以及怀特。分会刚成立时十分艰难，但大家同心协力，进行了卓越有效的工作，建立了必需的分会组织结构并开始招募会员，当年就招募了 400 名经济社会学分会会员。2001 年 1 月，分会就成为美国社会学学会的永久性分会组织，会员人数整体呈上升趋势（见表 2-3）。美国经济社会学分会现任主席（2020 年）是马萨诸塞大学安姆斯特分校的唐纳德（Donald Tomaskovic-Devey），上一届主席是芝加哥洛约拉大学的鲍曼（Emily A. Barman），选举主席（即下一届主席）是耶鲁大学的埃里克森（Emily Anne Erikson）。以前的主席包括普林斯顿大学的波茨、哈佛大学的道宾（Frank Dobbin）、斯坦福大学的鲍威尔等。

表 2-3　美国经济社会学分会会员人数（2001—2020）

年份	会员人数	年份	会员人数
2001	439	2011	872
2002	505	2012	823
2003	548	2013	848
2004	614	2014	808
2005	674	2015	748
2006	717	2016	782
2007	776	2017	783
2008	780	2018	731
2009	823	2019	760
2010	836	2020	701

第一届经济社会学分会会议于 2001 年在加利福尼亚州举行，当时有两个专题分会，一个是“经济社会学的演变领域”，另一个是“全球金融市场”，同时还有一个由乌兹主持的圆桌论坛。会议开得十分成功，吸引了大量听众。同年，《美国新

① 参见：周长城．社会变迁：机会与约束．社会学研究，1997（2）．周长城．美国大学社会学专业与社会学研究领域．社会学研究，1996（5）．

闻与世界报道》(*U. S. News & World Report*) 开始将经济社会学作为美国社会学系年度排名的主要领域之一。

20 世纪 80 年代中期以来，以格兰诺维特[①]为代表的新经济社会学的诞生，标志着经济社会学进入了一个崭新的发展阶段。新经济社会学的主要理论基础是“社会网理论”“文化社会学”和“组织理论”(Swedberg，1997)。经济社会学的复苏在一定程度上是由于受到怀特关于市场社会学的论文 (White，1981)、伯特的《行动的结构理论试探》一文 (Burt，1982) 和格兰诺维特关于嵌入性与经济行动的论文 (Granovetter，1985) 这三篇具有重要影响的论文的激发 (Guillen，Collins，England，and Meyer，2002)。可以说，新经济社会学是北美的一种集体努力，是一种社会运动。

制度学派成为美国经济社会学研究的主要视角。制度主义视角对经济的分析主要表现在弗兰克·道宾主编的《经济社会学》(*The Sociology of the Economy*) 一书中，正如高柏所指出的那样，“制度学派是美国经济社会学中最有影响的学派之一”(道宾，2008)。经济社会学家关注用经典社会学方法来理解经济行为，特别关注影响经济规则形成与演变的四个因素：政治制度、经济模型、社会网络及经济理念。

(一) 政治制度塑造市场

佩罗 (Charles Perrow) 和高柏的研究都验证了国内的政治制度如何使不同的国家产生了独特的经济制度和市场形式。佩罗研究了美国寡头企业的崛起 (Perrow，2002)，高柏研究了日本产业行会和卡特尔的兴起，研究显示政治制度结构决定了塑造经济制度和规范的主体，以及这些制度和规范的基本内容 (Gao，2004)。他们的研究解释了政治制度是如何塑造经济市场的。

(二) 经济模式塑造市场

公司和国家也遵循示范效应，这也是一种理性策略。经济行为在一定程度上类似于人群的模仿行为，而不是理性设计与计算的结果。米兹鲁奇 (Mark Mizruchi) 和戴维斯 (Gerald Davis) 从历史的角度考察了美国银行业在 1962—1981 年的全球化问题 (Mizruchi and Davis，2004)；施奈普 (William Schneper) 和圭伦 (Mauro Guillen) 考察了公司的治理、合法性与模式 (Schneper and Gullien，2004)；诺尔-塞蒂纳 (Karin Knorr-Cetina) 和布鲁格 (Urs Bruegger) 在名为《全球微观结构：金融市场的互动实践》(Global Microstructures: The Interaction Practices of Financial Markets) 一文中，用田野调查的分析方法探询了规范交易的非正式规则，正是非正式规则的聚合形成了市场的规则结构 (Cetina and Bruegger，2004)。

(三) 社会网络塑造市场

社会网络有很多方式塑造经济行为：通过提供定价线索，通过展示可提供的商业

---

① 马克·格兰诺维特，先后在纽约州立大学石溪分校、美国西北大学任教，现为斯坦福大学社会学教授、著名经济社会学家、新经济社会学的创始人。

策略，通过塑造竞争环境，等等。麦克利恩（Paul McLean）和帕吉特（John Padgett）考察了文艺复兴时期意大利佛罗伦萨的丝绸业和羊毛加工业发展的商业模式，他们通过分析得出结论，即社会网络和经济网络的重合为早期的佛罗伦萨带来了新的联姻和贸易方式。研究显示，社会网络塑造了佛罗伦萨的经济活动（Malean and Padgett，2004）。海弗曼（Heather A. Haveman）和凯斯特（Lisa A. Keister）从组织生态学的角度研究了产业网络中的位置如何影响一个公司的前景，他们用经验研究阐明了产业网络能够有利于公司的绩效、增长和存活（Haveman and Keister，2004）。由此可见，经济生活一直是社会生活，社会网络影响经济网络，经济网络也无法摆脱社会网络的限制（道宾，2008）。

（四）经济理念塑造市场

经济社会学家认为经济理念影响经济行为和制度，嵌入经济习惯中的理念经常塑造出新的经济习惯。古典经济社会学家韦伯在《新教伦理与资本主义精神》一书中就指出，资本主义精神起源于新教伦理。斯科特（Richard Scott）在2000年发表的《制度变迁与医疗保健组织》中，考察了美国医疗保健领域在20世纪60年代由一种市场模式取代美国早期的专业群体控制模式和作为过渡的官僚模式的过程，试图找到这种新的管理医疗保健的市场模式是如何产生的（Scott，2004）。戴维斯在题为《关于当代中国家庭产权制度的讨论》一文中探讨了对全球的房地产私有化理念的反抗，尤其是发生在转型期的中国社会对西方资本主义房地产法律的反抗（Davis，2004）。泽利泽早在20世纪80年代初期就关注因为亲人去世而支付现金的人寿保险问题，并发表了著名的《道德与市场：美国人寿保险的发展》（Zelizer，2002）。希利（Kieran Healy）力图解释器官移植产业如何回避人体器官产业化的问题（Healy，2004）。这些有关医疗保健市场、房地产市场和人体器官移植市场的研究都告诉我们，在现实生活中存在着许多有效组织经济活动的方法，是一种理念使得某些特定的方式被当作合理合情的运作方案，说明理念对经济行为有着重要作用，这也是经济社会学家所秉承的信念。

如上所述，组织制度学派和历史制度学派是当代经济社会学的主要视角之一。20世纪80年代以来，美国经济社会学的研究着重于以下几方面。

二、当代美国经济社会学研究重点①

（一）社会网络与经济社会学

如前所述，怀特、罗纳德·伯特以及格兰诺维特三人对新经济社会学的发展做

① 这部分内容除标注外，其他参考了：SMELSER N，SWEDBERG R. The sociological perspective on the economy//SMELSER N，SWEDBERG R. The handbook of economic sociology. NJ：Princeton University Press，1994：17 - 19. SWEDBERG R. Major traditions of economic sociology. Annual review of sociology，1997，17.

了奠基性的工作，随后，他们的追随者们在网络与经济生活方面继续努力研究。可以说当代经济社会学研究的重点是网络。怀特花费近 10 年时间对结构理论进行了研究，1981 年他在《市场来自何处》（Where Do Markets Come From?）一文中概述了他的市场理论，2001 年又在《来自网络的市场》（*Markets From Networks*）一书中对自己的市场理论进行了详尽的阐述。怀特的理论的重要性在于，人们不再仅仅关注被嵌入市场中的制度和社会关系，而是集中关注市场本身的内在网络结构，这种研究取向对经济社会学的发展起着十分重要的作用。怀特的理论为市场动力学分析提供了一种全新的方法，并为经济社会学家主张用经济社会学替代主流经济学的努力提供了理论支撑。[①]

罗纳德·伯特认为社会资源、社会资本的多少取决于个体在网络中的位置，与关系的强弱没有必然的联系，并提出了“结构洞”的概念以做说明。结构洞是社会网络的两种类型中的一种，即“社会网络中的某个或某些个体和有些个体发生直接联系，但与其他个体不发生直接联系。无直接联系或关系间断的现象，从网络整体看好像网络结构中出现了洞穴”[②]。结构洞的重要性并不与关系的强弱有关，因为在结构洞存在的时候，处于两者连接状态的第三者拥有两种优势：信息优势和控制优势。而为了保持这两种优势，第三者希望保持结构洞的存在，不会让另外两者轻易地联系起来。在经济组织中，占有结构洞多的人更有地位与声望。显然，结构洞是社会网的一个部分（周长城，杨敏，2008）。同时，伯特的理论还认为优势存在于疏网而不是密网中。伯特的结构洞理论如同怀特的市场结构理论一样，对新经济社会学的发展做出了重要贡献，它改变了传统经济学理论中认为竞争为公司能力、公司战略和市场地位所决定的观点，把竞争优势定位于社会关系之中。

除怀特用网络理论分析市场、伯特用网络理论研究竞争外，格兰诺维特用网络理论分析了人们在就业时信息网络的作用，舒尔茨用网络理论分析了银行与公司的连锁作用关系，埃柯勒斯（Robert Eccles）用网络理论研究了买卖者之间的主动和公司内的互动，等等。另外一些重要的网络研究包括帕尔默（Donald Palmer）的“破碎法”研究和贝尔的国家证券市场的买卖分析等（Swedberg，1991）。经济社会学中的网络研究方法适用面十分广泛，它既可用来研究个人与公司之间的关系、工业与经济的关系，同时网络分析也适用于定量分析，在解释经济中的个人与组织变化之间的相互关系方面有着很大的优越性。

（二）文化与经济社会学

当今经济社会学研究的另一主题是经济和社会生活中文化的作用。迪马吉奥认为经济与文化的关系分析应集中在文化与经济过程之上，如“文化与生产”“文化

---

① 参见：怀特．市场与厂商：通向经济社会学未来的解释//纪廉，等．新经济社会学：一门新兴学科的发展．北京：社会科学文献出版社，2006：177－203.

② 边燕杰．社会网络与求职过程//涂肇庆，林益民．中国改革时期的社会变迁：西方社会学研究评述．香港：香港牛津大学出版社，1999：110－138.

与消费”“文化与交换”等（Dimaggio，1994）。

泽利泽用自己的独特方法进行了三方面的研究，即社会保险、儿童的社会价值以及货币的特殊形式。她把数据分析与历史事实结合起来，通过对人类价值与市场的研究，为20世纪80年代的经济社会学提出一个新的有趣的研究主题（Zelizer，1983）。

然而，研究者对经济社会学在多大程度上可用文化因素来解释还不明确，同时，历史上的文化因素也不易把握。泽利泽也不无担忧地指出，在把文化整合进经济分析的同时要抵制三种理论的诱惑：第一种是所谓的“经济现象的文化还原论分析”，这种理论把经济行动转化为意识活动的形态，把经济生活还原为完全日常生活的意义符号话语的形式；第二种是认为“文化是一种独立的、自治的世界”，会以某种方式在分析经济行动之外产生独立的影响；第三种是认为一些社会现象比其他社会现象更具文化性的主张。泽利泽进一步指出，这三种理论的本质都是认为文化构成了一个独立的层面。但无论如何，学者们都认为，经济社会学需要在研究中考虑文化因素（Zelizer，2002）。

（三）性别不平等与经济社会学

性别研究在美国社会学界是一个重要的传统领域，而性别不平等与经济社会学研究是当前美国经济社会学研究的一个重要路向。性别研究是当今女权主义发展的必然产物，比较典型的研究包括威廉·贝比（William Bielby）和丹尼斯·贝比（Denise Bielby）① 对工作中努力与投入的性别差异研究（Bielby，2002）；瑞斯钦（Barbara Reskin）② 对传统性别歧视概念的反思［她指出目前存在四种歧视，即头脑中的歧视、统计歧视、结构歧视和无意识或非敌意的歧视（Reskin，2002）］；巴荣（James Baron）、汉南（Michael Hanan）、黑素（Greta Hsu）和柯卡克（Ozgecan Kocak）③ 对硅谷170个高新技术公司核心技术和科学工作岗位中职员的性别构成问题的研究（Baron，2002）；泽利泽对性别的亲密关系的研究；等等（Zelizer，2002）。

除了上述内容，性别不平等与经济社会学的研究内容还集中在另外两个方面，即雇佣与家务的研究（Smelser and Swedberg，1994）。前者主要涉及劳动报酬方面的性别差异、求职中的性别歧视以及工作中的性别隔离；至于后者，经济社会学关心的是为什么妻子在已有工作的情形下，还必须在家务中挑大梁，而丈夫则不乐意分担家务。另外一些研究还关注妇女的收入与在家庭中的权力大小之间的关系，以及家庭中货币分配的动力学问题。另外，妇女在公司内的角色也是性别研究的一个主题。

---

① 威廉·贝比和丹尼斯·贝比，两位都是美国加利福尼亚大学圣塔芭芭拉分校的社会学教授。

② 瑞斯钦，美国华盛顿大学社会学教授，主要研究性别与经济问题。

③ 巴荣，美国耶鲁大学社会学与管理学教授，主要研究经济社会学。
汉南，美国斯坦福大学管理学和社会学教授，主要研究经济社会学。
黑素，美国加利福尼亚大学戴维斯分校管理学教授，主要研究组织理论。
柯卡克，土耳其萨班哲大学助理教授，主要研究经济社会学和组织社会学。

（四）经济发展与经济社会学

经济发展一直是经济社会学家关注的重要主题之一。而在美国社会学界，近年来开始关注用社会资本来研究经济发展，尝试用社会资本解释和理解发展问题。曾任美国经济社会学分会主席的普林斯顿大学社会学教授波茨和摩尼（Margarita Mooney）[①] 发表了《社会资本和社区发展》一文（Ports and Mooney，2002），他们通过三个案例，即意大利艾米利亚-罗马涅大区中的柔性生产体制、厄瓜多尔印第安人之间的手工艺生产和贸易，以及在美国的萨尔瓦多避难者向其家属提供资金的社区基础设施项目，来理解发展结果。波茨和摩尼的研究说明了社会资本是如何促进经济发展的，同时指出，作为社区和地区的一种特征的社会资本可以通过培育协作精神和企业家精神而促进经济与社会的福利。

自 20 世纪 80 年代中期以来，新自由主义以突出市场力量、削减政府管理职能为特征，使得第三世界陷入暴风骤雨式的动荡之中（纪廉 等，2006）。尽管新自由主义改革能解决经济发展中的宏观问题，但是它的重建会使得社会底层，乃至中产阶级遭受损失和灾难。波茨和摩尼关注的是社会资本如何促进经济发展，艾克斯坦（Susan E. Eckstein）[②] 则试图理解人们对经济灾难进行抵制的社会运动形式，她在《全球化与动员：拉丁美洲对新自由主义的抵抗》（Eckstein，2002）一文中得出了特别重要的两点结论：一是当政府越弱时，政府-社会关系制度化程度越低，社会政治化的水平越高；二是遭受灾难的个人和群体在日常生活中表达不公时转向新的沟通方式，如利用互联网等（Guillen，Collins，England，and Meyer，2002）。

除了上述美国当前经济社会学研究的主要领域之外，美国经济社会学家关心的另一个主题是不同经济组织的结构。埃柯勒斯建立了一种高度稳定的网络类型——“准公司”理论。鲍威尔也对埃柯勒斯所研究的问题进行了探讨。除网络理论对经济组织的结构研究有推动作用外，社会学家也运用威廉姆森的交易成本理论和钱德勒（Chandler）的多头公司理论对经济组织进行研究。目前，对经济组织的研究集中在对公司的研究上。自 20 世纪 90 年代以来，组织理论的发展为公司研究提供了理论基础，新制度经济学的创建也给公司研究以极大的推动，尤其是威廉姆森的《市场与层级制》的影响。公司研究的内容集中在公司与市场的区别、钱德勒巨型公司的影响、多头公司的发展与传统的经济理性等方面（Flingstein，1985）。

事实上，经济社会学的研究领域正在扩展，从理论上讲，韦伯和帕森斯的影响依然存在，波兰尼的“嵌入”观点也有一定的地位。但从上述讨论中可以看到，当

---

① 亚历山德罗·波茨，美国经济社会学分会主席，曾林斯顿大学社会学教授，曾任教于霍普金斯大学社会学系，其专著《移民的经济社会学》获得美国社会学学会著作奖，主要研究经济社会学等问题。玛格丽特·摩尼（Margarita Mooney），获普林斯顿大学社会学博士学位，现在美国北卡罗来纳大学任助理教授，研究领域为国际移民、宗教、老年问题及拉丁美洲研究等。

② 艾克斯坦（Susan E. Eckstein），波士顿大学社会学教授，研究兴趣包括经济社会学、社会运动和拉丁美洲研究等。

代经济社会学研究还存在不足，或者有几方面应该引起经济社会学家的重视。首先，社会学家大多仍局限于传统的研究主题，致使时至今日，市场社会学和货币社会学尚未建立；其次，很少有社会学家从事比较研究；再次，如何吸收世界体系理论、制度经济学、妇女运动和新马克思主义的观点，还需要进一步研究；最后，经济社会学家对 19 世纪德国经济社会学的研究显得不足。形成这些问题的主要原因是社会学的传统观点局限了人们的视野。社会学的传统观点认为社会学仅研究经济的边缘领域，而且这种研究仅限于社会学的学术领域范围内。相比之下，处理同样的问题，经济学家要比社会学家的反应灵敏得多（Smelser and Swedberg，1994）。

进入 21 世纪以来，美国的经济社会学研究领域不断扩大，研究人员不断增多。许多社会学系相继把经济社会学作为它们的主攻方向。目前，具有经济社会学研究优势的美国著名大学包括斯坦福大学［以斯梅尔瑟、格兰诺维特和沃尔德（Andrew Walder）为领军人物］、美国西北大学（以斯廷施凯姆[①]、赫希、乌兹为领军人物）、普林斯顿大学（以迪马吉奥、波茨为领军人物）、加利福尼亚大学伯克利分校（以弗雷格斯坦为领军人物）以及康奈尔大学（以斯威德伯格[②]、倪志伟为领军人物）等。以康奈尔大学为例，康奈尔大学已是当代美国经济社会学研究的重镇，在 23 名教师中，近一半的研究方向为经济社会学，集中了斯威德伯格、倪志伟（Victor Nee）、赫德仓姆（Peter Hedstrom）、布瑞顿（Mary Brinton）、赫克森（Douglas Heckathorn）等著名经济社会学教授。康奈尔大学的经济社会学研究集中在以下领域：

（1）经济社会学的奠基性思想。借助于经济社会学的当代研究和理论，集中研究韦伯、熊彼特的经济社会学思想。领军人物是斯威德伯格教授。

（2）从生命历程（life course）的视角对妇女职业进行定量研究。领军人物是布瑞顿教授。

（3）发展中的资本主义经济社会学以及发达的资本主义经济社会学；大规模制度变迁的原因；市场和社会结构的变迁。研究者包括斯威德伯格、倪志伟、布瑞顿等。

（4）发达资本主义中的公司和组织的边缘研究。

（5）从博弈论的角度研究经济交易和经济结构的基础理论。主要研究者是赫克森。

（6）用社会网理论对经济生活中的复杂制度之间以及相遇的陌生人之间的信用的研究。研究者包括倪志伟、布瑞顿、赫德仓姆等。

（7）发达工业社会的阶层和职业研究。

（8）研究发展的市场经济和发达的市场经济中的市场结构、企业家精神以及市

---

① 亚瑟·斯廷施凯姆，美国西北大学著名经济社会学家。他的著作 *Economic Sociology* 在 20 世纪 80 年代就由浙江人民出版社以《比较经济社会学》（1987）的中文书名翻译出版。

② 理查德·斯威德伯格，著名经济社会学家，曾为瑞典斯德哥尔摩大学社会学教授，2002 年始任美国康奈尔大学社会学教授。他担任《行政科学季刊》《理论与社会》《当代社会学》等杂志的编委。研究领域集中在经济社会学理论与方法方面，目前研究熊彼特经济社会学思想和韦伯经济社会学思想。主要代表作有《马克斯·韦伯与经济社会学思想》《经济社会学原理》《经济社会学手册》《经济生活中的社会学》等。

场出现的条件。主要研究者包括斯威德伯格、倪志伟等。

(9) 关注不同国别的人力资本、社会资本和文化资本的形态，考察它们的形成和对经济发展的作用，这些国家主要是中国、日本、美国以及瑞典。研究者主要有布瑞顿、倪志伟、赫德仓姆等。

(10) 发展的市场经济和发达的市场经济中劳动力市场变化的制度分析。研究者包括倪志伟、布瑞顿、赫德仓姆等。

除此之外，他们的研究内容还包括法律与经济、全球化运动以及反全球化运动的出现、工业社会里青年人失业的原因和对策研究等[①]。

第四节 当代欧洲经济社会学

一、当代欧洲经济社会学的三大研究主题

众所周知，经济与社会的关系研究的历史在欧洲源远流长。早期涂尔干的经济社会学注重对规则和制度的研究，集中研究合同、价格、财产、技术和专业群体等；经济社会学的创始人韦伯把“能计算的规则”的存在视为理性经济秩序发展的前提条件。然而，20 世纪 20 年代以后，特别是第二次世界大战以后，经济社会学在欧洲的研究日渐衰落。究其原因，一是美国的社会学取得了极大的成功；二是大萧条后，古典的经济学似乎与现实隔绝，经济学家迅速发展了新的更综合的理论来说明社会现实。从这个角度讲，可以说凯恩斯主义和斯德哥尔摩学派的兴起使对经济社会学的需要成为无稽之谈。

20 世纪 70 年代以来，欧洲社会学界活跃着一批从事经济与社会关系研究的社会学家，他们是斯威德伯格、伯恩斯、布迪厄（Pierre Bourdieu）[②]、马蒂尼利（Alberto Martinelli）、杜伯斯（Pierre Dubois）等，他们的研究主题主要有以下几个方面[③]。

（一）经济社会学及其研究范围

斯威德伯格对新制度经济学、理性选择社会学、社会-经济学、新经济社会学的异同进行了讨论。新制度经济学的基本思想是用微观经济学来解释社会制度和经济制度的出现和功用。理性选择社会学类似于新制度经济学，它把理性选择作为研究的出发点，但不同的是，理性选择社会学对经济制度的兴趣不大。社会-经济学不同于新经济社会学，它的基础是跨学科，而不是社会学，但许多研究是社会学家完

---

① 参见 Cornell University Sociology：Economic Sociology，网址为：http：//www. cornell. edu。

② 参见：斯威德伯格．经济社会学原理．北京：中国人民大学出版社，2005：35－37. 斯威德伯格在这本书中详细论述了为经济社会学家所忽略的布迪厄对经济社会学的贡献

③ 斯威德伯格也总结了经济社会学在欧洲的发展现状，有兴趣的读者可参见：斯威德伯格．经济社会学原理．北京：中国人民大学出版社，2005：35－39.

成的，或至少有社会学的特点。新经济社会学抛弃了经济学通常所强调的理性概念的非真实性（即心理学特征）——人们不如经济学家所假设的那么理性，转向集中于经济学家失败的方面（即把社会结构整合于分析之中），这一转变使引进新的分析方法成为可能：与行为者在什么地方是理性的和社会结构在什么地方是重要的有关。新经济社会学与旧经济社会学的一个主要区别是，新经济社会学毫不犹豫地攻击新古典经济学的基本方法，尽管旧经济社会学对其也持批评态度，但它绝不构建一个同水平的替代模式；而新经济社会学则明确地提出，在市场结构、生产、定价、分配和消费领域，经济行动者不是被原子化（atomized）的，而是与互动及互动结构有关的。

斯威德伯格还对经济社会学的研究主题进行了归纳（Swedberg，1987）。他认为经济社会学的研究主题包括以下内容。（1）经济过程：生产、消费、技术创新、市场（劳动力市场、金融市场、工业品市场和消费市场）等；（2）经济组织：银行、保险公司和工业部门等；（3）经济关系：经济组织与非经济组织之间的关系、国家、工会等；（4）经济阶层：企业家、经济分层、分层与流动、工作环境、职业分化、经济态度、经济理论与意识形态等；（5）其他：福利国家、国际经济、通货膨胀、合同、货币、正式经济与非正式经济等。

马蒂尼利①从另一角度论述了经济社会学的研究领域（Martinelli and Chiesi，1989）。这些领域是：（1）经济行为；（2）市场与交换；（3）经济活动的构建，包括生产（企业家、公司、劳资关系、文化、科学与新技术的发展）、分配（财富与合同系统）、消费（影响消费的因素，如社会分层系统、教育、家庭等）；（4）国家与社会的模式；（5）经济过程对整个社会的影响，如不平等与社会阶层、经济利益与配置、经济发展与结构变化、国际影响等。

采取什么样的理论来研究经济社会学，这是经济社会学家十分关注的问题。斯威德伯格认为所使用的理论应包括中层理论、依附理论、系统理论、新马克思主义理论、女权主义理论、网络理论、组织理论、数学社会学、历史社会学、民俗学、行为研究、政治经济学、制度主义、博弈论、新古典经济学。他指出，在经济社会学中常用的概念有：嵌入、网络、社会经济行为（理性与非理性）、经济行为者、制度、累计变化、经济亚系统、生产模式、世界体系、经济阶层、意识形态、配置、帝国主义、商业化/脱商业化、信用、经济制度、职业、劳动力市场（国际劳动力市场、分化劳动力市场）等等。J. 贝克尔特（James Berkert）指出，应把社会关系、文化、认知、规范、结构、权力和社会制度作为经济社会学解释经济结果的基本解释变量（Beckert，1996）。

（二）市场与交换

斯威德伯格跳出了经济学理论那种只把市场作为价格机制的限制，而把市场作为社会结构来考察（Swedberg，1994）。斯威德伯格认为这里的社会结构是代理行

---

① 阿尔伯特·马蒂尼利（Alberto Martinelli），意大利米兰大学政治科学学院院长、教授，斯坦福大学客座教授，著名经济社会学家，国际社会学协会主席（1998—2002），意大利国家科学技术委员会委员，曾任经济与社会研究委员会主席。主要著作有《经济与社会：经济社会学概念》《国际市场与全球公司》等。

动者之间的一种互动，这种互动是再现的和模式化的，同时通过奖赏得以维持。他指出，为了充分理解市场现象的复杂性，需要从社会学和经济学两个方面来分析，因而他用两个作为社会结构的市场类型来分析。斯威德伯格认为市场现象的核心在于，市场不仅仅是由交换这一个要素构成，而是由两个重要的要素即竞争与交换组成，换句话说，是与竞争结合的交换。他指出，市场并不是由简单的买卖双方进入交换的同质性空间，而是独特的互动网络，为此，社会学家一直努力探求在市场行为中起作用的法律和政治因素。他进一步指出，市场的竞争是一种“间接的冲突”，这种冲突不同于一般的冲突，冲突双方不直接接触，而是由“双方共同努力”所构成。竞争对手想的是超过对方，而不是试图去破坏对方，因此这种冲突意味着双方同时向社会释放额外的能量，社会从双方的冲突中受益（Swedberg，1994）。

斯威德伯格把市场作为社会结构进行了分类。一方面，他根据不同历史时期的市场特征描述了市场结构的演变；另一方面，他对现代市场中不同类型市场的社会结构进行了分析，这些市场包括劳动力市场、资本市场、消费者市场和工业市场等。在历史视野下分析市场的社会结构时，斯威德伯格指出，最初的市场是一些小社区的边界，市场中竞争程度很低，竞争也没有渗透到社会中，交换行为是直接面对所有交换行为者的；到了“丝绸之路”的年代，竞争则发生在职业商人与一般商人之间，贸易仅限于豪华值钱的商品，竞争也没有渗透到社会的生产组织中，其中存在着几种组织交换的不同方法，交换的利润是丰厚的；中世纪的市场竞争发生在严格规范的城市，竞争行为渗透到社会的一些地方，交换中的讨价还价很突出，交换不是以标准化的产品为基础的；在现代资本主义市场，存在国内国际的自由竞争，竞争行为扩展到社会，即市场的竞争与生产的竞争并存，各种理性机制的存在便于交换的进行（Swedberg，1994）。

伯恩斯一直从事市场与市场交换的制度学研究（Burns，1984，1987，1990，1995）。在伯恩斯的研究模式中，没有关于均衡的人为假设，相反，他认为要使现代市场正常地运转，市场和市场交换模式中应该包括而且要求具有高度的选择规则。伯恩斯强调市场的社会秩序是由一系列规则构成的，这些规则包括法律与规范、社会关系与角色规则。各种市场安排影响价格形成，影响市场的交易量和市场的稳定性以及其他行为特征。伯恩斯认为市场具有鲜明的社会性，市场是嵌入社会的构建，它不仅取决于社会政治构成，而且取决于文化环境、社会价值、社会规范、法律原则和市场外部的社会关系。一句话，市场在一定程度上是一种规范与道德秩序具体化的反映。因此，伯恩斯主张用社会经济的分析方法来研究社会和社会过程的构建，将权力分析与交换分析联系在一起（参见本书第五章）。此外，在市场方面进行实证研究的还有米德特（A. Midtun）关于能源和航空市场规则的调查与研究，巴格纳斯卡关于地下经济的研究（Bagnasco，1990），马蒂尼利的国际市场研究（Martinelli，1990，1994）等。

（三）货币与货币系统

货币研究是经济社会学又一十分关注的领域。越来越多的欧洲经济社会学家对货币特别是欧洲新货币的建立感兴趣。伯恩斯（Burns，1997a）、斯威德伯格

(Swedberg，1991）等分析了货币的社会构建以及货币的引进与维持，研究了货币系统的不稳定性等，并探讨了如何解释和解决这些问题。赫希和高斯奥普、鲍姆加纳和伯恩斯（Baumgarner and Burns，1980)、戴威勒（Deville，1987）等把货币问题看作通货膨胀来考虑。他们的研究强调以政治为基础，如认为通货膨胀不仅是一个经济问题，还是一种解决收入分配中的紧张与冲突的主要社会机制——至少短期如此，而长期的问题是可能加强和导致主要的经济与社会政治危机，拉丁美洲国家的情形可以对此加以说明。

伯恩斯从三个维度即货币作为符号、货币作为制度和货币作为技术对货币进行了深刻的分析（Burns，1997a)。他考察了货币用途的含义及其规则，对货币的价值网络和价值转换、货币的特殊性和广泛性进行了研究。伯恩斯认为，正是通过制度“点金术”、社会事实以及货币实质相关定义的建立与维持，才形成了货币的社会构建。通过对货币的研究与分析，伯恩斯得出以下结论。第一，货币系统是通过制度安排、技术装备和机构等加以创造与维持的一种社会秩序。货币系统有效作用的同时也维护和产生其他制度和制度安排，如产权、大规模市场、企业网络、贸易和工业税收、政府机构等等。第二，现代流通货币的制度“点金术”必须包括纸与符号转化为货币，必须用系统的方法构建和管理货币系统。第三，现代货币系统并不是简单的、自发有序的，而是需要有组织的社会构建和对货币以及货币过程的管理。伯恩斯一直强调真实世界的社会定义、社会的社会定义以及制度事实。第四，作为一种技术的货币被认为类似于人工制品和工具，货币系统使“能动主体”（human agency)[①] 更有效地行动和互动，更及时地解决一些问题，使得个人和集体可以得到在没有货币系统时得不到，或者虽可以得到但代价较高的东西。货币克服了以物换物的弊端，允许各种间接关系和高度发达的劳动分工的形成，在现代化的生活中起着关键性的整合作用。同时，货币技术被用作定义、标准化、技术化一类价值的交换、市场价值的通用方法。第五，构建和开发货币，将其用作一种普遍的符号系统、一种以高度联系的方式运作的符号系统。伯恩斯认为价值转化过程是通过社会制度和互动过程完成的，如在一定的制度条件下，交换价值与实用价值相互转换，市场交换价值转化为实用价值。第六，现代货币秩序是大规模的复杂的社会-技术系统，因而需要精巧的、理性的和动态的规则。伯恩斯认为，货币系统与其他大规模复杂的社会-技术系统（如电力、通信和交通系统）具有共同的特征：首先，所有这些活动都是为人类活动而构造和管理的，在货币的所有用途中，其主要是作为价值存储和交换媒介发挥作用的；其次，任何技术或者社会-技术系统——无论

---

① 能动主体是目前西方社会学文献中频频出现的术语，能动（agency）常常与结构放在一起讨论，在社会学理论中一个争论不休的问题是个人与社会结构的关系，争论的焦点是结构如何决定个人所为，结构是如何产生的，结构对个人行为有哪些限制，个人独立于结构约束的能力有多大。目前有三种不同的观点：有些社会学家认为不能把结构看成决定性的因素，而应强调个人创造周围世界的方法，持这种观点的主要是个人主义方法论者、本土方法论者和现象社会学家；与之相反的观点认为社会学仅仅需要关注决定个人行为和特征的社会结构，而其行为和特征并不重要，结构主义者持这一观点；第三种观点在上述两者之间妥协，即在结构决定个人的同时，个人也独立创造世界，这种理论的坚持者如伯格（P. Berger）和卢克曼（T. Luckmann）等。需要说明的是 human agency 的中文译名问题，笔者在本书中采纳了“能动主体”的译法。

是电力、通信和交通系统，还是货币系统——都有遇到危险、失败的可能性，或者有负效应。因此，货币系统的管理和运作要求建立一种有效的货币系统和货币机制模式。第七，货币有多种用途和含义，有些用途和含义是相互矛盾的。这种矛盾导致了货币系统的不稳定性和风险性，如为稳定货币价值与经济增长而在信贷或货币方面大量增加，为稳定兑换率与刺激经济增长或出口而允许货币贬值，等等。历史上解决这些矛盾的措施非但不能解决问题，达到稳定货币秩序的目的，反而导致问题加重。伯恩斯认为，这种现象说明不仅缺乏规范的措施或方法，而且缺乏足够的货币理论和货币系统模式，换句话说，是货币理论的失败。

最后，伯恩斯声称，从他的动态制度理论来看，社会分化导致了不同领域的增多，这些不同领域既具有不同制度化的基本价值或使用价值的特征，也具有由特殊规则系统和货币索引过程所构建和管理的特征。他指出，社会分化必然导致制度化价值的扩展与复杂化，不同制度领域的行动者赋予货币以及其行动不同的含义，社会生活正在日益多样化，继续的社会分化和货币关系流通的复杂化，使核心价值的实现与转化过程变得无序或者使其重构，然而，对关系和过程具有调节作用的货币，在使社会分化的同时，也使社会整合（伯恩斯 等，2010）。

二、当代欧洲经济社会学的其他研究主题

除了上面的三大主题外，欧洲经济社会学家们还关注以下问题。

（一）现代资本主义制度

对现代资本主义制度的研究集中在：（1）对资本主义制度安排的发展模式和动态变化的研究，如鲍姆加纳、伯恩斯和戴威勒（Baumgartner，Burns，and Deville，1979，1986），鲍耶尔（Boyer），伯恩斯、戴威勒和弗拉姆（Burns，Deville and Flam，1986），高斯奥普（Goldthorpe，1978，1984），马蒂尼利（Martinelli，1990），斯特里克（Streeck，1992）等；（2）资本主义制度下的阶层关系研究，如费舍尔、格劳奇和皮查洛（Fisher，Crouch and Pizzorno，1979）；（3）研究国家与市场的关系，如伯格和卢克曼（Berger and Luckmann，2004）和考米斯克（Kozminsk，1990）；（4）考察资本主义制度与政治和社会文化秩序的关系，如伯恩斯、戴威勒和弗拉姆（Burns，Deville and Flam，1986），马蒂尼利（Martinelli，1986）。

（二）企业行为研究

欧洲经济社会学家对在既定文化模式下的企业文化和管理形式一直有浓厚的兴趣。怀特利（Whitley）用比较的方法调查了欧洲的“商业系统”，鲍希尔对跨国公司的企业行为和组织进行了研究（Bornschier，1980），企业家与创新从熊彼特开始就一直是欧洲经济社会学家极为关注的主题。

（三）消费行为的社会学研究

许多欧洲经济社会学家试图解释消费类型、消费倾向，以及试图通过广告和政

府法制来规范消费行为。芬兰的萨库伦（P. Sulkunen）、英国的道格拉斯（M. Douglas）和法国的布迪厄还研究了消费与分层的关系。他们认为，在任何社会，无论是在语言和服饰方面还是在休闲和饮食习惯上，都有可观察到的阶层差异。布迪厄在 1986 年调查了不同生活习性形式和人们的地位，结果显示有明显的、直接的消费需求和消费模式的迹象；马蒂尼利还研究了社会的主流文化和亚文化对整个消费者需求结构和消费模式的影响，如农业社会表现为对土地的占有，而在现代社会中显示其地位的符号为房子、汽车、艺术品等。

（四）社会福利

福利一直是经济社会学研究的主要领域之一，特别是在斯堪的纳维亚国家。这些研究主要集中在用比较研究的方法处理市场失效和社会问题（失业问题、不平衡发展问题、经济和社会不平等问题）与资本主义发展之间的矛盾，艾斯平-安德森（Esping-Andersen）、考皮（Kopi）和希密特（Schmidt）是主要的代表人物。

（五）工业关系中的政策制定

与上述问题相关的是工业关系中的宏观经济政策以及福利政策等的制定，研究集中在国家与经济的关系上，主要的研究者是伯格、戴威勒和伯恩斯、希福（Scharf）等。

欧洲经济社会学家还注重对工作和就业的研究。对工作的研究表现在组织特征和组织区别方面；研究就业的经济社会学家把就业与失业不仅当作一种经济机制来看待，而且当作社会构建来分析，分析失业的社会构成和社会后果等[①]。在欧洲经济社会学的研究中，尽管对企业家个人的研究仍然是学者们研究的重点，但人们更关注对企业家功能的研究，更多地关注公司、银行和国家这三者之间的关系，这种关系构成了创新的主要障碍。企业家关系的有利和不利的比较分析以及不同模式的比较分析，构成了经济社会学的重要课题（Martinelli and Smelser，1990）。

一般而言，欧洲经济社会学家发展了一种不同于美国同行所研究的经济社会学，他们更多地强调经典的经济社会学。与注重中层理论的美国传统相反，欧洲经济社会学家一直沿着整体分析的方法前进。然而，最近欧洲经济社会学家也意识到不能仅仅停留在韦伯、涂尔干和马克思所进行的历史-哲学思索上，还要注重经济运行中的中层社会机制研究。即使这样，经济社会学家面临的挑战之一还是恢复传统的问题，即从马克思开始，到韦伯、桑巴特和熊彼特，讨论资本主义的当代形式。

第五节 当代中国经济社会学研究

社会学作为一门综合的具体社会科学，在中国 40 多年的恢复和重建过程中取

---

① 这里对研究主题的选择完全出于个人的判断，并不是一种广泛的经济社会学研究的综述，尽管笔者尽最大的努力从一定的理性研究和实证研究的文献中进行选择，但由于语言的限制，还是有力不从心的感觉。

得了丰硕的成果，并已发展和建立了一些相对独立的分支学科体系。在分支学科体系中，经济社会学的研究和学科建设占有重要的地位。在中国共产党十一届三中全会以后，党和政府的工作重点开始转移，坚持以经济建设为中心，并逐步从计划经济转向市场经济。因此，发展经济和积极进行经济体制改革成为党和政府的迫切任务。在经济体制改革中，我国的理论界积极探索改革理论，设计改革方案，为顺利推进经济体制改革做出了重大贡献。但是，改革必然引起人们利益关系的调整和整个社会系统的变化，因而，用科学的理论来解释这种变迁，使改革过程中出现的诸多社会矛盾得到有序合理的化解，就成为社会学工作者义不容辞的责任。中国经济社会学的研究正是在这个时代的要求下恢复和发展的。

一、中国经济社会学恢复与重建的历史背景和特点①

在社会学众多的分支学科中，经济社会学是一门相对年轻、尚不成熟的学科。就西方经济社会学的研究来讲，它曾长期处于徘徊和停滞状态，直到 20 世纪 50 年代初才奠定了自身的理论基础，摆脱了长期徘徊的局面，成为一门独立的社会学分支学科。从 20 世纪 70 年代以来，西方经济社会学得到了长足的发展，一大批经济学家和社会学家纷纷从经济与社会相结合的综合视角，论述了经济社会学的新理论和新方法，使西方经济社会学进入了快速发展的繁荣时期，经济社会学已成为当代国际社会学的热点。

中国经济社会学研究的恢复与重建可以说是相当艰苦、缓慢的。其原因是在新中国成立之前，中国经济社会学的研究尚属于起步阶段的经验研究。当时的中国老一辈社会学家抱着满腔的热情，对中国的城市和乡村进行了很多经济社会调查，开创了中国经济社会学研究的风气。但是，当时中国社会学界还没有人形成建立经济社会学的学科意识，从而也就没有人将从这些经验研究中所生发出来的局部经济社会学思想和方法提升到经济与社会关系的理论研究上，以便形成中国经济社会学的学科研究。新中国成立以后，社会学被取消，中国经济社会学研究也随之中断。1979 年，中国社会学恢复和重建以后，中国经济社会学的研究几乎是在人力和物力一无所有的情况下重新开始的。因此，中国经济社会学研究与其说是恢复与重建，不如说是“从头开始”更为恰当。

（一）中国经济社会学恢复与重建的历史背景

1. 中国经济社会学是在社会学“要赶快补课”的呼唤中起步的

1979 年 3 月 30 日，邓小平同志在《坚持四项基本原则》的重要讲话中指出：

① 本节内容节选自刘中荣教授的文章并有部分修改。该文曾在（武汉）1999 年中国社会学年会上宣读（获优秀论文一等奖），并发表在《社会科学辑刊》1999 年第 4 期上（后被中国人民大学复印报刊资料《新兴学科》全文转载）。感谢刘中荣教授同意将此内容编入本书。

"政治学、法学、社会学以及世界政治的研究，我们过去多年忽视了，现在也需要赶快补课。"①他还希望"我们的思想理论工作者必须下定决心，急起直追，一定要深入专业，深入实际，调查研究，知彼知己，力戒空谈"②。这些指示对于社会学的重建和发展是有力的支持和鞭策。社会学的"补课"任务很多，首先是要进行学科的基础建设，尽快培养能够掌握社会学基本理论知识和分支学科知识的人才。经济社会学是社会学学科建设的重要组成部分，社会学的"补课"任务就必然要求经济社会学赶快恢复研究，尽快在高等学校及科研单位培养一支掌握经济社会学理论知识和方法的教学科研队伍。

2. 中国经济社会学研究是在我国实行改革开放的重大战略决策的要求下开始的

1978年，在经历了一场全国性的真理标准大讨论和思想理论上的拨乱反正之后，中国共产党胜利地召开了十一届三中全会，做出了把全党工作重点转移到经济建设上来和实行改革开放的重大战略决策。经济社会学的研究就是在这种新形势下，适应了改革开放的需要，从而受到社会学者的重视。一方面，经济体制改革要求经济社会学在理论和实践上科学地论证和解释体制改革是经济发展的内在动力，并对经济体制改革引发的社会变迁和体制改革过程中出现的诸多社会问题做出社会学解释。另一方面，随着对外开放政策在各个领域的实施，国际学术交流也提上日程，特别是被取消了27年的中国社会学得到恢复，更引起了国际学者进行学术交流的兴趣。在此形势下，西方经济社会学开始被引入中国，从而带动了中国经济社会学理论研究的恢复与发展。

3. 中国经济社会学是在国际经济学"社会学化"的趋势下恢复和发展的

20世纪70年代以来，西方经济学的发展出现日益"社会学化"的趋势，即把社会学的视角引入经济学中。一部分经济学者摒弃传统经济学以纯经济因素研究经济的方法，开始重视社会经济结构、社会制度、社会关系、社会心理等社会因素对经济活动的影响和作用，从而拓展了经济学的研究视野，为经济学的研究开辟了一个新的领域。经济学"社会学化"也受到中国经济学者和社会学者的重视。中国经济社会学的研究就是在经济学"社会学化"的浪潮中恢复和发展的。40多年来，有相当一部分中青年社会学者越来越关注和涉足经济问题的研究，并取得了可喜的研究成果。

（二）中国经济社会学恢复与重建的特点

由于中国经济社会学的研究是在上述历史条件下恢复和发展的，因此，40多年来中国经济社会学的研究形成了以下几个特点。

1. 移植性

即普及性地介绍国外经济社会学的理论知识和把国外经济社会学作为研究范

① 邓小平．邓小平文选：第2卷．2版．北京：人民出版社，1994：180-181.

② 同①181.

式。在中国经济社会学恢复重建之初，由于国内研究经济社会学的人才“断层”和可供参考的资料奇缺，在此情形下，引进国外经济社会学的理论和方法就成为普及经济社会学理论知识和推动经济社会学恢复发展的主要来源。这种“转手”介绍国外经济社会学理论的过程大致采取了三种方式：邀请国外社会学家来华讲授经济社会学课程；翻译出版国外经济社会学著作；国内一批中青年社会学者撰文评介国外经济与社会关系研究和介绍经济社会学研究的历史、现状及主要内容。

2. 应用性

讲求应用性是社会学的重要特点之一。中国经济社会学自恢复研究以来，一直突出这个特点。这一方面是承袭了20世纪20年代至40年代中国老一辈社会学家研究经济与社会问题的经验研究传统；另一方面是经济体制改革要求社会学者大力从事经济问题和经济政策取向的研究和调查，以促进社会学为经济体制改革服务。40多年来，中国经济社会学的研究取得了可喜的成果。而在众多的研究成果中，应用性的文章和调查报告占有相当的比例。这些应用性的文章从内容上划分主要包括社区经济与社会协调发展，经济改革中职业角色流动与行为调查，国有企业改革与非经济因素，中国私营企业与雇工问题，企业制度创新与管理，中国农村社会组织与社会保障，失业与再就业工程，社会公平与社会保障，中国贫困问题，市场经济与人们消费观念的变迁，文化价值与经济发展，经济体制改革与社会心理反应的调查，等等。

3. 学科性

即重视学科的建设，不断探索构建有中国特色的经济社会学理论体系。中国经济社会学在走过以“普及性介绍”为主的“补课”以后，逐步踏入了学科化建设的时期。我国从事经济社会学教学科研工作的专业人员日益增多，并有更多的社会学工作者和经济学工作者投身于经济与社会关系问题的研究，这必将推动中国经济社会学的学科建设和发展。

4. 组织性

组织性是世界社会学发展的一大特点和一大助力，各发达国家的社会学界均成立了成熟的社会学学术组织，并广泛开展社会学学术活动。虽然中国经济社会学的发展稍显缓慢，但中国经济社会学近十年来亦积极进行学术组织建设，至今已取得了一定成果。

2012年，中国社会学会经济社会学专业委员会成立，成为中国社会学会分支机构之一。其采取任期制，每任理事长任期三年。首任理事长为刘少杰，名誉理事长为刘世定、沈原①。自2014年起，委员会连续出版《经济社会学研究》辑刊②，以

① 第二任理事长为武汉大学的周长城教授，第三任理事长为复旦大学的桂勇教授，第四任理事长为中央财经大学的李国武教授，现任理事长为华中师范大学的符平教授。在第三任理事长桂勇教授在任时，委员会授予刘少杰教授、周长城教授、刘世定教授、沈原教授终身名誉理事长头衔。

② 《经济社会学研究》辑刊目前发行了6辑，每辑有固定主题，分别为：第一辑以产权研究为主题；第二辑以市场研究为主题；第三辑以博弈论的社会学化以及金融社会学为主题；第四辑以金融社会学为主题；第五辑以政府行为的经济社会学研究为主题；第六辑以社会行为基础上的理论建模为主题。

及时更新国际国内经济社会学最新研究动态，积极把握中国经济社会学的发展方向和研究方向（符平，杨典，2019）。并且，委员会还定期在全国各地举办经济社会学学术会议，逐年承办中国社会学年会“经济社会学分论坛”，并多次获得“优秀论坛”荣誉。此外，2003年，上海财经大学成立了国内首个经济社会学系，目前，全国开设社会学专业的高校普遍设有经济社会学课程，多数高校成立了与经济社会学相关的研究组织。

中国经济社会学的组织化和制度化的最大优势在于能够有力地组织和支持学术活动的开展和学术刊物的发行，有助于促进新兴经济社会学研究领域在中国的拓展。以近年来逐渐引起国内学者注意的新兴学科——金融社会学为例：2018年11月，中央财经大学社会与心理学院社会学系主办了“金融赋能与资产建设”论坛；次年7月，清华大学、中央财经大学社会与心理学院在2019年中国社会学年会期间联合举办了“金融与民生福祉”分论坛；同年11月，上海商学院举办了首届长三角金融社会工作论坛；同年12月，上海财经大学人文学院经济社会学系举办了首届金融社会学工作坊；目前，金融社会学和社会工作专业委员会也在积极筹备之中（李国武，2020）。同时，以金融社会学为主题的《经济社会学研究（第四辑）》和《金融与社会》辑刊也相继出版。可见，中国经济社会学不仅实现了组织化和制度化，还以此形成极大合力，不断推动经济社会学学科发展和创新。

二、当代中国经济社会学的主要研究主题

40多年来，中国经济社会学的研究取得了较大的成就。从理论研究成果来说，主要表现在下述几个方面。

（一）马克思主义经济社会学理论研究

皮尔波洛·多纳蒂（Pierpaolo Donati）认为古典和现代社会学理论对当代全球化“关系性”社会已经失去认知力和解释性，全球社会的未预期新现象、社会关系全球化新形态等要求新的突出人的社会学理论（多纳蒂，李中泽，2014）。在现代化转型时期，中国独特的化解转型矛盾和危机的过程——优化结构、缩小城乡差距、调节贫富矛盾、维护社会秩序、化解社会风险、调动各阶级活力、共同解决问题——是对马克思古典社会学理论的创新使用，在实践中丰富了马克思主义理论研究（李强，杨艳文，2016）。在经济发展进入新常态之际，中国社会发展呈现新特点，超越传统与后现代的对立、持续性与非持续性的对立，实现时空压缩与时空延伸、普遍性与特殊性的结合，这既是对马克思主义的继承，也是在新的历史社会条件下、在新的社会形态下对理论的发展（景天魁，2016）。

（二）社会网络理论研究

社会网络理论作为一种社会学研究的理论范式，从其产生到现在的快速发展经

历了一百多年的历史，但在国内却是最近30年左右才发展起来的，经历了从最初对国外社会网络理论的理论分析，到迅速发展起来的覆盖社会地位获得、社区组织、职业流动、跨国贸易等多个领域的应用研究。

其中理论研究集中于研究和梳理社会网络理论发展历史以及所包含的分支理论，如强关系理论、弱关系理论、结构洞理论、社会资本理论等。应用层面表现为：(1) 个人层面的人际关系、职业获得研究。继边燕杰等人2001年对天津市民的职业情况进行研究（边燕杰，张文宏，2001）后，国内先后涌现了大量关于农民工、大学生等群体职业获得的社会网络研究。(2) 组织层面的企业管理和社区研究，如运用社会资本理论和弱联结优势理论对社会网络应用于公司治理的方式和特点进行分析（潘玉庆，2009）。(3) 国家层面的国家政策、国际贸易以及国际组织研究，如通过构建模型来研究国际社会关系网络中的资本流动、信息流动以及网络结构（边燕杰，郝明松，2013）。

（三）市场理论研究

西方市场理论研究起源于第二次世界大战后世界经济政治格局发生巨变的背景。伴随着社会主义国家的兴起以及从计划经济向市场经济的转型过程，西方社会学学者们如倪志伟、林南、边燕杰、波兰尼等开始对社会主义国家的社会转型和市场转型研究产生兴趣。早期市场转型理论关注市场转型实质是怎样的过程。波兰尼认为市场转型是市场分配体制与自我调节取代政府计划分配的过程（波兰尼，2017）；倪志伟发展了波兰尼关于再分配经济的分析，于1989年提出了“市场转型理论”，引起学术界的纷纷讨论（Nee，1989）；而国内早期市场理论主要是针对市场转型的实质、过程以及带来的影响等对中国的转型实践进行分析，认为市场转型是从计划经济体制向市场经济体制的转变（孙立平，2003）；国内研究者们还对比了中国市场转型与东欧市场转型的不同，认为中国具有自身不同的历史条件、现实基础与转型策略（郑杭生，2009；孙立平，2003）。

随着市场化的不断深入，市场理论研究在不同的方向上进行了理论范式突破，市场与国家不再是二元对立的。近年来比较突出的理论研究是以新制度经济学派为代表的观点，在金融资本主义全球化的背景下，制度环境对个人、家庭、企业、市场等产生了影响，反过来，金融环境本身也会对制度环境的运行规则和理念等进行塑造，制度环境和金融环境的影响是双向的（杨典，欧阳璇宇，2018），这实际上强调了自由社会不会为纯粹的金融资本主义所吞没，社会生活不会被金融资本主义殖民化。这与传统的制度主义强调制度的强大影响和纯经济主义的理论范式不同，这是对新制度主义经济社会学分析范式的推进。新制度主义经济社会学认为经济制度也是一种社会制度，经济嵌入社会制度中，由社会建构起来；市场从属于经济，市场化的过程也是社会建构的过程，市场无法脱嵌于社会。基于经济社会学的研究范式，有学者从权力与关系的政治视角出发研究市场与政治的关系，把市场选择和市场运行归结为政治行为过程，认为市场建设的过程也是国家建设的一部分，市场的创造、稳定、运行规则等也是政治行为，市场行为不是基于纯粹的获利动机而是为了保持和占有在市场中的地位等级和权力关系而进行的经济行为（符平，2010）。这就是说，市场不是完全自发自主的，而是受制于权力和关系的博弈过程，经济行为与政治行为相联系，市场无法像传统经济学所认为的那样纯粹自发调节，独立于社会之外。比如，中国地方市场的经济竞争与政府的官场政绩竞争相挂钩，市场经济增长与政府行为、权力相互影响，二者是双向嵌入的关系（周黎安，2018）。具有社会主义特征的市场有利于社会主义的发展，即使是资本主义的市场，在金融资本主义遭到后资本主义的反对的过程中，资本主义市场也仍具有其内在的生产力与生产关系的矛盾（莱恩，黄斐，2017）。

在市场理论研究方面，国内学者虽然在寻求新的理论范式突破，但仍然是在既有的理论下做具体的市场化背景的研究，没有提出具有创新性的理论分析框架。在市场化逐渐深化的今天，尤其在实践经验如此丰富的中国，一方面更需要新的理论去解释实际经验，另一方面实际经验也更容易滋养新的理论。因此，除运用既有理论解释当下的市场之外，还应该发展出具有创新性的市场理论研究。

（四）企业研究

与西方理论的完全自由市场不同，中国学者主要是在市场化的背景下，讨论市场参与者与市场的关系的。

在市场化改革过程中，集体企业变为私营企业。一方面，政府退出对企业的干预；但在另一方面，为了更好地发展企业绩效，政府开始积极鼓励私营企业组建商会、协会等经济组织。虽然市场化过程改变了政府对企业的管理方式，但是政府通过商会重新与企业进行沟通和联系，政府并没有完全退出对企业的管理，而是通过间接方式渗透到商会经济组织中（刘世定，2010）。可见，通过权力资源以及市场化初期私营企业对政府的依赖，在中国市场化过程中，政府与企业是密不可分的。民营中小企业在市场化中在政策上拥有发展空间，但在市场上却因自身的实力和技术不足而难以立足，仍然需要政府的扶持和投入（朱斌，李路路，2014）。正因为这样，私营企业与政府之间不是对抗性的关系，而是相互依赖、融合、吸纳的关系（黄冬娅，2014）。中国企业与西方企业的发展历史条件的不同，使得就目前中国而言，企业不可能发展与政府对抗的力量，商会的存在更是加强了政府与企业的和谐沟通与良性互动。

随着市场化的深入，市场化改革前对企业产生影响的因素的影响力开始变得微弱。市场化前期，家族涉入对民营企业的影响是决定性的，但随着市场的发展、企业规模的扩大以及企业与市场联系的增多，企业关系呈现更加复杂的态势，在这个过程中，家族影响力随企业规模扩大和市场化程度加深而逐渐减弱（李路路，朱斌，2014）。另外，企业对求职者就业的筛选也受到市场的影响，企业更注重求职者的自身能力，父辈的关系资源影响力在减弱，在性别上，父辈关系的再生产更偏向于对男性有利，女性在市场化过程中承受了更多的压力（郝大海，王卫东，

2009)。在劳动力市场中，社会资本随着市场机制的增强受到更多的认可，但是其含金量也随之减弱，因此社会资本的作用在下降（张文宏，张莉，2012)。

市场改革之后，中国企业除了受到国内市场的影响外，还受到世界市场的影响。由于起步晚，中国市场还存在与世界市场的距离，由于对世界市场治理结构、规范和社会关系的约束认知不足，中国企业在世界市场上遭遇危机（符平，段新星，2015)。这也体现了制度对市场的建构过程。

在市场改革过程中，企业、市场、政府、个人等参与者之间的互动都受到了形塑。制度环境与市场环境相互渗透、相互塑造。

（五）产权研究

在产权研究方面，中国社会学家开辟出一个有别于经济学的学术传统的研究视角，并将这种独特的研究视角命名为“产权的社会视角”（曹正汉，2008)。它主要分为两个具体研究方向。

一个方向是从中国的经验现实中提炼出本土化的产权概念并建立具有普遍意义的分析方法和理论假说，如周雪光提出的“关系产权”概念及整体理论（周雪光，2005)。进而，具体考察产权的界定过程，研究产权如何通过行动者的互动而自发地建构出来，即产权的社会建构逻辑。如熊万胜从一个村庄的土地纠纷史中指出多元规则的并存对这个村庄小农地权稳定性的影响，并强调非传统的规则将会丰富和替代传统的规则，而在这些非传统的规则中，法律一定是主导性的（熊万胜，2009)。臧得顺通过对臧村的典型农地纠纷案例的研究，发现“关系地权”的强力原则在地权配置实践中的强势地位，一个围绕农地牟取私利的“谋地型乡村精英”逐渐形成（臧得顺，2012)。折晓叶通过对追索权行使过程的内在逻辑进行分析，来研究土地产权的建构过程（折晓叶，2018)。

另一个方向是探析各主体与产权的互动过程，如产权的保护、交易和控制过程乃至产权制度的改革。在这方面，有刘世定对社会认可与金融产权保护问题的探索（刘世定，2008)、对政府组织私企商会对产权进行控制的问题的分析（刘世定，2010)，有吴群对农村产权交易市场发展的探讨（吴群，2014)，以及有较早时期吴易风从马克思主义理论出发对国企产权改革的讨论（吴易风，1995）和近年来宋洪远等人对农村集体产权改革的分析（宋洪远，高强，2015)。

（六）社会福利研究

近十年来，中国经济社会学家对于社会福利问题进行了广泛而深入的研究，研究焦点主要在于如何建设符合中国国情的社会福利制度。在理论上，学者们意在探索中国福利制度建设的内在逻辑，设计出制度的整体框架。景天魁横向对比了欧洲“福利国家”制度并认为，中国社会福利制度建设必须符合国情，并在制度上要克服欧洲福利模式的弊端。因此，中国的福利制度要保持四个基本均衡——经济发展与福利支出的均衡，福利支出中的基础部分与非基础部分的均衡，福利机制中的刚性与柔性的均衡，福利责任结构中的政府与市场、家庭、个人之间的均衡，从而建设一种底线公平的福利模式，充分发挥中国的优秀文化和社会结构优势（景天魁，2012）。在制度视角之外，罗红光更注重国家福利制度设计与自身传统文化相契合的必要性，他从文化视角分析了中国传统"家庭福利文化"与当前福利制度建设之间的密切关系，认为将作为家庭成员的个体视为社会福利的主体，把家庭经济与家庭福利的传统模式扩展到"普遍福利"，会使福利社会的建设更加符合中国国情和文化（罗红光，2013）。这种制度设计的提议，与日本目前的福利制度具有相似性，在东亚及东南亚发展中国家里存在部分相似案例，可以被归结为一种"生产主义"的福利制度。

除此之外，福利制度建设中的具体问题也引起了学者们的广泛关注。韩克庆分析了关于延迟退休的争议，认为争议产生的根源在于社会政策制定过程中存在的精英主义和民粹主义矛盾（韩克庆，2014）。刘晓婷、黄洪通过对浙江省全民医疗保障状况的研究，认为国家需进一步强化医疗福利建设中的健康公平理念（刘晓婷，黄洪，2015）。此外，在福利领域中，还有冯希莹对社会福利政策的研究（冯希莹，2009）、郑雄飞对社会保险制度的研究（郑雄飞，2016）、张佩国对中国传统福利实践的研究（张佩国，2017）等等。尽管研究视角和侧重有所不同，但在总体上，学者们普遍呼吁建立一种普遍公平和具有可持续性的国家福利制度。

（七）收入与分配不平等研究

收入与分配不平等研究一直是国内社会学者关注的热点。从历史发展层面来看，我国的收入与分配不平等问题根植于计划经济时期的二元经济结构；从体制层面来看，初次收入分配制度、税收调节体系的不完善以及教育资源分配的不公平也进一步拉大了社会分层，阶级壁垒愈发坚固。在这个问题上，学界围绕我国收入与分配不平等的起因、产生途径以及解决方案进行了探讨。

关于收入与分配不平等的起因，魏万青、谢舜通过对珠三角地区、苏南地区与浙江地区的调查分析，探讨了珠三角、苏南和浙江三大发展模式对劳工收入的影响（魏万青，谢舜，2013）。关于收入与分配不平等的产生途径，吴愈晓从劳动力市场分割理论视角出发，探讨了经济体制改革以后中国城市劳动力市场中人力资本、职业流动与收入不平等之间的关系，揭示了转型期中国城市不同地区劳动力市场劳动者经济地位获得的二元路径模式（吴愈晓，2011）。关于收入与分配不平等的解决方案，郑冰岛、吴晓刚关注户籍制度导致的中国城乡二元结构及收入不平等问题，呼唤改善农村人口的教育机会，帮助他们更有效地融入城市劳动力市场，改善农转非人群在城市劳动力市场中的不利地位（郑冰岛，吴晓刚，2013）；朱迪、李培林认为，为了构建公平合理的收入分配秩序，应保证城乡居民人均收入的增长与经济发展同步，同时加强农村精准扶贫力度，着力解决和改善大学毕业生和新生代农民工的就业状况，完善收入分配调控机制和政策体系，努力形成橄榄形分配格局（李培林，朱迪，2015）。

（八）劳资关系研究

随着我国经济市场化程度的加深，劳资之间的矛盾也逐渐展现出来，成为中国社会发展面临的紧迫问题和中国经济社会学家研究的重要对象。当前，中国经济社会学界对于劳资关系的研究主要侧重于两个方面：一是劳资矛盾中工人抗争行为的差异；二是国家及企业对于劳资矛盾的抑制和疏解。

对于工人抗争行为的差异，不同学者的解读各异。吴清军主要考察了国有企业内部工人抗争行为的差异，认为国企改制过程中工人身份的差异造成了其抗争行动策略的不同，而在市场化背景下，身份、生存压力、再就业能力以及制度设计等要素成为影响具有不同受雇者身份的工人采取不同行动策略的主要因素（吴清军，2010）。汪建华选取了更为广泛的考察对象，包含了新的农民工群体。在他看来，主要是地缘因素的差异造成了工人抗争在规模、诉求和战斗性等方面不同，从而表现出不同地域的工人选择不同抗争方式的现象。同时，区别于沿海地区，内陆地区工厂中本地工人广泛的社会关系网、地域认同及家庭化趋势造成了内陆地区劳资纠纷频发化和日常抗争普遍化的特点（汪建华，2017）。

抑制和疏解劳资矛盾的考察可以总体区分为国家制度措施和企业日常管理两个层面。庄文嘉梳理了中国在劳资纠纷调解措施上的历史沿革，认为调解措施的困境常常是“调而不解”，强调只有提升司法处置能力、完善工人集体权利以及建立劳资对话机制才可以实现对劳资矛盾的“不调而解”（庄文嘉，2013）。不同于宏观的国家层面，游正林基于布洛维（Michael Burawoy）“制造认同”的理论框架，深入劳动过程之中，发现了中国企业新的“认同制造”模式，其主要特点在于管理层主动善待员工以制造工人的认同感（游正林，2009）。相对来说，这两种研究反映出对于劳资矛盾消极与积极两种不同的解决方式，尽管行动主体和方法各有差异，但是总体上构成了一种良性的互补关系。另外，还有一些学者研究了珠三角地区的赶货生产（黄岩，2012）以及加班制度（庄家炽，2018）。这些研究尽管在具体研究对象和解读上存在差异，但总体上都跳出了经济学将劳资矛盾视为劳资双方的经济利益博弈的解释框架，而把劳资矛盾作为社会性矛盾来考察，表现出了更广阔的经济社会学视野。

（九）金融社会学研究

金融社会学是当今经济社会学的一个新兴的重要组成部分。20 世纪 80 年代，随着金融市场的飞速化发展，国际社会学界对于金融现象的研究日益增多；至 90 年代，和金融密切相关的银行研究成为经济社会学的主流研究方向之一。2005 年，塞缇娜和普雷达主编的《金融市场社会学》一书开创了社会学系统地研究金融市场的先河（杨典，2018）。显然，金融社会学的发展是当今的时代要求。

目前，中国社会学界已经开展了一些金融社会学研究，主要关注以下几大主题。

1. 金融与社会思想

探究金融与社会之间的联系和规律是金融社会学的题中应有之义，这一主题不仅关注金融对社会发展的影响，还涉及金融社会学本身的学科理论回溯和学科间的对话。

金融对社会发展的影响具有一种历史向度。货币是金融过程重要的载体，不同时代的思想家对于货币材质、社会结构、生活状况和公平观念有着不同的看法，而部分“货币权利受限”的看法在人类社会发展的多个阶段都产生过重要影响（王水雄，2017）。在不同历史文明背景下，金融所扮演的角色也不尽相同。在早期欧洲，金融有助于对个体增权赋能，而在传统中国，金融是为大一统政治和官僚体制所挤压和抑制的，这种分化源于中西方国家治理组织模式的差异，其又反过来影响了这些国家模式（王修晓，郑雪娇，徐文丽，2020）。金融的货币表现还是社会学研究中现代性主题的重要对象，是马克思和齐美尔对社会变迁研究的交汇点，二者对货币的社会学研究有助于在当代理解和反思“精神体验的浅尝辄止”和“外部导向的碎片化生活”（王建民，2020）。

金融研究的社会学传统渊源已久。齐美尔对于货币的研究是早期社会学家对金融及相关领域的研究的开端，而韦伯对市场概念的界定和研究方法对当代经济社会学研究金融领域产生了直接影响（陈氚，2011）。当代西方主流经济社会学家则主要采用“嵌入性”框架研究金融现象，但是“嵌入性”并不能代表金融社会学全部的理论基础，述行学派、政治-文化方法也对金融社会学的发展做出了重要贡献（杨义凤，2014）。实际上，对于金融现象的研究需要考虑到整体的研究背景，不同的研究背景下的金融社会学研究存在理论方法传统上的差异。因而有学者努力从费孝通的农村金融研究中提取金融社会学的中国传统（程士强，2011）。

不同学科历来对金融研究都有涉猎，而金融社会学的出现更全面地展开了社会学和经济学等其他学科在金融领域的对话。相比于经济学的金融研究，经济社会学理论将网络、制度、文化等结构性要素纳入对金融市场的理解之中是对经济学金融理论的补足，对社会学与经济学、金融学展开对话具有重要意义（王国伟，2011）。

2. 金融与社会风险

金融活动本身就是一种风险性活动，而随着现代社会的发展，社会本身的风险性也不断突出，两者之间存在着深切的勾连性。在世界范围内的全球化进程之中，金融资本在养老金方面的力所不逮，将导致全世界未来都面临“世代斗争”的严重问题（翟本端，2014）。在国家内部，当面临经济危机时，金融政策的非预期后果将构成经济危机向社会危机转化的渠道（刘世定，2009）。同样，借助于互联网信息技术渠道，社会中企业的金融风险也会迅速扩散成一种社会性风险（程士强，2020）。一方面，这种始自金融领域的风险弥散肇因于公司的金融化趋势，这种趋势将导致金融行动者的收益远大于其承担的风险，从而稀释了其他风险承担者的收益，致使全社会面临创新衰退的风险（李国武，2020）。而这种远大于风险的收益正是互联网金融资本运作的秘密，其来源于资产转化的规模和转化率的差异，受到互联网市场平台和双重“乘数效应”的影响（邱泽奇，张澍沁，刘世定，许英康，2016）。另一方面，金融技术与不同社会关联类型组合会影响金融风险产生和向社会风险的转化，例如，中国网贷平台须寻找政府信用信号和“本息保障”的承诺以维持自身，这一社会关联组合最终会导致金融风险向社会风险转化，并产生过度竞争后的道德风险问题（张澍沁，2020）。另外，社会资本和金融活动的结合也会加速企业间风险的传递，“高社会资本会提高融资风险网络的平均中心度，降低网络破碎程度，并会致使网络凝聚程度提升，进而加剧企业间风险传染”（吴宝，李正卫，池仁勇，2011），这种企业风险传导速度的加快意味着由企业风险向社会风险的转化速率也会随之提高。

3. 金融与社会工作

金融社会工作关注的是金融社会中的个人处境，涉及个人与金融相关的内在性问题。在社会金融化程度日益加深的当下，金融社会工作的一个重要面向是个人金融能力研究。在我国的农民群体中，信贷户的金融知识水平高于非信贷户，而金融知识水平较高的群体更趋于风险理性，信贷户对金融服务的使用率也更高（金敏超，袁易卿，冯允鹏，2020）。因此，个人金融能力教育显得尤为重要。尤其是青少年在消费主义影响下表现出了诸多问题，这提示社会工作者亟须探索适宜的金融能力教育实践框架（方舒，2020）。而金融问题所导致的个人心理问题也需要专业的社会工作者干预，金融治疗即金融社会工作的五大干预手法之一。在美国金融治疗领域已经形成了对金融治理核心议题——金融紊乱及其成因（金钱脚本）的一定认识（樊欢欢，2020）。可以说，金融社会工作要帮助个体防范和处理个人金融风险，而收入较低者更容易面临这种风险。在我国，社会组织从业者的收入整体较低，因此为社会组织从业者提供针对非预期之处的应急基金支持可能对提高他们的财务安全有所帮助（周玲，黄进，苗炜，杜鹃，2020）。

4. 金融市场与金融行为

对金融市场与金融行为的研究实际上是彼此有所交集的，因为金融行为始终受到作为外在环境的金融市场的影响，二者之间是一种动态互动的关系。金融市场的参与者可以分为国家和个人，其亦是金融行为的主体，双方共同受到社会因素的影响。例如，银行在信贷调查和审查过程中会依靠以财务报表为核心的正式指示器，但受到业务能力和各种社会规范的影响，实力较弱的银行会寻找替代性的“人品”作为非正式指示器预防信贷风险（陈一豪，2017）。又如地方政府举债融资并非纯粹出于经济原因，而是存在地方政府和中央政府政策博弈的双重推动机制（张惠强，2016）。即使在最广阔的金融市场中，仍然存在受到政治政策影响的金融行为。中国股票市场中发生的“救市”行为便是通过博弈和谈判使国家卷入市场，以“极化市场情绪”，将做空势力和外国资本视为“政治敌人”，从而产生一系列“政治化”的金融行为（项宇，2017）。而在对温州民间借贷中心的实证调查中，有学者发现，政府生产民间借贷备案制度这一创新型公共物品（制度创新）时，会将其交给企业生产，而企业会因此在生产过程中呈现出政府部门的若干组织特征（向静林，张翔，2014）。这说明政府金融制度的选择性生产会影响到相关行业内金融企业的组织形式选择和具体金融行为。

在个人金融行为方面，个人金融行为受社会因素影响而存在选择性差异。例如，社会医疗保险参与对个人参与商业医疗保险存在抑制，但社会养老保险参与则会促进商业养老保险的参与；同时，个人收入也使得个人在选择社会保险或医疗保险时存在差异（郑路，张栋，2020）。城乡居民在借贷用途和途径上也存在差异，在车房贷款上，城市居民倾向于银行借贷，而农村居民倾向于民间借贷；在教育贷款上，农村居民比城市居民更愿意选择银行借贷而非教育政策性贷款（艾云，赵思博，丁冉冉，2020）。这实际上反映了受社会因素影响的信贷自由化问题。

三、中国经济社会学研究展望

（一）多元的信任研究

信任对于人与人之间的互动行为是至关重要的，无论是经济行为还是其他行为的持续都需要信任的参与。就信任本身来说，其分类也是多样的，格兰诺维特在著作《社会与经济》中将信任分为五种类型：（1）基于对他人了解或利益的算计而产生的信任；（2）基于个人关系的信任；（3）基于群体和网络身份而有的信任；（4）制度信任；（5）基于规范的信任（格兰诺维特，2019）。但是，目前国内的信任研究更多偏向于研究制度信任，所论述的多是制度建构信任的过程，而对个体层面的信任建构和表达机制呈现甚少。实际上，这难免会忽视对个人行动动机的考察和行为本身的互动性，使“信任”表现出一种静态性，从而陷入格兰诺维特所说的“过度社会化”陷阱。因而，一种从多元角度考察信任问题，关注其互动性特点，而不仅仅将个体作为制度静止的“受众”的研究视角和方式，是当前国内信任研究中迫切需要的。

（二）消费型社会的转变

十九大报告指出，中国特色社会主义进入新时代，我国社会主要矛盾已经转化为人民日益增长的美好生活需要和不平衡不充分的发展之间的矛盾。伴随着社会生产力水平的显著提高，人民需求的结构与层次日益发生变化，消费方式和消费水平也呈现差异。现代化的进程就是逐步从生产型社会向消费型社会转型的过程。当大众不再仅仅以生产者角色出现，而同时以消费者角色出现时，精英消费型社会就转变为大众消费型社会（王宁，2009）。近年来，我国消费市场不断涌现出新型消费模式，以满足从以基本生活需求为特征的消费不断向追求品质型生活的消费的层次转变，追求生活品质的住房、医疗养老、文化创意等消费需求显著增长，呈现出个性化的消费趋势，这逐渐成为国内社会学关于消费的研究关注热点。

（三）更为本土化的金融社会学研究

新兴的金融社会学是经济社会学的重要分支，是契合中国和世界现实发展的学科。目前国内的金融社会学还处于刚刚起步的阶段，还有许多学者尚未注意到这片学术“处女地”。

就目前国内已有的金融社会学研究来看，还存在着一些不足：一是尽管研究具备了金融社会学视角，但是在研究方法上体现出的金融社会学特点还不够，在研究中国情况时还没有形成具体的、适宜于研究中国现实的金融社会学方法论；二是目前国内的金融社会学研究理论体系还未成型，多数研究仍过于仰仗西方理论话语体系。在未来的学术进程中，中国社会学者应当努力发掘更多中国金融现象的内部肌理，并努力使之体系化，形成中国本土化的金融社会学理论和方法。

本章要点

1. 经济社会学是经济学和社会学互动的结果。至今为止，国际学术界尚无统一的研究经济与社会关系的这一学科的名称，但常用的名称是“经济社会学”“经济与社会：经济生活中的社会学”等。

2. 经济社会学的定义有多种表述，其研究对象也十分广泛。无论何种表述，其实质是一致的，即首先用的是社会学的理论和方法，其次研究的对象是经济现象，包括经济行为、经济制度以及经济与社会的关系。需要指出的是，社会科学的边界正在被打破，各学科的边界越来越模糊，对同一社会现象（当然包括经济现象）的研究角度越来越多，研究视野越来越宽广。人们所关注的不再仅仅是学科的分类和各自的学术领域，而更多的是如何能科学合理地解释社会现实。

3. 从历史的角度来考察，经济社会学的发展大致分为三个阶段：1890—1930年为第一个阶段；20 世纪 50 年代为第二个阶段；20 世纪 70 年代至今为第三个阶段。当然，划分方式不是唯一的。

4. 无论是从国际社会科学的发展来看，还是从国内学术动态来看，经济社会学都是目前社会科学中最为活跃的学科之一。随着经济社会的发展，经济现象越来越复杂，人们更需要从多学科的角度来分析纷繁的经济活动，经济社会学就是伴随着经济社会的发展而发展的。

5. 从经济社会学角度解释经济生活的诸多问题，是当今国际社会科学界的一大潮流。美国的经济社会学无疑在国际学术界扮演着十分重要的角色。许多著名大学都相继将经济社会学作为主要研究方向。可以预见，未来的 10 年将是经济社会学在国内外蓬勃发展的时期。

基本概念

经济社会学 新制度主义 社会网络 全球化 经济行为

复习思考题

1. 简述经济社会学的定义以及经济社会学的研究对象。

2. 主流经济学与经济社会学有何异同?

3. 新经济社会学的特点是什么?

4. 简述经济社会学的发展脉络。

5. 简述欧美经济社会学的主要研究领域和内容。

6. 谈谈国际经济社会学的发展态势。

7. 简述我国经济社会学本土化议题的内容并思考其总体特点。

8. 谈谈你个人对经济社会学发展的看法，以及你个人在经济社会学上的研究兴趣。

推荐阅读书目

1. 伯恩斯，等．经济与社会变迁的结构化．北京：社会科学文献出版社，2010.

2. 道宾．经济社会学．上海：上海人民出版社，2008.

3. 塞蒂娜，普瑞达．牛津金融社会学手册．刘世定，译．北京：社会科学文献出版社，2019.

4. 李国武．金融与社会：第1辑．北京：社会科学文献出版社，2020.

5. 斯威德伯格．经济学与社会学．北京：商务印书馆，2003.

6. 刘世定．经济社会学研究：第4辑．北京．社会科学文献出版社，2017.

7. 格兰诺维特．社会与经济：信任、权力与制度．王水雄，罗家德，译．北京：中信出版社，2019.

8. 纪廉，等．新经济社会学：一门新兴学科的发展．北京：社会科学文献出版社，2006.

9. 斯梅尔瑟．经济社会学．北京：华夏出版社，1989.

10. 汪和建．现代经济社会学．南京：南京大学出版社，1993.

11. 张其仔．新经济社会学．北京：中国社会科学出版社，2001.

12. 周长城，伯恩斯．当代欧洲经济社会学：现状与研究主题．社会学研究，1998 (2).

13. 朱国宏．经济社会学．上海：复旦大学出版社，1999.

14. GRANOVETTER M，SWEDBERG R. The sociology of economic life. Colorado：Westview Press，1992.

15. TRIGILIA C. Economic sociology：state，market，and society in modern capitalism. Oxford：Blackwell，2002.

参考文献

1. 艾云，赵思博，丁冉冉．城乡居民借贷用途与借贷渠道的差异及其影响因素研究：基于2013年中国家庭金融调查的经验证据//李国武．金融与社会：第1辑．北京：社会科学文献出版社，2020.

2. 鲍威尔，迪马吉奥．组织分析的新制度主义．上海：上海人民出版社，2008.

3. 贝克尔．人类行为的经济分析．上海：上海三联书店，上海人民出版社，1993.

4. 边燕杰，郝明松．二重社会网络及其分布的中英比较．社会学研究，2013 (2).

5. 边燕杰，张文宏．经济体制、社会网络与职业流动．中国社会科学，2001 (2).

6. 波兰尼．大转型：我们时代的政治与经济起源．冯刚，刘阳，译．南京：江苏人民出版社，2007.

7. 波兰尼．巨变：当代政治与经济的起源．北京：社会科学文献出版社，2017.

8. 伯恩斯，等．经济与社会变迁的结构化．北京：社会科学文献出版社，2010.

9. 伯特．结构洞：竞争的社会结构．上海：上海人民出版社，2008.

10. 曹正汉，冯国强．地方分权层级与产权保护程度：一项“产权的社会视角”的考察．社会学研究，2016 (5).

11. 曹正汉．产权的社会建构逻辑：从博弈论的观点评中国社会学家的产权研究．社会学研究，2008 (1).

12. 陈氚．超越嵌入性范式：金融社会学的起源、发展和新议题．社会，2011 (5).

13. 陈一豪．国有银行信贷调查和审查过程中的社会指示器与社会规范//刘世定．经济社会学研究：第4辑．北京：社会科学文献出版社，2017.

14. 程士强．互联网金融风险的社会传导机制：以P2P网贷平台“爆雷”事件为例//李国武．金融与社会：第1辑．北京：社会科学文献出版社，2020.

15. 程士强．金融社会学的中国传统：对费孝通农村金融研究的阐释与重构．华中农业大学学报（社会科学版），2011 (5).

16. 道宾．打造产业政策：铁路时代的美国、英国和法国．上海：上海人民出版社，2008.

17. 多纳蒂，李中泽．全球化时代的社会学研究．国外社会科学，2014 (2).

18. 樊欢欢．金融治疗的理论、实践与发展//李国武．金融与社会：第 1 辑．北京：社会科学文献出版社，2020.

19. 方舒．提升青少年金融能力的社会工作实务研究//李国武．金融与社会：第 1 辑．北京：社会科学文献出版社，2020.

20. 冯希莹．社会福利政策范式新走向：实施以资产为本的社会福利政策：对谢若登的《资产与穷人：一项新的美国福利政策》的解读．社会学研究，2009 (2).

21. 弗雷格斯坦．市场的结构：21 世纪资本主义社会的经济社会学．上海：上海人民出版社，2008.

22. 符平，段新星．国际市场上中国企业的地位危机及其化解：以鞋企抗辩欧盟“反倾销”为个案．社会学研究，2015 (1).

23. 符平，杨典．中国经济社会学 40 年：传统、当下与未来．江海学刊，2019 (6).

24. 符平．迈向市场社会学的综合范式：评弗雷格斯坦《市场的结构》兼议其范式修正．社会学研究，2010 (2).

25. 富永健一．经济社会学．天津：南开大学出版社，1984.

26. 高柏．经济意识形态与日本产业政策：1931—1965 年的发展主义．上海：上海人民出版社，2008.

27. 高友谦，熊尊．经济社会学发展的条件及其学科建设．社会学研究，1988 (6).

28. 格兰诺维特．社会与经济：信任、权力与制度．王水雄，罗家德，译．北京：中信出版社，2019.

29. 韩克庆．延迟退休年龄之争：民粹主义与精英主义．社会学研究，2014 (5).

30. 郝大海，王卫东．理性化、市场转型与就业机会差异：中国城镇居民工作获得的历时性分析 (1949—2003). 中国社会科学，2009 (3).

31. 黄冬娅．私营企业主与政治发展：关于市场转型中私营企业主的阶级想象及其反思．社会，2014 (4).

32. 黄岩．工厂外的赶工游戏：以珠三角地区的赶货生产为例．社会学研究，2012 (4).

33. 金敏超，袁易卿，冯允鹏．农民的金融知识及其与金融行为的相关性//李国武．金融与社会：第 1 辑．北京：社会科学文献出版社，2020.

34. 纪廉，等．新经济社会学：一门新兴学科的发展．北京：社会科学文献出版社，2006.

35. 景天魁．超越进化的发展：“十二五”时期中国经济和社会发展回眸与思考．

社会学研究，2016 (2).
36. 景天魁．创新福利模式优化社会管理．社会学研究，2012 (4).
37. 莱恩，黄斐．新自由主义、市场主义与后资本主义．国外社会科学，2017 (3).
38. 李国武．金融与社会：第 1 辑．北京：社会科学文献出版社，2020.
39. 李国武．公司金融化、风险-收益配置与技术创新：美国经验的启示与反思//李国武．金融与社会：第 1 辑．北京：社会科学文献出版社，2020.
40. 李路路，朱斌．家族涉入、企业规模与民营企业的绩效．社会学研究，2014 (2).
41. 李培林，朱迪．努力形成橄榄型分配格局：基于 2006—2013 年中国社会状况调查数据的分析．中国社会科学，2015 (1).
42. 李强，杨艳文．“十二五”期间我国社会发展、社会建设与社会学研究的创新之路．社会学研究，2016 (2).
43. 刘涤源，谭崇台．当代西方经济学说：下册．武汉：武汉大学出版社，1990.
44. 刘世定．产权保护与社会认可：对产权结构进一步完善的探讨．社会，2008 (3).
45. 刘世定．退“公”进“私”：政府渗透商会的一个分析．社会，2010 (1).
46. 刘世定．危机传导的社会机制．社会学研究，2009 (2).
47. 刘晓婷．黄洪．医疗保障制度改革与老年群体的健康公平：基于浙江的研究．社会学研究，2015 (4).
48. 罗红光．“家庭福利”文化与中国福利制度建设．社会学研究，2013 (3).
49. 潘玉庆．社会资本理论与创新型组织文化建设．国外社会科学，2009 (5).
50. 邱泽奇，张澍沁，刘世定，许英康．从数字鸿沟到红利差异：互联网资本的视角．中国社会科学，2016 (10).
51. 萨缪尔森，诺德豪斯．经济学：上．12 版．北京：中国发展出版社，1992.
52. 斯梅尔瑟．经济社会学．北京：华夏出版社，1989.
53. 宋洪远，高强．农村集体产权制度改革轨迹及其困境摆脱．改革，2015 (2).
54. 宋书伟，王因为．社会学纲要．社会学通讯，1983 (3).
55. 孙立平．断裂：20 世纪 90 年代以来的中国社会．北京：社会科学文献出版社，2003.
56. 汪丁丁．经济学理性主义的基础．社会学研究，1998 (2).
57. 汪和建．现代经济社会学．南京：南京大学出版社，1993.
58. 汪建华．包揽式政商关系、本地化用工与内地中小城市的劳工抗争．社会学研究，2017 (2).

59. 王国伟．经济社会学视野中的金融行为研究．学术研究，2011 (10).

60. 王建民．货币与现代体验：对马克思和齐美尔货币理论的初步分析//李国武．金融与社会：第 1 辑．北京：社会科学文献出版社，2020.

61. 王宁．中国何以未能走向消费型社会：低成本发展战略与现代化进程中的转型困境．社会，2009 (2).

62. 王水雄．货币权利与社会变迁：一个西方思想简史的考察//刘世定．经济社会学研究：第 4 辑．北京：社会科学文献出版社，2017.

63. 王文彬，赵延东．自雇过程的社会网络分析．社会，2012 (3).

64. 王修晓，郑雪娇，徐文丽．国家治理的组织模式与金融的两张面孔//李国武．金融与社会：第 1 辑．北京：社会科学文献出版社，2020.

65. 韦伯．新教伦理与资本主义精神．北京：三联书店，1987.

66. 魏万青，谢舜．区域经济发展模式下的劳工收入差异与分解：基于珠三角、苏南与浙江三地数据的实证研究．社会，2013 (2).

67. 吴宝，李正卫，池仁勇．社会资本、融资结网与企业间风险传染：浙江案例研究．社会学研究，2011 (3).

68. 吴清军．国企改制中工人的内部分化及其行动策略．社会，2010 (6).

69. 吴群．农村产权交易市场发展若干问题思考．现代经济探讨，2014 (10).

70. 吴易风．马克思的产权理论与国有企业产权改革．中国社会科学，1995 (1).

71. 吴愈晓．劳动力市场分割：职业流动与城市劳动者经济地位获得的二元路径模式．中国社会科学，2011 (1).

72. 向静林，张翔．创新型公共物品生产与组织形式选择：以温州民间借贷服务中心为例．社会学研究，2014 (5).

73. 项宇．“救市”是如何“政治化”的?：中国证券市场一个“谈判”过程的经济社会学剖析//刘世定．经济社会学研究：第 4 辑．北京：社会科学文献出版社，2017.

74. 谢立中．西方社会学名著提要．南昌：江西人民出版社，1998.

75. 熊彼特．经济分析史：第 1 卷．北京：商务印书馆，1991.

76. 熊彼特．经济分析史：第 2 卷．北京：商务印书馆，1992.

77. 熊万胜．小农地权的不稳定性：从地权规则确定性的视角：关于 1867—2008 年间栗村的地权纠纷史的素描．社会学研究，2009 (1).

78. 杨典，欧阳璇宇．金融资本主义的崛起及其影响：对资本主义新形态的社会学分析．中国社会科学，2018 (12).

79. 杨典．金融社会学：传统社会学研究领域的新拓展．中国社会科学报，

2018－12－26.

80. 杨义凤．建构什么样的金融社会学：读布鲁斯和劳拉的《货币与信用：一个社会学的视角》．江西师范大学学报（哲学社会科学版），2014（4）.

81. 游正林．制造认同的又一种模式：G公司协调劳资关系的基本经验．社会，2009（1）.

82. 臧得顺．臧村“关系地权”的实践逻辑：一个地权研究分析框架的构建．社会学研究，2012（1）.

83. 泽格特，维尔戈斯．新西伯利亚的经济社会学．现代外国哲学社会科学文摘，1990（4）.

84. 翟本端．全球化的转型与挑战：金融社会学的考察．社会发展研究，2014（1）.

85. 张春泥，谢宇．同乡的力量：同乡聚集对农民工工资收入的影响．社会，2013（1）.

86. 张惠强．“地方债”形成与扩张的双重动力机制．社会发展研究，2016（3）.

87. 张佩国．传统中国福利实践的社会逻辑：基于明清社会研究的解释．社会学研究，2017（2）.

88. 张其仔．新经济社会学．北京：中国社会科学出版社，2001.

89. 张澍沁．金融技术的社会关联组合：以P2P网贷平台为例//李国武．金融与社会：第1辑．北京：社会科学文献出版社，2020.

90. 张文宏，张莉．劳动力市场中的社会资本与市场化．社会学研究，2012（5）.

91. 折晓叶．土地产权的动态建构机制：一个“追索权”分析视角．社会学研究，2018（3）.

92. 郑冰岛，吴晓刚．户口、“农转非”与中国城市居民中的收入不平等．社会学研究，2013（1）.

93. 郑杭生，孙立平．社会转型：发展社会学的新议题．开放时代，2008（2）.

94. 郑杭生．改革开放三十年：社会发展理论和社会转型理论．中国社会科学，2009（2）.

95. 郑路，张栋．促进还是抑制：社会保险参与对商业保险参与的影响//李国武．金融与社会：第1辑．北京：社会科学文献出版社，2020.

96. 郑雄飞．身份识别、契约优化与利益共享：我国养老保险的制度变迁与路径探索．社会学研究，2016（1）.

97. 周长城，杨敏，等．国际经济社会学核心主题前沿研究综述//顾海良．海外人文社会科学发展前沿报告．武汉：武汉大学出版社，2008.

98. 周长城．欧美经济社会学主要教学内容．社会学研究，2000（3）．

99. 周黎安．“官场＋市场”与中国增长故事．社会，2018（2）．

100. 周玲，黄进，苗炜，杜鹃．非预期支出和短期现金贷款：审视社会组织从业者财务安全的一个视角//李国武．金融与社会：第 1 辑．北京：社会科学文献出版社，2020.

101. 周雪光．“关系产权”：产权制度的一个社会学解释．社会学研究，2005（2）．

103. 朱斌，李路路．政府补助与民营企业研发投入．社会，2014（4）．

104. 庄家炽．从被管理的手到被管理的心：劳动过程视野下的加班研究．社会学研究，2018（3）．

105. 庄文嘉．“调解优先”能缓解集体性劳动争议吗?：基于 1999—2011 年省际面板数据的实证检验．社会学研究，2013（5）．

105. ARNALDO B. The informal economy//MARTINELLI，SMELSER. Economy and society. London：Sage，1990.

106. ASPERS P，KOHL S，ROINE J，WICHARDT P. An economic sociological look at economics. The European electronic newsletter，1999，9（2）．

107. BAGNASCOA. The informal economy//MARTINELLI，SMELSER. Economy and society. London：Sage，1990.

108. BARBARA R. Rethinking employment discrimination//GUILLEN M F，COLLINS R，ENGLAND P，MEYER M. The new economic sociology：developments in an emerging field. New York：Russell Sage Foundation，2002.

109. BARMAN E，GUSEVA A. What a Weberian approach to interests can contribute to economic sociology. Theory and society，2005，34.

110. BARON J N. Gender and the organization-building process in young，high-tech firms// GUILLEN M F，COLLINS R，ENGLAND P，MEYER M. The new economic sociology：developments in an emerging field. New York：Russell Sage Foundation，2002.

111. BAUMGARTNER T，BURNS T，DEVILLE P. The shaping of socio-economic systems：the application of the theory of actor-system-dynamics to conflict，social power，and institution in innovation in economic life. New York/London：Gordon and Breach，1986.

112. BAUMGARTNER T，BURNS T，DEVILLE P. Work，politics，and social structuring under capitalism：impact and limitations of industrial democracy reforms under capitalist relations of production and reproductions//BURNS T，KARLSSON L E，RUSSET V. Work and Power. London：Sage，1979.

113. BEAMISH T D. Economic sociology in the next decade and beyond. American behavioral scientists, 2007, 50 (8).

114. BECKERT J. Interpenetration versus embeddedness: the premature dismissal of talcott parsons in the new economic sociology. American journal of economics and sociology, 2006, 65 (1).

115. BECKERT J. What is sociological about economic sociology?: Uncertainty and the embeddedness of economic action. Theory and society, 1996, 25 (5).

116. BERGER P, LUCKMANN T. The social construction of reality: a treatise in the sociology of knowledge// DOBBIN F. The new economic sociology: an anthology. Princeton, NJ: Princeton University Press, 2004.

117. BIELBY W, BIELBY D. Telling stories about gender and effort: social science narratives about who works hard for the money//GUILLEN M F, COLLINS R, ENGLAND P, MEYER M. The new economic sociology: developments in an emerging field. New York: Russell Sage Foundation, 2002.

118. BORNSCHIER V. Multinational corporations and economic growth: a cross-national test of the decapitalization thesis. Journal of development economics, 1980, 7 (2).

119. BOURDIEU P. Distinction: a social critique of the judgment of taste. Cambridge, MA: Harvard University Press, 1984.

120. BURNS T , BAUMGARNER T. Inflation: the outcome of institutionalized social struggle over income distribution. Acta sociological, 1980b, 23 (2).

121. BURNS T, DEVILLE P, FLAM H. The structure and dynamics of capitalism: actors, institutions, and development. Uppsala: Institute of Sociology, 1986.

122. BURNS T, et al. Inflation and distributional struggle in capitalist economics: a theoretical framework with applications. International journal of social science, 1987.

123. BURNS T, et al. Inflation: beyond economics//LASKER. The quality of life and how to improve it. New York: Pregamon, 1980a.

124. BURNS T, et al. Inflation, politics, and social change: institutional and theoretical crisis in contemporary economy and society. International journal of comparative sociology, 1984, 25.

125. BURNS T, et al. The shaping of socio-economic systems. New York: Gordon & Breach, 1986.

126. BURNS T, FLAM H. The shaping of social organization: social rule sys-

tem theory with application. London：Sage，1987.

127. BURNS T，GOMOLINSKA A，MEEKER L D. Models of social and market exchange：toward a sociological theory of games and human interaction// CALHOUN D，MEYER M，SCOTT W. Structure of power and constraint：papers in honor of peter M. Blau. New York：Cambridge University Press，1990.

128. BURNS T. Market and human agency：toward a socio-economics of market organization，performance，and dynamics//MONGARDINI. Market and individual：1994 European Aalfi prize proceedings. Rome：Bulzoni Editore，1995.

129. BURNS T. The three faces of the coin：money as symbol，institution，and technology//MONGARDINI. Money in money culture. Rome：Bulzoni Editore，1997a.

130. BURT R. Structural holes：the social structure of competition. Cambridge，MA：Harvard University Press，1992.

131. BURT R. Toward a structural reaction：network models social structure. New York：Academic Press，1982.

132. CETINA K K，BRUEGGER U. Global microstructures：the interaction practices of financial markets//DOBBIN F. The sociology of the economy. New York：Russell Sage Foundation，2004.

133. CETINA K K. Economic sociology and the sociology of finance：Four distinctions，two developments，one field? The European electronic newsletter，2007，8（3）.

134. CHARLES P. Organizing America：wealth，power，and the origin of corporate capitalism. NJ：Princeton University Press，2002.

135. CROUCH C，PIZZORNO A. The resurgence of class conflict in Western Europe since1968. London：Macmillan，1978.

136. DALZIEL P，HIGGINS J. Pareto，parsons，and the boundary between economics and sociology. American journal of economics and sociology，2006，65（1）.

137. DAVIS D S. Talking about property in the new Chinese domestic regime// DOBBINS F. The sociology of the economy. New York：Russell Sage Foundation，2004.

138. DIMAGGIO P. Culture and economy//SEMLSER N，SWEDBERG R. The handbook economic sociology. New York：Russell Sage Foundation，1994.

139. DURLAUF S N，YOUNG H P. Social dynamics. Washington：Brookings Institution Press，2001.

140. ECKSTEIN S. Globalization and mobilization：resistance to neolineralism in latin American//GUILLEN M F，COLLINS R，ENGLAND P，MEYER

M. The new economic sociology: developments in an emerging field. New York: Russell Sage Foundation, 2002.

141. FEVRE R. The new sociology of economic behaviour. London: Sage, 2003.

142. FINCH J H. Economic sociology as a strange other to both sociology and economics. History of the human science, 2007, 20 (2).

143. FISHER P, CROUCH C, PIZZORNO A. The resurgence of class conflict in Western Europe since 1968. Vol. I: National Studies, 1979.

144. FLINGSTEIN N. The spread of the multidivisional form among large firms, 1919—1979. American sociological review, 1985, 50.

145. GAO B. The state and the associational order of the economy: the institutionalization of cartels and trade associations in Japan, 1931 to 1945//DOBBIN E. The sociology of economy. New York: Russell Sage Foundation, 2004.

146. GEMOCI K. Karl Polanyi and the antinomies of embeddedness. Socio-economic review, 2008, 6.

147. GHEZZI S, MINGIONE E. Embeddedness, path dependency and social institution: an economic sociology approach. Current sociology, 2007, 55 (1).

148. GIBBONS R. What is economic sociology and should any economists care? Journal of economic perspectives, 2005, 19 (1).

149. GOLDTHORPE J H. The current inflation: towards a sociological account//HIRSCH F, GOLDTHORPE J H. The political economy of inflation. Cambridge, MA: Harvard University Press, 1978.

150. GOLDTHORPE J H. The end of convergence: corporatist and dualist tendencies modern societies//GOLDTHORPE J H. Order and conflict in contemporary capitalist. Oxford: Clarendon Press, 1984.

151. GRANOVETTER M, SWEDBERG R. The sociology of economic life. Colorado: Westview Press, 1992.

152. GRANOVETTER M. Economic action and social structure: the problem of embeddedness. American journal of sociology, 1985, 91.

153. GRANOVETTER M. On economic sociology: an interview with Mark Granovetter: research reports from the department of sociology. Uppsala: Uppsala University, 1987.

154. GRANOVETTER M. The impact of social structure on economic outcomes. Journal of economic perspectives, 2005, 19 (1).

155. GRANOVETTER M. The old and new economic sociology: a history and an agenda//FRIEDLAND R, ROBERTSON A F. Beyond marketplace: rethink economy and society. New York: Aldine de Gruyter, 1990.

156. GREEN G P，MYHRE D. Economic sociology：syllabi and instructional materials. Washington：ASA Teaching Resources Center，1996.

157. GUILLEN M F，et al. The new economic sociology：developments in an emerging field. New York：Russell Sage Foundation，2002.

158. HAVEMAN H A，KEISTER L A. The effects of domain overlap and non-overlap on organizational performance，growth，and survival//DOBBIN F. The sociology of the economy. New York：Russell Sage Foundation，2004.

159. HEALY K. Sacred markets and secular ritual in the organ transplant industry//DOBBIN F. The sociology of the economy. New York：Russell Sage Foundation，2004.

160. HODGSON G M. Prospects for economic sociology. Philosophy of social sciences，2008，38（1）.

161. KESSLER O. Performativity of risk and the boundaries of economic sociology. Current sociology，2007，55（1）.

162. KONIORDOS S. Economic sociology：problems and prospects. Current sociology，2007，55（1）.

163. KOZMINSK A. Market and state in centrally planned economies//MARTINELLI，SMELSER. Economy and society. London：Sage，1990.

164. MALEAN P D，PADGETT J F. Obligation，risk，and opportunity in the renaissance economy：beyond social embeddedness to network co-constitution//DOBBIN F. The sociology of the economy. New York：Russell Sage Foundation，2004.

165. MARTINELLI A，CHIESI A. International markets and global firms：a comparative study of organized business in the chemical industry. London：Sage，1981.

166. MARTINELLI A，CHIESI A. The representation of business interests as a mechanism of social regulation//LANGE P，MARONI R P. State，market，and social regulation. New York：Cambridge University Press，1989.

167. MARTINELLI A，SMELSER N. Economy and society：overviews in economic sociology. London：Sage，1990.

168. MARTINELLI A. Entrepreneurship and management//SMELSER N，SWEDBERG R. The handbook of economic sociology. NJ：Princeton University Press，1994.

169. MARTINELLI A. The Italian experience//RAYMOND V，YAIR A. State owned enterprise in the Western economics. London：Croom Helm，1981.

170. MERTON R M. Social theory and social structures. New York：The Free Press，1968.

171. MIZRUCHI M S，DAVIS G F. The globalization of American banking，

1962—1981//DOBBIN F. The sociology of the economy. New York：Russell Sage Foundation，2004.

172. NEE V. A theory of market transition：from redistribution to markets in state socialism. American sociological review，1989，54（5）.

173. PORTS A，MOONEY M. Social capital and community development// GUILLEN M F，COLLINS R，ENGLAND P，MEYER M. The new economic sociology：developments in an emerging field. New York：Russell Sage Foundation，2002.

174. RESKIN B. Rethinking employment discrimination//GULLIEN M，COLLINS R，ENGLAND P，MEYER M. The new economic sociology：developments in an emerging field. New York：Russell Sage，2002.

175. SCHMIDT M. The welfare state and the economy in periods of economic crisis：a comparative study of twenty three OECD nations. European journal of political research，1983，11.

176. SCHNEPER W，GULLIEN M. Corporate governance，legitimacy，and models of the firm//DOBBIN F. The sociology of the economy. New York：Russell Sage Foundation，2004.

177. SCHUMPETER J. Capitalism，socialism and democracy. New York：Harper& Row，1942.

178. SCHUMPETER J. History of economic analysis. London：Allen & Unvin，1954.

179. SCHUMPETER J. The sociology of imperialisms//SWEDBERG R，JOSEPH A. The economics a nd sociology of capitalism. NJ：Princeton University Press，1991.

180. SCHUMPETER J. The theory of economic development. Cambridge，MA：Harvard University Press，1934.

181. SCOTT W R. Competing logics in health care：professional，state，and managerial//DOBBIN F. The sociology of the economy. New York：Russell Sage Foundation，2004.

182. SMELSER N，SWEDBERG R. The handbook of economic sociology. NJ：Princeton University Press，1994.

183. STEPHEN P. Max Weber and economic sociology：a response to Peukert. American journal of economics and sociology，2006，65（5）.

184. STREECK W. Social institutions and economic performance：studies of industrial relations in advanced capitalist economies. London：Sage，1992.

185. SULKUNEN P，et al . Constructing the new consumer society. New York：St. Martins Press，1997.

186. SWEDBERG R. Economic sociology as public sociology. Socio-economic review,2007，5.

187. SWEDBERG R. Economic sociology：past and present. Current sociology，1987，35（1).

188. SWEDBERG R. Explorations in economic sociology. New York：Russell Sage Foundation，1993.

189. SWEDBERG R. Major traditions of economic sociology. Annual review of sociology，1991，17.

190. SWEDBERG R. Mark Weber and the idea of economic sociology. NJ：Princeton University Press，1998，2005.

191. SWEDBERG R. Markets as social structures//SMELSER N，SWEDBERG R. The handbook of economic sociology. NJ：Princeton University Press，1994.

192. SWEDBERG R. New economic sociology：what has been accomplished，what is ahead? . ACTA sociological，1997，40（1).

193. SWEDBERG R. Principle of economic sociology. NJ：Princeton University Press，2003.

194. SWEDBERG R. Schumpeter：the economics and sociology of capitalism. NJ：Princeton University Press，1991.

195. TRIGILIA C. Economic sociology：state，market，and society in modern capitalism. Oxford：Blackwell，2002.

196. TRIGILIA C. Unbalanced growth：why is economic sociology stronger in theory than in policies? . Current sociology，2007，55（1).

197. WAGNER P. Dispute，university and institutions in recent French debates. The journal of political philosophy，1994，2（3).

198. WEBER M. Economy and society：an outline of interpretive sociology. Berkeley：University of California Press，1978.

199. WHITE H . Markets from networks：socioeconomic models of production. NJ：Princeton University Press，2002.

200. WHITE H. Where do markets come from? . American journal of sociology，1981，87.

201. WILLIAM S，GULLIEN M. Corporate governance，legitimacy，and models of the firm//DOBBIN F. The sociology of the economy. New York：Russell Sage Foundation，2004.

202. ZELIZER V . Pasts and futures of economic sociology. American behavioral scientist，2007，50（8).

203. ZELIZER V. Enter culture//GUILLEN M F，COLLINS R，ENGLAND

P，MEYER M. The new economic sociology：developments in an emerging field. New York：Russell Sage Foundation，2002.

204. ZELIZER V. Morals and markets：the development of life insurance in the United States. NJ：Transaction，1983.

205. ZELIZER V. The social meaning of money. NJ：Princeton University Press，1997.

第三章

理性选择与经济生活

在整个社会科学中，几乎所有的理论都隐含着对社会行动者是理性的还是非理性的预设。亚历山大（Alexander）指出，每一种社会理论和每一项经验研究都必须在行动问题中占据一个优先地位。社会理论对行动问题通常采用两分法："无论人们是自私的（理性的）还是理想主义的（非理性的）；无论他们关于社会的理论是规范的和道德的（理性的）还是纯制度化的（非理性的）；无论他们是根据最大限度的效率行动（理性的）还是他们的行动受到情感和无意识的欲望支配（非理性的）。"（亚历山大，2000）理性主义把行动者描述为根据自己身外的力量判断情况，并以此假设为基础，构建了庞大的理论系统，在经济学、社会学、政治学等诸领域产生着深远影响。经济社会学的理性选择理论是这一过程中形成较晚，但应用广泛、意义深远的重要组成部分。

第一节　理性选择范式的源流

在人类理性主义思维的发展史上，古希腊哲学理性主义的思想改变了人们认识世界的方式，人类从此在追问世界的问题上沿着理性主义的方向不断前进。

一、"理性"的哲学启蒙

古希腊是欧洲哲学思想的发源地。恩格斯（Friedrich Engels）曾经说过："在希腊哲学的多种多样的形式中，差不多可以找到以后各种观点的胚胎、萌芽。"[①]在认识世界的本源问题上，泰勒斯（Thales）的自然主义哲学宣布了古代神话宇宙观的结束。泰勒斯坚定地认为"水是万物的本原"，这无疑是一个打破神话垄断思维、走向自然主义的理性判断。自此以后，理性主义的旗帜被自然主义者们一路高高举起。米利都学派始终致力于从可感知的物质元素中探求万物之源，并提出了哲学史

---

① 马克思，恩格斯．马克思恩格斯全集：第20卷．北京：人民出版社，1971：386.

上的第一个哲学范畴“始基（本原）”。爱利亚学派以存在或本质为研究中心，提出了存在和非存在、思想和感悟、真理和意见等基本哲学范畴，以此追求知识的确定性，并坚决反对感性事物的不确定性。苏格拉底（Socrates）、柏拉图（Plato）和亚里士多德更是将古希腊理性主义推向了最高峰，由自然哲学阶段转向形而上学阶段。

苏格拉底将“善”作为社会的根基性因素，扩大了知识的范围，从此，西方文化出现了根本性转向，将人类生活领域也包括在理性思维范围之内，西方文化的理性主义特质才开始真正确立。西方理性主义的基本特点主要表现在以下几个方面：首先，充分普遍化和形式化了的规律是世界的根本，决定着世界上的一切；其次，这种规律独立于具体的人的活动，是与具体的人这一主体相对应的客体；最后，这样的理性与善性是一致的，运用理性可以完全规制人们的道德生活，并进而规制人们的政治生活，使社会成为具有合理性的、有秩序的社会。时至今日，人类关于自身及社会生活的所有思考和自觉建构都在理性的范畴内实施，人类把自身和社会加以对象化来进行考察，希望发现其内在规律。

虽然理性的含义在历史的发展中日趋复杂，但其大体包含两个方面：一是本体论方面，它被看作理性自由因；二是认识论方面，它被看作寻求必然性和确定性作为绝对真理的能力。理性在古希腊的源流大致有三个：逻各斯（logos）、努斯（nous）和理性灵魂的认知功能。前两者均可被译为“理性”，不仅指人类主观的语言和思想，而且表示着本体论意义上的宇宙和生命的理性，具有鲜活的特性，异于后来发展起来的僵化的逻辑理性。同时，理性作为人的精神能力，是与感性、本能相区别的认知功能。理性的本体论意义和认识论意义在理性概念的发展中均保留下来，因此，以人的自由为核心的道德、以至善为核心的信仰和以认知为核心的科学均是西方理性固有意义的延伸（王天成，2001）。

二、经济学理性主义的萌芽

18 世纪末 19 世纪初，工业革命和自然科学革命导致了政治权力的争夺和思想观念的变化。在工业革命中，工业资产阶级在经济实力与政治地位上的巨大反差迫使他们强烈呼吁重新分配政治权力。与此同时，资本主义生产关系把人们之间的一切关系都变成了赤裸裸的利益关系、金钱关系。工业资本家为了争取经济权利，争取自由贸易和自由竞争，必须证明私人利益的正当性，因此迫切需要某种思想理论为其辩护，功利主义便充当了资本主义生产关系和工业资产阶级自由权利的“辩护律师”，边沁（Jeremy Bentham）和穆勒（John Stuart Mill）的功利主义、亚当·斯密和李嘉图的古典政治经济学因此成为经济学领域早期的理性主义代表思想。

（一）功利主义的思想渊源及其主要观点

功利主义学说的思想渊源久远，可追溯到古希腊时代。苏格拉底是道德义务论的先驱，“认识你自己”的伟大命题表达了他承认道义必须与利益相联系、以利益为前提的观点。后来昔勒尼学派提出“快乐是衡量一切价值的尺度”，成为始倡快乐主义的中坚。德谟克利特（Democritus）的继承者伊壁鸠鲁（Epicurus）认为，“快乐是幸福生活的开始和目的”（周辅成，1987）、“快乐是身体的无痛苦和灵魂的无纷扰”，并强调精神的快乐高于肉体的快乐。这些思想都成为功利主义的哲学人性论基础。

以培根（Francis Bacon）为代表的近代英国经验论哲学和法国唯物主义哲学构成了功利主义学说产生的直接契机。培根从整体比部分具有更大价值这一自然法则出发引申出他的“全体福利说”。他看到了社会利益对个人利益的重要性，并粗略地表达了新兴资产阶级的基本道德信念。培根之后，以霍布斯（Thomas Hobbes）、洛克（John Locke）、孟德维尔（Mandeville）等为代表的一方与以莫尔（Henry More）、昆布兰（Richard Cumberland）、哈奇逊（Franciss Hutcheson）等为代表的另一方，围绕利己与利他的问题展开了一场激烈的争论。霍布斯在《利维坦》（*Leviathan*）中向后人宣扬了赤裸裸的利己主义，孟德维尔在《蜜蜂的寓言》（*The Fable of the Bees*）中明确提出“私恶即功利”。而情感主义者认为道德的基础不在于自私自爱，而在于仁爱。他们非常重视自我利益与他人利益、公共利益的一致，并致力于寻求三者相互沟通的缘由（王文华，2004）。他们为功利主义提供了两个重要的思想来源：一是对道德目的性的强调，即道德是为了人的幸福和快乐；二是对利己与利他关系的探讨，阐明了道德是为了最大多数人的最大幸福。

法国唯物主义哲学的影响主要表现在以下几个方面：第一，认为趋乐避苦是人之本性；第二，对个人利益和社会利益的协调以及合理利己主义的提出；第三，提出并详细阐述了教育和社会奖惩理论。这些思想后来基本上都被边沁接收并使之具体化。

“功利”（utility）一词源自大卫·休谟（David Hume）。休谟在《道德原则研究》（*An Enquiry Concerning the Principles of Morals*）中将功利界定为产生幸福的倾向。后来的学者有的将其理解为“效用”（utility）、“有用”（useful），有的将其理解为“快乐”（pleasure）、“幸福”（happiness）。边沁深受休谟的影响，他首先把“功利”一词作为重要的伦理学原理加以使用。边沁的功利主义包括两个基本原理：功利原理（即最大幸福原理）和自利选择原理。功利原理指出，追求幸福既是人的根本天性，也是人们一切行为的准则。社会是由无数个人组成的，它只是一个虚构的团体，社会幸福只能是个人幸福的总和，社会利益只能以最大多数人的最大幸福来衡量，个人的行为和政府的措施都应当以此为标准。自利选择原理是指幸福和痛苦只有自己最清楚，人是他自身幸福最好的判断者。为了自己而谋取最大幸福是每个理性人的目的，因此，国家权力的行使应限于最小限度，即只限于保护自由和财产安全。除此之外，政府不应在经济上做任何干预，这样不但可以使生产达到最大，而且会使分配趋于平等。

边沁从“最大多数人的最大幸福”原则出发，解释了个体与社会的利益调整以及个人的行为选择问题。他还专门设计了一套完整的计算步骤，精确度量人们的幸福感（唐凯麟，2000）。边沁的思想对经济学领域产生了巨大影响。一些经济学家试图对构成幸福的快乐的情感体验进行经济学的实证探索。福利经济学将福利视为人们对享受或满足的心理反应，并在马歇尔“消费者剩余”概念的基础上，提出边际效用基数论，用边际单位商品的价格来表示消费者购买某种商品所获得的效用。

（二）古典经济学的理性探索

随着近代西方市场经济的兴起，出现了一个以谋利为动力的商业社会。一方面，自利行为增进了社会福利，但另一方面，它与“人本质上是利他的”“没有普遍的谋利问题”等道德规范格格不入。霍布斯宣称，受原始利己动机支配的人之间会发动“一切人对一切人的战争”，人性的缺陷一览无余。这一切都迫使经济学家去思考一个问题：人的自利本性是否与社会利益相容？

斯密认为，人的本性集中表现在两个方面。第一，人是自私自利的，追逐个人利益是人类行为的根本动力，这在经济活动中表现得尤为明显。他第一个提出“经济人”这一概念。第二，人是有同情心的，尽管这种同情心有时对自己并无好处。人的两面性是市场经济能够正常运转的前提。斯密也从政治经济学的角度归纳了市场经济的基本要求：“他受到一只看不见的手的指引，去尽力达到一个并非他本意想要达到的目的。……他追求自己的利益，往往使他能比在真正出于本意的情况下更有效地促进社会的利益。”（斯密，1997）提高经济人的整体素质是“看不见的手”产生效应的重要条件。

在《国富论》（*The Wealth of Nations*）和《道德情操论》（*The Theory of Moral Sentiments*）这两部著作中，斯密对于经济人理性的认识大致类似于洛克的理解。洛克认为，人是理性的存在，这种理性能够为人达到最大的幸福提供正确的方法和手段，以权衡利弊得失，使其利益长期化。虽然斯密也持这样一种观点，但他突出人对物质财富的渴求。当然，他也多次论述到个人追求自身利益的逻辑上的失误，即所选择的手段不适用于所要达到的目的。在他看来，只有使自己的经济行为适应从经验中学到的东西时，经济人才是足够理性的。这里的理性含有浓厚的人文主义色彩，掺杂着道德、历史、文化等因素，并不是现代意义上的“工具理性”。

第二节　理性选择范式在社会科学领域的拓展

围绕人类利己行为以及个人利益与社会利益的关系的研究必然导致对理性的深入思考。20世纪以来，社会科学领域关于理性及行为选择的思考都是以新古典经济学的理性内涵为基础展开的。

在新古典经济学那里，基本命题是完全理性与最优化原则，理性是最大化价值的代名词。马歇尔在新古典经济学的奠基之作《经济学原理》的开篇就写道：“政治经济学或经济学是一门研究人类一般生活事务的学问。”“但它主要是研究在人的日常生活事务方面最有力、最坚决地影响人类行为的那些动机。”（马歇尔，1999）正是对经济生活中最坚定的动机的明确和正确的货币衡量，使得经济学比其他任何一门社会科学都更为精确。马歇尔认为解释现存社会现象有两种思路：一是进化论“物竞天择，适者生存”的规律；二是经济人的理性假设（货币最大化）。遵循前一种思路就不可避免地加入历史、道德、文化等因素，而它们是很难用货币来衡量的。虽然马歇尔承认人在许多方面有非理性的行为，但他认为在经济生活方面既有成本—收益计算的限制，又有心理上享乐主义的原则可做依据（如边际效用递减），再加上市场价格可以衡量，所以经济行为有别于其他的社会行为，基本上是理性的。

罗宾斯（Lionel Robbins）给出了现代意义上的经济学定义：“研究这样一种人类行为的科学，即把人类行为视为目的与具有多种用途的稀缺手段之间的关系。”（罗宾斯，2000）这样就把经济人行为的解释基础从功利主义心理学转到现代行为主义过程，赋予经济人的理性一个明确的经济学含义，即通过成本—收益核算，经过精密的计算和仔细的权衡估计，对可供利用的实现目标的手段进行优化选择。这里的理性无疑就是韦伯所说的“工具理性”。于是，现代经济学变成了主要研究如何有效运用现有“手段”的科学，而把手段和目的是否正当或高尚的问题留给了那些还没有被从苏格拉底或柏拉图那里放逐出去、依旧很高尚的道德哲学家，至于人的欲望是如何产生的，答案的产生则分工给了心理学家（王铮，龙超，2001）。

一、经济学理性主义的发展

在理性假设的前提下，借助于边际分析方法和数理经济学，新古典经济学家逐渐构建了一个逻辑严密、结构严谨的经济学大厦，全面论证了“看不见的手”原理。在对消费者的行为分析中，杰文斯和瓦尔拉（W. S. Jevons and Léon Walras）通过基数效用论得出消费者均衡的一般条件。但由于效用具有不可衡量性，帕累托只得利用无差异曲线来解释消费者的偏好。希克斯（John R. Hicks）则用偏好尺度和商品边际替代来确定一定条件下的消费者均衡。萨缪尔森指出希克斯理论有不可证伪的缺陷，转而用“显示偏好理论”解释消费者行为。总之，新古典经济学家逐步放弃了对经济行为动机的考察，而把注意力完全限于消费者行为的纯经济学的逻辑分析。

在对厂商最大化行为的分析过程中，马歇尔借鉴杰文斯对效用最大化行为的阐述，得出了生产者均衡的条件：最后一单位货币所能买到的每种可变要素所生产的边际收益产品彼此之间相等。张伯伦和罗宾逊（E. H. Chamberlin and Joan Robinson）对不完全市场结构的分析，首次明确采用严格的边际价值分析方法来证明利润最大化条件，后经萨缪尔森用求极大和极小的数学方法验证，成为分析利润最大化的标准工具。

在证明个人的最大化如何与整体最大化相一致这个问题时，瓦尔拉通过“拍卖人”的叫价描述了竞争市场是怎样达到一般均衡的。帕累托不仅把交换的一般均衡推论到生产的一般均衡，而且引入了一个检验这种均衡是否最佳的标准，后人称之为“帕累托最优”。但一般均衡和帕累托最优的可能性迟迟得不到严格的数学证明，最终在阿罗-德布鲁一般均衡模型中，两位学者严格证明了均衡的存在性、唯一性和稳定性，以及这种竞争均衡与帕累托最优一致性的问题（王铮，龙超，2001）。

（一）有限理性对“经济人”的批判

在新古典主义经济学把经济选择行为的研究推向精致的量化阶段以后，经济学的解释能力却受到越来越明显的限制。人类的选择行为无所不至，以经济利益为目标的选择行为也一定会触及社会生活的方方面面。尤其是当人们开展经济选择行为时，绝不可能只受经济因素的影响和支配。最早对经济人假设进行批判的是德国的历史学派（包括新历史学派），他们认为这个假设实际上把人说成是唯利是图的，而否认任何良好动机的存在。

以凡勃伦为代表的制度主义经济学从历史主义出发，把制度解释为普遍性的习惯，认为经济行为和经济变迁不是单纯地追求利益最大化的理性选择过程，与人的本能、文化传统和心理习惯直接统一的制度是经济活动中持续稳定的制约因素，经济学如果忽视了这一点，就不能把握真实的经济活动过程。凡勃伦主张，本能、传统、习惯等非经济因素都应当被纳入经济学的视野。经济学的研究对象决定了它必然要实现自身的突破（刘少杰，2005）。20 世纪 40 年代，霍尔和希奇（R. L. Hall and C. J. Hitch）在研究中发现，厂商和个人消费行为不符合“理性公理”，很多厂商的价格取决于完全成本原则，而不是边际成本等于边际收益的最大化原则。习惯、冲动、惰性是消费者行为的通常特征，而且消费者容易受到新商品和劝说性广告的诱惑，从而改变其消费偏好。基于这一切，批评者们认为，把消费者视为一个理性经济人是没有根据的。西蒙是这一时期最强有力的批评者，他把新古典经济人假设比作“奥林比亚山神模式”，对完全理性与最大化原则进行了修正，并认为经济人是有限理性的。

有限理性（bounded rationality）的概念是阿罗（K. J. Arrow）提出的，他认为有限理性就是人的行为“是有意识的理性的，但这种理性又是有限的”。在诺思看来，人的有限性包括两个方面的含义：第一，环境是复杂的，在非个人交换形式中，人们面临的是一个复杂的、不确定的世界，而且交易越多，不确定性就越大，信息也就越不完全。第二，人对环境的计算能力和认识能力是有限的，人不可能无所不知。西蒙详尽而深刻地指出了新古典经济学理论的不现实之处，分析了它的两个致命弱点：（1）假定目前的状况与未来变化具有必然的一致性；（2）假定全部可供选择的“备选方案”和“策略”的可能结果都是已知的。而事实上，这些都是不可能的。西蒙的分析结论使整个新古典经济学理论和管理学理论失去了存在的基础。西蒙指出传统经济理论假定了一种“经济人”。他们具有“经济”特征，具备所处环境的知识——即使不是绝对完备，至少也相当丰富和透彻；他们还具有一个很有条理的、稳定的偏好体系，并拥有很强的计算能力，靠此能计算出在他们的备选行动方案中，哪个可以达到程度上的最高点。

西蒙（Herbert Simon）认为，人们在决定过程中寻找的并不是“最大”或“最优”的标准，而只是“满意”的标准（西蒙，1989）。以稻草堆中寻针为例，西蒙提出以有限理性的管理人代替完全理性的经济人。两者的差别在于：经济人企图找到最锋利的针，即寻求最优，从可为他所用的一切备选方案当中择其最优者。经济人的“堂弟”——管理人找到足以缝衣服的针就满足了，即寻求满意，寻求一个令人满意的或足够好的行动程序。西蒙的有限理性和满意准则这两个命题纠正了传统的理性选择理论的偏激，拉近了理性选择的预设条件与现实生活的距离。

（二）修正“经济人理性”的多元道路

20世纪六七十年代以后，经济学内部涌现了两股强大的潮流：一是以贝克尔为代表的新古典主义经济学的扩张，二是以科斯（Ronald H. Coase）、诺思等人为代表的新兴经济学的扩张（刘少杰，2005）。

面对理性最大化的种种诘难，新古典经济学的继任者选择了一条保守性扩张的道路。贝克尔坚持经济人对利益最大化的追求和理性计算等核心原则，但也意识到“理性公理”的假设给“偏好颠倒”现象提供了生存空间。他认为人的选择偏好受生物学因素的制约，因而趋于稳定，配合以理性计算，消费者的需求和偏好不应随时间而变化。他的消费理论强调消费者在消费中生产着满足，新消费需求的出现、消费组合的变化都源于相对投入品价格的变化（由时间价值所致），而绝非消费偏好的变化。针对消费者非理性行为的诘难，贝克尔认为习俗和传统，甚至广告，作为一种社会制度限制了个人的行动自由，但人们应该对社会制约使其付出的代价和恰恰是该制约通过降低信息费用而使其得以节省下来的资源做一权衡。因此，赞同一种哪怕是强制性的习惯也是一种合乎理性的决定（贝克尔，1993）。

贝克尔的工作放宽了新古典主义的苛刻假设，他运用主流经济学的分析方法把理性选择带进了社会学、犯罪学等社会科学领域。在他看来，理性选择分析适用于所有的人类行为研究，这种方法的核心是追求利益最大化行为、市场均衡和稳定的偏好这一系列假定。贝克尔毫无保留地宣称：“经济学已经进入第三阶段。在第一阶段，人们认为经济学仅限于研究物质资料的生产和消费结构；到了第二阶段，经济理论的范围扩大到全面研究商品现象，即研究货币交换关系；今天，经济研究的领域业已囊括人类的全部行为及与之有关的全部决定。经济学的特点在于，它研究问题的本质，而不是该问题是否具有商业性或物质性。因此，凡是以多种用途为特征的在稀缺资源情况下产生的资源分配与选择问题，均可以被纳入经济学的范围，均可以用经济分析加以研究。”（贝克尔，1993）经济学因此吹响了大举进攻其他社会科学传统阵地的号角。

理论视野的大规模扩张使经济学面临空前丰富的新问题，引出了一大批崭新的理论。风靡一时的公共选择理论就是在肯定新古典主义经济学方法原则的基础上，从效益最大化的个体理性选择出发，试图将国家或政府以及社会组织和社会成员的政治活动都解释为追逐自己利益的交易行为，在揭示政府社会功能的局限性的基础上，得出应当降低对政府积极作用的期望，从而必须缩小政府规模和权限的结论。这实质上是在更深入地讨论个人选择行为与集体组织行为之间的关系。

但是，这种保守性扩张道路遭遇了方法狭隘性与视野广阔性的矛盾。被贝克尔纳入经济学视野的大量非经济因素有着不可否认的不确定性和不可计算性，经济人理性原则在这些非经济因素面前往往显得力不从心。因为人们在日常生活中受到的支配不仅仅源于经济因素，大量的支配源于习惯、风俗、从众和模仿等因素。

另一条修正道路是由新制度主义经济学和新自由主义经济学展开的。它们是在否定新古典经济学核心原则的前提下开始理论创新的。以科斯和诺思等人为代表的新制度主义经济学对新古典主义进行了更深刻的批判。科斯关于交易成本的论述，清楚地展示了人与组织的社会活动在经济过程中的作用。诺思关于国家、意识形态、正式制度与非正式制度、制度变迁的路径依赖等方面的论述也表明，研究经济现象不能离开社会因素与社会过程。他把制度、意识形态、历史等因素加入其经济分析框架中，并且非常重视人类行为的纯粹利他主义因素，并将这种行为归于特定的意识形态。

哈耶克（Friedrich Hayek）从新自由主义立场出发，尖锐地指出以理性选择有效性为前提的“理性计划”是“致命的自负”，认为经济秩序并非聪明的理性选择的结果，而是介于理性与本能之间的能力使然。他大张旗鼓地跃出传统经济学的视野，把经济现象放到政治体制、文化传统和风俗习惯等广阔的领域中考察，产生了广泛而深刻的影响。

针对新古典经济学的扩张似乎还存在第三条道路。博弈论很难被归结为是前一种扩张，还是后一种扩张。它既是对新古典经济学的继续，又是对新古典经济学的否定。静态博弈论、动态博弈论和重复博弈论都是以完全理性选择为基础展开的，但是由于否定了经济行为的个体孤立性，强调在动态的对策关系中开展交易行为研究，因此常常不得不越出单纯的理性选择范畴。“囚徒困境”所实现的“纳什均衡”[①] 反映了个人理性与集体理性的冲突，使现代经济学的逻辑起点——经济人假设和利益最大化假设——面临空前挑战。

当然，有学者指出，“囚徒困境”的初始条件过于苛刻，只要博弈重复无穷次

---

① 纳什均衡（Nash equilibrium），又称为非合作博弈均衡，是博弈论的一个重要术语，以约翰·纳什（John Nash）的名字命名。纳什均衡指的是这样一种策略组合，这种策略组合由所有参与人的最优策略组成。即在给定别人策略的情况下，没有人有足够的理由打破这种均衡。囚徒困境是其经典案例，基于经济学中 rational agent 的前提假设，两个囚犯符合自己利益的选择是坦白招供，原本对双方都有利的策略——不招供从而均被释放——就不会出现。这样两人都选择坦白的策略的结果是被判入狱 8 年。纳什均衡首先对亚当·斯密的“看不见的手”的原理提出挑战。按照斯密的理论，在市场经济中，每一个人都从利己的目的出发，而最终全社会达到利他的效果。但是我们可以从纳什均衡中引出“看不见的手”原理的一个悖论：从利己目的出发，结果损人不利己，既不利己也不利他。

且每个人都有足够的耐心，任何短期的机会主义行为的所得都是微不足道的。换言之，经过长期互动，行为双方会逐渐认识到“己所不欲，勿施于人”的重要性，继而形成一种公共知识，这在哈耶克看来叫作传统。所以，哈耶克认为理性来自传统，包含历史、文化、道德等诸多成分。

20世纪60年代，贝尔宣布后工业社会已经来临。后工业社会的中心任务是服务——人的服务、职业和技术的服务，因而它的首要目标是处理人际关系（贝尔，1989）。人类生活的这种变化是十分深刻的，势必引起经济学的重大调整。虽然理性最大化可能不是最优的，但是迄今为止它无疑是最有效的人类行为分析工具。经济学的危机本身孕育着希望。

二、社会学理性主义的发展

社会学自创立之始，便高举理性主义大旗，甚至从本质而言，社会学思想的产生与发展本身就是人类思维理性化的结果，是人类自觉审视自身社会生活的产物。在社会学内部，建构主义和功利主义旗帜鲜明地开创了理性行为分析的不同路径，并最终发展出完全不同的理论范式，在现当代社会学理论范式跨界交流全面深入的大背景下，越来越多的理论体系从不同角度阐述了它们对理性行为的理解。

（一）社会学理性行为分析的两条脉络

1. 社会变迁的理性批判

18世纪启蒙运动之后，西方社会的现代意识渐趋成熟，理性的力量不断彰显。韦伯敏锐地觉察到西方社会全方位的理性化过程，以理性和理性化为切入点，分析现代社会的结构与变迁。韦伯在多个含义上使用“理性”这一概念，卡尔伯格（Kalberg，1980）认为韦伯的“理性”可以归纳为四个类别，即实践理性、理论理性、实质理性和形式理性。

实践理性行动是以个人自身利益来定位的俗世活动，讲求在既定现实条件下，权宜而行，注重效益，用最有利的手段解决困难、达到目标。理论理性涉及人的认知思想活动，通过精确的抽象概念去操控现实世界。在韦伯看来，它是思想家基于一种自然的形而上的需求、一种不可压抑的冲动，赋予日常生活的零散经验连贯意义，表现出秩序、系统性和内在一致性。实质理性，又称价值理性，是“有意识地对一个特定行为——伦理的、美学的、宗教的或做任何其他阐释的——无条件的固有价值的纯粹信仰，不管是否取得成就”（韦伯，1997）。对于行动者而言，服膺于某一价值体系便是他的终极立场，他主观相信行动具有无条件、排他性的价值，不管后果如何、条件怎样，都要完成行动。形式理性，也叫工具理性，是指以能够计算和预测后果为条件来实现目的的行动，着重考虑手段对达成特定目的的能力或可能性。

韦伯认为，实践理性、理论理性、实质理性在所有人类社会都可以找到，唯形式理性在社会工业化之后才逐渐孕育出来，在经济、法律、行政管理和科学几个领域表现最为明显。在经济领域，形式理性是指决策时使用数量化计算的程度，而货币的作用居功至伟。在法律领域，形式理性表现为以抽象的、形式化的条文为判案准则，从而排除了因人而异、因时而异、因事而异的主观性和随意性，此即所谓“法律面前人人平等”。在行政管理领域，以科层制度为形式理性的典型，它依照普遍适用的抽象规则，以最精确和最具效率的手段去解决问题。在科学领域，无论是实证经验的观察、数量化计算，还是有系统的量度，科学（特别是在实验室里）都攀上了严谨控制的巅峰（张德胜 等，2001）。

在韦伯对社会行动的四种类型的划分中，形式理性行动最直接体现了行动目的与手段之间的内在关联，以及结果的可预测性和责任的可承担性。正是因为这种理性的过度膨胀，人类将自己陷于“铁囚笼”之中，价值（实质）上非理性生活方式的泛滥，造成社会各领域的异化现象，这便是韦伯最担心的现代社会最根本的现实问题（苏国勋，1988）。韦伯的理性分析深刻揭示了理性的多样性、多面性和自我矛盾性。

另一位德国社会学家齐美尔另辟蹊径，以货币为突破口展开了个人独特性的量化研究。在他看来，货币经济的产生和发展标志着人类自身的理性化，“一种本来仅仅是通向目标的手段、是人与其目标之间的媒介的东西逐渐变成了人所追求的最终目标”，形式理性日益与货币相结合转化为计算理性，货币不仅成为体现一切价值的最纯粹形式，也成为这个时代的“上帝”。齐美尔认为，货币经济、法律理性主义和近代科学所共同的“测量的、衡量的、计算的、精确的本质”使现代文化陷入一种深重的矛盾，即客体文化与主体文化之间的持续冲突。在齐美尔这里，理性的指向似乎明确而唯一，即用货币来衡量目标的价值，决定行动的可能性、可计算性。

韦伯和齐美尔对形式理性的反思与现代西方社会思想重镇法兰克福学派遥相呼应。法兰克福学派明确指出，形式理性是现代社会的万恶之源，其潜在逻辑是加强支配与压迫，“自然的支配变成了人对人的支配，而且最终会堕入自我支配的噩梦之中”（Bernstein，1985）。其代表人物哈贝马斯（Jürgen Habermas）用“沟通理性”来诊断现代社会并勾画治疗方案。哈贝马斯指出，那些现代社会的批判者，虽然正确描绘了现代社会的症候，但却站在同一个角度、用单向理解模式去理解这些现象。哈贝马斯认为，人类的存在是以双向理解的沟通为起点的，沟通是人性的本质，沟通理性是达成共识真理的基本条件。

哈贝马斯并不认同韦伯把西方理性化过程等同于形式理性化过程的做法。他认为，人类理性化的过程表现为人类对不同领域的事项，以及不同层次的事务，发展出相应的逻辑或理据作为评估和理解的标准。客观世界、社会世界、主观世界有各自不同的领域事务和判定标准。其中，社会世界由系统-生活世界的双层架构组成。生活世界的理性化表现为文化、社会和人格结构三者的相互关系及其各自的界线日益清晰，它一方面导致个人的理性认知能力和自主性的增加，另一方面导致社会系统日益复杂和扩张。现代社会的主要困境即为“生活世界的殖民化”，私人领域处处受制于行政系统和市场力量。在哈贝马斯看来，促进沟通理性的发展，增加人与人之间的真诚了解是现代社会走出困境的可行思路。

总体而言，自韦伯以来，在对现代社会变迁与困境的诊断中，“理性”与“理性化”始终是学者们惯用的视角和工具。但理性的内涵一直未得到澄清，学者们多在一般意义上使用它，以此表示行动的合理状态。此脉络把理性作为理解现代社会结构与变迁的一把钥匙，对理性内涵的理解显得开放和多元。

2. 行动-秩序的理性化建构

以马歇尔为代表的英国古典经济学从“需求”、个人欲望或目标的角度入手说明人的活动，并引入“效用”这个概念来点明行动者追求的各种社会对象的相对价值。在马歇尔这里，理性第一次有了明确的内涵，即效用最大化。效用是需求和交换结合的产物，代表某种事物能够满足某人需求的程度。效用会受到占有量、需求弹性、时间效应等因素的影响，从而影响个体对是否购买的计算。将人类看作理性的最大化主义者，这种观点深深渗透在经济社会学的理性理论中。

同时代的意大利政治经济学家帕累托则赋予这些思想更浓厚的社会学味道。他将个体的效用普遍化推广到社会共同体层次。帕累托从个体效用层面入手，强调物品的经济效用和道德效用，人们为了追求物质利益和道德利益，会采取理性的经济行动。他由此进一步深入，从“非逻辑行为的逻辑化”着手，深刻揭示了理性的另一重表象，即作为掩盖行为的非逻辑性的合理化外衣，而且点明了更深层的问题：对个人满足的追求能否生发出集体性的安排，及如何才能说服理性的个人去投身于可能需要个人支付代价的集体事业。帕累托始终坚持，一个共同体（作为一个整体）的效用最大化和为了一个共同体（作为个体的聚合）的效用最大化是两个完全不同的问题，并以此为基础展开了公共政策批判，用“帕累托最优”来衡量共同体的效用最大化。这一问题奠定了社会学理性选择理论发展的基石。

20世纪60年代，社会交换理论广泛吸收古典经济学和行为主义心理学的观点，把社会理解为一个利益流动的网络。社会交换理论关注人们在社会互动中的成本和收益，假设人们会经常或一直理性地行动，追求收益最大化。在社会交换论者看来，渴望回报是人们参与社会交往的根本原因。霍曼斯（G. C. Homans）以刺激—反应命题为基础，系统分析了互动中的个体如何计算成本和报酬，并寻求两者间的大致平衡。埃默森（Richard Emerson）以交换网的概念来说明交换关系的形态，超出对偶分析来探索交换理论。布劳（Peter M. Blau）则就交换的微观结构如何转换为稳定的宏观结构展开了更具社会学意义的讨论。布劳认为，在社会互动中，成本和收益的分配很少是平衡的，由此产生交换中的权力。权力的分化促进了“合法化”和“对立”两种动力，为建立集体性社会组织提供了可能。社会交换理论认为，不仅个人以理性方式行事，集体组织也以理性方式行事，谋求利益最大化。集体组织是个体理性行为的结果，个体理性与集体理性之间和谐一致。此种观点对后来的公共选择理论产生了积极影响。

但是，布劳最终改变了自己的方法论立场，认为社会结构具有突生性，与个人行动（或其合力）没有直接关联。20 世纪 80 年代以来，各种社会学理论传统范式之间的交流、对话、整合趋势明显。亚历山大继承并完善了帕森斯对单位行动分析的思路，广泛吸取微观社会学理论的行动观，指出行动具有理解和谋划两个基本维度。理解包括类型化和发明两个过程，谋划则引入了策略性考虑：使成本最小化和报酬最大化。亚历山大在强调行动的偶然性与创造性，以及行动对环境的变革作用的同时，也坚持环境对行动的强制性，以此为功能主义构建了一种新的行动模式。吉登斯则另辟蹊径，用“结构二重性”来解决传统社会学理论中行动与结构的二元对立问题。一方面，社会结构并不外在于行动，它既会约束和形塑行动，也是激发行动的前提；另一方面，在社会的结构性条件下，个体的理性行动既能够实现结构的再生产，又会产生一些“意外后果”使社会结构发生变化。

这些学者提供了一种将微观分析和宏观分析相结合的社会行动理论，强调了权衡、策略、谋划、选择、反思等过程在社会行动中的重要性，肯定了社会行动的合理性。但是，在科尔曼（James Coleman）看来，行动的合理性并不等同于行动的目的性，有目的的行动都追求获取最大限度的收益。他回归了“利益最大化”的理性行动观，从个体行动者的层面出发，寻求理解集体制度如何从个体与个体之间的物质让渡中产生出来。

（二）科尔曼①的理性选择理论

理性选择理论的出现是第二次世界大战后经济学、社会学和政治学相互交叉重合的例证。在理论形式上，科尔曼从社会学的角度扩展了经济学的理性选择模型。他一方面将社会学的各种理论（如权威理论、社会关系理论、组织理论、社会规范理论等）引入理性选择模型中，另一方面在分析方法上借鉴交易费用分析、产权（或法规）分析和博弈均衡分析，致力于发展一种实证性的分析框架和数学模型。在方法论上，科尔曼主要针对主流社会学的整体方法论和结构功能主义。他认为，整体方法论侧重对不同系统的统一行为进行样本分析或是对一个系统在特定时期内的不同行为进行分析，这种方法论因疏忽系统的内部层次，特别是忽视个人行动层

---

① 詹姆斯·科尔曼（1927—1995），当代著名社会学家，社会学理性选择理论的杰出代表。科尔曼于 1949 年在美国普渡大学获得化学工程学士学位，后师从罗伯特·默顿［罗伯特·默顿（Robert K. Merton，1910—2003），美国著名社会学家。出生在美国费城。1936 年获得哈佛大学博士学位。1941—1979 年任哥伦比亚大学社会学教授，培养了许多社会学家。研究方向包括偏离行为、科学社会学、大众传媒等，是功能主义学派的主要代表人物之一。其代表作有《社会理论和社会结构》（1949）、《科学社会学》（1973）。］和保罗·拉扎斯菲尔德（Paul Lazarsfeld）。他于 1955 年在纽约哥伦比亚大学获社会学博士学位。之后，科尔曼来到久负盛名的芝加哥大学任教。1959 年，他来到位于马里兰州的著名大学——约翰·霍普金斯大学创办了社会学系并任系主任。科尔曼对美国的教育社会学做出巨大贡献，14 年中共完成了 60 篇论文、5 部专著，所有这些有关教育社会学的学术成就奠定了美国教育社会学的基础，对美国教育社会学产生了不可估量的影响。1973 年，科尔曼又回到芝加哥大学任社会学教授，直到 1995 年 3 月 25 日逝世。

次而缺乏解释力。科尔曼所主张的个体方法论是用系统的不同组成部分的行为来解释系统行为，考虑由个人到系统的多个层次，根据所要解答的具体问题来选择令人满意的解释层次。

科尔曼的理性选择理论是以“理性”（rationality）为基础解释广义上具有目的性的行动。他认为“理性人”假设不同于帕森斯社会行动理论的“社会人”假设，不同于韦伯科层理论的“组织人”假设，也不同于经济学的“经济人”假设。“社会人”假设把社会规范作为理论的起点，人是社会系统中已被社会化了的元素，只是被动地按照规范行动；“组织人”假设侧重对组织结构和角色分工的分析，认为个人只是像机器似的履行他的岗位职责，忽视了组织中的个人动机和利益结构。科尔曼的“理性人”假设是指“对于行动者而言，不同的行动（在某些情况下是不同的商品）有不同的‘效益’，而行动者的行动原则可以表述为最大限度地获取收益”（Coleman，1990）。这里的“理性”（或有目的性）与“效益”并不仅仅局限于经济学的含义，因为在现实生活中，人们的理性行动不仅为了追求经济效益，还包括社会的、文化的、情感的、政治的等目的。理性行动是为达到一定目的而通过人际交往或社会交换所表现出来的社会性行动，这种行动需要理性的考虑或计算对其目的有影响的各种因素。对于理性或非理性应以行动者自己的眼光来衡量（杨善华，1999）。

科尔曼将理性选择假设作为纽带贯穿微观层面的行动者分析、中观层面的行动系统分析和宏观层面的社会结构分析。他认为行动者都有一定的利益偏好，并且试图控制能满足自己利益的资源。行动者与资源之间是控制关系和利益关系。行动者经常发现部分使其获利的活动处于其他行动者的控制之下，此时，为了追求自身的利益，他们必然与其他行动者进行某种交易，即广义的交换行为，用自身控制的、对于自身既得利益无足轻重的资源去换取对自身利益至关重要，但处于其他行动者控制之下的资源。最低限度的交换涉及两个行动者。在交换过程中，权利是行动的前提条件，信任是个体行动者行动的保证条件。任何社会系统都是由一定的社会结构中人们的交往和交换行动形成的，它反过来又会制约私人行动和集体行动。在社会交换系统中，行动的结构主要有三种类型：市场结构、权威结构和信任结构。这三种结构均会反映行动者的资源和权利分布状态，只是在市场结构中经济机制发挥着重要作用，而在权威结构和信任结构中，权力、社会规范和社会资本是主要的影响力量。

理性行动理论的分析框架如图 3－1 所示，该框架可同时用来对基本行动和系统行动进行分析和预测。科尔曼认为，任何行动系统都包含五个主要概念：个人利益、控制分布、资源价值、行动者的实力和事件的结果。“个人利益”指个人需求及其满足程度。“控制分布”指每个行动者所控制的资源和权利及其分布。这两个概念说明行动者与资源的关系，它们是微观水平的概念。“资源价值”取决于有实力的行动者在相应的资源中具有的利益。“行动者的实力”存在于他控制的有价值的资源之中。这两个概念是宏观水平的概念，它们说明行动者和资源在整体行动系统中的特征。“事件的结果”指交换行动（或互动）所形成的社会安排（如某种社会关系或制度等）。

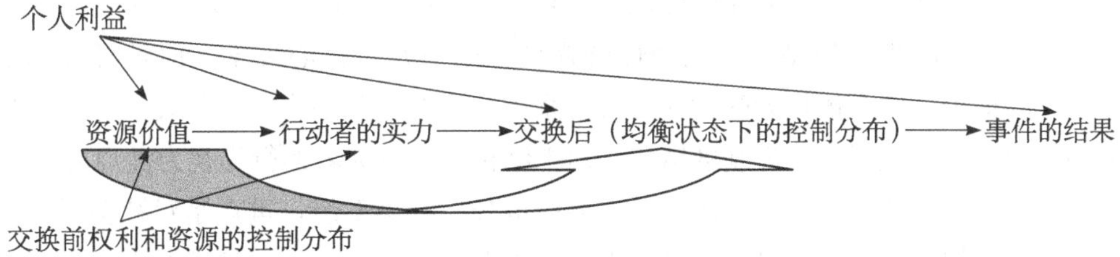

图 3-1　社会交换系统的分析框架

资料来源：科尔曼．社会理论的基础．北京：社会科学文献出版社，1999：156.

在基本行动分析模型的基础上，科尔曼发展了对各种复杂的系统行动进行分析的数学模型。在他看来，这些模型是对经济学的均衡分析模型的扩展，因为社会系统行动并不局限于经济行动，社会交换虽然包括经济交换，但并不等同于经济交换。建立理想的社会行动系统的关键是通过共识达到交换的均衡，即由共识建立的社会规范能够降低交易费用，保证交换行动的稳定进行，使系统内部众多的行动者在总体上实现利益均衡。通过上述分析，科尔曼揭示了由个人动机到社会交换、由基本行动到系统行动的内在逻辑关系，指出了由微观到宏观、由宏观到微观转变的途径和机制，提供了在个人理性选择基础上分析各种形式的社会行动的理想模型（杨善华，1999）。

（三）社会学理性选择理论的取向

什么是社会学的理性选择理论？为了回答这个问题，有必要重申社会学理论构成的原则（Coleman and Fararo，1992）。科尔曼和费勒诺（Fararo）认为，社会学理论必须符合以下标准。

（1）理论解释的现象是社会系统（无论是大系统还是小系统）的行为，而不是个人行为。

（2）根据社会系统中行为者的行为解释社会系统行为，这就意味着：

第一，社会系统行为层面与个体行动者行为层面之间转换的理论常表现为微观-宏观之间的问题；

第二，一种个体行为的动机心理学理论或者模式。

他们指出，在学界尚没有完整的令人满意的理论存在，即没有同时满足上述原则的社会学理论。不同的理论传统具有各自的特色，在满足某些规则时，却忽略了另一些规则。满足标准（1）而忽略标准（2）的理论被称为整体论，功能主义理论是典型的例子；而认为能动者不起作用的结构主义理论是其另一类型。另一种社会学理论是满足标准（1）和标准（2）B 而忽略标准（2）A 的理论，从个人行为或行为倾向解释系统行为，宏观-微观的转换被假定为由行为的简单累加而实现，这种理论的实例是所谓的“挫折理论”。“挫折理论”研究为什么革命总是发生在各种条件逐步获得改善的社会变迁时期，该理论认为，社会中逐步获得改善的各种条件使某些社会成员产生挫折感，从而导致了革命的发生（Coleman，1990）。

理性选择理论不同于上述两种理论，它几乎不考虑标准（2）B，即不考虑个体行为者动机的心理学模型。构成理性选择理论的不是个体心理学，而是符合标准（2）A的理论，即个体行为的微观层次与系统行为的宏观层次之间的转换。最为显著的例子是把宏观层次视为制度结构，而把结构内的行为者的行为视为微观层次。

由上可知，社会学（和经济学）主要应该分析社会系统，重点是对社会系统中的行为进行解释。系统可以小到二人组合，或者大到整个社会，但都要求在解释时以系统为单位。集体层次上的分析要求对社会系统的解释建立在阐明系统内部运行机制和产生系统结果的运行机制上。尽管构成理性选择理论的不是个体心理学，而是符合标准（2）A的理论，但是社会学中所有相关机制都与人类有目的的行为有关，因而理论（或解释）的立足点应是个人层次。所以，林顿伯格（Lindenberg）区别了心理学上的个人层次和社会学（经济学）上的个人层次。他把心理学上的个人层次称为心理学Ⅰ（individual 1），而把社会学（经济学）上的个人层次称为个人层次Ⅱ（individual 2）。心理学不同于社会学，其分析与理论的基础是个体意义上的人，即心理学家对个人感兴趣，因此他们才使用个人层次上的理论。心理学Ⅰ理论更接近生活，个人层次Ⅱ理论则能满足不同的需求（Lindberg，1992）。

众所周知，传统经济学理论有三个假设，即利益最大化行为、市场均衡和稳定的偏好。理性选择理论采纳了经济学的基本假设，其核心观点是人以理性行动，是自身最大利益的追随者；行为者在特定情景中有不同的行为策略可供选择，在理智上相信不同的选择会导致不同的结果，在主观上对不同的选择结果有不同的偏好排序。简言之，理性行动者趋向于采取最优策略，以最小的代价取得最大的收益。

科尔曼认为现代社会的“社会组织”不同于原始的社会组织，创建现代社会组织是具有某种目的的行为，因此，现代社会组织的理论基础必然是理性行为理论或具有某种目的的行为理论。因此，理性行为理论中的“理性”就是社会理论的一个基本概念。科尔曼为什么要采用个人行为具有目的性的理论呢？一般地说，人们普遍反对在科学理论中应用目的论的原则。但科尔曼是在低于社会组织行为水平的层次上应用目的论进行解释的，并采用个体方法论。如果在这个层次上不采用个体方法论，而采用整体论，那么整体论把系统与组织视为社会理论的研究对象，这是功能主义的解释，而功能主义是所有反对目的论者攻击的目标。同时，由于科尔曼的理论认为个人行动具有目的性，但是理论解释的重点是社会系统的行动，系统行为间接地源于个人行动，因此，对于系统行为的解释并非以最终目的为原因，所以这种解释是非目的论的①。

科尔曼的社会学理性选择理论比传统的理性选择理论更为精致、更为系统，并

① 玛丽奈（Margart M. Marini）甚至用“有目的的行为”替代理性选择理论。她认为，所有社会科学都有建立在“行动者是有目的的”这一假设之上的基本相似的模式，即行动者的行为倾向于产生有利的结果。换言之，所有社会科学中出现的有目的的行为模式有一个基本命题：人类有获得快乐和避免痛苦的动机，正是这种动机引导人类的行动，至少在人类所掌握的信息和预测未来的能力之内，他们期望获得比成本更多的报酬。玛丽奈还建立了有目的的行为模式（Marini，1992）。

兼容了社会学重视规范的传统，因此，我们可以说，社会学理性选择理论是以宏观社会系统为研究目标，以微观的个体行为为研究起点，以合理性说明有目的的行为。合理性是理性行为者的行动基础，行为者的行为原则是最大限度地获得效益。通过研究个人行为和个人行为的结合如何产生制度结构，以及制度结构如何孕育社会系统行为，可以实现微观-宏观的联结（丘海雄，张庆祥，1998）。

第三节　经济社会学的理性选择理论[①]

理性选择理论作为社会学研究的新视野有着广泛的应用，如在政治学中的投票研究等。本节既不讨论一般意义上的理性选择理论，也不讨论理性选择理论的一般应用，而只讨论经济社会学的理性选择理论及其在经济生活中的运用。因此，这里所讨论的理性选择理论并非等同于解释与分析社会学问题的理性选择理论，如群体团结理论等。

一、经济社会学理性选择理论的基本概念

如前所述，经济社会学的发展与演变过程是经济学和社会学交汇与融合的历史，经济社会学的发展是经济学家和社会学家共同努力的结果（Swedberg，1990）。对待经济社会学的学术路向之一就是用有限理性的假设来解释经济生活和现象，经济社会学的理性选择理论就是这一学术路向（Guillen，Collins，England，and Meyer，2002）。在此将介绍美国社会学家科尔曼有关组成经济社会学理性选择理论的基本概念。一般而言，经济社会学理性选择理论的基本概念分别源于新古典经济学和社会学，即源于新古典经济学的方法论个人主义、行为者最优化原理、社会优化和社会均衡，源于社会学的社会资本、制度、权力和让渡。

（一）新古典经济学的要素

（1）方法论个人主义（methodological individualism）。方法论个人主义从个体出发理解个体存在于其中的社会，认为是个体的选择决定了社会关系的内容和形式而不是相反，这是个人主义方法论的内在规定性。方法论个人主义既是微观经济学的基础，也是理性选择理论的基本方法论。理性选择理论并不是一种解释行为的理论，而是一种解释和说明社会与经济系统的功能发挥的理论。然而，理性选择理论不仅停留在系统层面解释了社会与经济的功能发挥，还考虑了构成系统的个人的行为，即从个人行为与系统层面之间的联系角度来解释。因此，从结构上讲，理性选

① 本小节的主要观点和内容均来自科尔曼的文章《经济社会学中理性选择理论》，见：COLEMAN J. A rational choice perspective on economic sociology//SMELSER N，SWEDBERG R. The handbook of economic sociology. NJ：Princeton University Press，1994：166－181.

择理论是一种包括行为者层面和行为系统层面的双层理论。理性选择理论由三种关系构成：第一，系统层面现象对个体行为者的影响；第二，理性的个体行为；第三，个体行为的结合在某些制度结构中产生系统结果。

社会学中理性选择理论的特征是部分个人理性假设的综合，以及用具有内生和外生的社会结构替代完全市场的假设，而且这种社会结构把个人蕴含于系统之中。在此结构中，决定的必然结果是潜在集体既得利益的获取，但社会结构并不能把潜在集体成员整合为统一的行为者。为了使行为满足个人利益，个人就会损害他人利益，而这种被损害的利益正是全体成员所共同享有的。在多数情形下，社会学理性选择理论并不关心从微观到宏观运动中的社会结构存在与否，然而却关注决定宏观结果的社会结构的存在（一般以稳定的制度形式表现）。从其特征上讲，为了与新古典经济学中完全市场假设的社会结构相一致，这种结构并不分化。

（2）行为者最优化原理（the principle of actor optimization）。理性选择理论的行为者最优化原理有别于新古典经济学中个人行为效用最大化的假设，更广泛地说，新古典经济学假设个人是目标导向的，一旦目标确定，就认为所采取的行为是达到这一目标最有效的行为。换言之，新古典经济学中的个人行为是“有目的的行为”。在社会学理性选择理论中，尽管可以对个人行为的假设范围进行调整，有时可以宽泛些，有时可以狭窄些，但它却是社会学理性选择理论推导其使用范围的源泉和基点。对理性选择理论而言，尽管公共利益的好处大大超过贡献的代价，但除非自己所得到的好处比所付出的代价多得多，否则若没有这种附加激励，一个理性的人将不会再做贡献。由此得出的另一推论是公共物品不会自愿供给，这一推论可解释一些社会现象，如为什么人们不主动缴纳税款等。然而，理论并不能总是得出准确的预测，如在有些情形下，公共物品是个人自愿提供的，而且自愿提供者并不能直接从中受益，所以理论预测有时是与现实相矛盾的。因此，上述例证并不说明推断总是导致准确的预测，但理论的确能够导致可以被检测的推断。这一结论直接源于理性的假设，而且是理性选择理论最显著的特点（Coleman，1994）。

（3）社会优化（social optimum）。在理性选择理论中，行为者最大效用原理既是行为者层面的概念，也是驱动系统的引擎。在众多系统层面的概念中，社会优化是理性选择理论系统层面的主要概念。社会优化在理性选择理论和功能主义理论中有着不同的作用。在理性选择理论中，如果双方自愿交换没有外在影响的资源，那么双方均能获得较多的利益，没有任何一方被伤害。如果这种交换发生在非竞争性的结构中，那么交换率将在一定的范围内浮动。在这种结构中，当所有使双方获利的交换完成后，便达到一种最佳状态，这种最佳状态就是社会优化（或称帕累托最优，即 Pareto optimum）。当系统中的个人按效用最大化原则行动时，帕累托最优既可能出现，也可能不出现，行动结果可能不是行动的引擎。相反，在功能主义理论中，社会优化则一定是驱动系统的引擎。功能主义理论的主要假设表述为，系统的行为是为了维持其自身的存在，即产生社会优化。功能主义理论用社会自动平衡原理解释社会制度，换言之，靠社会制度维持系统的优化状态，从而完成其功能。

戴维斯和摩尔对分层系统的解释是一个典型的例子，他们认为由于职业在维持系统方面的重要性不同，所以，不同职业得到不同的报偿（Coleman，1994）。

（4）社会均衡（social equilibrium）。在社会学理性选择理论中，社会均衡（亦称纳什均衡）是独特的概念，而且不同于社会优化。社会均衡是一个由所有参与人组成的最优战略组合，也就是说，在给定战略情况下，没有任何单个行动者可以单独行动，同时也没人去积极地打破这种均衡。换言之，均衡是缺乏改变性激励的结果。社会均衡与社会优化的区别可由两人游戏来说明。在游戏中，两人的结果均取决于双方的行动，参与者一方控制着另一方的结果，自己的结果也由对方控制。也就是说，个人的效用函数不仅取决于自己的选择，还依赖于对方的选择，即个人的最优选择是对方选择的函数[①]。

图 3-2 说明了上述条件的行为结构：图中每个格子中的第一个数字表示行为者 A 的报酬，第二个数字表示行为者 B 的报酬。在这种结构中，均衡是行为者 A 和行为者 B 都采取行动 2 的状态，此时二者的报酬都是零，这是唯一的双方都无意改变的状态。由社会均衡定义可知，此时构成了均衡。社会优化则是行为者 A 和行为者 B 都采取行动 1 的状态，二者所获得的总体报酬都比其中之一采取行动 2 时的境况好。假若行为者 A 采取行动 2，而行为者 B 采取行动 1，那么行为者 A 可使自己的境况较优化状态下改善一个单位，但是会导致行为者 B 的境况较优化状态下恶化两个单位；同样，假若行为者 B 采取行动 2，而行为者 A 采取行动 1，则行为者 A 的境况较优化状态下恶化两个单位，行为者 B 的境况较优化状态下改善一个单位。

		行为者 B 1	行为者 B 2
行为者 A	1	1，1	−1，2
行为者 A	2	2，−1	0，0

图 3-2 社会均衡与社会优化之比较

资料来源：SMELSER N，SWEDBERG R. The handbook of economic sociology. NJ：Princeton University Press，1994.

社会均衡与社会优化的不同之处在于集体行为与个人行为的差异。理性选择理论中的社会均衡源于个人行动的相互影响；而社会优化是一种结果，这种结果是以没有一人境况变坏，而且使一些人境况更好为目标，并在某人的指导下集体取得的。在某些行为结构中，社会优化也会与社会均衡混合在一起；而在有些情形下，两者会截然不同。社会均衡有几种不同形式，但它们可能仅仅是社会优化的子集；同样，社会优化的几种不同形式可能也只是社会均衡的子集。

社会优化与社会均衡的区别是理性选择理论的显著特征，这种区别再次说明理性选择理论与功能主义理论之间的不同。在功能主义理论中，社会均衡就是社会优

① 关于纳什均衡和囚徒困境，可参见本章前面的相关注释。

化，社会优化也就是社会均衡。

（二）社会学的要素

新古典经济学的四个关键要素把理性选择理论与其他社会学理论区别开来，而来自社会学的四个关键要素将把社会学理性选择理论与新古典经济学区别开来。

（1）社会资本（social capital）。社会资本理论以社会网研究为基础①。社会网的基本元素是结点（nodes）和联系（connections）。用行动者代替结点，社会关系代替联系。这样，一个社会网络就是由一系列直接和间接地从一个行动者到其他社会关系的“结”构成。而中央行动者是一个单独的人或一组人群（如正式组织）。一个网络结点被定义为两个互动行为者之间的一种关系或社会结（Davern，1997）。所谓社会资本是指个人通过自己所拥有的网络及更广阔的社会结构来获取稀有资源的能力，它具有网络性、增值性和不可让渡性等一系列特征。社会资本是非正式社会组织的一个方面，这种非正式社会组织为一个或者更多的行动者构成了一个可生产性的资源。社会资本取决于社会结构的状况，尤其取决于社会网络的起闭、社会关系的继续、关系的复杂程度和多样性等。因此，稳定的社会结构产生广泛的社会资本。新古典经济学忽略社会结构的存在，将社会结构视为内生的，而社会学理性选择理论在分析系统功能时，毫不犹豫地视社会结构为外生的（Coleman，1994）。

（2）制度（institutions）。社会学理性选择理论将制度置于中心地位，而新古典经济学不太注重对制度的研究。在古典经济学中，完全市场是一种制度，但与其说完全市场在新古典经济学中被视为制度，不如说完全市场作为假设存在于新古典经济学之中，因为完全市场作为制度在完成交换后的市场结清的价格层面上就解决了。当然，如果认为新古典经济学完全不考虑制度也不一定正确。比如说，新古典经济学理论假定公司存在，而且有关公司的理论一直还在发展，如代理理论就认为公司内部组织中存在问题。进一步说，部分新制度经济学家认为公司的规模就是一个问题，不同规模的公司在其运营边界导致数量不等的交易（Williamson，1994）。

制度在理性选择理论中扮演两种角色。一种角色是在从个人行动者层面到产生系统的结果中，制度把个人的行动结合在一起。这样，市场制度在取决于特殊制度的价格上重新分配资源②。选举制度的产生来自个人投票的团体结果，而且选举结果随现行选举制度的不同而发生较大的变化。公共选择理论的许多研究集中考察了不同的政治制度对政策结果的影响。为了取得一致的结果，通常以制度协调个人行为的方式来构建科层制。社会学理性选择理论中制度扮演的另一种角色是影响个人行动向系统状态转变。大众传媒构成了这种制度的主要类型，它通过改变个人对世界的认知来影响其偏好乃至行为。在研究关于个人行为或系统特殊制度

---

① 有关社会资本的详细论述，参见第四章“社会资本”。

② 如林顿伯格就指出，在缺乏合适的政治制度时，市场制度可以形成反竞争结构（Lindenberg，1992）。

结构的效果时，用理性选择理论的观点来看，无论是从微观到宏观的形成，还是从宏观到微观的联系发生，都可以把制度视为外生的。除此以外，只有在为了验证个人的理性行为是如何导致某些制度的产生的情况下，制度才被视为内生的。例如，日本的汽车公司和西方的汽车公司的多种组织可以被看成是为它们周围的制度结构所限制与制约的理性反映，这些限制与制约是这些公司赖以生存的制度结构形成的。

(3) 权力 (rights)。新古典经济学常常忽略对权力的关注。但是在社会学理性选择理论中，权力的分配与权力的来源则是十分重要的问题。在既定的情形下，理性行为取决于权力的分配，然而，如同社会过程有结果一样，权力也有其来源。个人借助于集体共同建立的权力分配理性地行动，以增加自己的所得利益。从这里可以看出，行为有其等级制度，在这种等级制度中，一个层面的行动决定其低级层面的权力。在新古典经济学中不被重视，而在理性选择理论中举足轻重的权力来源问题，其另一特征是冲突。权力的社会分配导致了不同利益群体的产生，从另一角度讲，不同利益之间的冲突应属理性选择的分支——公共选择研究的范围。从这点来看，理性选择虽以新古典经济学为研究起点，但却解决新古典经济学以外的问题 (Coleman，1994)。

(4) 让渡 (即放弃控制而获得效用，gaining utility by giving up control)。新古典经济学关注的是稀缺资源在追求效用最大化的个人之间的分配，其假设为：一个人若能获得对资源的控制，则能获得效用；若失去对资源的控制，则失去效用。在此假设下，一个人仅仅当他获得对某种喜欢物品的控制时才从事交换。但也有个人单方面放弃对资源的控制而获得效用的可能，一个人放弃对自己行动的控制而获得效用即一例。若一个人认为将自己的控制转让给另一个人能得到更好的结果，那么把自己的控制转让给另一个人的行动就是理性的行为。一般说来，一个人可由另一个人影响自己，或者信任另一个人的判断而不相信自己的判断，或者放弃对自己行为的控制，或者追随其他人的行为。在所有这些情形下，一个人放弃了对自己行为的控制权或对他人的控制权，而没有其他人放弃稀缺资源作为回报。这样的转让，尤其是在信息不完全或者信息稀缺时，或者，当一个行为的结果有相当大的不确定性时，信任和影响是其所期望的。

在上述情形中，系统可能发生大的变化。变化之一是由一伙独立的个人向权威结构转变。当一伙人把他们的行为控制权转让给一位超凡脱俗的领导时，超凡权威便形成了。系统的另一变化是朝着没有均衡过程的失稳系统转变。由于单方面放弃对一种行为的控制，资源不再是“稀缺”的，而且不需均衡，追随投资专家的投资者就是这方面极为恰当的例证。在一定情形下，这可能导致系统失稳或失控。如果人们不仅转让自己的行为控制权给一位领导人物，还观察到其他人也决定转让控制权给这位领导人物，那么滚雪球效应就可能发生。在不稳定的条件下，上述行为都可能是理性行为。然而，在一个行为系统中，这种理性行为将引起系统的极度不稳定，将产生流行、时髦、疯狂、恐慌、妄想和崩溃。在经济行为中，这些现象比非经济行为更重要，特别是在股票和期货市场中（Coleman，1994）。

二、理性选择理论在经济生活中的运用

作为社会学研究的新视野，理性选择理论有着广泛的应用，如在政治学中的投票研究等。这里既不讨论一般意义上的理性选择理论，也不讨论理性选择理论的一般应用，而仅仅讨论经济社会学的理性选择理论及其在经济生活中的部分运用。

（一）微观层面的行动者分析

一直以来，社会学家和社会心理学家在研究包含社会因素和心理因素的经济现象时，总是用“模仿”“暗示”等观点来揭示经济现象的成因和运行规律，甚少考虑用经济学的假设去研究经济现象。而社会学理性选择理论就是社会学家运用经济学分析的基本原理和基本框架研究各种经济活动和经济形式，比经济学分析的基本范围更广，除了生产、交换、消费和分配等中心议题外，还有一些一般的形式，如生产和交换的有序过程、股票市场的恐慌、银行的挤兑存款、经济“泡沫”及导致经济平衡的其他现象。

根据科尔曼的社会交换系统分析框架，如果把分析的重点聚焦在行动者的理性选择（而不是仅仅局限在寻求这种选择所受制的因素）上，便可以获得一个具体的理性选择行动发生的条件（Chang，1993）：

$$V=BP-P'C$$

如果有 $V_i>V_j$，则选择以 V_i 方式行动。

在上述公式中，B 表示行动者从预期行动中获得的预期效益的主观价值；C 是和行动者相关的预期代价的主观价值，包括行动者预期的投入和可能受到的惩罚；P 是行动者估计获得成功的可能性；P' 是行动者估计遭受损失的可能性；V 是估计其预期的行动的纯价值（i 是指某项行动，而 j 是指其他的行动选择）。

根据科尔曼的分析框架可知，行动 V_i 的发生要受到行动者的实力、资源价值、控制分布和事件的结果四种因素的影响。行动的预期效益（即 B）和预期代价（即 C）的大小是由行动者的实力、对资源信息的掌握与资源价值评价决定的，而行动获得成功或遭受损失的可能性（即 P 与 P'）与行动前后的控制分布及事件的结果直接相关。从总体上来看，在行动估计获得成功或遭受损失的可能性一定的情况下，个人追求效益最大化的动机越强烈（即 B 越大，C 越小），行动发生的概率（即 V）就越大。

在日常经济生活中，行动者要么自己占有并控制资源，要么占有资源但转让其控制权，最终的选择取决于行为控制权的转让能否带来更大的收益。理性选择理论可扩展运用到对行为控制权转让的分析，由于这种转让是单向的，因此不需要导致平衡，而可能导致非平衡过程。因为行动是理性的，所以转让的结果是广泛扩散的收敛。科尔曼把这种控制权的转让称为集体行为，并指出这种集体行为的社会现象

通常含有三个要素：在同一时间采取相同行动的许多人；被观察的集体行为无常多变；行动具有相互依赖性，任何个人都不独立行动。

股市恐慌、银行挤兑在传统意义上都是非理性的行为，但是对于行动者而言，这却是他们在综合各种因素后最理性的选择，正如当前很多人都在买房、炒股、搞收藏一样，只不过无数理性的个人行为可能最终会聚成非理性的结果。

1. 股市恐慌

设想股市有以下两种情形：

(1) 市场活跃，有可能出现获利较多、损失较少的机会；

(2) 市场疲软，潜在的获取与潜在的损失的可能性都不太大。

在这两种情形下，行动者都可能考虑保留投资决定的权利，或者把投资权转让给另一投资专家。假若一个人保留投资决定权，或者他不愿意放弃控制权，投资期望所得是 E_1；若转让控制权，投资期望所得是 E_2。根据定义 $E_2 > E_1$，在情形（1）中，除投资专家外，对其他人来说，$E_2 - E_1$ 将相当大；在情形（2）中，$E_2 - E_1$ 将相当小。$E_2 - E_1$ 值的大小是行为者不得不转让其决策控制权给另一行为者的激励。如果转让控制权的代价是固定的，那么投资者转让控制权的大小将随 $E_2 - E_1$ 而单向变化，这样一来，系统中随着 $E_2 - E_1$ 均值的变化，“影响”也将扩大或者缩小。在情形（1）中，影响将扩大，而在情形(2) 中，影响将缩小。

影响的扩大并不说明随着买卖疯狂程度的升温，系统将朝着某一特定方向消失。若转让控制权给大量单独行动的个人，那么他们的行动将相互抵消，因此也不会有买卖的疯狂。导致系统处于极端状态的原因是社会结构，正是这种社会结构导致人们转让控制权给少数人，同时这少数人更加关注另一些人的行为。换言之，在市场非常活跃时，绝大多数股民会追随少数基金经理、有内幕消息者、投资高手等进行投资或转让投资权，在他们看来，在变幻莫测的股票市场，这样的选择是最稳妥、理性的做法。但是，这种投资方向的过分集中使得股票市场对政策、事件、变化等极为敏感，而任何轻微的波动都可能引发各种类型的恐慌。

韦恩斯（Stephen Vines）将股市恐慌划分为假恐慌、自发性恐慌、传染性恐慌和真恐慌四种类型（韦恩斯，2010）。实际上，几乎所有的股市恐慌都是传染性的。但这并不说明撤资或抛售股票是不理性的，这其中反而包含着许多理性思考，尤其是发自内心的对于经济增长和公司盈利水平的忧虑。

2. 银行挤兑

银行的生存基础是社会信用，一旦存款人觉得存款的安全得不到保障，社会的信用基础发生动摇，那么不可避免地就会导致挤兑现象的发生。研究表明，银行挤兑行为与储户的心理活动密切相关。

在“猎鹿”博弈中，两位猎人必须各自决定是共同猎鹿还是独自猎兔。一方面，虽然半只鹿也比两只兔子好，但猎鹿需要两个人合力才能完成。另一方面，猎兔可以由一个人毫不费力地完成。“猎鹿”博弈有两种理性的结果：要么两位猎人合力猎鹿，要么各自去猎兔。虽然每个人都更倾向于合作猎鹿，但如果对方的动机或者行为不确定，猎兔就是一个无风险选择。同样地，当存款人确信其他储户会继续把钱存在银行时，无疑他们的钱将是安全的。当他们丧失这种信心后，就放弃了猎鹿。尽管人们都在说这是恐慌，但人们是出于完全理性的理由放弃了它。

行为金融学研究发现，人们往往将资金放入不同的心理账户，并且人们对待不同的心理账户的风险的态度也是不一样的。投资者通常对于放入保值心理账户的资金具有较强的风险厌恶特点，而对放入升值心理账户的资金具有较弱的风险厌恶特点，有时候甚至主动寻求风险。储户的存款属于追求安全性的心理账户，储户选择储蓄，更多的是追求本金安全而非高收益。同时以本金为参考点，则储户会把利息视为收益，由于储户觉得同等金额本金损失带来的痛苦远大于利息收益带来的愉悦，因此储户对本金的安全更为重视。当确信本金安全难以获得保障时，储户就会放弃利息收益，提前取款。

（二）中观层面的组织行为分析

组织是意图寻求具体目标并且结构形式化程度较高的社会结构集合体。经济组织是各种组织类型中最典型的理性系统。其中，审慎的、有意图的人们之间相互合作，为达成企业的共同目标而行动。为了实现组织目标，组织必须激发内部成员的积极性和工作热情，必要时甚至需要成员适度牺牲个人利益而服从集体利益的需要。因此，怎样发动组织成员，怎样实现组织运行的有序与稳定便成为经济组织设计中必然的理性选择问题。

1. 组织中的激励

经济学的代理理论（agency theory）和代理法学是考察理性选择方法在组织理论中应用的起点。在代理理论中，公司是委托人（principal）和雇主，公司雇用代理人；而代理人（agent）为了从委托人那里得到报酬，乐意在委托人的指导与监督下为委托人谋求利益。在代理经济学和代理法学中，委托人的问题在于代理人事实上保留了对自己行为的控制权。一旦代理人的利益与委托人的利益发生冲突，代理人就可能会按照对自己有利的原则行动。

理性的委托人试图使代理人按照自己的利益行动，通常委托人采取的办法是监督或者把代理人的利益与委托人的利益捆在一起，常见的办法如各种激励方式：个人计件制、群体计件制、群体与个人目标制、个人或群体奖金制、佣金、股票的买卖特权、晋升等。理性的代理人则在确定的激励方式和委托人确定的范围内，按照使自己利益最大化的原则来行动。

在代理人和委托人都是理性的假设下，委托人的任务就是组织设计问题。在生产过程和环境所提出的技术限制一定的情况下，什么样的激励结构最为有效，能使组织目标最大化，就成为经济学家和社会学家一直探讨的组织设计问题。为了提供对组织设计有用的例证，产业社会学家实证考察了各种激励系统，有些社会学家研究了不同产量的激励效应问题。

然而，仅仅设计正式组织的激励体制是不够的，在正式组织结构内部，非正式系统所带来的各种激励可能会与正式组织的目标相矛盾，有时甚至会产生负效应。例如，在企业组织内部，非正式社会关系会对企业的产量起到限制作用。这种限制产量增长的非正式系统所建立的激励是与正式组织目标相冲突的典型例子。非正式系统建立的规则一旦形成，就将与管理所建立的激励机制产生不一致，从而使产量降低。当然，在某些情形下，非正式系统建立的规则也可能有利于提高产量①。

正式组织中非正式社会系统的出现说明，如果非正式系统对正式组织建立的激励具有限制作用，那么，组织设计便有问题，至少设计不完善。最优的组织设计是在既定的组织结构和组织环境下，优化正式激励机制和改进非正式激励机制。从这种意义上讲，组织设计的优化既包括正式结构的建立，又包括与组织目标相一致的非正式系统的建立。例如，日本的大公司建立适合普通工人的"公司城"以及休假和娱乐设施，这些设计强化了公司雇员对公司的忠诚，同时也加强了公司雇员之间的社会联系。

从以上内容可以看出，有关组织设计的知识远远超过有关经济过程的知识，如在组织设计中必须了解社会系统是如何发挥功能的，外部环境是如何影响社会系统的功能的，外部环境是如何限制系统功能的发挥的，等等。组织设计者只有掌握了这些知识，才能处理好非正式系统的各种正效应和负效应。

2. 组织中的权力

理性选择理论在经济生产组织中的运用也体现于强调权力的重要性。人们一般认为正式组织是一种政体，组织的权力分配反映在不同职位上有着不同的权力。根据这种观点，组织的目标不能作为权力分配的起点，而是权力分配的结果。由外部机构决定权力分配的政府是上述观点的最好例证，欧洲一些国家的"共同决定法"（codetermination）也是一个例证。共同决定法旨在建立"工业民主"。共同决定法认为，商业公司和其他一些正式组织是一种理性选择的社会系统，权力是通过"政体式"分配来决定社会选择结果的。尽管在组织理论中，权力是由组织的职能部门掌握的，但是实际上，每个部门的权力由职位决定。法国 1976 年的共同决定法以及其他有关法律详细说明了公司管理形式，规定以一定方式选择成员以代表不同的利益群体。公司管理方式包括由选举代表组成的工人委员会、掌握一定决定权的司法机构、三人组成的管理委员会、21 人组成的董事会等。选择的成员代表蓝领工人、管理者和持股者这三种不同的利益群体。公司每位成员"政体式"的权力在决定上述组织的组成方面都有详细的规定，而且每位代表的权力有明确规定的限定范围。

组织设计是权力分配构成的关键。事实上，无论权力分配是由想建立工业民主的外部代理人来实施，还是由试图使公司利益最大化的委托人来实施，它都是组织设计的问题。通常来说，公司中分配给各个职位的权力受公司职能的制约，而正是这种制

① 关于非正式系统对组织目标的影响，可参见：斯格特．组织理论：理性、自然和开放系统．4 版．北京：华夏出版社，2002：270－298.

约方式的不同，导致了日本的公司与西方的公司在权力分配上的差异。如由于公司的职能制约不同而导致日本大型机械出口公司中的权力分配不同于西方公司的权力分配。在西方公司中，权力由监督者掌握，而日本公司却把权力分配给从事生产过程的生产者。例如，在日本，生产者有权拒绝将不合格的产品出厂，在有些情况下，生产者甚至不惜让生产线停产以阻止次品的出厂。这种现象减少了公司内部的监督以及权威层次，同时对提高产品质量有很大帮助。

组织中另一个权力问题是公司中的“权力距离”。所谓权力距离，是在一定等级制度情形下，可以和能够控制别人行动的程度，以及被控制的人遵从控制所基于条件的程度。权力距离不仅是公司管理模式中的重要因素，也是一种企业文化的反映。在不同国家、不同管理模式的公司中，权力距离是不一样的。比如，在对 40 个国家跨国公司的调查中，瑞典公司中的权力距离是最小的。在瑞典跨国公司中，权力距离的概念为个人的责任所替代。相对而言，个人的地位和特征在瑞典的经济生活中作用不是很大。经理很少对别人显示自己的地位和级别，一般雇员也没有低人一等的感觉。一个公司的高级管理者只是认为自己是管理公司方面的专家，而在社会生活的其他方面并不认为自己是专家。就这一点而言，瑞典人不同于许多其他国家的人。在瑞典公司中人们常常直呼其名，而极少称别人的姓，这说明瑞典公司的结构是一种温和的等级制度。

就组织特征而言，瑞典的公司组织比同行业中的任何外国公司组织都富有弹性。瑞典人试图用一种非正式的或者实际的方式解决问题。在多数情形下，经理们并不感到这种非正式的方式对其地位有威胁，通常他们的理念认为，决定的目的是解决问题从而取得较好的结果，而不是为了说明经理本身的地位。同样，这一态度也说明瑞典公司中有效信息的频繁交换。如果人们知道发生了什么，讨论的焦点是什么，那么他们会更加投入讨论，同时也更加努力地工作。

（三）宏观层面的经济发展分析

社会学理性选择理论把社会资本看作联结微观与宏观的重要纽带。社会资本本质上是制度动态演绎的结果并且尤其表现为非正式制度自发演化的产物，同时社会资本对包括非正式制度在内的所有制度的生发、演进路径进而对经济发展起着异常重要的作用。非正式制度随着交换经济的自发生成和发展，作为人们的“共同经验”，本身就是经济运行的制度资本，能够促进经济发展。

社会资本理论的代表人物帕特南（Robert D. Putnam，又译普特南）认为，社会资本是“社会组织的那些可通过促进协调行动而提高社会效能的特征，比如信任、规范及网络等”（帕特南，2001）。按照这一定义，社会资本通过互惠和信任，把个人从缺乏社会良心和社会责任感的、自利的和自我中心主义的算计者，转变成具有共同利益的、对社会关系有共同假设和共同利益感的共同体的一员而构成了将社会捆绑在一起的黏合剂。当各方都以一种信任、合作与承诺的精神将其特有的技能和财力结合起来时，就能够得到更多的报酬，也能提高生产率。

社会资本也是资源配置的第三种方式。社会资源或者说社会稀缺资源在这里不仅指以土地、货币和财产等体现的物质资源，还包括权利、地位、名望、荣誉、信息和心理满足等各种精神资源。当这些资源在特定的社会环境中变得稀缺时，行为者一般来说可以通过两种途径摄取。一种是国家权力授予的分配形式，另一种是市场的功能性分配形式。这就是通常所说的关于社会资源配置的两种方式。但是，人的理性是有限的，政府的行为理性也是有限的，精确的法律规章也不可能对所有的人类活动都有精确的规定，而社会资本所具有的全社会共有、共享的影响交易有序和有效进行的功能作为一种协调人际行为的非正规制度或非制度化的行为规范必然成为社会资源配置的第三种方式，对经济发展起着非常重要的作用。

以经济发展为目的的制度能说明社会资本功能的发挥，在东南亚以及其他一些地方流行的所谓“循环信用互助会”（Rotating Credit Association），就是经济发展中社会资本的一种制度。这种互助会制度是一种家庭之间相互帮助储蓄以积累资金的制度。循环信用互助会一般由朋友、邻居组成。互助会会员每月见面一次，每位会员拿出一份等量的款项给其中的一位会员，谁能得到款项则在会员中抽签决定。得到款项的会员将不参加下几轮的抽签，等到全体会员轮流一遍之后，再重新开始。这样，每月拿出小额的资本，即可得到一大笔款项，会员可用这笔款项购买所需的设备。这种群体的社会资本价值可以测量，假定所有会员一直留在互助会中，那么，社会资本的价值是从其他地方借款的代价，其货币代价是通常情况下会员借款所支付的利息。当借款制度运转不灵时，循环信用互助会的社会资本价值则更大。

对以非正式制度为核心的社会资本的积极评价，并不妨碍对其客观存在的消极效应的理性分析。强大的、长期存在的公民团体可以阻碍宏观经济的增长，其途径是维护社会资源的不均衡分配，通过向成员个人施加沉重的义务，阻止他们参加更广的社会网络，从而阻碍他们个人的经济进步，最终制约整个社会和经济的发展。韦伯认为，关系密切的中心所存在的紧密型关系网络抑制了经济发展，原因是这种紧密型的关系压抑创新，并使胆小的企业家囿于过去的规则。科尔曼就认为社会资本不仅阻碍了某种行为，而且压制了其他行为。波茨认为消极的社会资本在为团体成员带来利益的强大联系的同时，通常也能够禁止其他人获得收益，可能会形成封闭的系统，最终难以实现持续的发展与进步。因此，封闭和停滞的非正式制度与社会资本本质上是反动的，不符合全球化的根本趋势，在构建社会资本优势和非正式制度框架时必须高度重视其潜在的消极影响。

借助社会资本，微观层次的个人选择与宏观层次的集体和社会选择有了可信的联系途径与机制，避免了传统范式中个人与社会之间难以调和的紧张。实际上，合适的社会资本是沟通个人和制度的中间物，是缓和个人利己动机和集体利益紧张关系，进而促进经济持续增长的有效资本。社会资本决定了个人行为能否实现个人理性与社会理性的和谐。

（四）中庸理性与儒商精神

近年来，随着社会学本土化的推进，中国社会学开始了挖掘传统文化之现代性的努力与尝试，其中具有明显经济社会学意义的成就是关于中庸理性与儒商精神的研究。伴随市场经济的不断发展，中国商人的经商之道虽然受到工具理性的强势影响，但总是表现出不同于“利益最大化”原则的行动选择，背后起支撑作用的恰恰是中庸理性引导下的儒商精神。

所谓儒商精神，指的是企业家和商人在实际商业活动中践行的儒家经济伦理，追求义利相用、义利均衡，将利益追求和道德完善融合为一体。义利关系是儒商研究中最核心的主题。“重义轻利”是对儒家义利观的片面理解，主要受到汉代董仲舒“正其谊不谋其利，明其道不计其功”的影响，被后世解读为“存义去利”。但是，近年来对儒家价值观的研究指出，孔子主张以义生利，反对用不正当手段获得利益与富贵；唐朝的韩愈追求合仁合义之利，重振儒商精神；北宋王安石、苏洵等人提出“义利、利义相为用”的思想；南宋叶适主张“古人以利和义，不以义抑利”；明代王阳明构建了“虽终日做买卖，不害其为圣为贤”的新价值观（何轩，2010）。及至现代，余英时认为“以义主利，以利佐义，合而相成，通为一脉”（余英时，2005）是儒家义利观的真实体现。成中英也提出，从一个广泛的现代道德观点出发，“义利并存，求利所以存义，行义所以致利”（成中英，2008）是最为可取的。总之，在儒商精神中，心中的“义”与现实的“利”并不是对立的，儒商追求的是“合仁合义之利”。

儒商的义利观究其根源，乃是中庸理性在经济领域的体现。孔子所说的“中庸”，是指过犹不及、恰到好处的状态或行动取向。这里的“中”不是机械决定的，而是要因应情势，择善固执，有所节制。中庸意义的“最大化”意指“恰如其分”。中庸取向的人要对行动处境纵横交错、两极背驰的各方力量有高度触觉，并在其间求取最适中的一点。用现代博弈论的观点来看，中庸理性不是指个人收益的最大化，而是指共同体利益的均衡状态。中庸行动者既可以是个人，也可以是家族、团体、党派甚至国家。

学界通过对华人企业家的研究发现，在他们的内心世界和经营策略中，中庸取向和儒商精神仍然有迹可循。张德胜等发现，“把适当的人放在适当的位置”“把适当的货品以适当的价值投入适当的市场”“什么东西都要有个度”“企业经营要顾及人情，人情到位，事情就好办”“吃亏是福、皆大欢喜”（张德胜 等，2001）等都是儒商在商业活动、经营管理中的重要理念。在普通中国人的利益纠纷中，事情的解决也经常是自我节制、自愿牺牲部分利益、兼顾他人利益的结果。中国人的整全观、大局观凝聚为经济行为、社会行为中的道义成分，甚至是国家层面的经济发展战略也透射出浓厚的中庸理性。近年来，“中国出资 400 亿美元成立丝路基金”“中国投资 456 亿美元打造中巴经济走廊”“中国出资 250 亿美元成立亚洲基础设施投资银行”等消息不绝于耳。从工具理性角度看，这种行为似乎有些愚蠢，“出力不讨好”，但从中庸理性的角度看，一切又都在情理之中。中国以自身的发展带动区域的发展，谋求的不仅仅是人民币的国际化、区域事务的主导权，更是牺牲自身部分利益为亚洲其他国家和地区的发展创造机会，谋求一个整体繁荣、稳定、安全的区域环境。

总之，中庸理性既有实践面相，又有价值面相，可以说是连接工具理性和价值理性的桥梁。虽然中庸理性孕育于小农社会，但它并非与现代社会格格不入。它与亚里士多德的“中道”遥相呼应，是理解中国人理性选择行为的一把钥匙，也可以被推广到不同的是非标准。

第四节 理性选择理论面临的挑战

理性选择理论是建立在下列假设之上的：第一，理性选择理论假定个人是自身最大利益的追求者；第二，假定在特定情景中有不同的行为策略可供选择；第三，行动者在理智上相信不同的选择会导致不同的结果；第四，行动者在主观上对不同的选择结果有不同的偏好排列。理性选择理论可以简称为最优化或效用最大化理论，换言之，理性选择行动者趋向于采取最优策略，以最小代价取得最大收益。

赫克特（Michael Hechter）对理性选择理论的假设做了详细归纳（见表3-1）（Hechter，1987）。事实上，赫克特的基本观点是直截了当的：个人表现出偏好或效用的等级；他们寻求最大化这些偏好，在一定的条件下，他们建立文化与社会系统来最大化这些效用是理性的。

表 3-1 理性选择理论的假设

1. 人类是有目的的，并受目标指引。
2. 人类有一系列等级性的偏好或效用。
3. 在选择行为路线时，人类对以下要素进行理性计算： (1) 替代性行为路线的效用参照于偏好等级体系； (2) 在已知效用意义上，每一替代性手段的成本； (3) 效用最大化的最佳方法。
4. 社会现象——社会结构、集体决策与集体行为——从根本上来讲，是效用最大化的个人理性选择的结果。
5. 从理性选择中产生的社会现象，构成后来理性选择的参数，这体现在个人决策时所要考虑的如下方面： (1) 资源在个人中的分配； (2) 各种行为路线的机会分配； (3) 在某一情景中规范与义务的分配与本质。

资料来源：特纳．社会学理论的结构．6版．北京：华夏出版社，2001：327.

从上述内容可知，行动者具有“理性人”的特征，总是追求效用最大化。行动者具有充分的计算能力，即使存在不确定性，也可以通过概率判断各种可能行动方案的预期效用，并比较它们的优劣。行动者具有完全意志能力，能够保证其效用函数具有有序性和单调性。有序性保证行动者在不同行动方案下得到的效用是可以比较的；单调性则保证行动者能够在不同的效用之间判断出偏好程度的差异，并进行排列。有序性和单调性使行动者对自己的效用函数有着清醒的认识，使之符合最大化的要求。

韦伯将社会行动分为四种：（1）个体借以实现其精心计算的短期自利目标的工具理性行动；（2）取决于对真、善、美或正义之类较高等级的价值，或对上帝的一种有意识的信仰和认同的价值理性行动；（3）由感觉、激情、心理需求或情感状态决定的情感行动；（4）由一种习惯所形成的传统行动。理性选择理论的依据是个体理性、工具理性。一个行动要成为理性行动，就必须具备以下特征：首先，行动必须是满足行动者需要的最好方式；其次，对于行动者能够分辨出的福利而言，需要必须是最优的；最后，行动者必须收集（从成本和收益的平衡角度考虑）最优数量的证据，支持此处的每一种观点（沃特斯，2000）。

彼得·阿贝尔（Peter Abell）承认理性选择理论无法解释许多问题，但他也充分肯定了理性选择理论家所做的探索性研究，并且认为理性选择理论是一种理性选择（Abell，1992）。他指出，尽管理性选择理论有其局限性，然而却不能否定理性选择理论作为理论起点的意义。他提醒人们注意，社会学理论绝不需要知识的巴尔干化。在选择看问题的理论和方法时，人们并不认为概念和认识论完全不会受到批判。

如同所有新生事物一样，理性选择理论从一开始就受到来自传统社会学和新制度主义学派的批评。布劳就极力反对科尔曼把理性选择理论运用于社会行为分析（Footnotes①，1995）。大卫·斯乌利（David Sciulli）从规范的角度就理性选择理论在比较研究中存在的不足提出了自己的见解（Sciulli，1992）。斯乌利认为，理性选择理论在比较研究方面的不足主要反映为以下四点：（1）在理性选择理论家中，有些认同洛克式的良性社会变迁方向，如赫克特和科尔曼等；有些则认同霍布斯式的恶性社会变迁方向，如布坎南（James Buchanan）等。然而，这两种理性选择理论家都不能在理论上解释实际发生的任一社会变迁方向。（2）虽然理性选择理论家承认市场、等级制度和公司是现代市民社会居于统治地位的机构和组织形式，但他们不能在理论上解释职业、大学、公司的研究部门或其他团体存在的理性。（3）理性选择理论家正确反驳了规范理论家有关现代行动者共享内化规范，并以此解释社会秩序的假设，然而，他们不能区分制度化的规范，以及通过限制私人财富最大化来解释社会变迁的良性方向。（4）虽然理性选择理论家承认行动者的“权力”以及行动者在市场社会中对权力的基本分配，但是，他们却不能从理论上解释市民社会对集权专横运作制度的规范性限制。

总之，理性选择理论从开始就一直受到学界的批评，从其对行为者自身特性的假设，到对决策环境的假设，以及行为者所追求的目标，甚至是其个人主义方法论基础都受到了挑战。这些挑战主要体现为以下四个方面。

（1）学者们对理性的概念提出了挑战。人们认为理性是有限的，即所谓的“有限理性”。在许多情况下，由于现实世界中存在着行动者不能克服的困难，以及行动者的心理认知在一些因素的影响下会产生偏离成本—收益计算的结果，因而追求

① Footnotes 是美国社会学学会的一个官方公报。

理性最大化的行动者并不能实现最大化，甚至有时候行动者也并不把最大化作为追求的目标。最大化假设是以人的完全理性为条件的，只有具备完全理性的人才能够找到实现目标的所有选择方案，并对选择方案实施的后果进行预测，通过比较做出最优抉择。

作为理性选择理论的基石——理性，是启蒙运动的产物，是现代哲学发展以及17世纪和18世纪科学发展的结果。托马斯·J. 施弗（Thonmas J. Scheff）肯定了理性强调思想和推理的特征，同时，他对理性低估甚至排斥情感的特征提出了质疑（Scheff，1992）。他指出，如果人完全由理性控制将是十分危险的，理性选择理论过分强调人的自我控制和意识，忽略了人类行为的另一方面——冲动、无意识和失控。在理性主义条件下，决策者被设想为已考虑到一系列的选择以及选择的后果，虽然在有些情形中这一设想符合现实，但大多数时候并非如此。例如，人们的重要决策常常是在冲动的情形下做出的，很少或者根本不考虑可能的选择和行动的后果。在现实生活中的许多行为，如选择配偶、选择职业等就是如此。有时集体决策也可能是非理性的，证券市场的恐慌、饥荒和战争常常源于冲动、无意识和失控。如果现实生活中的人类行为都是完全理性的，那么我们就没有必要改造我们自身以及社会了。理性选择理论一味强调理性而对情感加以压抑甚至排斥，是由于人们处于一种尴尬的文化之中。埃利亚斯（Norbert Elias）提出，若要纠正理性选择理论忽略情感这一重大缺陷，就必须在理论上将情感视为原因的同时，在研究方法上注重认识和调查情感的作用，让社会科学重新回到指导人类的意义上来。

但是，在现实中人们要对信息充分了解几乎是不可能的。虽然决策所需的信息可以完全获得，但其过于复杂，超出了行为者认知能力所及的范围。以居民的婚姻态度为例，尽管人们知道几乎近一半的婚姻以离婚告终，但几乎没有人认为自己的婚姻会出现这个结果。同时，在关于事件的客观描述中，行为者往往只按照他的兴趣或已有的观念来解释这些信息，这在诉讼和辩论中有着明显的体现，即所谓的“偏见的自我强化”。又如“事后诸葛亮”式的偏见：当行动者在事件实际发生以后再来判断事件发生概率时，往往会高估发生概率。事件的发生具有客观概率，行动者如果不知道事件已经发生，就会相信客观概率。但当行动者知道事件已经发生时，其概率判断将超过客观概率。因此，对于预期成本和收益的比较在事前和事后就会产生差异。下述实验证明了这种差异的存在。该实验要求两组人数相同的实验者来判断一家桥梁建筑公司是否应对桥梁被洪水冲垮所造成的损失承担责任。第一组被告知，该桥梁实际上已经被洪水冲垮，损害已经发生；第二组则没有被告知这些信息。结果第一组中57%的人认为桥梁建筑公司有责任，而第二组中只有24%的人认为桥梁建筑公司有责任。也就是说，在“事后诸葛亮”的左右下，人们对偶然事故发生概率的判断大大提高了。

（2）行动者的效用不一定都是为社会所认可和激励的，甚至与行动者自身的整体或长期效用的最大化也是有区别的。社会要求每个成员都对其效用进行自我控制，但更多的情形是：有些效用在某些情况下成为主导效用，行动者没有或难以对自己的整体效用进行控制，或者行动者因为同时具有多个效用目标追求，而难以对它们进行排序。

首先，行动者的意志力是有限的，受习惯、传统、嗜好的影响。传统和嗜好体现的是过去的行为对当前行为选择的影响；虽然习惯重复了过去的行为，但这并不代表被重复实施的行为就是最有效率的行为。对传统的维护更多的是与“现状偏见”联系在一起，行动者坚持了与其当前的效用水平一致的选择。嗜好则是行动者在过去的实践中体验到的能使其感到快乐的行为，尽管在很多情形下，不良嗜好（如吸烟）会带来降低行动者效用水平的后果，但多数行动者还是坚持满足自己的嗜好。

其次，生理欲望也会使行动者丧失对个人效用的控制。饥饿、干渴、性欲、睡眠、疼痛等都是人类本性所产生的欲望，虽然它们不同于从过去的行为中建立起来的欲望，但同样可以使行动者丧失对个人效用的控制，如：饥饿使减肥者过量进食，尽管他对苗条身材的渴望超过了对吃饭的渴望；而尽管一个疲劳的卡车司机清楚开车时打瞌睡造成的危险，但还是经常发生因打瞌睡而引发的交通事故。当行动者为一种生理欲望所控制时，其行为的选择常常是为了实现欲望。习惯、传统、嗜好、生理欲望都是暂时性的主导效用，极有可能不符合行动者的整体或长期效用的最大化，这和常说的“感情战胜了理智”是一致的。

最后，每一个行动者在任何给定时间都不可能仅具有一个理性选择理论所限定的单一的、内在一致的偏好集合，更多的情形是，行动者同时具有许多相互竞争的偏好，这就使行动者面临着一个多重偏好的“集体行动”问题。多重自我问题在跨时期决策上有着充分的体现，现在本位的自我将和未来本位的自我产生冲突，如当前的吸烟享受与未来的健康受损冲突，年轻时过度消费的快乐与老年时衣食无忧的安逸冲突。其实，任何一个决策都面临着多重自我问题，如何使它们统一起来并没有一个有效的办法。一般认为，个人的天赋、经历、年龄、教育等能起到一定的作用，法律也可以通过鼓励所希望的偏好或抑制不希望的偏好来发挥一定的作用。

（3）所谓有限自利的概念。行为经济学认为这一概念的产生有两种解释：一是自我利益并没有得到完全追求；二是行动者追求了自我利益以外的价值（如公平）。社会规范界定了行动者在社会中应当表现出来的行为，如在西方进教堂要摘下帽子，在中国过中秋节要吃月饼，等等。这些行为并不完全与理性选择理论所判断的行为相一致。一个典型的例子就是欧美人到餐馆吃饭付小费的做法。如果说付小费是为了得到更好的服务，但人们一般是在用餐完毕后才付；如果说付小费是为了将来得到更好的服务，但多数人在偶然光顾的餐馆里也付小费；不付小费不会受到起诉，而付小费则直接减少了顾客的金钱。

（4）对个人主义方法论的批评。个人决策的非自主性已足以促使人们思考从个人角度出发理解社会是不是充分的，因为存在着许多从个人角度理解问题而产生的理论困境，如以“囚徒困境”为基础的一系列集体行动的困境。这些理论困境在多大程度上就是现实的真实困境，还需要更深入的研究。这些研究将促使人们深入地思考理性选择理论的未来前景，有助于发展出可替代的并能够被广泛接受的新分析范式。

对理性选择理论的另一质疑是其使用范围问题。理性主义行为观认为人类行为都由理性思考支配，试图用理性选择理论分析所有人类行为。詹姆斯·博曼（James Bohman）从理论层次和经验层次对理性选择理论的使用范围提出了质疑（Bohman，1992）。他指出，理性选择理论并非像有些社会科学家所认为的那样，能为综合和统一的社会行为理论提供理论基础。理性选择理论仅在特定的条件下能够解释某些社会现象，如果超过了适当的限制性条件，它就将面临难以解决的问题。博曼的结论认为，理性选择理论的论域是狭窄的，无论是在微观的理性层面，还是在宏观的制度结构层面，理性选择理论都需要其他理论的补充。例如，关于效用最大化的理性概念，作为一种最大化理性理论，理性选择理论必须辅以其他最大化模型。

人们曾试图把各门社会科学综合在一起，但都未成功。尽管批评家们对理性选择理论的挑剔不少，但社会学理性选择理论却对经济学和社会学进行了有效的综合，适用范围广，分析效力大，而且使分析更加具有理论色彩。通常人们为了增加分析的理论色彩，必须严格简化现象描述，即必须从现实的众多特征中进行抽象，由此导致理论缺乏实证的精确性；为了使理论在实证方面更加精确，就必须使理论复杂化，使之更适应所研究的对象，从而降低了理论的分析效力（Linden berg，1992）。理性选择理论则在上述两者之间找到了契合点，它同时兼顾理论的分析效力与描述的精确性。

本章要点

1. 理性选择理论把社会学和经济学结合起来，并力图完成早期社会学家认为不可能完成的任务：通过理性的、自利的行动者行为将社会形式与结构概念化。

2. 行动者拥有资源并拥有基于他人资源的利益，因此，互动与最终的社会组织总是围绕着拥有资源与寻求资源的人们之间的交易展开。这些交易既可以在拥有资源的人们之间直接展开，也可以通过中介或资源转移链间接地展开，它们通常在资源汇集的市场上发生，按供求规律进行买卖。

3. 经济社会学的理性选择理论包括八个关键的基本概念，它们分别源于新古典经济学和社会学，即源于新古典经济学的方法论个人主义、行为者最优化原理、社会优化和社会均衡，源于社会学的社会资本、制度、权力和让渡。

4. 经济社会学的理性选择理论在经济生活中的应用十分广泛，本章主要讨论包括组织理论和公司理论，组织中的权力，恐慌、狂热、“泡沫”，以及社会资本与经济发展四个方面的问题。需要说明的是，理性选择理论在经济生活中的应用远远不止这些。

基本概念

理性选择　“囚徒困境”　方法论个人主义　社会资本　社会优化　社会均衡

复习思考题

1. 简述经济学理性选择理论的发展。
2. 简述社会学理性选择理论的发展。
3. 理性选择理论的理论范式是什么？
4. 论述经济社会学理性选择理论的基本概念。
5. 如何评价理性选择理论？
6. 用理性选择理论分析一种经济现象。

推荐阅读书目

1. 布劳．社会生活中的交换与权力．北京：商务印书馆，2008.
2. 贝克尔．人类行为的经济分析．上海：上海三联书店，上海人民出版社，1993.
3. 科尔曼．社会理论的基础．北京：社会科学文献出版社，1999.
4. 特纳．社会学理论的结构．6版．北京：华夏出版社，2001.

参考文献

1. 北京大学哲学系外国哲学史教研室．古希腊罗马哲学．北京：三联书店，1957.
2. 贝尔．资本主义文化矛盾．上海：上海三联书店，1989.
3. 贝克尔．人类行为的经济分析．上海：上海三联书店，上海人民出版社，1993.
4. 成中英．义利之辨与儒家中的功利主义//新儒学启示录．北京：商务印书馆，2008.
5. 何轩．儒家传统经济伦理思想的现代检验：关于中庸理性与儒商精神的探索性实证研究．上海财经大学学报，2010 (3).
6. 华勒斯坦．开放社会科学．北京：三联书店，1997.
7. 刘少杰．经济社会学的新视野：理性选择与感性选择．北京：社会科学文献出版社，2005.
8. 罗宾斯．经济科学的性质和意义．北京：商务印书馆，2000.
9. 马歇尔．经济学原理：上卷．北京：商务印书馆，2009.
10. 帕特南．使民主运转起来．南昌：江西人民出版社，2001.
11. 丘海雄，张庆祥．理性选择理论述评．中山大学学报（社会科学版），1998 (1).

12. 斯密．国民财富的性质和原因的研究：下卷．北京：商务印书馆，1997.

13. 苏国勋．理性化及其限制：韦伯思想引论．上海：上海人民出版社，1988.

14. 唐凯麟．西方伦理学名著提要．南昌：江西人民出版社，2000.

15. 王天成．哲学理性的范型转换：从认知理性到后认知理性．社会科学战线，2001 (1).

16. 王文华．边沁功利主义溯源探究．江西师范大学学报，2004 (6).

17. 王铮，龙超．经济学的演变和发展：对理性主义的回顾与反思．思想战线，2001 (4).

18. 韦伯．经济与社会：上卷．北京：商务印书馆，1997.

19. 韦恩斯．恐慌与机会：如何把握股市动荡中的风险和机遇．北京：机械工业出版社，2010.

20. 魏建．理性选择理论的"反常现象"．经济科学，2001 (6).

21. 沃特斯．现代社会学理论．2版．北京：华夏出版社，2000.

22. 西蒙．现代决策理论的基石．北京：北京经济学院出版社，1989.

23. 亚历山大．社会学二十讲．北京：华夏出版社，2000.

24. 杨善华．当代西方社会学理论．北京：北京大学出版社，1999.

25. 余英时．现代儒学的回顾与展望．北京：三联书店，2005.

26. 张德胜，等．论中庸理性：工具理性、价值理性和沟通理性之外．社会学研究，2001 (2).

27. 周长城．科尔曼及其社会行动理论．国外社会科学，1997 (1).

28. 周长城．理性选择理论及其研究．国外社会学，2000 (1).

29. 周辅成．西方伦理学名著选辑．北京：商务印书馆，1987.

30. ABELL P. Is rational choice theory a rational choice of theory? //COLEMAN J, FARARO T. Rational choice theory: advocacy and critique. London: Sage Publications, 1992.

31. American sociological association. Footnotes, 1995, 23 (5).

32. BERNSTEIN R. Habermas and modernity. Oxford: Basil Blackwell, 1985.

33. BLAU P. Exchange and power in social life. New York: Harper, 1964.

34. BOHMAN J. The limits of rational choice explanation//COLEMAN J, FARARO T. Rational choice theory: advocacy and critique. London: Sage Publications, 1992.

35. BORJAS G J. Ethnic capital and intergenerational mobility. Quarterly journal of economics, 2019, 428.

36. BOURDIEU P. Le capital social: Notes provisories. Actes de la Recherche en Sciences Sociales, 1980, 3.

37. CHANG H Y. Criminology: towards a neo-rational choice approach: proceedings of the national science council. Humanities and social sciences, 1993, 3 (2).

38. COLEMAN J，FARARO T J. Rational choice theory：advocacy and critique. London：Sage Publications，1992.

39. COLEMAN J. A rational choice perspective or economic sociology//SMELSER N，SWEDBERG R. The handbook of economic sociology. NJ：Princeton University Press，1994.

40. COLEMAN J. Individual interests and collective action//GORDON T. Papers on non-market decision making. Charlottesville：Thomas Jefferson Center for Political Economy，University of Virginia，1966.

41. COLEMAN J. Social capital in the creation of human capital. American journal of sociology，1988，94.

42. COLEMAN J. The foundation of social theory. Cambridge：Harvard University Press，1990.

43. DAVERN M. Social network and economic sociology：a proposed research agenda for a more complete social science. The American journal of economics and sociology，1997，56.

44. FLAP H D，DE GRAF N D. Social capital and attained occupational status. The Netherlands journal of sociology，1986，22.

45. GUILLEN M，COLLINS R，ENGLAND P，MEYER M. The new economic sociology：development in an emerging field. New York：Russell Sage Foundation，2002.

46. HECHTER M. Principles of group solidarity. Berkeley：University of California Press，1987.

47. HECHTER M. Rational choice foundations of social order//TURNER J H. Theory building in sociology. CA：Sage，1988.

48. KALBERG S. Max Weber's types of rationality：cornerstones for the analysis of rationalization processes in history. American journal of sociology，1980，85 (5).

49. KOROBKIN R B，ULEN T S. Law and behavioral science：removing the rationality assumption from law and economics. California law review，2000，88.

50. LINDENBERG S. An extended theory of institutions and contractual discipline. Journal of institutional and theoretical economics，1992，148.

51. LINDENBERG S. The method of decreasing abstraction//COLEMAN J，FARARO T. Rational choice theory：advocacy and critique. London：Sage Publications，1992.

52. LOURY G. Dynamics theory of racial income differences//WALLACE P A，MUN A L. Women，minorities，and employment discrimination. Lexington，MA：Lexington Books，1997.

53. MARINI M. The role of models of purposive action in sociology//COLEMAN J.，FARARO T. Rational choice theory：advocacy and critique. London：Sage Publications，1992.

54. MYERSON R B. Nashe equilibrium and the history of economics theory. Journal of economic literature，1999，37.

55. PUTNAM R. Making democracy work：civic traditions in modern Italy. NJ：Princeton University Press，1992.

56. SCHEFF M. Social capital，labor mobility，and welfare：the impact of uniting state. Rationality and society，1992，4.

57. SCIULLI D. Weaknesses in rational choice theory's contribution to comparative research//COLEMAN J，FARARO T. Rational choice theory：advocacy and critique. London：Sage Publications，1992.

58. SEN A. Rationality and social choice. The American economic review，1995，85.

59. SMELSER N，SWEDBERG R. The handbook of economic sociology. NJ：Princeton University Press，1994.

60. SWEDBERG R. Economics and sociology redefining their boundaries：conversations with economists and sociologists. NJ：Princeton University Press，1990.

61. ULEN T. Rational choice theory in law and economics. Encyclopedia of law & economics on line，1999.

62. WILLIAMSON O. Transition cost economics and organization theory//SMELSER N，SWEDBERG R. The handbook of economic sociology. NJ：Princeton University Press，1994.

第四章

社会资本

20 世纪 80 年代以来兴起的社会资本研究拓展了经济学中的资本概念，推动了社会网络研究作为社会学最富有生机的分支学科之一的兴盛，在政治学领域也引发了信任、规范、网络和民主之间关系的大讨论，它也因此成为经济社会学教材中必不可少和备受关注的内容。

经济学界和社会学界对社会资本的关注源于资本在经济发展中的作用的历史变迁[查黑博（Chhibber），2005]。长期以来，获得土地、矿藏等资源被认为是发展的根本前提，许多国家为抢夺资源而不惜发动战争，亚非拉的大部分地区因此沦为殖民地。这种观念随后发生了转变，机器、设备等物质资本被认为是发展的关键要素，工业化成为发达的代名词。但到 20 世纪中期，人们开始反思这种过于简单的思想，提出为什么技术在世界上某些地方比其他地方发展得更快？是否还有其他未知因素引发了不同国家的收入差距和财富能力差异？这段时期的一个重要创新是人力资本概念的引入。通过教育、培训等方式产生的人力资本带来了新知识和新思想，这些新知识和新思想在生产和管理过程中的运用加速了技术创新和物质资本的增长。自 20 世纪 80 年代以来，人们的注意力又开始转向推进或阻碍人力资本和物质资本积累的因素，焦点是为什么不同国家积累人力资本和物质资本的速度不同。研究者发现，一个国家的政治制度、传统文化、社会成员之间和社团组织内部的社会关系网络等可被称为社会资本的东西对人力资本和物质资本的再生产产生重要作用，影响政府的制度绩效和地区或企业发展的经济绩效。社会资本理论正是诞生于这样的历史背景之下。自社会资本概念提出至今，无数学者的创造和努力已使社会资本研究创建了特有的理论体系和日臻成熟的研究方法，为社会科学发展提供了一种极富启发性的研究视角。

本章首先介绍社会资本研究概况，其次分别阐述社会资本的定义和分类，然后概括和分析有代表性的社会资本研究，最后介绍对社会资本研究的批评。

第一节　社会资本研究概况

社会资本研究自社会资本概念提出开始就受到不同学科的共同关注和共同

推进。

第一个对社会资本做出系统分析的学者是法国社会学家布迪厄（Portes，1998）。他将社会资本定义为由制度化关系所构成的网络所具有的资源。这个概念是他于1980年在《社会科学研究杂志》（*Actes de la Recherche en Sciences Sociales*）上发表的短文《社会资本随笔》(Le capital social：notes provisoires）中提出的。由于用法文写作，因此它没有在英语世界引起广泛注意。他在1985年的英文文章《资本的形式》中重新提到了这个定义（Portes，1998)。布迪厄对社会资本的关注集中于精英之间通过有意交往维持其阶层特权的再生产。但在布迪厄所提出的众多资本形态——经济资本、文化资本、知识资本、象征资本、社会资本等——中，社会资本不是他分析的重点（Schuller，Baron，and Field，2000)。

真正使社会资本广受关注的学者是美国社会学家科尔曼。科尔曼于1988年发表的《人力资本创造中的社会资本》一文，被公认是社会资本研究的奠基之作。他从功能角度提出了社会资本体现为两个不同实体（个人或者法人）共同拥有某些社会结构要素，且这些结构要素能为行动提供便利。该文还提出了一个对后来的社会资本研究影响至深的观点——社会资本的封闭性，即流通于有界群体内的社会资本对于群体功能实施具有重要作用（Coleman，1988)。在1990年出版的《社会理论的基础》一书中，科尔曼再次详细论述了社会资本与物质资本、人力资本不同的独特性质、类型及其创造和消亡。其所提出的作为社会资本基本形式的责任、期望、信任、信息、权威、规范、制裁等成为社会资本研究的核心概念（科尔曼，1999)。

在布迪厄和科尔曼提出社会资本概念之前，格兰诺维特在其《弱关系的力量》一文中就对人际关系的强度如何影响工具性行动进行了研究（Granovetter，1973)。他这篇里程碑式的论文开创了社会资本研究的另一个传统。布迪厄和科尔曼强调封闭网络中所产生的信任和规范等资源对个体行动以及群体团结的积极影响，而格兰诺维特则关注开放网络中所流通的信息对于个体行动者工具性行动的重要作用。格兰诺维特的“弱关系力量”假设和后来另一位杰出的社会资本研究者伯特所提出的“结构洞”理论都认为松散网络而不是密集网络以及开放网络而不是封闭网络能使行动者在信息摄取和控制权力上获得更大优势（伯特，2017)。这两种研究路径——以布迪厄和科尔曼为代表的信任与社会团结关系研究，以及以格兰诺维特和伯特为代表的关系强度或网络位置与个体工具性行动效应之间的关系研究——成为社会学领域社会资本研究的两种主导视角。

在政治学领域，美国哈佛大学政治学教授帕特南1993年关于意大利20年来不同地区的社会资本对制度绩效影响的研究（帕特南，2015)，以及20世纪90年代对美国社会资本及其下降的研究（Putnam，1995，1996，2000）曾一度掀起社会资本与公民精神关系讨论的高潮（李惠斌，2000)。帕特南的社会资本理论建立在法国19世纪著名社会学家托克维尔的民主参与理论以及科尔曼的社会资本理论基础之上，认为公民参与志愿组织的行动促进了社会资本的产生，并将带来良好的制度绩效。尽管其“美国社会资本衰落”的论断引致了铺天盖地的批评，但这并未抹杀他对社会资本研究的独特贡献，相反还更加突出了社会资本理论本身对于学界的吸引力。

1999年，英国罗德里奇出版公司出版了一本由范戴斯（Jan W. van Deth）、马拉菲（Marco Maraffi）、纽顿（Ken Newton）和怀特利合编的政治学论文集《社会资本与欧洲民主》。该书所有作者都声称继承了帕特南的理论贡献，不过，他们对帕特南社会资本理论的不足进行了质疑和修正，并从经验上分析了欧洲和美国在社会资本与公民参与上的不同之处（Deth，Maraffi，Newton，and Whiteley，1999）。

由于社会资本的提出解释了物质资本和人力资本所不能解释的造就经济成就的社会因素，因此它也引起了经济学界的浓厚兴趣。除了经济学者对社会资本概念本身的理论探讨，还有许多经济组织致力于运用社会资本理论来解释和促进不同地区的经济发展。例如，世界银行就于1997年春季召集经济学家、社会学家和世界银行官员举行了一次社会资本研讨会，并在此基础上于2000年出版了一本论文集《社会资本：一个多角度的观点》，引起强烈反响。

尽管社会科学不同领域，如社会学、政治学和经济学，对社会资本的研究各有侧重，但社会资本研究越来越成为跨学科交流的对象和发动器。阿德勒等（Adler and Kwon，2002）在一篇社会资本概念综述论文中指出，越来越多的社会学家、政治科学家和经济学家都将社会资本概念作为解答各自领域所遇到的问题的答案，社会资本促进了家庭、青少年行为问题、学校和教育、公共健康、社区生活、民主与治理、经济发展以及集体行动等的研究。他们对囊括这些研究的学术期刊专题和网络论坛进行了罗列：《美国行为科学家》［*American Behavioral Scientist*，1997，40（6）以及1998，42（1）］，《住房政策辩论》［*Housing Policy Debate*，1998，9（1）］，《行政管理理论与实践》［*Administrative Theory and Praxis*，1999，21（1）］，《国民评论》［*National Civic Review*，1999，86（2）］，以及世界银行“让我们谈论社会资本”网上讨论小组（http：//www. worldbank. org/poverty/scapital/index. htm）。

第二节 社会资本的定义

不同的社会资本研究视角带来不同的社会资本定义。总的来看，有两种类型的社会资本定义有助于我们对社会资本概念的认识：一种是将社会资本看作封闭网络中的信任、互惠和规范网络；另一种是将社会资本看作开放网络中的信息和影响力。前一种类型包括布迪厄、科尔曼、帕特南、波茨、特纳（Jonathan H. Turner）、欧玲（Elinor Ostrom，也译作埃莉诺·奥斯特罗姆）等学者的定义，后一种类型包括伯特和林南等学者的定义。

布迪厄将社会资本定义为现实或潜在的资源集，这些资源集与具有一种持久网络有关，该网络由相互了解和认可及某种程度上制度化的关系所构成（Portes，1998）。该定义认为社会资本是存在于制度化关系所构成的网络中的资源，其特点是强调社会资本是一种可用的资源，并且这种资源是处于由关系所构成的社会网络之中的，而这些关系又是被制度建构的。与布迪厄社会资本概念相比，科尔曼的社会资本定义往往被后来的研究者认为过于含混且囊括了太多东西。他将社会资本界定为：它不是一个单一实体，而是由一系列拥有两个共同要素的不同实体所构成，这些要素均由社会结构的某些方面构成，且促进了结构中的行动者（无论是个人行动者还是法人行动者）的特定行为（Coleman，1988）。根据他对社会资本类型的具体分析，这里的社会资本既包括社会结构中的责任、期望和信任，也包括流通于社会关系之中的信息，还包括规范和赏罚制度，并且他还首次将社会资本定性为一种好的东西，可以为行动者的行动提供便利（Coleman，1988）。帕特南的定义直接受科尔曼的影响，他将社会资本界定为普通公民的民间参与网络，以及体现在这种约定中的互惠和信任的规范（帕特南，2015）。这些社会资本不仅促进了个人行动，还带来非凡的集体行动效应。尽管科尔曼和帕特南的社会资本定义引起了诸多批评（见本章“对社会资本研究的批评”一节），但毋庸置疑的是，他们的定义抓住了宏观层面上的社会资本的实质，即一个群体或社区的社会资本可以被理解为成员之间的信任、互惠、义务和规范网络，有这些社会资本的群体或社区比没有这些社会资本的群体或社区在公民参与、社会团结、经济成就等方面将截然不同。

在采用布迪厄和科尔曼研究视角的社会资本定义中比较有影响的还有以下几个。（1）波茨的定义：社会资本是集体内部的行为期待，这些行为期待影响成员的经济目标与目标搜寻行为，即使这些期待并非定位于经济领域（Portes and Sensenbrenner，1993）。（2）特纳的定义：那些在一个社会中通过创造和维持社会关系和社会组织模式来增强经济发展潜力的因素（Turner，2005）。（3）欧玲的定义：社会资本是共享的知识、理解、规范、规则以及对个人和群体周期性活动的互动模式的期望（奥斯特罗姆，2005）。

与科尔曼和帕特南强调抽象的信任、规范和网络对集体行动的影响不同，有一些学者关注从面对面的人际交往中获取的资源对个体工具性行动的影响，其中以伯特和林南为代表。伯特将社会资本界定为朋友、同事以及更一般的熟人，通过他们获得使用经济资本和人力资本的机会（Burt，1992）。林南指出，社会资本是在目的性行动中被获取的和/或被动员的、嵌入社会结构中的资源（林南，2020）。很明显，后一种研究视角关注的是流通于个人所创建的人际关系网络中的信息和影响力资源。

两种研究视角所定义的社会资本的区别体现为：集体层次的社会资本强调社会资本是一种公共物品，即个人所投资的社会资本可能使他人受益，而个体层次的社会资本强调社会资本是一种个人投资。前者关于集体性社会资本的假设前提——封闭型和紧密性是社会网络的必要条件，而后者则认为松散网络与不同社会网络之间的桥梁对促进信息流和影响流具有关键作用（林南，2020）；前者侧重团体内部关系，体现为“联结”（bonding）形式的社会资本，后者侧重团体外部关系，体现为“桥梁”（bridging）形式的社会资本（Adler and Kwon，2002）。

两种视角看上去具有很大分歧，其实它们有一个共性，那就是它们都突出了社会资本不同于物质资本和人力资本的特性：社会资本不是为个人所占有，而是存在于两个或多个行动者之间的关系之中；社会资本能促进行动绩效，无论是对于个体行动还是对于集体行动而言。二者的分歧实际上是一种互补：流通于集体和封闭网络中的社会资本的关键要素是信任，流通于个体和开放网络中的社会资本的关键要素是信息。

第三节　社会资本的分类

从上述社会资本的定义中可以看出，社会资本包含不同的类型，社会资本研究者分别从二维或三维角度对社会资本进行划分。

克里希娜（Anirudh Krishna）根据社会资本不同的运作机制，将其分为两类，一类为制度资本，一类为关系资本（克里希娜，2005）。她用一个例子说明了两者的区别。在邻居们一起帮助前一天晚上房屋或谷仓被焚为平地的某户家庭重建家园的过程中，如果救助行动是由社区领导层组织起来的，就体现了制度资本；如果人们是在共同期待下自发组织起救助行动的，就体现了关系资本。前一种集体行动建立在制度基础之上，后一种集体行动建立在非正式规范和信念之上。两种资本类型交互出现，互为补充。

特纳将社会资本分为宏观、中观和微观三个层次（特纳，2005）。宏观层面的社会资本指人们组织生产和再生产的基础制度，例如，稳定的货币制度、合法和可信赖的政权、公正的法律制度等，它们可以促进经济发展。中观层面的社会资本指社团组织和群体为保障和促进组织成员的社会地位所进行的组织行为。微观层面的社会资本指社团和群体中面对面的社会互动。我们可将特纳的三种社会资本类型概括为制度资本、组织资本和人际资本。

以上学者对社会资本的分类主要建立在不同的分析层次上，探讨社会资本不同的组织方式（是个体的还是集体的）。另外，也有学者根据社会资本的性质来进行分类。根据社会资本表现形式的不同，厄普霍夫（Norman Uphoff）将社会资本分为结构性社会资本和认知性社会资本（厄普霍夫，2005）。结构性社会资本包括与社会组织相关的角色、规则、先例、程序和网络。认知性社会资本来自心智过程及其引发的思想，包括有助于合作行为和互利性集体行动的规范、价值、态度和信仰。厄普霍夫认为，虽然结构性社会资本体现为可观察到的客观形式，但其运作效果最终还是取决于认知过程。但是他认为“社会资本都是观念性的东西”是错误的，因为只有当观念和目的具体化为任务、规则、网络、关系时，行为绩效才得以显现。

纳哈皮特和戈沙尔将社会资本分为结构性的、关系性的和认知性的（Nahapiet and Ghoshal，1998）。结构性社会资本指行动者之间的总体关系模式，即你联系谁，以及如何发生联系。关系性社会资本指人们通过长期互动建立起来的个人关系。结构性社会资本关注作为整体的社会系统和关系网络的特征，描述人们或单位之间非人格化的联结形态。而关系性社会资本则关注人们所拥有的特定关系，正是通过这些正在进行的关系，人们的社会性、赞同、声望等社会动机得到满足。例如，两个在类似网络结构中占据相当位置的人，若对其他网络成员的个人依赖和情感依赖程度不同，他们的行为也可能不同。认知性社会资本指为群体提供共享的表达、解释和意义体系的资源，包括共同的语言、规范和叙事。

下面将根据社会资本的三个层面——微观层面（个体层面）、中观层面（组织层面）和宏观层面（社区层面）——来分别介绍经典的社会资本理论和经验研究。

第四节 有代表性的社会资本研究

一、微观层面（个体层面）的社会资本研究

（一）理论和经验研究：弱关系、强关系和结构洞

个体层次的社会资本的定义以林南为典型代表：社会资本被看作嵌入社会结构中的资源，个体通过获取或动员这些资源来达成目的性行动（Lin，1999a）。作为有助于目标实现的社会资源，社会资本被赋予积极的意义，获取和运用好的社会资本能导致更成功的行动。

嵌入社会结构和人际交往中的社会资源对一个人的地位获得具有重要作用，这一点尽管普遍存在于日常生活中，但长期以来在研究中却一直受到忽视。著名的布劳-邓肯地位获得模型认为，一个人的职业地位获得主要取决于其教育水平，而其教育水平又取决于其家庭背景（体现为父亲的职业地位和教育水平）。该模型奠定了地位获得研究的基础，强调家庭背景或初始地位对个人职业地位获得的决定性作用。林南及其同事指出，布劳-邓肯模型中有一个缺失因素，那就是教育和先赋地位如何转化为个人的社会经济地位成就。他们的研究表明，其中的连接因素就是社会资源的运用：一个人的职业地位获得的确受其家庭背景和自身教育水平的影响，但其所获得的职业成就水平除了受教育水平影响外，还直接取决于个人对通过交往建立起来的社会网络资源的利用（Lin，Ensel，and Vaughn，1981）。

林南突出了社会资源或社会资本在工具性行动（如求职和地位获得）中的积极效应，不过社会资本理论的推进是沿着更多学者对关系强度和关系位置的探讨而展开的。社会关系究竟如何给工具性行动带来好处？格兰诺维特开创性地提出了弱关系的力量假设，指出弱关系在信息和影响流通中的作用——为个人流动提供机会，促进社区整合。他通过一项对专业人员、技术人员和管理人员的调查分析表明，求职者往往通过弱关系而非强关系来找工作，并且利用弱关系来找工作的人比利用强关系的人对新工作更满意（格兰诺维特，2020）。格兰诺维特将关系强度界定为“决定关系特征的时间量、情感强度、亲密性（相互信任）和互惠服务的结合”（格兰诺维特，2020）。强关系一般存在于互动密切和具有相似特征及社会地位的人之

间，如亲属和朋友；弱关系则体现为互动稀松和互动双方具有很大异质性的关系，或者间接关系，如熟人、朋友的亲属、亲属的朋友。由于强关系中流动的往往是重复性信息，而弱关系能带来自我生活圈子所缺乏的异质性信息，因此弱关系在社会流动和求职中作用更大。

林南对格兰诺维特的弱关系理论给予了高度评价（Lin，1999b）。他指出，在格兰诺维特之前，有很多学者提出了互动的同质原则或类我假设，即强关系形成于那些共享类似特征和生活方式的人之间。但弱关系力量并非简单地是强关系的反面，是对被认为是理所当然和具有固有价值（attributed value）的强关系或同质原则——强关系由于促进了群体团结而具有社会价值——的一种挑战。将我们的注意力转向弱关系，揭示弱关系通过促进对异质信息的摄取而同样具有社会价值。

不过，林南同时又指出，格兰诺维特从未提到的是通过接近弱关系或从弱关系处获得帮助能比强关系带来更好的职业地位获得。因此，林南及其同事将格兰诺维特的发现更推进了一步：弱关系不仅能更好地帮助个人求职，而且比强关系更有助于个人获得具有较高地位的工作（Lin，Ensel，and Vaughn，1981）。通俗的表达就是，弱关系不仅能帮助找工作，而且能帮助找到更好的工作。林南等通过将社会资源的等级制分配结构引入求职过程，阐述了这个看似人人都明白的道理。他们区分了互动的三个不同原则：同质原则、异质原则和声望原则（prestige principle）。强关系将具有相似特征的人联系起来，互动体现的是同质原则。找工作时人们往往更倾向于利用弱关系来拓展求职范围和信息渠道，其中互动遵循的是异质原则。但是，人们在找工作时不仅仅遵循异质原则，因为如果联系人与自我处于平行地位或者比自我的地位还要低，那么尽管他们能提供异质性信息，也依然在求职中帮不上忙。因此，人们往往会与等级结构位置较高的人联系，以提高他们获取工作信息和影响力的机会。林南等将与具有更高地位的位置占据者联系的倾向称为“声望原则”。所以，之所以通过弱关系能找到职业地位更高的工作，是因为在求职过程中人们为了获得更高的职业地位，往往会利用声望原则，而正是弱关系而非强关系能帮助人们联系到地位更高和具有更多社会资源的人。

在弱关系力量理论日渐盛行之时，边燕杰通过引入体制背景，探讨了中国由国家而非市场分配工作的国家社会主义体制下关系强弱对求职的影响，提出了强关系力量假设（Bian，1997）。该研究建立在1988年天津千户问卷调查基础上，当时就业体制的一个显著特点是工作主要通过行政机制而非市场机制分配，在实际操作过程中，具有分配权力的干部往往会将工作私下分配给与其有直接或间接关联的人。因而，人们利用人际网络不是为了收集就业信息，而是为了对分配工作的权威部门施加影响。由于工作分配者与求职者的私下交易并未被社会公开允许，因此求职者和分配者必须相互信任以减少潜在的风险，这就决定了求职者与分配者之间具有强关系或者有某种强关系作为中介（即求职者与分配者之间是弱关系，但求职者与帮助者之间以及帮助者与分配者之间都是强关系）。后者往往更为普遍，因为社会结构等级制决定了很少有求职者与高层权威之间有直接联系，许多求职者必须利用间接关系来获得影响力。

边燕杰的发现与格兰诺维特的发现的相同之处在于，间接关系比直接关系在帮助求职者联系地位较高的帮助者方面更有效，利用间接关系的被访者通常获得了更好的工作。这也与林南提出的求职过程中的声望原则相一致。与格兰诺维特和林南不同的是，边燕杰发现，在中国社会，强关系而非弱关系更有可能成为帮助者与求职者之间的桥梁。

为什么同样的求职过程会产生弱关系和强关系的效应差异？除了就业分配机制不同外，还与关系中流动的资源内容不同有关。格兰诺维特曾经提出流通于社会网络中的资源有两种：信息和影响（Granovetter，1973）。边燕杰指出，当影响而非信息通过个人网络流通时，通过强关系比弱关系更容易找到工作（Bian，1997）。罗家德也概括了关系强弱的差异：弱关系传递信息与知识等资源，而强关系传递信任感与影响力等资源，并带来情感支持（罗家德，2020）。

在发现关系强度的效用在市场体制和再分配体制之间的差异后，学者们又根据中国市场机制的不同发展阶段对关系强度假设进行了进一步的检验。边燕杰、张文宏运用1999年天津就业过程调查数据，分析了转型经济中社会网络对于职业流动的作用，结论是职业流动者的社会网络主要由亲属和朋友两类强关系构成，社会网络发挥作用的形式以提供人情为主，以传递信息为辅，基本上延续了边燕杰1997年提出的强关系力量假设理论（边燕杰，张文宏，2001）。边燕杰等又根据2009年八城市求职网调查数据，考察了强关系和弱关系在不同时期对入职收入的不同效应，强关系带来人情资源，弱关系带来信息资源，在改革之前和改革之初，人情资源效应大于信息资源效应，但在改革中期和中国加入世贸组织后，人情资源效应减弱，信息资源效应增强，这意味着弱关系的作用在增强（边燕杰，张文宏，程诚，2012）。林南的研究团队通过分析中国城市1978—2008年间的数据发现，在由计划经济向市场经济转型过程中，弱关系和强关系在求职中的作用都得到了加强，只不过弱关系运用在市场部门求职和国有部门求职中没有系统性差异，而强关系运用在国有部门求职中比运用在市场部门求职中增长更快（Tian and Lin，2016）。上述发现都表明弱关系在自由市场经济中更有效，而强关系在受到国家管制的再分配经济中更有效。

如果说格兰诺维特的弱关系力量假设的提出是社会资本理论中关系强度的开创性研究，那么罗纳德·伯特的《结构洞》一书的出版则是社会资本理论的另一开创性研究——开创了网络位置分析的先河。伯特指出，社会资本给人们的工具性行动带来便利，主要不在于关系的强弱，而在于行动者在关系结构中所处的位置（Burt，1992，1997）。这一论断将人们的注意力从关系强度和关系内容转移到网络位置上来。他提出了“结构洞”这个重要概念，即两个团体之间因缺少联系而在关系网络结构上形成的空缺。处于结构洞位置的行动者，如果与两个团体之间都具有非重复性的关系，也即他/她成为两个团体之间进行联系的唯一通道，那么这个结构洞就是一个机会：在两个团体之间架起一座桥梁，行动者利用该结构位置所创造的信息优势和控制优势获利。

与关系强度的效用在不同经济体制中表现不同一样，有研究者发现结构洞在中国集体主义文化背景和强调忠诚与合作的企业文化中也难以发挥作用，在这些企业中，那些将人们整合在一起的组织者比结构洞占据者能享受更多好处（Xiao and Tsui，2007）。不过此项研究主要针对高科技企业，其他经济领域特别是非正式经济领域结构洞的效用是否同样如此还有待验证。由此可见，不论是关系强度或内容，还是网络位置，都需放到特定的经济、政治和文化背景下来考察，才能揭示其可以或不能发挥作用的结构原因。

有学者将格兰诺维特的弱关系理论和伯特的结构洞理论归为同一类型的社会网络分析视角（Reagans and Zuckerman，2001），二者都强调松散网络（sparse networks）而非紧密网络（cohesive networks）的优越性，强调跨边界关系（boundary spanning）带来的非重复信息的优势。

（二）个体社会资本的测量：嵌入性资源和网络位置

1. 对社会资本的测量

与社会资本的两个核心要素——嵌入网络中的资源和关系网络本身相对应，对社会资本的测量也遵循两种路径（Lin，1999a）。侧重于资源的学者关注的是嵌入性资源。在林南的社会资源理论中，大多数社会中有价值资源体现为财富、权力和地位，因此社会资本在分析层面被认为是与个人有直接或间接关系的他人在财富、权力和地位上的数量或广度。社会资源又可进一步细分为网络资源（network resources）和交往资源（contact resources）。网络资源指嵌入个人中心网络中的资源，而交往资源指嵌入工具性行动中作为帮助者的交往者的资源。二者的区别在于网络资源代表个人可获取的资源，它提供一种利用资源的可能性，而交往资源代表工具性行动中被动员的资源，体现为能实际发挥作用的资源。

侧重于关系的学者关注的是个人在网络中所处的位置。通过确定个人结点的位置，就能够测量此结点离战略性位置（比如桥梁）的远近，该战略性位置的占据者在摄取更多、更丰富和更有价值的信息上具有竞争优势。其他位置测量指标还包括密度、规模、封闭性、居间性以及特征向量等。

表 4-1 显示了两种测量方法的区别。

表 4-1 作为网络资产的社会资本的测量

焦点	测量	指标
嵌入性资源	网络资源	资源的广度（指最高和最低的有价值资源之间的距离），最好的资源（资源等级结构中的向上可达性），资源的多样性，资源构成（一般性资源或代表性资源），交往资源
	交往资源	交往者的职业、权威、部门
网络位置	桥梁或通往桥梁的通道	结构洞，结构约束
	关系强度	网络桥梁或者紧密性，强度，互动和互惠

资料来源：LIN N. Building a network theory of social capital. Connections，1999a，22（1）.

2. 抽样技术

表 4-2 显示了进行抽样的技术。

表 4-2　抽样技术

技术	优点	缺点
饱和抽样	对网络的完整绘制	局限于小网络研究
定名法	定制内容领域 个人中心网络绘制	缺少抽样框 因受限于强关系而产生偏差
定位法	内容无涉 对等级制位置进行抽样 多样化的资源得以绘制 直接和间接的摄取渠道	缺乏关系的具体性

资料来源：LIN N. Building a network theory of social capital. Connections，1999a，22 (1).

其中，饱和抽样是将所有结点和关系都描绘出来，其优点是可对每一网络位置以及每一结点的嵌入性资源进行详尽分析，但缺点是要求团体有可界定和可操作的边界，因而局限于小网络研究。定名法是自我网络抽样，要求被访者列出与自我有关系的几个或所有交往者的名单，这些名单可以确定自我与交往者之间的关系、交往者之间的关系以及交往者的特征。定名法的优点是可以确定与被调查行为有关的特定内容领域（如工作事务、家庭杂务等），可以完整地绘制出自我网络结构和特征以及嵌入其中的社会资源。缺点是缺少抽样框，所得到的数据往往因受限于强关系而产生偏差。定位法是先对在团体中有价值和有代表性的资源（如职业地位或声望、权威地位、部门等）在等级结构中的位置进行抽样，然后要求被访者指出他们是否认识该位置上的人。定位法研究的不是内容或角色领域，而是等级制位置，因而是内容无涉的。其优点是建立在对位置的代表性抽样基础之上，可直接或间接地确定被访者与这些资源位置的连接关系，可对资源进行多样化的测量（如职业、权威和行业）。其缺点是由于不受内容限制而无法确定关系的特征。

二、中观层面（组织层面）的社会资本研究

社会资本对个体工具性行动具有积极作用，带来了研究者们进一步的思考和研究：一个组织（经验研究多侧重于经济组织，如企业）内的社会网络结构和社会资本或者多个组织之间的社会网络关系和社会资本对组织绩效有无影响？以下是对这两类组织社会资本研究的介绍。

（一）组织内的社会网络结构研究

1. 组织社会资本的提出

纳哈皮特和戈沙尔（Nahapiet and Ghoshal，1998）将社会资本概念运用于组织研究之中，他们指出，企业之间的差别包括业绩上的差别，可能体现了它们不同

的创造和利用社会资本的能力，那些创建了特定社会资本结构的企业更有可能成功。知识资本的多寡是衡量一个组织的组织优势（组织创造和转化知识的特殊能力被认为是组织优势的核心要素）的主要指标，此处的知识资本指社会团体如组织、知识共同体或职业实践机构所具有的知识和认知能力。社会资本通过影响知识创造的两个过程——组合（combination）和交换（exchange）——得以产生的必要条件而促进了知识资本的发展。反过来，组织作为一种制度环境也有利于社会资本的产生，社会资本和知识资本的互动加强了组织优势（Nahapiet and Ghoshal，1998）。

正式提出组织社会资本（organizational social capital）这一概念的学者是里安纳和范布伦（Leana and Buren，1999）。组织社会资本反映了企业中与社会关系相关的资源，它通过组织成员大量的集体目标和共享信任而实现，因有助于集体行动的成功而创造价值。里安纳和范布伦探讨了组织社会资本如何通过就业实践——具体包括就业关系的稳定性、组织的互惠规范、科层制和专业角色等——而在企业中得以培育或阻滞。他们还对个体社会资本和组织社会资本进行了区分，指出拥有丰富社会资本的个人可能给其工作组织带来好处，但也可能有负面影响，如无法保证具有良好企业内部网络的管理者将利用这些资源为组织目标服务。组织社会资本对组织发展至关重要，其中最核心的因素是它为个人对集体利益做出奉献提供合法性，以及通过强调集体认同和一般化信任（generalized trust）促进工作的灵活性和绩效。不过他们也指出了产生和维持组织社会资本需要付出的代价，其中包括高昂的维护成本、阻碍创新，以及制度化的权力结构倾向于维持现状等。

有相当多的经验研究对纳哈皮特和戈沙尔以及里安纳和范布伦的组织社会资本理论进行了验证和推进。

2. 网络结构与组织绩效

组织内的关系强度、网络密度、网络异质性、网络中心性等网络特征与组织绩效密切相关。

强关系和弱关系对行为绩效的影响成为组织社会资本研究的主题。汉森探讨了一个组织内不同单位间到底是强关系还是弱关系能带来更好的知识共享（Hansen，1999）。他的研究对象是一个大规模、多部门的跨国电子与计算机公司。企业的新产品开发需要研发部门充分利用企业内部资源，而这些资源可能存在于企业其他某个部门。这就涉及两个过程，一个过程是在不同单位间进行知识搜寻（包括寻找和识别），另一个过程是当确定知识所在单位后需将知识进行转化（包括转移和合并）。汉森发现，单位间的强关系和弱关系并非分别对行为绩效产生固定效应，而是视所搜寻和转化的知识的复杂程度而定。当需转化的是高度复杂的知识（复杂知识体现为未编码的、非独立的数据信息）时，单位间的强关系具有最强的关系网络效应，因为如果拥有该知识的单位与需要该知识的单位之间关系密切，那么前者会花更多时间在知识诠释、操作指导和转化方面对后者提供帮助。但当需转化的是简单知识时，单位间的弱关系会产生最强的积极效应，因为弱关系的维护成本低。

因此，汉森指出，不能绝对强调弱关系和松散网络对工具性行动有利，强关系和紧密网络对规范期待有利，二者具有相对性。弱关系和松散网络对于工具性行动的优势是有边界条件的，而强关系在某些情境下也有利于工具性行动。汉森的另一个创新性发现是弱关系并非因其能提供非重复性信息而具有优势，而是因为它比强关系的维护成本低。

里根斯和祖克曼分析了网络密度和网络异质性是如何同时对组织绩效产生影响的（Reagans and Zuckerman，2001）。网络密度指团队成员间关系的平均强度，反映了彼此联系的团队成员的数量以及这些联系的强度。网络异质性指团队成员跨类别或跨边界交往的数量。有两种不同的研究视角，里根斯和祖克曼分别称其为悲观主义视角（以科尔曼为代表）和乐观主义视角（以格兰诺维特和伯特为代表）。前者倾向于强调网络密度对群体绩效的重要性，认为同质性群体更容易产生协调行动；后者倾向于强调网络异质性对群体绩效的重要性，认为异质性群体能给组织带来多样化的关系、信息资源和视野，因而能产生更好的解决问题的能力。里根斯和祖克曼的经验研究表明，网络密度和网络异质性对组织行为绩效的影响并不冲突，二者各有所长，都对组织绩效产生积极影响，只不过网络密度针对的是团队内部关系，网络异质性针对的是团队外部关系。

网络中心性如何影响组织绩效？网络中心性在此指某人与网络中其他人相联系的程度（Sparrowe et al.，2001）。鲍德温及其同事（Baldwin，Bedell，and Johnson，1997）通过对某大学 304 名 MBA 学员团队网络的调查发现，个人在交流网络和朋友网络中的中心性与其个体工作绩效呈正相关，同时组织内的交流越多，社会关系越多，组织绩效越好。网络中心性与个人业绩之间的正相关关系在斯巴诺等的研究（Sparrowe et al.，2001）中也得到了证实。不过后者发现，网络中心化在个体和群体层面上表现出不同的效应，群体咨询网络的中心化与群体绩效呈负相关。这主要是因为咨询网络的中心化程度越高，意味着交流关系越集中于少量个体，成员之间相互依赖越少，因而合作越少，群体绩效因此受损。

3. 关系内容与组织中的职业升迁

上述研究都侧重于网络结构与组织绩效之间的关系，波多尼和巴伦（Podolny and Baren，1997）则另辟蹊径，探讨了关系内容与个人在组织中的向上流动之间的相关性。他们的调查表明，关系既有内容的区别，也有性质的区别。例如，个人在企业中的发展不仅需要信息和资源，还需要认同和归属感，个人在组织中所创建的关系既有职位权力带来的关系，也有人际交往带来的关系。不同的关系内容和关系性质会影响结构洞对行为绩效的效应。根据伯特的结构洞理论，结构洞多的关系网络有利于向上的职业流动。但波多尼和巴伦却发现，结构洞的作用是有条件的、受到约束的。对于传递资源和信息的关系而言，结构洞对升迁有积极影响，但对于传递认同和期望的关系而言，结构洞则对升迁产生负面影响。同样，在关系性质方面，当关系建立于人际吸引和信任基础上时，结构洞促进职业升迁，当关系建立在职位基础上时，有必要同时考虑关系的持久性，因为当自我改变职位后，某些结构洞的价值明显降低。

由此可见，组织社会资本研究在将“强关系”“弱关系”“结构洞”等理论引入组织研究时，也对它们进行着质疑和修正。

（二）组织间的社会网络结构研究

帕特南所提出的人们之间的互惠和信任促进行为绩效的论断同样适用于企业间关系的分析。拉森（Larson，1992）对结对企业形成过程的民族志研究就发现，企业之间的关系既可能不是市场关系，也可能不是等级制关系，而是一种网络关系。这种网络关系是在受信任和互惠原则主导的互动过程中产生和维持的，处于网络中的企业合作和互动给企业带来快速增长和经济成功。乌兹的一项研究表明，企业与银行之间的嵌入性关系有助于增加企业获得贷款的途径，且降低贷款利息（Uzzi，1999）。克拉兹（Kraatz，1998）的研究也表明，组织间的强关系在组织适应环境变迁的策略采用上发挥了重要作用。

其他研究者则发现，组织间的网络关系与组织绩效并非简单的线性关系，而是呈现出复杂的面貌。乌兹（Uzzi，1996）通过对组织网络的经验研究发现，网络的嵌入性（体现为组织间的信任、合作与协调）有一个阈限，超过这一阈限，嵌入的积极影响将变成消极影响。其原因在于，过于紧密的关系会使企业封锁在网络之中，不能摄取网络外的新信息或新机会。因此，企业绩效在企业既有与之产生嵌入关系的合作伙伴，又有一个能将嵌入关系和分散的市场关系整合起来的交易网络时最优。总之，无论是个人之间还是组织之间，关系紧密到何种程度方为恰当，视个人或组织的需求、目标及其与环境的互动而定。在此之前，贝克（Baker，1990）对企业与其多个投资银行之间的关系的研究就提出了类似的观点。他的研究表明，若企业只与单一投资银行维持长期关系，将增强企业的依赖性和该投资银行的权力优势，因而在与一家投资银行保持长期关系的同时，还需与多家投资银行建立分散的市场关系，关系策略的多样化而非单纯的强关系，才是企业生存之道。

同样，企业在何种情境下选择密切的合作关系，在何种情境下利用结构洞优势，也取决于企业的性质与目标。沃克等人（Walker，Kogut，and Shan，1997）对生物技术初创企业的研究表明，结构洞理论更适用于市场交易网络，社会资本理论更适用于合作关系网络。生物技术初创企业一般会选择与结构对等的成熟企业建立持久的合作关系而不是利用结构洞，因为生物技术企业的相互依赖性比其他技术密集型企业更强。

（三）组织社会资本的测量

组织社会资本的测量变量和方法基本上类同于个体社会资本的测量变量和方法，如关系强度、网络密度、网络异质性、网络中心性等概念都取自个体社会资本研究方法，只不过增添了组织间关系的维度。

三、宏观层面（社区层面）的社会资本研究

（一）几个经典的社区层面的社会资本研究

社区层面的社会资本研究渊源于布迪厄和科尔曼的社会资本理论，特别是科尔曼于1988年发表的《人力资本创造中的社会资本》一文，强调了社会结构中的责任、信用、信息、规范、制裁等要素能促进集体行动绩效，被公认为社会资本理论的奠基之作。他在1990年出版的《社会理论的基础》一书中又将社会资本概念的引进归功于洛瑞（G. C. Loury)。洛瑞于1977年和1987年的种族与不平等研究中指出社会资本是诸种资源之一，存在于家庭关系与社区的社会组织之中，这类资源对儿童或青年的心理及社会化发展至关重要，决定了美国不同种族群体之间的收入差异（科尔曼，1999)。不过，早在科尔曼之前，就有两个经典的社区层面的社会资本研究，其研究价值也不容忽视。他们分别是加拿大著名的城市规划理论家雅各布斯（Jane Jacobs）1961年出版的《美国大城市的死与生》（雅各布斯，2005）和美国人类学家格尔兹1962年发表的有关“轮转信贷协会”（rotating credit association）的研究（Geertz，1962)。

雅各布斯锐意突破主流城市规划理论的窠臼，用细致入微的观察和清新流畅的笔调向人们讲述了城市生活的真实运作机制。除了城市规划方面的价值，《美国大城市的死与生》一书带给社会科学研究者的意外收获是雅各布斯发现了方便、安全、充满活力的城市生活的根源不在于建筑的审美和自然环境的优美，而在于街区邻里的相互照看。大城市街道和人行道两旁的店铺和住户不经意地形成了一个相互照看和相互监督的非正式网络，或者叫作“街道眼”，维持了街区的安全、秩序和城市生活的生机。作为一个与私人生活空间相区别的公共生活空间，人行道为人们的日常交往提供了场所，年深日久的众多微不足道的公共接触创建了城市街道上的信任，正是这种信任成为相互照看的“街道眼”的基础（雅各布斯，2005)。

格尔兹通过对印度尼西亚东爪哇一个村落轮转信贷协会的田野调查，探讨了在一个相对封闭的社区中，人们如何通过信任和互助克服经济困难。轮转信贷协会是一个民间自愿组织，每个协会成员轮流出资，构成一笔基金，该笔基金在固定的时间间隔轮流分配给协会成员使用。在较不分化的村落社会和大城市移民社区，轮转信贷协会及类似组织的社会功能往往与经济功能融为一体，其得以运行的核心要素是波茨所说的“可强制执行的信任”（enforceable trust）（Portes and Sensenbrenner，1993)，参与者依照地方社会共同遵守的价值规范自觉履行义务，违规者会受到严惩。格尔兹（Geertz，1962）指出，这种内含社会资本的轮转信贷制度通过将传统价值融入现代经济之中并使二者相互作用，避免了在传统社会向现代社会快速变迁过程中出现严重的社会失衡。

上述两个研究没有正式提出社会资本概念，对社会资本的系统阐述是由科尔曼

完成的。而在科尔曼的基础上，将社区层面社会资本研究推向高潮的殊荣当归美国政治学家帕特南。帕特南的社会资本研究主要体现在两个方面：一是对意大利南北地区公民参与和制度绩效的比较研究（帕特南，2015），二是对当代美国社会资本下降的论述（Putnam，1995，1996，2000）。意大利南北地区自 20 世纪 70 年代以来的行政改革成效出现巨大差异，帕特南运用社会资本概念对此进行了解释。他指出，在公民参与活跃的北部地区，存在数量众多且范围广泛的公民共同体组织，正是这些社团组织成员的积极参与，创建互惠与合作的横向关系，提高了该地区政府的制度绩效。在公民性弱的南部地区，情况正好相反。信任、互惠规范和公民参与网络，构成了帕特南社会资本概念的三要素。与科尔曼一样，帕特南认为社会资本在社会结构中不断产生和自我强化，同时，他又特别强调参与是建立和增进社会资本的重要途径。正是通过发现美国近些年公民参与的衰落，帕特南推断，美国的社会资本下降了。他指出，美国不仅正式组织（如政党、公民组织、教会、工会等）社会联系在减少，非正式组织社会联系也在减少。例如，独自打保龄球的人在增多，但保龄球团体在减少。信任、公民参与和加入社团数量的下降——社会资本下降的具体表现，主要原因在于代际变迁的影响：具有强烈公民精神的一代为公民性下降的一代所代替。后者为第二次世界大战后出生的一代，也是深受电视影响的一代，而电视使人们的闲暇私人化，户外活动和社交大为减少。帕特南的社会资本研究在学界引发了前所未有的热潮，社会资本概念向社会科学其他领域的渗透势不可当，同时，他的社会资本研究所激起的争论和批评也绝无仅有。关于批评，“对社会资本研究的批评”一节将专门论述。

将社会资本的研究层次推向极致的是日裔美国学者福山（Francis Fukuyama），他运用社会资本理论来解释一个国家的经济成功（福山，2001）。他用来解释决定不同国家经济发达程度的核心要素是文化特性，文化是继承而来的伦理习惯，而在塑造文化的伦理习惯中，最重要的习惯是信任。简言之，一个社会普遍范围内的信任程度决定了该社会的经济发展水平。福山通过对几个大国如中、意、法、韩、日、德、美的文化传统与大型跨国企业发展之间相关性的比较分析，指出前四国属于低信任度国家，后三国属于高信任度国家，因而后者发展大规模和高度专业化的国际企业的能力远远高于前者。以中国和日本为例，强调家庭主义的儒教思想使得中国人之间的信任无法超越以血缘关系为基础的家庭小圈子，从而华人企业难以实现从家族企业向以专业化管理为特征的现代公司组织转变。相对而言，家族管理在日本经济发展早期就被专业管理取代，原因在于日本的家庭文化与中国有很大不同：过继无血缘关系的外人，可将继承权传给生人，长子继承制（在中国则是家产均分制）以及对统治者的忠诚胜过对家庭的忠诚，使得日本企业可以通过终身雇佣制、企业集团合作制等制度在家庭之外创建领导与员工之间、企业之间的信任关系网络。

福山和帕特南的社会资本研究的共同点是二者都强调社会资本的形成非一日之功，都是长期的历史和文化积累的产物，都强调社会自组织相对于国家干预和政治制度在促进社会活力和经济繁荣上的重要性。不过，福山也看到了信任过度和利益集团对经济效益的消极影响：前者导致任人唯亲和裙带关系，后者提高了整个社会的经济成本。

（二）宏观层面社会资本的测量

相对于个体社会资本和组织社会资本而言，社区层面社会资本的测量是一个难题。个人或组织之间的关系强度、网络密度、网络结构、网络位置等概念较易用量化方法进行测量，而信任、互惠、参与等概念则很难用统一的标准化量化工具进行测量和公式化，这也是以科尔曼、帕特南、福山等为代表的社会资本理论引发众多争议的原因之一。在很多情境下，信任、互惠、规范既被当作社会资本的来源，又被当作社会资本的构成，还可能被看作社会资本的结果，因而免不了受到"语义含糊""循环论证"的抨击。暂时撇开这些争议不谈，我们先以帕特南的研究为例，来看社区层面的社会资本是如何被测量的。

在对意大利的南北地区的比较研究中，帕特南主要探讨了社会资本对政府制度绩效的影响，体现社会资本的操作化变量主要为公民精神，在实践生活中公民精神又呈现为公民参与的程度和结构。对于公民参与的测量，运用的指标有社团生活的活跃程度（包括社团的活动类型与数量）、家庭读报率、全民公决投票率以及特别支持票投票率。他将四个指标整合成一个"公民共同体指数"，用经验数据检验了意大利不同地区公民精神与地区政府效率的相关性，发现一个地区的公民精神越强，地区政府就越有效率（Putnam，2000）。在公民政治参与模式上，还体现出以下特征：在公民性强的地区，政治领导与公民之间的组织方式和关系呈水平结构，而在公民性弱的地区，政治网络则呈庇护与等级结构。

尽管帕特南在《使民主运转起来》一书的结尾提到社会资本体现为规范、网络和信任，但他在对社会资本的实际测量中只运用了公民参与的指标，而对社会资本最重要的构成要素——信任没有进行操作化。在对美国社会资本下降的研究中，帕特南采用的测量指标又略有不同。他引用了许多数据来源，其中他认为最可靠也最能体现美国总体社会资本下降的数据来源于综合社会调查（General Social Survey，GSS）。他选取了两个指标及其相应数据来说明美国社会资本的下降趋势：一个是个人加入社团的数量，另一个是人们对他人的信任程度（具体用这一问题进行描述："一般而言，你认为大多数人可以信任，还是与人们打交道时不能过于认真?"）。GSS 数据显示，1974—1994 年的 20 年间人们加入社团的数量下降了约 1/4，社会信任下降了约 1/3（Putnam，1996）。

除了帕特南以外，还有学者也尝试对信任、公民规范等社会资本的内容采用了相同或类似的测量方法。奈克和基弗（Knack and Keefer，1997）运用世界价值观调查（The World Values Surveys，WVS）指标和数据对 29 个市场国家的信任和公民规范进行了测量。在对信任的测量上，他们采用的是与 GSS 同样的信任问题（一般而言，你认为大多数人可以信任，还是与人们打交道时不能过于认真?），将信任指数表述为回答“大多数人可以信任”的回答者百分比。对公民规范的测量体现于以下问题中：

以下每种行为中，哪些总是合理的、根本不合理或居于二者之间？

（1）要求你没有被赋予的政府福利。

（2）公共交通工具上逃票。

（3）有机可乘时就在税收上作假。

（4）将找到的钱据为己有。

（5）隐瞒不报自己对停泊车辆的非故意损伤。

回答者从10分量表中进行选择，在将5个问题的值加总后，他们设置了一个总值为50分的量表。

帕克斯坦（Paxton，1999）将社会资本分成主观信任和客观关系两部分，分别对它们进行了测量。他引用的指标和数据也来自GSS。他又将信任分为两种类型：个人对他人的一般化信任和个人对制度的信任。个人信任包括三个问题：

（1）你认为人们大多数时候是乐于助人的，还是只顾自己？

（2）你认为大多数人一有机会就占你便宜，还是他们行事公正？

（3）一般而言，你认为大多数人可以信任，还是与人们打交道时不能过于认真？

此处帕克斯坦比帕特南和奈克与基弗多引用了两个问题来测量人际信任。制度信任的问题体现为：“我将说出一些国家制度，包括宗教、教育、行政和立法制度，你对那些执行这些制度的人非常信任，有点信任，还是根本不信任？”关于关系的测量，帕克斯坦主要采用了三个指标：被访者与邻居共度夜晚的频率，与社区外的朋友共度夜晚的频率，以及个人参加志愿组织的总数。

除了信任以外，学者们在测量社区社会资本时还会增加其他指标，如志愿组织和国际非政府组织数量等（Paxton，2002；Kwon，Heflin，and Ruef，2013）。

以上学者对社区层面社会资本的测量包含共同的指标，但更多地体现了差异性。不同的人对社会资本的定义不同，则设置的指标也不一样，从而得出的结论也可能大为不同。社团活动在帕特南的研究中对经济和制度绩效的影响至关重要，而在奈克和基弗的测量中，社团成员身份与信任、公民规范和经济增长的关系并不显著。帕克斯坦将制度信任和客观的关系维度纳入社会资本模型后，发现1975—1994年的20年间人际信任下降了，但对制度的信任没有显著下降，而关系则没有发生变化，因而总体上他的发现不支持帕特南社会资本下降的论点。

国内也有一些学者提出了社区社会资本的测量方法（赵延东，2006；胡荣，2006；桂勇，黄荣贵，2008；方亚琴，夏建中，2014；罗家德，方震平，2014；刘志林，廖露，钮晨琳，2015；毕向阳，2019）。

总之，与将社会资本定义为可用资源的个体社会资本研究相比，将社会资本定义为网络、规范和参与的集体社会资本研究在测量上要遭遇更多的问题。首先，这与后一种类型的社会资本含义的多样性有关，至今大多数学者还没就此达成一致意见，社会资本的内容不同，测量指标也各异。其次，信任、网络、规范等概念本身就具有较强的主观性，尤其当置于不同的文化背景下时，人们对这些概念的理解和认知可能差异巨大。例如，由于文化和制度的差异，不同社会的人们对参与的理解不一样，参与的实践运作过程也不一样，因而参与所反映的公民性也就可能相当不同。因此，建立在对关系和网络特征测量基础上的社会网络研究可以形成系统的研究方法体系，而体现为信任的社会资本的经验研究一直众说纷纭。

第五节 对社会资本研究的批评

社会资本概念自诞生以来，既受到空前的热情而广泛的关注，同时又激起了前所未有的热烈争议和批评。而赞颂和批判几乎来自同一个原因：社会资本具有解释一切的魔力，成为解决第二次世界大战后各国经济和民主问题的万应良方（Woolcock，1998）。这一节简述社会资本理论和方法所遭到的批评以及对批评的回应。

一、个体社会资本的争议：内生性问题

以林南为代表的个体社会资本理论普遍认为个体的社会资源能为其提供劳动力市场回报，如找工作，但自麦克芬森等提出社会网络的同质性特征（McPherson et al.，2001），特别是莫维直接挑战社会关系与劳动力市场回报之间的因果关系，指出不是人们的朋友关系网络帮助他们找到好工作而是因为这些找到好工作的人“物以类聚、人以群分”（Mouw，2003）以来，就引发了关于关系是否有用和内生性问题的激烈争论。莫维的论断意味着人们的交往并非遵循随机原则而是遵循趋同性原则，找到好工作的人的朋友与他们是相似的人，与他们找工作时是否动用朋友的社会资源无关。有学者将以莫维为代表的内生性质疑论与以林南为代表的个体社会资本理论之间的争议称为“莫林之争”（陈云松，沃克尔，弗莱普，2014）。

莫维的内生性质疑论引发了热烈的回应，其中包括一些较有影响力的中文文献（梁玉成，2010；陈云松，范晓光，2011；陈云松，沃克尔，弗莱普，2014）。梁玉成指出，之所以看上去社会网络具有同质性，是因为异质性关系维持成本太高，导致异质性关系生存周期短，长期的累积效果造成研究者观察到的是行动者拥有更多的同质性关系。他还发现，异质性关系并非普遍适用于各个阶层，高阶层更多偏好同质性网络关系，而低阶层更多偏好异质性网络关系。最后他提出，莫维的网络内生性理论——拥有越多关系的行动者越倾向于使用关系——被证明不具普适性，或者说，是有前提条件的（梁玉成，2010）。

陈云松等在莫维与林南的辩论的基础上，运用民主德国和中国的数据，支持了林南的社会资源理论，指出关系人地位的求职效应非但没有因“趋同性”被高估，反而因“趋异性”被低估。他们由此宣称“莫林之争”暂时落下帷幕（陈云松，沃

克尔，弗莱普，2014）。

二、集体社会资本的争议：对帕特南的批评

将社会资本研究的影响和争论推向高潮的传奇人物是美国政治学家罗伯特·帕特南，这从对他的卷帙浩繁的批评文献中可见一斑。本部分主要概括和评述对帕特南的社会资本研究的批评。

（一）对史料分析和方法论的批评

帕特南的两个经典研究是对意大利南北地区公民参与和制度绩效的比较研究和对当代美国社会资本下降的研究。有学者从其选取史料和测量指标的偏颇入手，驳斥了这两个经验发现的不可靠性。帕特南通过追溯中世纪意大利南北地区公民传统的差异，论证了北部意大利肥沃的公民共同体土壤滋生和培育了 20 世纪 70—90 年代活跃的公民参与网络和民主的地方政府制度绩效，南部意大利则正好相反。普策尔（Putzel，1997）指出，帕特南在选择意大利史料时有一个盲区，那就是他对意大利民主发展起源的考察几乎完全忽略了墨索里尼及其民族法西斯党 1922—1943 年的持续统治时期。“墨索里尼曾说过，波河流域，这个在帕特南研究中具有活跃社会资本的地方，是法西斯运动的摇篮。”（Putzel，1997）具有丰富社团遗产的北部意大利并没能阻止现代法西斯主义的崛起。权京基（Kyeong-Ki Kwon）对意大利法西斯主义的考察也印证了这一观点，他指出法西斯主义的统治区与帕特南的“公民”地区几乎完全重合，20 世纪 20 年代法西斯主义的夺权正是建立在对意大利中部和北部社团的动员之上（Kwon，2004）。塔罗（Tarrow，1996）认为，帕特南奉中世纪晚期北意大利城邦国家为公民共和主义样板的想象是镜花水月，指出这些城邦国家并非本质上就是公民的。并且他提出一系列尖锐问题：为什么帕特南单单选取中世纪晚期作为 20 世纪意大利公民优势起源的历史时段？为什么不回溯该地区 16 世纪在强硬的欧洲君主统治下的瓦解，19 世纪对南方的征服，1919—1921 年的法西斯统治，或者 20 世纪 80 年代由腐败支撑起来的经济增长？上述场景没有一个是“公民”的，那凭什么这些时期就不如 800 年前共和政府在部分城市刚刚萌芽时作为解释北意大利比南意大利更具公民精神的证据呢？同样，萨贝蒂（Sabetti，1996）也指责帕特南在意大利地区的史料选取方面具有高度选择性，忽略了很多不利因素。

舒德森（Schudson，1996）指出，帕特南对美国“具有强烈公民精神的一代”的选择也有问题。帕特南正是通过对出生于 1910—1940 年的具有强烈公民精神的一代与出生于第二次世界大战后的公民精神衰落的一代进行对比得出代际差异是美国社会资本下降的主要原因。但是如果选择更早一代人——20 世纪 20 年代就已成年的一代人，就会发现 20 世纪 20 年代也正是知识分子对民主制的衰亡、投票率下降痛心不已的年代，所以问题不是为什么出生于第二次世界大战后的一代的公民精

神比出生于20世纪初至20世纪40年代的人下降了，而是后者为什么能成为公民精神高涨的一代。答案就在于这一代人参加过第二次世界大战或在其间成年，具有为正义事业而战的精神，有一个值得信任和崇拜的总统富兰克林·罗斯福（Franklin Roosevelt）。而后一代人没有战争经历，或只经历过缺乏大规模动员和共识的战争，如朝鲜战争和越南战争，当时的总统尼克松（Richard Nixon）被认为是第二次世界大战以来道德最败坏的总统。所以，公民精神不是衰退，而是回归常态。

关于帕特南美国社会资本下降的论断，许多学者从其社会资本测量指标选取偏差方面进行了反驳。杰克曼和米勒（Jackman and Miller，1998）认为，帕特南在对社会资本测量指标的选择上具有高度选择性，指出他关于美国社会资本下降的观点完全建立在GSS1974—1994年的数据上，但他只选用了一个单一的指标，即询问被访者对他人的信任程度，而略去了GSS的另外两个问题，即询问人们是否乐于助人，以及人们是否处事公正。杰克曼和米勒指出，与意大利研究的多元指标相比，帕特南对美国社会资本的测量指标的选取过于武断。当用帕特南遗漏的两个指标来考察1974—1994年美国社会资本趋势时，他们发现结果并不支持帕特南的结论。

即便是意大利研究中的“多元化指标”，也遭到了普策尔的批评（Putzel，1997）。帕特南用四个指标来测量意大利南北地区的社会资本：社团生活的活跃程度、家庭读报率、全民公决投票率和特别支持票投票率。普策尔指出，在第二个指标“家庭读报率”中，帕特南没有区分报纸的质量。包含严肃新闻分析的政治旨趣较高的报纸与报道奇闻逸事和花边新闻的大众小报在提高公民性方面无疑差异巨大。且如同社团一样，报纸也可能传递“非公民”的信息和不表达任何政治意义的实用信息。全民公决投票率和特别支持票投票率两个指标倒是更能反映公民参与的质量，但须记住，民主运作也有可能导向非民主的结果。奈克和基弗（Knack and Keefer，1997）的经验分析则干脆证明社团生活与信任、公民规范和经济绩效无关，原因在于小团体内产生的信任不一定能带来不同团体之间的信任。这说明帕特南将社团生活作为制度绩效和民主程度的测量指标至少值得质疑。弗雷和爱德华（Foley and Edwards，1996）指责帕特南偏爱横向社团而忽略了政治组织对于形塑公民共同体和提高民主的能力，他们认为社会运动组织、草根利益团体、所有类型的政治社团比帕特南的合唱团、鸟类观察俱乐部、保龄球俱乐部等组织更能产生公民精神。

另有学者从其他角度补充说明了美国公民参与下降的原因。海因（Heying，1997）指出，地方精英是参与政治和公民事务的重要人物，而经济转型过程中企业的去地方化（corporate delocalization）导致精英与地方的利益关联减弱和地方公民结构的衰落。爱德华和弗雷（Edwards and Foley，1997）也不同意帕特南将美国社会资本下降归因于大众媒体尤其是电视的反功能理论，而认为社会资本衰退与20世纪末美国和世界两个影响深远的变化有关：经济重构和福利国家的解体。博格斯（Boggs，2001）不无尖锐地指出帕特南完全忽略了美国社会资本下降的一个重要历史背景：伴随全球化而日益扩张的法团（主要指跨国机构）权力对公共领域和公民日常生活领域的殖民化，导致了公民权和地方决策的严重衰退。

关于方法论方面的批评，除了史料和测量指标的高度选择性外，比较集中的还有逻辑上的循环论证。哈里斯和芮泽欧（Harriss and Renzio，1997）揭示出帕特南观点中存在一种令人迷惑的循环论证：一般互惠规范和公民参与网络产生社会资本，社会资本又反过来使人们之间的合作成为可能，增强互惠和公民参与。在此，阻碍互惠和公民参与产生的集体行动问题最初如何得以克服未能得到充分阐释。帕特南用“路径依赖”理论来解释南北意大利公民参与和民主绩效的差异，认为南北意大利公民共同体的不同历史起源分别导致了社会资本生产的恶性循环和良性循环，令人产生一种难以跳出决定论圈套的绝望。从研究视角而言，帕特南循环论证和决定论的缺陷在于缺乏一种结构视角：南部意大利的贫穷和政治低效并非根源于公民能力的贫弱，而是长期受到外来殖民统治以及统一后仍以一种边缘地位被强行纳入北方剥削性统治结构的结果（Tarrow，1996）。从方法论上而言，其问题在于将社会资本看成了一种积习而成的文化现象，一种具有主观性和短期内不可改变的外生变量。实际上，如果像科尔曼一样，将社会资本视为一种内生变量，是特定社会安排和理性选择的结果，那么改变制度安排就可跳出这个逻辑陷阱（Jackman and Miller，1998）。

（二）信任、公民参与和民主的关系

帕特南将社会资本概念作为解释民主政治制度绩效的核心要素，而公民参与又是产生社会资本的机制。但是，公民参与就一定会带来民主结果吗？社会资本具有内在的“善”和积极意义吗？产生信任和互惠规范的具体机制是什么？这一系列问题促使对社会资本感兴趣的学者对帕特南的研究进行了深入的反思。普策尔（Putzel，1997）就对社会资本与民主之间看似想当然的关系进行了否定。他指出，有利于市场的东西不一定有利于民主。战后东亚和东南亚资本主义飞速发展和权威主义政体的并存就是明证。产生于家庭、社区组织或社会团体的对特定行为有用的社会资本对其他行为无用甚至有害，这是科尔曼社会资本观中强调过的内容。但在帕特南和福山那里，社会资本变成了本质上有益于公共福利的物品。普策尔指出后两者的问题在于没有对网络、规范的运作过程和通过这些网络传输的内容以及体现于这些规范之中的政治观念进行区分。东亚和东南亚的海外华人商业网络往往是在缺乏融入主流社会有效途径的环境逼迫下形成的，在这种受到排斥的相对封闭的环境下，声誉和信任就成为华人团体内部最有价值的流通资产。但是这些网络所建构起来的信任与政治实践关系不大，它不会必然地促进整个社会的公民参与和政体的民主改革。且随着社团与更大社会环境之间互动关系的转变，这些昔日促进小团体经济成功的社会资本可能成为日后向多元化商业贸易转换的障碍。波茨和兰多特（Ports and Landolt，1996）关于社会资本阴暗面的描述与普策尔的观点相印证：对团体成员有帮助的关系，往往排斥外人；过于紧密的网络和高度义务感会钳制个人

自由与事业拓展。欧玲也提醒我们注意社会资本的阴暗面：卡特尔和有组织的犯罪也是一种关系网络，但却会削弱整个社会的生产力；建立在军事命令和武力运用基础之上的政府在创建自身社会资本时可能会破坏其他形式的社会资本（转引自 Putzel，1997）。列维（Levi，1996）更是引用《纽约时报》1995 年 8 月第 13 期一篇文章中的制造俄克拉荷马城市爆炸案的蒂莫西·麦克维（Timothy McVeigh）及其团伙是同一保龄球俱乐部会员的例子，有力地说明了帕特南倍加称道的公民社团不一定会给社会带来民主的福音。

为何信任、公民参与和民主之间并不具有内在关联？弗雷和爱德华（Foley and Edwards，1996）指出，这是因为公民社会并不是民主的固有属性，公民社会的民主意义是一种制度安排的结果。他们揭示了公民社会本身存在一个悖论，即公民社会既可以抵制政府专制，也可能阻碍民主发展。只有当强大的政治社团、社会运动和具有协调不同利益能力的政府机构与强劲的公民社会相结合时，才能将公民社会导向民主发展，避免利益集团尤其是强势利益集团挟持国家以牟取私利，造成社会的断裂与肢解。伯曼（Berman，1997）也提出类似观点，指出公民社会活动所产生的社会技能和关系有时会服务于非民主的目标，社团生活参与有时会分裂而非整合社会，其原因在于公民社会本身无法克服利益团体纷争，只有强健的政治制度才能将利益集团导向为社会整体服务。

在对帕特南公民参与和信任促进民主发展的简单公式进行批判后，有学者进一步提出帕特南未能清晰阐述的问题：信任和互惠规范到底如何产生？社团成员身份导向一种高度的公民参与、民主政治和良好政府绩效的机制又是什么？

在帕特南看来，信任首先产生于小规模共同体中人们对他人也会遵守规则的期待，而互惠规范和促进横向互动的公民参与网络能将小团体内的人际信任转化为一般的社会信任。然后，不同小团体之间通过横向的弱关系关联起来，扩展了公民参与网络，使其涵盖社会各个领域，促进更为广泛的合作。最后，他直接做出推论：人们加入横向组织数量越多，公民参与网络越广泛，就越能促进地区经济发展和好政府的有效运转（帕特南，2015）。列维（Levi，1996）指出了帕特南信任理论中存在的问题：成为某种社团的成员并不能推导出一般化信任。她认为，信任更可能产生于对小团体之外的经验和制度的反应，对他人行为的期待是以下行为的结果：种族、宗教或其他拥有共同价值的群体之间的互动，对第三方制裁的信赖，或者对背叛信任的行为进行惩罚。关于公民参与网络产生良好的民主政府的问题，列维认为帕特南对此也语焉不详。她指出，即使假设公民能克服搭便车问题，以及他们能够被动员起来参与政治行动，他们表达有效需求和制约政府行动的能力也有限，因为并不能保证这些有效需求具有民主性质，且这种表达能力和表达过程可能受到非民主因素的控制。更重要的是，帕特南的社会中心观使其看不到政府和国家制度在形塑信任上的责任。

普策尔（Putzel，1997）也提到了帕特南（在美国社会资本研究中）将家庭视为社会资本和信任诞生地的理想主义错误。普策尔指出，家庭亲密的确存在某种信任，但绝不会在本质上具有民主性质。家庭恰恰是一个家长制和种族思想在其中不断得到复制的等级组织。实际上，民主栖身于个人作为被赋予了不可剥夺的权利的公民的观念之上，而不管他们是身处家庭、少数族群还是阶级之中。公民作为更大共同体的一员立足于公民社会空间之中，既出于家庭，也远离国家，正是存在于国家与家庭之间的公共空间使得公民参与得以孕育。

丰厚的社会资本必然促进公民精神和民主政治的论断不仅仅在西方民主国家的经验中受到了置疑，在运用于权威主义政体和第三世界国家时尤当谨慎。理查德·罗斯（Richard Rose）对苏联社会资本的分析表明，社会资本在不同社会体制和社会情境下发挥的作用截然不同，在非人格化科层制为社会基础运作机制的现代社会，社会资本也至多发挥补充和润滑的辅助作用，而在像苏联那样一个充满科层组织失灵的“反现代”社会，社会资本以通过人格化关系和贿赂等多种策略获取资源的面目出现，其在日常生活中的广泛运用只会加剧科层组织失灵和不确定性，提高公众行动成本，削弱对政府和正式组织的信任（罗斯，2005）。这一案例无疑给热衷于谋求运用社会资本理论来解决转型期中国社会问题的学者们敲响了一记警钟。

（三）对国家权力和政治制度的忽略

对帕特南社会资本研究的其他批评主要集中于谴责其对社群主义的过分偏爱和对国家权力与政治制度的有意忽视。

帕特南的意大利公民参与和制度绩效研究以及美国社会资本下降研究都给人一种印象：社会资本是公民社团自愿合作的产物，其生产、维持和对民主发挥积极效应的过程与国家关联不大。甚至活跃自主的社会成为好政府的前提。在国家-社会关系模式中，这无疑属于从托克维尔志愿主义公民社会古典渊源继承而来的当代社群主义学派的公民社会观，强调自主活跃社团的重要性（Hyden，1997）。但是，相当多的批评者强调，实际情况是，公民社团的活动和效应受到国家建设、政府行为、政治制度等因素的形塑（Tarrow，1996；Levi，1996；Skocpol，1996；Putzel，1997；Knack and Keefer，1997；Foley and Edwards，1996；Berman，1997；Evans，1996）。

塔罗（Tarrow，1996）指出，帕特南意大利不同地区公民能力与制度绩效模型中没有考虑国家建设和国家干预对南部意大利社会资本恶性循环的影响：一个更为强大、富裕和正统的北部政权征服了一个更为弱小、贫穷和边缘化的南部政权，将其居民导向一种依赖庇护关系、家长制和金钱权力的政治生活。因而国家并非南部意大利社团能力衰弱的受害者，而是责任者。斯考克波尔（Skocpol，1996）同样对帕特南将美国公民参与下降完全归咎于普通美国人的过错进行了谴责，她指出美国自发性社团并不是政府之外的民主政治和有效治理的首要因素，政府和政治本身对公民社团进行了形塑和约制。普策尔（Putzel，1997）认为，要解释合唱团、足球俱乐部等社团组织是否促进民主政治目的，就应关注主张特定政治观点的政党以及为公民精神创造条件的国家干预的性质。奈克和基弗（Knack and Keefer，1997）

的经验研究表明，在那些具有可以有效保护产权和合同权利等正式制度的国家，以及那些阶级或种族两极分化较小的国家，信任和公民合作规范更强。这说明国家干预促进信任，而不是如帕特南所言，信任提高制度绩效。弗雷、爱德华（Foley and Edwards，1996）和伯曼（Berman，1997）不约而同地提出公民社会是一个中性事物，考察公民社会活动是促进还是削弱民主体制的一个重要因素，是这些活动展开的政治背景，有能力协调不同利益群体冲突的政治制度才能将公民活动导向民主。伊文斯（Evans，1996）关于国家-社会合作的理论分析表明，对于发展中国家而言，仅仅强调公民社团在创建社会资本、促进政府制度绩效上的作用是远远不够的，还需要国家与社会的合作。国家在向社会投入公共资源、帮助地方社区克服集体行动困境方面负有不可推卸和不能忽视的责任。

总之，上述研究都表达了一个共同观点，那就是社会资本的产生或衰退绝非仅仅是社会力量自发行为的结果，而是受到国家权力、政治制度安排和政治活动的形塑、约制、激励和导向。帕特南对这些因素的忽视大大削弱了其社会资本理论的解释力。

本节概括了社会资本研究文献中对个体社会资本内生性问题和帕特南的集体社会资本理论的批评。

个体社会资本内生性问题主要体现为“拥有更多社会关系的人更倾向于使用关系”。帕特南将社会资本概念运用于制度创新和民主运作的研究不但使“民主运转起来”，更使“社会科学运转起来”（Tarrow，1996），这是他引人注目的贡献。不过他的研究在三个方面引起了激烈的争议和批评：在公民参与史料和测量指标选取上的高度选择性，对信任、公民参与和民主之间关系的片面化推导，对国家权力和政治制度在社会资本创建和公民社会发育上的忽视。

有意义的是，它们所激发的批评并没有使其提出的问题黯然失色，而是更进一步地推进了学界对社会资本研究的反思和拓展。对于中国研究者而言，我们能从中得到的最大启示是，当将社会资本理论运用于中国社会转型研究时，应看到独特的政治和社会环境对社会资本的结构性限制。

本章要点

1. 不同的社会资本研究视角带来不同的社会资本定义。总的来看，有两种类型的社会资本定义有助于我们对社会资本概念的认识：一种是将社会资本看作封闭网络中的信任、互惠和规范网络，另一种是将社会资本看作开放网络中的信息和影响力。前一种类型包括布迪厄、科尔曼、帕特南、波茨、特纳、欧玲等学者的定义，后一种类型包括伯特和林南等学者的定义。

两种研究视角所定义的社会资本的区别体现为：集体层次的社会资本强调社会资本是一种公共物品，即个人所投资的社会资本可能使他人受益，而个体层次的社会资本强调社会资本是一种个人投资。前者关于集体性社会资本的假设前提——封闭型和紧密性是社会网络的必要条件，而后者则认为松散网络与不同社会网络之间的桥梁对促进信息流和影响流具有关键作用；前者侧重团体内部关系，体现为“联结”形式的社会资本，后者侧重团体外部关系，体现为“桥梁”形式的社会资本。

2. 社会资本包含不同的类型，社会资本研究者分别从二维或三维角度对社会资本进行划分。

3. 本章根据社会资本的三个层面——微观层面（个体层面）、中观层面（组织层面）和宏观层面（社区层面）——分别介绍了经典的社会资本理论和经验研究。

具有代表性的微观层面（个体层面）的社会资本研究有林南的社会资源理论、格兰诺维特的弱关系的力量假设、边燕杰的强关系的力量假设和伯特的结构洞理论。

中观层面（组织层面）的社会资本研究又包括两种类型：组织内的社会网络结构研究和组织间的社会网络结构研究。许多经验研究表明，组织内的关系强度、网络密度、网络异质性、网络中心性等网络特征与组织绩效密切相关。帕特南所提出的人们之间的互惠和信任促进行为绩效的论断同样适用于组织间关系的分析。

有代表性的宏观层面（社区层面）的社会资本研究包括帕特南对意大利和美国的经验研究以及福山的信任研究。

4. 以林南和帕特南为代表，似乎具有解释一切的魔力的社会资本研究也遭到了激烈的批评，林南代表的个体社会资本理论的不足体现为内生性问题，帕特南代表的集体社会资本理论的不足主要体现在：在公民参与史料和测量指标选取上的高度选择性，对信任、公民参与和民主之间关系的片面化推导，在社会资本创建和公民社会发育上对国家权力和政治制度的忽视。

基本概念

社会资本　社会资源　弱关系　强关系　结构洞　组织社会资本　信任

复习思考题

1. 简述不同研究视角的社会资本定义。

2. 总的来看，有两种类型的社会资本：一种是将社会资本看作封闭网络中的信任、互惠和规范网络，另一种是将社会资本看作开放网络中的信息和影响力。试对这两种类型的社会资本进行比较。

3. 简述微观层面（个体层面）有代表性的社会资本研究。

4. 简述宏观层面（社区层面）有代表性的社会资本研究。

5. 试对帕特南的社会资本理论进行评价。

6. 当运用社会资本理论解释特定社会现象时，需要注意什么问题？

7. 你认为对于社会资本理论还可以从哪些方面进行拓展？

推荐阅读书目

1. 伯特．结构洞：竞争的社会结构．上海：格致出版社，2017.

2. 福山．信任：社会美德与创造经济繁荣．郭华，译．桂林：广西师范大学出版社，2016.

3. 格兰诺维特．社会与经济：信任、权力与制度．王水雄，罗家德，译．北京：中信出版社，2019.

4. 格兰诺维特．找工作：关系人与职业生涯的研究．张文宏，译．上海：华东师范大学出版社，2020.

5. 林南．社会资本：关于社会结构与行动的理论．张磊，译．北京：社会科学文献出版社，2020.

6. 罗家德．社会网分析讲义．3版．北京：社会科学文献出版社，2020.

7. 帕特南．使民主运转起来．北京：中国人民大学出版社，2015.

参考文献

1. 奥斯特罗姆．社会资本：一种时尚还是一个基本概念//达斯古普特，撒拉格尔丁．社会资本：一个多角度的观点．北京：中国人民大学出版社，2005.

2. 毕向阳．基于多水平验证性因子分析的城市社区社会资本测量：实例研究及相关方法综述．社会学研究，2019 (6).

3. 边燕杰，张文宏，程诚．求职过程的社会网络模型：检验关系效应假设．社会，2012 (3).

4. 边燕杰，张文宏．经济体制、社会网络与职业流动．中国社会科学，2001 (2).

5. 伯特．结构洞：竞争的社会结构．上海：格致出版社，2017.

6. 查黑博．社会资本、政府与发展成果//达斯古普特，撒拉格尔丁．社会资本：一个多角度的观点．北京：中国人民大学出版社，2005.

7. 陈云松，范晓光．社会资本的劳动力市场效应估算：关于内生性问题的文献回溯和研究策略．社会学研究，2011 (1).

8. 陈云松，沃克尔，弗莱普．“关系人”没用吗?：社会资本求职效应的论战与新证．社会学研究，2014 (3).

9. 陈云松，沃克尔，弗莱普．“找关系”有用吗?：非自由市场经济下的多模型复制与拓展研究．社会学研究，2013 (3).

10. 达斯古普特，撒拉格尔丁．社会资本：一个多角度的观点．北京：中国人民大学出版社，2005.

11. 厄普霍夫．理解社会资本：学习参与分析及参与经验//达斯古普特，撒拉格尔丁．社会资本：一个多角度的观点．北京：中国人民大学出版社，2005.

12. 方亚琴，夏建中．社区、居住空间与社会资本：社会空间视角下对社区社会资本的考察．学习与实践，2014（11）.

13. 福山．信任：社会美德与创造经济繁荣．彭志华，译．海口：海南出版社，2001.

14. 格兰诺维特．找工作：关系人与职业生涯的研究．张文宏，译．上海：华东师范大学出版社，2020.

15. 桂勇，黄荣贵．社区社会资本测量：一项基于经验数据的研究．社会学研究，2008（3）.

16. 胡荣．社会资本与中国农村居民的地域性自主参与：影响村民在村级选举中参与的各因素分析．社会学研究，2006（2）.

17. 科尔曼．社会理论的基础．北京：社会科学文献出版社，1999.

18. 克里希娜．创造与利用社会资本//达斯古普特，撒拉格尔丁．社会资本：一个多角度的观点．北京：中国人民大学出版社，2005.

19. 李惠斌，杨雪冬．社会资本与社会发展．北京：社会科学文献出版社，2000.

20. 李惠斌．什么是社会资本//李惠斌，杨雪冬．社会资本与社会发展．北京：社会科学文献出版社，2000.

21. 梁玉成．社会资本和社会网无用吗？．社会学研究，2010（5）.

22. 林南．社会资本：关于社会结构与行动的理论．张磊，译．北京：社会科学文献出版社，2020.

23. 刘志林，廖露，钮晨琳．社区社会资本对居住满意度的影响：基于北京市中低收入社区调查的实证分析．人文地理，2015（3）.

24. 罗家德，方震平．社区社会资本的衡量：一个引入社会网观点的衡量方法．江苏社会科学，2014（1）.

25. 罗家德．社会网分析讲义．3版．北京：社会科学文献出版社，2020.

26. 罗斯．在一个反现代社会中解决问题：苏联的社会资本网络//达斯古普特，撒拉格尔丁．社会资本：一个多角度的观点．北京：中国人民大学出版社，2005.

27. 帕特南．使民主运转起来．北京：中国人民大学出版社，2015.

28. 特纳．社会资本的形成//达斯古普特，撒拉格尔丁．社会资本：一个多角度的观点．北京：中国人民大学出版社，2005.

29. 托克维尔．论美国的民主．北京：商务印书馆，1988.

30. 雅各布斯．美国大城市的死与生．南京：译林出版社，2005.

31. 赵延东．测量西部城乡居民的社会资本．华中师范大学学报（人文社会科学版），2006（6）.

32. ALDER P S，KWON S W. Social capital：prospects for a new concept. Academy of management review，2002，27（1）.

33. BALDWIN T T, BEDELL M D, JOHNSON J L. The social fabric of a team-based M. B. A. program: network effects on student satisfaction and performance. Academy of management journal, 1997, 40 (6).

34. BAKER W E. Market networks and corporate behavior. American journal of sociology, 1990, 96 (3).

35. BARON S, FIELD J, SCHULLER T. Social capital: critical perspectives. Oxford: Oxford University Press, 2000.

36. BERMAN S. Civic society and political institutionalization. American behavioral scientist, 1997, 40 (5).

37. BIAN Y J. Bringing strong ties back in: indirect ties, network bridges, and job searches in China. American sociological review, 1997, 62.

38. BOGGS C. Social capital and political fantasy: Robert Putnam' s "bowling alone" . Theory and society, 2001, 30 (2).

39. BURT R. Structural holes: the social structure of competition. Cambridge, MA: Harvard University Press, 1992.

40. BURT R. The contingent value of social capital. Administrative science quarterly, 1997, 42 (2).

41. COLEMAN J. Social capital in the creation of human capital. American journal of sociology, 1988, 94.

42. DETH J W, MARAFFI M, NEWTON K, WHITELEY P F. Social capital and European democracy. London: Routledge, 1999.

43. EDWARDS B, FOLEY M W. Social capital and the political economy of our discontent. American behavioral scientist, 1997, 40 (5).

44. EVANS P. Government action, social capital and development: reviewing the evidence on synergy. World development, 1996, 24 (6).

45. FOLEY M W, EDWARDS M W. The paradox of civic society. Journal of democracy, 1996, 7 (3).

46. GEERTZ C. The rotating credit association: a "middle rung" in development. Economic development and cultural change, 1962, 10 (3).

47. GRANOVETTER M. Economic action and social structure: the problem of embeddedness. American journal of sociology, 1985, 91.

48. GRANOVETTER M. The strength of weak ties. American journal of sociology, 1973, 78.

49. HANSEN M T. The search-transfer problem: the role of weak ties in sharing knowledge across organization subunits. Administrative science quarterly, 1999, 44 (1).

50. HARRISS J, RENZIO P. "Missing link" or analytically missing?: the concept of social capital: An introductory bibliographic essay. Journal of interna-

tional development，1997，9 (7).

51. HEYING C H. Civic elites and corporate delocalization：an alternative explanation for declining civic engagement. American behavioral scientist，1997，40 (5).

52. HYDEN G. Civil society，social capital and development：dissection of a complex discourse. Studies in comparative international development，1997，32 (1).

53. JACKMAN R W，MILLER R A. Social capital and politics. Annual review of political science，1998，1.

54. KNACK S，KEEFER P. Does social capital have an economic pay off?：a cross-country investigation. The quarterly journal of economics，1997，112 (4).

55. KRAATZ M S. Learning by associations?：inter organizational networks and adaptation to environmental change. The academy of management journal，1998，41 (6).

56. KWON K K. Associations，civic norms，and democracy：revisiting the Italian case. Theory and society，2004，33.

57. KWON S W，HEFLIN C，RUEF M. Community social capital and entrepreneurship. American sociological review，2013，78 (6).

58. LARSON A. Network dyads in entrepreneurial settings：a study of the governance of exchange relationships. Administrative science quarterly，1992，37 (1).

59. LEANA C R，BUREN H J. Organizational social capital and employment practices. Academy of management review，1999，24 (3).

60. LEVI M. Social and unsocial capital：a review essay of Robert Putnam' s making democracy work. Politics and society，1996，24 (1).

61. LIN N，ENSEL W M，VAUGHN J C. Social resources and strength of ties：structural factors in occupational status attainment. American sociological review，1981，46 (4).

62. LIN N，VAUGHN J C，ENSEL W M. Social resources and occupational status attainment. Social forces，1981，59 (4).

63. LIN N. Building a network theory of social capital. Connections，1999a，22 (1).

64. LIN N. Social networks and status attainment. Annual review of sociology，1999b，25.

65. MCPHERSON M，SMITH-LOVIN L，COOK J. Birds of a feather：homophily in social networks. Annual review of sociology，2001 (27).

66. MOUW T. Social capital and finding a job：do contacts matter? . American sociological review，2003，68 (6).

67. NAHAPIET J，GHOSHAL S. Social capital，intellectual capital，and the

organizational advantage. Academy of management review, 1998, 23 (2).

68. PAXTON P. Is social capital declining in the United States?: a multiple indicator assessment. American journal of sociology, 1999, 105 (1).

69. PAXTON P. Social capital and democracy: an interdependent relationship. American sociological review, 2002, 67 (2).

70. PODOLNY J M, BAREN J N. Resources and relationships: social networks and mobility in the workplace. American sociological review, 1997, 62 (5).

71. PORTES A, LANDOLT P. The downside of social capital. The American prospect, 1996, 26.

72. PORTES A, SENSENBRENNER J. Embeddedness and immigration: notes on the social determinants of economic action. American journal of sociology, 1993, 98 (6).

73. PORTES A. Social capital: its origins and applications in modern sociology. Annual review of sociology, 1998, 24.

74. PUTNAM R D. Bowling alone: America' s declining social capital. Journal of democracy, 1995, 6.

75. PUTNAM R D. Bowling alone: the collapse and revival of American community. New York: Simon and Schuster, 2000.

76. PUTNAM R D. The prosperous community: social capital and public life. The American prospect, 1993, 13.

77. PUTNAM R D. The strange disappearance of civic America. The American prospect, 1996, 24.

78. PUTZEL J. Accounting for the "dark side" of social capital: reading Robert Putnamon democracy. Journal of international development, 1997, 9 (7).

79. REAGANS R, ZUCKERMAN E W. Networks, diversity, and productivity: the social capital of corporate R&D teams. Organization science, 2001, 12 (4).

80. SABETTI E. Path dependency and civic culture: some lessons from Italy about interpreting social experiments. Politics and society, 1996, 24 (1).

81. SCHUDSON M. What if civic life didn' t die? . The American prospect, 1996, 25.

82. SCHULLER T , BARON S, FIELD J. Social capital: a review and critique// BARON S, FIELD J, SCHULLER T. Social capital: critical perspectives. Oxford: Oxford University Press, 2000.

83. SKOCPOL T. Unraveling from above. The American prospect, 1996, 25.

84. SPARROWE R T, et al. Social networks and the performance of individuals and groups. Academy of management journal, 2001, 44 (2).

85. TARROW S. Making social science work across space and time: a critical

reflection on Robert Putnam's making democracy work. The American political science review，1996，90（2）.

86. TIAN F F，LIN N. Weak ties，strong ties，and job mobility in urban China：1978—2008. Social networks，2016（44）.

87. UZZI B. Embeddedness in the making of financial capital：how social relations and network benefit firms seeking financing. American sociological review，1999，64（8）.

88. UZZI B. The sources and consequences of embeddedness for the economic performance of organizations：the network effect. American sociological review，1996，61（4）.

89. WALKER G，KOGUT B，SHAN W. Social capital，structural holes and the formation of an industry network. Organization science，1997，8（2）.

90. WOOLCOCK M. Social capital and economic development：toward a theoretical synthesis and policy framework. Theory and society，1998，27（2）.

91. XIAO Z，TSUI A S. When brokers may not work：the cultural contingency of social capital in Chinese high-tech firms. Administrative science quarterly，2007，52.

第五章

市场转型的经济社会学分析

目前，中国正处在由计划经济向市场经济过渡，由传统农业社会向现代工业社会转变的重要时期。本章探讨国际学术界用社会学的观点和方法研究中国转型的最新研究成果，讨论的问题主要包括：(1) 从社会科学演变的历史角度分析市场转型研究的渊源；(2) 探讨市场转型的社会学研究，即市场转型理论、市场转型的文化视野、市场转型的政治视野以及市场转型的新制度主义视野。

第一节　市场转型研究的渊源

市场转型研究源于第二次世界大战后的地区研究。众所周知，1945 年以后出现的三个新的发展动向，深刻地影响了前 100 年所形成的社会科学结构（华勒斯坦，1997）。第一个新动向是世界政治格局的变化。美国从第二次世界大战中脱颖而出，以其强大的经济实力屹立于世界。在政治上，世界上出现了两大新的地缘政治格局：一是美苏之间的“冷战”；二是亚非拉国家争取独立的历史伟业。第二个新动向是，在 1945 年后的 25 年间，生产力迅速提高，人口急剧增加，达到了前所未有的规模，从而拓宽了所有人类活动的范围。随之而来的第三个新动向是，无论是从数量上来看还是从覆盖的地域来看，大学系统在世界各国都得到了惊人的发展，相应地，专业社会科学家的人数也成倍增加。这三个新的社会现实给已经历史地制度化了的社会科学提出了新的问题。与此同时，19 世纪后期构成社会科学系统的三条分界线都开始面临挑战。这三条分界线依次为对现代世界的研究（历史学再加上三门以探寻普遍规律为宗旨的社会科学）与对非现代世界的研究（人类学再加上东方学）之间存在的一条分界线；在对现代世界的研究方面，过去（历史学）与现在（注重研究普遍规律的社会科学）之间存在的一条分界线；在以探寻普遍规律为宗旨的社会科学内部，对市场的研究（经济学）、对国家的研究（政治学）与对市民社会的研究（社会学）之间存在的分界线。

1945 年以后最引人注目的学术创新出现在地区研究方面，“地区研究”是一个新的制度性范畴，旨在把多方面的学术工作集合在一起。这个概念首先出现在第二次世界大战期间的美国。在第二次世界大战后的10年里，它在美国被广泛地实施，随后又传播到世界其他地区的大学。地区研究的基本含义非常简单，所谓地区是指一个大的地理区域，假定它在文化、历史和语言诸方面具有某种一致性。这些地区研究包括苏联研究、中国（或东亚）研究、拉丁美洲研究、中东研究、非洲研究、南亚研究、东南亚研究、东欧研究、中欧研究以及后来的西欧研究。在某些国家，美国（北美洲）也成了地区研究的对象（比如，在武汉大学就有美国研究中心、欧盟研究中心等）。

在地区研究中，对东欧社会主义国家的研究一直是西方学术界的一个相当引人注目的领域。这种对社会主义国家研究的兴趣并没有因为一些国家的政治经济和社会制度发生巨大变化，甚至有些国家宣布彻底放弃社会主义而减弱，反而有所增强。尤其引人注目的是，越来越多的社会学家加入这种市场转型和社会转型的研究之中，如倪志伟、白威廉（William Parish）、沃尔德、林南、边燕杰、斯塔克（David Stark）、罗纳塔斯（Akos Rona-Tas）、塞勒尼（Ivan Szelenyi）、奥伊（Jean Oi）和谢宇等。“这种趋势的出现，既有现实的社会需要的因素，也体现了一种学术界在寻找新的灵感源泉的努力。从某种意义上可以说，整个社会科学在过去两三百年里的发展，一个最基本的灵感来源是资本主义文明的产生与发展。而对于社会主义及其转型的认识，成为社会科学发展的一个新的灵感来源，这不是完全没有可能的。”（孙立平，1996）

研究社会主义社会的基本范式，总体说来有三种①，即集权主义的研究范式、现代化理论或多元群体理论的研究范式和新制度主义的研究范式②。

集权主义是最早出现的研究范式，斯塔克和倪志伟归纳了集权主义的基本特征，指出这种范式强调全球性的意识对垒，强调列宁主义的政党作用，强调领袖人物个人的影响力（Stark，Nee，and Selden，1989）。其基本观点在于，列宁主义的政党对整个社会实施总体性控制，控制的手段则是全面的专政和政党支配下的等级制。国家与社会的边界不复存在，在这样的社会中，已经很难存在自主性的社会制度和社会过程。集权主义范式更多地体现在政治学的研究之中，尤其在20世纪50年代和60年代，研究的重点集中在：第一，社会主义国家的领导层是通过什么样的手段来实现他们的革命目标的；第二，无论是在革命过程中还是在建设过程中，社会动员都起着重要作用，那么，这种动员能力是如何形成的；第三，人们遵从体制和服从领导人的基础是什么。社会学家认为集权社会有两个主要的特征。第一个特征涉及党与其积极支持者之间的纽带性质。集权主义认为，党与支持者之间的纽

① 也有学者认为对社会主义国家的研究只发生了一次范式的转变，即从以国家为中心的分析转变为将构成因素的诸种因素纳入宏观社会架构的理论探讨。有些分析者把国家社会主义归诸“共产主义政治秩序”，强调列宁主义政党的角色，并集中分析国家这一具有因果作用的力量。这样一种国家中心论假定，无论是社会还是经济都服从于政治秩序，作为主要的消极被动的实体听凭国家摆布（Nee，1996）。

② 美国斯坦福大学的沃尔德最早在《共产主义的新传统主义》（1987）一书中提出关于研究社会主义国家的三种范式的概括性表述，当时他称之为三种形象，即集权主义形象、群体论的形象和共产主义的新传统形象。后来，斯塔克和倪志伟在《社会主义经济制度的重建》（1989）一书中对有关范式做了进一步说明，并明确将“群体论的形象”称为“现代化的范式”，将“共产主义的新传统形象”称为“新制度主义范式”（孙立平，1996）。

带是事本主义的、意识形态的，是以认同为基础的。第二个特征可以被称为社会的原子化。这种社会否认区别私人领域与公共领域的合法性。个人只有通过与一个共同奋斗的权威建立联系而聚集在一起，而不是在一个互相依赖的群体中建立直接的联系。这种原子化大众的存在，不仅为维持权力所必需，而且可以确保毫无障碍地对人民进行总体性动员，而这种动员恰恰是集权主义的基本特征。

研究社会主义国家的视角由集权主义研究范式向现代化理论或多元群体理论研究范式的转变，一方面是当时的时代背景所决定的，另一方面也是西方社会科学研究者寻求和探索新的理论框架的结果。实际上，从 20 世纪 60 年代开始，现代化研究已经成为西方社会科学研究的主要理论视野。正如有些学者所指出的那样，在革命取得胜利后，一旦政权被牢牢掌握在自己手中，并得以巩固，社会主义社会就必须致力于经济增长，这种增长要求实现工业化和引进西方的先进技术，而工业化和现代化又要求一套相应的现代价值观和制度。这种价值观和制度与革命热情、自上而下的动员以及全面性的控制是不相容的。因而，社会主义社会面临着两难问题，即乌托邦式的革命目标与经济发展之间的矛盾。由此，西方学者在研究社会主义社会时，把趋同论视为描述社会主义社会的制度和结构变迁的逻辑。

20 世纪 80 年代新制度主义的出现是学者们对集权主义范式以及现代化或多元群体理论不满的结果①。沃尔德、奥伊和哈尔彭等分别从不同的角度为新制度主义的创立做出了努力。沃尔德在关注政治控制的独特制度特征和有关的组织形式是如何影响社团和政治行为模式的同时，也注重与前两种范式的不同，如强调服从的“回报”，高度制度化庇护关系网络的形成，并声称结构概念的核心是社会网络而不是社会群体，等等。奥伊从国家与社会的关系角度对新制度主义的研究范式进行了概括。她认为新制度主义范式强调的不是国家或社会的相对强度，而是国家与社会之间的互动方式。奥伊以中国的乡村为例，说明了在共产主义体制中，国家利益和社会利益不同，而且每一方都有追求自己利益的手段。同时，个体追求其利益的方式不一定以群体的形式行动，不一定采取正式的利益表达渠道。哈尔彭认为新制度主义的研究范式不再专注于特定的精英或社会群体本身，而是关注于精英或民众行为的制度背景与结构背景。布瑞顿和倪志伟（Brinton and Nee，1998）合编的《社会学中的新制度主义》一书则是对社会学中新制度主义范式较为完整的阐述。有关新制度主义在市场转型中的分析与运用我们将在后面详细论及。

第二节　市场转型的社会学研究

事实上，社会学从其诞生起，就是一门研究社会转型的科学，研究从传统到现

① 新制度主义的最早出现是在沃尔德的《共产主义的新传统主义》一书中，不过沃尔德没有明确提出新制度主义的概念，而是使用了“新传统主义的形象”这一术语。他提出了“新传统主义的形象”与集权主义和现代化理论的显著区别（孙立平，1996）。

代的转变，从乡村社区到城市市区的转变，从礼俗社会（gemeinschaft）向法理社会（gesellschaft）的转变，从封建主义向资本主义的转变，从机械团结（mechanical solidarity）向有机团结（organic solidarity）的转变（Stark，1996）。对于社会学的奠基者来说，19 世纪末困扰欧洲社会的危机被视为一种规范真空和制度真空。由传统来调整的旧秩序已经完结，而新秩序却尚未建立，在 20 世纪末，使问题得以新生的不是传统结构。在转型问题中，现在是被作为将来的近似状态来研究的，这样研究的危险在于潜藏着一种目的论，也就是认为各种概念都向着被认为是现实存在的终极状态运动。在转型学的框架中，转型期是当社会处于两种秩序中断的有限时间段中的一个混乱时期，而这两种秩序都被认为是处于连续统一体的一种静态平衡。

下面我们从以下几个方面考察市场转型问题：（1）市场转型理论；（2）市场转型的文化视野；（3）市场转型的政治视野；（4）市场转型的新制度主义视野。

一、市场转型理论

在研究由计划经济向市场经济的转型过程中，倪志伟于 1989 年提出的“市场转型”理论在学术界产生了较大影响（Nee，1989）。事实上，倪志伟关于市场转型的定义来源于卡尔·波兰尼（Polanyi，1944），市场转型关注的是商品和服务的分配。在以“再分配”为特征的社会主义国家经济中，商品和服务的分配由政府官员（“再分配者”）根据计划来决定，而在市场分配体制中，商品和服务的分配则由买卖双方直接讨价还价所形成的价格来决定。波兰尼认为，所谓转型经济就是市场分配体制渐渐替代政府官员的计划分配的过程①。倪志伟将波兰尼对再分配经济的分析运用在社会主义经济改革上，提出了市场转型的三个基本命题。

（1）市场权力命题。如果剩余产品不再由再分配部门垄断，而是更多地通过市场交换来进行分配，就会出现两种情况：第一，控制资源的权力会更多地存在于市场交易中，而较少存在于再分配经济中；第二，当劳动力和商品的价格是以买卖双方的相互约定为基础，而不是由行政命令来确定时，直接生产者便会有更多的权力来决定其商品和服务的交换条件。因此，从再分配向市场的转型会引发权力的转移，这种转移有利于直接生产者而不利于再分配者。

（2）市场刺激命题。如果说再分配经济压抑了对直接生产者的刺激，那么市场则对直接生产者提供了强有力的刺激。在社会主义社会再分配经济中，通过行政手段为工业与服务业的劳动力确定的价格对劳动绩效的差别往往缺乏敏感性，而为农

---

① 虽然波兰尼提出了著名的理想类型概念，但他并未对其间的转型方式进行深入分析，并且他缺乏具体的制度研究，因为在一个转型社会中远远不止占主导地位的商品和货币分配方式这样一种变化，各处变化也不是同步进行的。典型的一例便是产权问题。“再分配经济”实际上是在有财产的基础上进行再分配，“再分配者”毕竟只能对权力范围内的国有财产进行分配。但是转型经济在产权改变的速度和性质方面变化幅度很大，正如斯塔克所指出的，产权结构是极其复杂的。从计划分配中解放出来后，有些经济成分实行私有化并重新分配产权，而另一些则转向市场分配并无限期地设立了公众所有权。诸如土地等财产是容易分割的，而工业企业则不能。诸多差异对权力及收入的再分配产生了重要影响。

产品确定的价格又低于市场所决定的价格。但在市场交易中，生产者有权搁置其产品或劳动力，直至达成一个双方都满意的价格。这样，剩余产品便更多地留在了直接生产者手中。由于报酬更多的是与个人的生产绩效密切联系在一起的，这对个人努力工作的刺激也就更大。它可以表现在对教育的更高回报上——因为教育是反映人类生产率的最好标尺之一。

(3) 市场机遇命题。从再分配向市场的转型会形成以市场为中心的新的机会结构。这并不完全是指再分配部门内的进入与流动机会，而是说市场机会打开了另一道社会经济流动大门。因而，机会结构的变化使企业这一身份成为社会主义社会中一种足可替代官位的东西（Nee，1989）。

上述三个命题构成了市场转型理论。市场转型理论说明了从行政等级到市场的转变所引发的权力资源、刺激与机会结构的重大变迁这一核心过程。它预言在从计划经济的再分配向市场经济配置的转移过程中，直接生产者会从再分配者那里赢得权力。换言之，随着向市场配置部门与地区的转移，市场改革前社会再分配过程的曾经的“牺牲者”，终将比那些再分配的既得利益者获得更多的收益。实际上，倪志伟提出了一个关于社会不平等的新理论，并将其应用于从国家社会主义再分配经济到市场配置的转型研究中去。倪志伟声称，在国家社会主义再分配经济中，市场的兴起导致了始料未及的后果，国家社会主义的特权阶层，即再分配者，丧失了某种特权，而处于国家社会主义等级中的那些“直接生产者”却因而受益。结果是，以收入或者短缺商品获得途径来衡量的不平等因此降低了。倪志伟的理论明确了在再分配系统中由市场产生平等的机制：如果工资不是由行政设定，而是由交易关系来确定的，那么生产者就能获得更多的权力（市场权力）；如果市场运作起来，那么人力资本回报可能会更多，而政治忠诚则无足轻重（市场激励）；如果再分配经济中存在市场，那么企业家身份是另一种社会经济流动的途径。

倪志伟发现，尽管市场兴起，但有些干部仍保有特权（Nee，1991）。然而倪志伟并不认为这些事实与其早期理论相悖。1989 年的那篇论文并未提出市场改革的阶段性，因而未对下面这个问题进行探究，即：市场的平等化作用仅是市场改革某些阶段的特征，还是市场化的普遍特征？但在 1991 年的这篇论文中，倪志伟确实区分了市场渗透的不同阶段，并且导入了局部改革的概念。在倪志伟看来，有些干部特权的延续可归因于 20 世纪 90 年代早期中国局部改革的特征。根据倪志伟的说法，随着改革的推进，干部特权终将消失。这也就意味着国家社会主义的不平等终将被克服。

倪志伟 1989 年的论文引起了研究中国问题的学者和研究东欧问题的学者各种观念之间的激烈交锋，塞勒尼将此称为关于市场转型的争论（Szelenyi and Kostello，1996）。他认为，关于市场转型的争论中有三个主要问题一直处于核心地位，这三个主要问题分别是市场与不平等之间是一种什么样的关系，前任干部和现任干部是否因市场改革而受益，转型理论是否具有目的论色彩。下面分别对它们做详细的论述。

（一）市场和不平等

已有事实表明，总体收入不平等的程度在导入市场改革之后确实稍有下降。然而，也有证据表明，在下降后不久，其不平等程度又会上升。东欧和中国的数据显示了相似的模式：在市场经济羽翼未丰之际，市场的不平等性比国家社会主义再分配经济中经典模型的不平等性还要高。匈牙利的不平等程度在 1986 年后开始下降，并于 20 世纪 90 年代早期达到最低水平，以后又开始攀升。如今所有争论者都接受了不平等程度在市场改革中先降后升的事实。那么，不平等程度的早期下降证明了市场转型理论吗？其后的上升又证伪了这一理论吗？对这两个问题的回答几乎没有一致意见。其争论在于：

1. 不平等程度最初下降的原因

引起最初收入平等分配的原因还完全没有弄清楚。对此有两种对立的假设：其一是将之归于新的市场机会；其二则将之归于更公平的国家再分配政策。塞勒尼和倪志伟认为不平等程度的最初下降是市场渗透的结果。相反，边燕杰和洛根（Bian and Logan，1996）却表明 1977 年之后中国的平等主义是国家再分配的结果，因为国家企图通过提高最低收入水平以获得市场改革的稳定环境。

2. 此后不平等程度又为何上升

接下来的问题是收入不平等趋势的转折点何在？市场转型理论是否受到不平等程度在最初下降之后又上升这一现象的挑战？不平等程度的变化并不是已有市场增长的一个简单函数，而是以前并不存在的市场（诸如劳动力市场）和新的参与因素的出现所应对的函数。因此，有必要对产生社会后果的市场渗透类型进行定义。在市场经济实行初期，市场所具有的平等作用只是暂时的。随着市场渗透的继续，市场很可能会加速不平等。为了理解这种 U 形模型，有必要详细说明究竟在怎样的制度条件下市场提高或降低了不平等程度。市场本身和再分配本身并没有内在的平等或不平等后果，其社会后果取决于它们所嵌入其中的广泛的宏观制度背景。

（二）干部和市场

在市场转型中，现任干部和前任干部是否因改革而得利或失利，这与总体不平等性程度变化显然相关但并不同一。有时它只是关于干部地位的绝对回报问题，尤其是当回报出现负增长时，但它仍然是相对收入的争论问题。根据倪志伟的观点，市场转型理论认为，当市场继续渗透（他们将此过程理解为线性的、渐进的过程）时，“直接生产者”将受益，现任干部和前任干部将失利，在解释谁将获得高收入的问题中人力资本的回报将越来越重要。但在过去的几年中，研究者们已经证实了前任干部是市场转型的主要赢家，因此，干部地位、干部联系与高收入之间呈正相关关系（Bian and Logan，1996）；最后，由不同地区经济增长的不同动力来衡量的市场渗透程度，与人力资本回报之间也因而呈负相关关系，但是经济增长并不改变党员与非党员之间的收入差异（Xie and Hannum，1996）。然而，在倪志伟的分析中，他发现若控制了其他因素，前任干部并不随着市场的建立而从其干部地位中获益。

（三）由市场产生的不平等的动力

塞勒尼认为，市场是产生平等还是产生不平等，干部、直接生产者以及普通工人是否从日益发展的市场化进程中受益，这些问题太模糊了，以至于没有什么利用价值。真正需要关心的问题是：什么类型的市场和市场渗透更有可能对不平等起补偿作用？在什么样的环境中某种社会行动者将是获利者或失利者？市场和再分配的制度安排是什么？得利或失利的行动者处于什么样的阶级地位？提出这些问题并验证那些可经检验的研究假设，例如我们可以提出市场渗透的类型学方法，并尽可能具体地定义每一种经济子系统中的行动者。

塞勒尼将市场渗透的类型分为三种：(1) 再分配经济中的局部市场；(2) 在再分配统治下以市场和再分配系统共存为特征的社会主义混合经济；(3) 以建立市场资本主义、取消国家社会主义为目的的资本主义经济。下面将具体阐明这三种类型的特征，并分析每一种类型中获利或失利的社会行动者是谁，以及在每一种类型中市场是如何对不平等程度产生影响的。

1. 再分配整合经济中的局部市场

20 世纪 60 年代中期到 1980 年左右的匈牙利和波兰是再分配一体化经济的局部市场，而在其他东欧国家情形则稍有不同。局部市场的兴起通常以食物和劳务为主，并且处于经济系统的边缘。这种市场是高度不安全的，这种市场内的活动也经常处于非法的边缘，所以参与者是要冒风险的。这里的生产既不需要多少技术，也很少需要信用。这种市场的典型参与者是农民和农民工。因此，这些市场的生产者是那些非熟练或半熟练的工业工人，这些人在东欧是从农业中被迫出来从事城市工业性工作的，但他们仍然留在距离农业生产地很近的农村居住区。在这样的环境下，局部市场有可能产生平等性的影响。为局部市场而生产的行动者，尽管很少处于社会的最底层，但其社会地位仍很低。

在再分配经济的局部市场条件下，直接生产者确有一定的“市场权力”和“市场机会”。同时，在局部市场条件下，市场转型理论的这一观点也是正确的，即“再分配者”的相对财产可能会变化。事实上，当干部们看到第二经济中的行动者，尤其是那些教育水平较低的人有时比他们的收入还要多时，就会变得非常愤愤不平。简言之，在局部市场条件下，市场转型理论的大部分预测是正确的。

2. 社会主义市场经济

在 1980 年到 1989 年的东欧以及 1985 年后的中国，一种新型的市场渗透形式出现了，经济社会环境的重要变化在于私营经济变得合法了。

在社会主义市场经济条件下，一群新的、异质性更大的行为者进入市场。由于市场竞争的作用越来越大，而且风险随之增加，因此素质更高的人开始从事商业活动。在早期的先驱者中，那些受教育程度较低以及处于社会最边缘的人，都被无情地淘汰了。而有些干部则因市场而发家，尤其是有些技术干部，他们开始为新的私有经济的兴起铺路搭桥，并将其行政特权商品化（例如，某些早期的资本积累可能在新兴的不动产市场中形成）。

因此，在社会主义市场经济中，市场远不只是一种简单的、补充性的机制。即使有一些相对而言没有受过教育的低收入群体，他们也能在再分配经济占主导地位的次级市场中获益。

在中国，经济增长一直是积极的，因而争论在于，不同的行为谁将获得更高的回报率；在东欧，经济增长水平低，发展是消极的，于是问题是谁的下降情况最糟。目前还不能确定在这两种情况下将如何解决经济增长和不平等关系这一问题。虽然应该控制增长的影响，但事实上实施改革的一个重要目标在于促进原先萧条经济的增长。

基于理论性和经验性，任何夸大以市场渗透类型来测量经济增长的准确度的做法都是不可取的，这一点在分析今日中国的经济变迁时尤为重要。中国的经济增长仍处于发展的粗放阶段，其巨大的人口资源，可能使这种粗放型的增长持续很长一段时间。因此，谢宇和汉纳姆发现，在中国快速发展的地区，其劳动力市场仍是不发达的（从而导致人力资本的低回报）。

3. 资本主义导向经济

1989 年之后，东欧出现了一种明显不同的市场渗透类型。这种市场渗透类型的特征在于，它并不仅仅是简单地允许或鼓励私有部门增长。在所有东欧国家，1989 年之后私有化成了一项国家政策。斯塔克的研究又一次推翻了任何一种关于这些变化将自动带来市场协调型社会的假设。他同时也证明了沃尔德提及的产权改革和私有化的区别在匈牙利同样存在。然而，这里并没有假设新的资本主义调节方式将带来资本主义，而是坚决认为在市场转型国家中这种调节方式已经从性质上改变了市场渗透的动力。

私有化如何能进行到底？这在很大程度上取决于有多少阶级、阶层被卷入市场转型国家的社会斗争和政治斗争。在匈牙利和波兰，拥有官衔的那部分技术人员是相当有权力的，且与那些市场转型时期的新兴政治精英建立了紧密联系。干部精英将自发的私有化作为新兴资本家产生的基本战略，这在很大程度上是正确的。需要补充的是，为了准确地理解这一过程，应该区别市场转型国家的新旧精英，即技术精英和行政精英。尽管在波兰和匈牙利的那些新的合作部门，控制地位几乎仍为旧的技术精英所垄断占据（在这些国家中，约 3 000 家最大企业的 90%左右的经理仍是原来的经理），但旧的行政精英失利最多也是事实。1988 年在匈牙利和波兰经营最大企业的人员中，截至 1993 年差不多有一半丧失了其精英地位。

是否可以得出这样的结论：在资本主义导向经济中，市场是产生新的不平等的主要源泉，并且前任干部是其中的赢家。这一观点的前半部分是对的，不平等迅速增长主要是由市场产生的，那些仍然依赖于再分配机制的人很快就丧失了基础。但对后半部分的判断就比较复杂了。不过可以肯定的是，认为所有干部精英都能将其旧有特权转化为新的特权是不正确的。不论以何种方式来衡量，这些传统精英中的大部分都是失利者。

总之，在资本主义导向的市场渗透中，最大的赢家是那些前任精英；转型之前资产阶级的后裔们也是得益者，与那些在市场转型时期进入第二经济的人一样。最大的失利者是干部精英中的行政人员、贫穷者以及大部分工人，那些曾经由再分配机制给予很大补贴的部门的雇员（例如，重工业中的熟练工）也无疑是失利者。有些工人，由于在重建的转型经济中懂些市场门道，也能从竞争日益激烈的劳动力市场中获益。

塞勒尼描述了每种类型的制度特征以区分市场渗透的三种类型，尤为关注每种类型中市场机构的种类和结合方式。他提出了在不同社会主义国家和市场转型国家中关于三种不同市场机构特征的假设。市场改革通常起步于小规模的商品市场：生产者获准在那些价格由供求关系调整的地方去销售产品和服务。这种消费品和劳务的市场化要走很长一段路，而生产要素（劳动力和资本）的配置却仍是再分配的。这种不受控制的价格（由供求机制确定的价格）比重越大，商品市场就越发达。以马克思的观点来看，劳动力市场存在的条件是劳动者在法律上能够自由出卖其劳动力，并且由于同生产资料相分离而不得不为之。劳动力价格越是由市场决定，则劳动力市场越发达。资本市场是指对资本商品的分配。在社会主义再分配国家中，公积金是典型的先通过财政拨款，然后通过预算方式由中央计划委员会来进行分配的。由国家控制的投资比例下降，意味着资本市场的建立。在资本市场中，是竞争性的投资者来配置资本货币，以期获得高额的投资回报。根据波兰尼的观点，当劳动力市场和资本市场成为主导的资源配置机制时，这种经济被称为整体市场经济。如果劳动力和资本主要由再分配来配置，那么这样的商品市场仅仅是波兰尼所谓的局部市场。

在区分了市场渗透的不同类型之后，关于市场转型的争论者之间达成了共识。首先，只有在局部市场中，市场才起到平等的作用。市场渗透越深入，它就越成为社会不平等的主要来源。其次，在局部市场的条件下，“直接生产者”，尤其是普通老百姓，因市场渗透而获利。同时，当资本积累在社会主义市场经济中成为可能时，干部、前任干部以及以前的精英开始从事市场交易并因而获利，由此便产生了不平等的双重体系。最后，参与争论的人对 1989 年后东欧市场转型的社会后果几乎没有异议，研究者们都同意干部精英中的技术人员是这次转型的主要受益者。这些技术人员利用私有化政策进行资本的“最初积累”，他们把公有财产转变为自己的私有财富，使这些新兴的财产在产权形式上是模棱两可的。其他人员，尤其是最早投资于市场交易的人，则被新兴的市场排斥在外（或者说被边缘化了）。改变社会地位和减少不平等影响的机会之门仍是很狭窄的，这受到转型时间的约束。

二、市场转型的文化视野

斯塔克就市场转型从文化的角度进行了探索。他概述了亚洲公司具有的网络型社会结构的特点。斯塔克是从匈牙利的混合经济转向多样性的视角来论述经济社会学的文化研究的。他指出，分析匈牙利的资产重组，不仅要考虑到公有、私有要素的分解和相互交织，而且要关注所有权相互联结的网络中组织边界的模糊化。运用网络中心分析方法研究东亚经济的经济社会学家，其基本分析单位不是市场，不是国家，也不是独立企业，而是社会网络。从这一视角出发，东亚经济那种灵活适应世界市场变迁的能力主要在于企业集团之间的内部联结纽带，不论这种纽带是日本商社（keiretsu）的共同股份制模式，还是更加纵向一体化的韩国财团（chaebol）的家庭所有制联系，抑或是新加坡和其他东南亚国家那种超越网络中组织边界的致密联系，而这种网络是基于“买方驱力”和“厂商驱力”而形成的。

关于东亚公司网络的社会嵌入特征和局部组织创新特征的研究表明，战略选择并不是在计划与市场之间，也不是在家族与市场之间，而是在以市场为向导的家庭经营内部。市场导向必须与市场协调区别开来，更广泛的非市场协调制度与高度成熟的市场导向和谐共处。而且，许多重要网络协调的最成功的形式在早期考察者眼中是绝对不可能的形式，研究者们认为这种形式的特征只能在所赖以成长的第二次世界大战后重建期间才能得以存在。因此，东欧的市场转型研究应该关注匈牙利的商社或者捷克的财团。东亚/东欧的比较研究不在于寻找其对应成分，而在于关注其产生的许多新概念，也就是通过解释同一地区内不同国家的差异来把握地区特征。

由此看来，以后的研究应考察东欧的企业网络是否会成功地以世界市场为导向。从关于“转型”经济的探索性文献来看，其中一个基本的问题是这种企业网络能否促成优胜劣汰。一个被普遍接受的假设认为，通过竞争机制“促成”效益差的企业破产最能促进经济发展。然而，根据这种标准来测量重组后的所有权将不可能得到一个明确的结果。事实上，企业间所有权种类的复杂化是减少企业间差异的典型的风险扩散和风险分担机制。在企业网络中存在的取长补短，从传统意义上看，甚至还阻碍这种优胜劣汰。

对产权理论来说，第二次世界大战后社会主义转型为企业提供的激励性产权设置，既不是淘汰破产，也不是产权多样性，而是产权明晰。产权学派不主张将产权指派给一个所有者，而是认为产权能够被“分化”，由此，不同的人能对同一事物的不同方面合法地拥有权利。然而无论如何分解，如果要责任分明则必须产权明晰。在后社会主义争论中，这一学派的主要倡导者沃尔德（Walder，1996）举例说明了促进中国轻工业中乡镇企业发展的动力并不是财产私有化，而是产权明晰。

要使转型问题的研究趋于一致并不容易，其困难主要在于众多关于东欧的研究仅记录了一处平行但相互矛盾的社会运行逻辑。通过社会调查研究和人类学研究，研究者们已经确认存在着与官方描述的科层制模式不相符的多种社会关系。这些社会关系是源于同“科学管理”整个国民经济的企图相反的一面。在现实经济层面，货物短缺和供给瓶颈导致了主管人与非正式群体之间的讨价还价；而对于管理者来说，为了实现计划目标则需遍布于企业和组织之间由非正式关系所形成的致密关系网；中央计划配置的扭曲为“第二经济”中大量的兼职企业家提供了条件，而此时

“第二经济”的影响范围、网络密度以及合法性条件也因地而异。

存在于企业间非正式关系网络中的这种平行结构并未导致制度真空。相反地，在后社会主义时期日常工作仍在进行，组织形式和社会纽带依然存在，各种资源以及那些可以变成资产的东西都没有变化，同时信用交易和协作行为的基础也依然得以维持。此外，还发现了一些秘密组织形式的另类形式以及原先就存在的社会网络的兴起。

关于转型社会的许多争论都是围绕着两项基本政策而展开的。第一种政策是，私有财产的制度化最好通过将公有财产转化到私人手里的方式来实现。尽管用来指导这种私有化的具体方法不同（如出售产权、自由配置等），但是在这种激进观点下的各种建议都承认这样一个假设，即私有部门起步于国有企业，也就是说，东欧新兴市场经济的基本组织单位是原先就已经存在但新近又被私有化了的国有企业。第二种政策来自制度经济学理论（尤其是进化派），尽管私有化进程可能更慢一些，但是使私有财产制度化的更可靠方法在于先形成一个私有业主阶级。政策应该降低中小私有企业的创业门槛，而不是将一个既定组织单位中的财产从一种所有制转化为另一种所有制。这一理论将既存的“第二经济”中的企业视为新兴市场经济的基本组织单位。

斯塔克认为，近来的证据显示匈牙利既没有采用大爆炸式的激进方法，也没有采用渐进的政策主张。与国内政治家的乐观估计相反，也与西方那些经济学家预测财产将很快从国有企业转向私营企业不同，匈牙利经济的主导部分仍然是国家所有。自首相宣称新政府将在 1995 年前使 50%以上的国有财产私有化的两年后，私有化研究局主任与国有资产代理局（SPA）估计大约只有 3%的国有生产资本被私有化了。根据一项受世界银行委托进行的研究可知，1995 年之前匈牙利政府仅将其原始国有资产价值的大约 11%售出。

与进化经济学所希望的相反，“第二经济”并未成为发展动力强劲的合法私有部门。尽管已经注册的私营企业数量迅猛上涨，但是许多是“皮包公司”（dummy firms），逃税现象严重，而且许多（对某些行业而言是大部分）企业家仍然仅将经营私营企业作为第二职业。尽管私有部门的从业人员只是缓慢增长，但大多数研究者都认为没有登记的那些工作（对于这些工作来说，国家收不到就业保险费，雇员也没有失业津贴）增长最快。

研究新出现的腐败形式、勒索和剥削趋势的学者将转型称为“第二经济向地下经济的转变”，研究者认为，在这些新的条件下，匈牙利的处境更类似于拉美。当私营企业家指望政府的政策时，他们只看到沉重的苛税，却得不到信用贷款，政府实际上没有任何计划去鼓励地区和地方发展，因而私营企业对公有部门指令的兑现也无限期地拖延下去。逃税、付给工人低工资，以及不愿意进行资本投资，许多私营企业以这种方式做出反应。这样的政府政策和私有部门的反应，显然不是合理发展私有部门以作为经济增长推动力的理想做法。

如何理解这些在重组过程中出现的互不协调的非正统组织形式呢？我们将根据

以下三个概念——混合经济、多样性以及复杂性来重新考虑重组所有权的三个方面（打破公有私有的边界、打破私营企业之间的边界、打破合法性原则的边界）。

试想有两种经济，公有私有各占一半。一种情形是，一半的企业完全是私有的，一半的企业完全是公有的。另一种情形是，所有企业每个都是一半公有一半私有。两种情形都是“混合经济”，然而其发展的动力会相同吗？现实中没有任何两种经济会与这种理想类型相似，但是尽管如此，问题还是尖锐的，即这种混合经济究竟是怎样一种混合？关于企业层面的公司副产品和再组织的重新结合的研究结果，以及关于大企业之间的有权网络与广泛的公有制相结合的研究结果，向私有化争论中被普遍接受的一个假设提出了挑战，此假设即为市场转型经济能在这个二元模型中得到充分的体现。对于公有私有的界限进行更为精确的划分，并不足以弥补这种分析的不足。旧的所有权已经受到很大侵蚀，以致以前曾经分明的界限现在已是一个重组区了。并不是因为公有私有存在这样一种简单的界限分明的二元主义，匈牙利才成为市场转型的混合经济，而是因为许多公司本身就具有公有私有所有权关系的不同方面。我们所发现的只是所有权的新形式，其中公有和私有的性质分解了，它们相互交织并且重新组合。即东欧市场经济的所有权是重组后的所有权，这一分析表明一个独特的东欧市场经济的兴起将与西欧资本主义以及当前的东亚模式都有很大区别。“混合经济”概念是对东欧市场经济第一个有用的近似表达。但是，“公有”和“私有”这两个基本类别的划分（相应地还有“市场”和“再分配”之说）将会起限制作用而不是有利于阐明问题。几十年来，资本主义是相对于社会主义来定义的；反之亦然。双方的系统性比较大大丰富了我们对于两者的认识，但是与这种二元主义并行的“对立反应法”以及类似的建构却没有什么成果。

三、市场转型的政治视野

实际上，有关市场转型的研究主要讨论 A→B→C 因果关系链中各个部分之间的关系。其中，A 代表形成市场经济的各种背景条件，B 代表市场经济，C 代表来自市场的权力和收入。换言之，市场转型主要研究：(1) 形成市场经济的各种背景条件向市场经济的转变；(2) 来自市场经济形成过程中的权力和收入的变化。斯塔克强调从 A 到 B 的转变；倪志伟强调从 B 到 C 的转变。斯塔克着重指出市场经济的多种类型，他认为匈牙利的资产重组关系属于公营部分和私营部分特殊的致密网络类型，在某些地方类似于东亚周边地区所存在的基于网状分布的经济关系网络。斯塔克认为，这些市场经济因地而异，在很大程度上取决于路径依赖，而这种路径依赖又建立在旧秩序被摧毁和改革初期的一些决策的基础上。同样，倪志伟在提及中国的不同地区时，也暗示了多种类型市场经济的存在。由此看来，他们二人都认为市场经济不只是一种，而应该是多个（B_1、B_2、B_3 等）。尽管注意到了多重市场经济的存在，倪志伟却假设只存在一种 C。白威廉和麦宜生（Parish and Michelson，1996）对此做出了回应，他们认为在转型时期，除了经济市场外，还存在一个政治市场问题，即转型不仅是经济的转型，还涉及政治转型的问题。在转型时期，政治市场与经济市场同样重要。一般来说，政治市场的类型有三种。

（一）讨价还价型

第一种类型是形成于劳工与经理之间、经理与政府之间的正式或非正式的讨价还价。一旦中央控制放松，正式与非正式组织间的非正式的交涉便出现了，正是这种交涉有助于解释工人与管理人员之间联系的紧密性以及组织的完善性，从而导致大部分国企改革的项目受阻。由此看来，最后形成的市场类型有赖于在更加民主的政治环境下的讨价还价，也有赖于一定的潜在经济动力，这一点反映在某些关于市场经济社会的论述中。在一些正在发展市场经济的社会中，城乡之间、不同群体之间在收入与福利方面的差别更多地取决于不同社会集团的讨价还价能力，而不是市场。此外，在广泛政治参与的系统中讨价还价的作用更能充分体现出来，从而导致社会上竞争和平等两种目标之间的紧张。因此，社会主义改革既需要引入更多的市场经济原则，也需要更积极的政治参与，政治动员可以开辟新的领域。

（二）权力延续型

第二种类型是基于继续保持政府官员与国有企业之间联系的需要。正如斯塔克所言，在一个产权不明而又不稳定的环境里，分散风险的一个办法是将现任和前任同时纳入自己的经济网。这些网络关系一旦建立，便具有自己的生命力，并能提供一种路径依赖分析。尽管政府参与和在政府大量参与下的混合式方案被划分为积极和消极两种，但仍有巨大的权力延续效应。例如，在拉美的历史中，早期政府一直在经济管理中扮演重要的角色，形成了重要的经济枢纽和稳定的制度设置①。可见，在当前的制度设置中，应首先考虑历史延续性而不是急剧转型。简言之，之所以强调斯塔克的双重观点是因为：其一，公私混合型管理的设置具有诱人之处；其二，这种设置中仍有权力延续现象。

（三）选举型

第三种类型是选举政治。中国 20 世纪 80 年代中期以后的地方选举和 1988 年以后的村委会选举是一种新的选举制度。在一些发展中国家，市场化往往导致保护主义的产生而不是消失，只是其形式从原来的传统方式变为现代方式。在这些国家中，处于经济独立的前市场化条件下，支持-保护关系必须是历史沿袭下来的，且植根于上下级之间的依赖关系和不对称的交换关系。然后，随着国家经济的整合和政府干预的加强，地方精英们开始承担政府与市民的中介角色。正是这种介于条块分割的地区间的经济和政治中介导致了另一种新的保护主义：来自政府一级

---

① 正如亚当·斯密在 1776 年发现的一样，所有这些制度设置很快导致了寻租现象的产生，业主联合政府促成垄断地位的形成，以保护商人不受变幻莫测的市场的影响。

的政治庇护。而选举政治加剧了这种趋势，因为地方政客意在通过施与的方式来换取选票①。在这些情形下，地方政府成为一种大众交易模式不可缺少的部分，并从交易中获取相当多的权力延续。

在当代的中国农村，上述某些机制无形中影响着地方官员的权力基础。首先，经济自由化伴随着地方财政的自主，这种自主性表现在地方政府的投资收益在按规定向上级纳税后，其盈余由地方自留，由此极大地激发了地方政府的经济活力，这往往被称为“地方政府法团主义”（Oi，1989）。其次，具有经济价值的外部社会关系掌握在相当多的地方干部手中，这就使得这些精英们特别适于担任新的经济中介的角色。由此，新的地方选举容易产生当选官员与选民代表之间的政治庇护网。

总而言之，白威廉试图说明以下观点：与倪志伟采用的经济学方法相比，市场化条件下的制度形式往往遵循某种政治逻辑。这种略加修正的“市场转型”观点表明，出于政治和经济的双重目的，地方行政官员继续具有可观的地方权力，这正是市场化的结果而非与之相悖。

通常认为，市场化必将削弱中央和地方的传统政治权力。在解释为什么有些社会能较早走上民主化道路时，市场化被认为是最重要的原因。米格代尔（Migdal，1974）从比较文化的角度总结了1949年以前的中国及其周边国家的农村社会状况。在这个总结性报告中，米格代尔注意到市场向乡村以外不断扩大使得农民可以规避地方当权者的控制。政府干预对这种规避进行了调节。当乡村被视为一级行政单位时，这种规避速度往往会慢下来，虽然农民逃离了当地乡村权威，却往往发现又陷入了新的城镇或县市管辖关系之中。

这些观察为进一步分析农村权力提供了几种途径。第一种途径是，在分析地方权力时，思路应更宽一些，这在讨论保护主义时已有提示。收入是唯一间接反映地方权力的指标。村民们可能用多种方式对当权者表示好感，但却并不反映在这些官员的收入中。在倪志伟的健康指标数据中可以发现，官员们因经常被邀赴宴、接受烟酒礼物而消费大增、体重猛增。另外，还可借用更多的人类学方法来研究村民们是怎样仍然受制于地方行政部门的，包括行政官员出席新的私营董事会、频繁接受拜访及赠礼等。基于米格代尔的观察，潜在性分析的第二种途径是看乡村的地方行政官员是否已经简单地被代以一个权势更为显赫、经常插手经济和日常事务的县镇级行政官员。现在人类学研究所面临的问题在于关注村民们必须与职能繁多的地方政府打多少交道。第三种途径是将倪志伟的分析中所提及的机制明确化。米格代尔论述过地方官员把持资源和控制外部市场的接触途径，倪志伟的分析至少有三种指标与之相一致。这些指标包括：农村劳动力市场的非农职业（“劳动力市场”），行政部门的职业控制（“政府寻找非农职业”），乡镇企业所有权（“产品市场”）。有人可能对这些指标有看法，比如说最后一项指标仅是就企业的数量而言的，然而，这

---

① 梁晓声的中篇小说《民选》十分深刻地反映了这一类型，有兴趣的读者可参见：梁晓声．民选．新华文摘，2002（1）．

些企业的规模对地方劳动力市场来说却更为重要。尽管如此，若与早期关于比较文化的主张进一步联系起来，这些指标又提供了几种分析的可能性。在某些农村，几乎没有地方所属的企业，村民们可以不受约束地自由外出谋职，这里的地方官员的权力就被大大削弱了。如果我们已经比较熟悉的关于外部市场途径的观点没错的话，将这些指标与行政官员的收入、消费、体重等相关指标做交互分析，其结果是相关系数为负，并且较为显著。这样，我们就可以利用手中的数据检验过去的观点了。

四、市场转型的新制度主义视野

（一）制度主义的思想传统

把制度及制度变迁纳入经济学范畴的努力一直贯穿在经济思想史之中。经济学中有两大制度主义思想传统：一是始于 19 世纪末 20 世纪初，并延续至今的美国制度主义传统；二是新近发展起来的，但可以被视为古典主义、新古典主义以及奥地利经济学中制度主义因素再现和重新扩展的传统。前者往往被称为旧制度主义经济学，而后者通常被叫作新制度主义经济学。新制度主义经济学的代表人物科斯指出，新制度主义经济学与旧制度主义经济学没有什么理论上的渊源关系，从某种程度上讲，新制度主义经济学与旧制度主义经济学在理论上还是对立的。旧制度主义经济学的观点不具理论性，是反理论的，尤其反对古典理论，它除了一堆需要理论来整理，不然就只能一把火烧掉的描述性材料外，没有任何东西留下来；而新制度主义经济学恰恰相反，它利用正统经济理论去分析制度与现实问题。

（二）新制度主义在社会学中的应用

默顿在倪志伟《社会学中的新制度经济学》（*The New Institutionalism in Sociology*）一书的前言中指出："涂尔干在一个世纪前，就定义社会学为'一门制度及其制度产生、制度功能的科学'，'社会学也是一门只能用彼社会事实解释此社会事实的科学'。在《社会学方法的准则》中，他指出社会学不是一门任何科学的辅助性的科学，社会学本身是一门特定的、自主的科学。"（Brinton and Nee，1998）

将经济行为和组织的生存模式置于制度背景下加以分析是社会学，尤其是经济社会学的基本方法之一。斯塔克和倪志伟认为，社会学中的新制度主义是以经济行为嵌入非经济的社会关系之中这一基本假设为基础的，它考察了家庭和亲属群体等社会制度，支配着经济交易的文化传统，以及像国家、工会和厂商这样的组织（Stark，1996；Nee，1992）。

1. 新制度主义范式的假设

新制度主义范式的中心观点假定行动者认同并孜孜以求于由民俗、文化信仰、社会规范、网络、市场结构、正式组织及国家所形成的机会结构中的自身利益。新制度主义范式非常适合用来研究转型社会，因为它集中分析的是制度变迁的原因与结果。再者，新制度主义范式并不像古典学派，它既未假定有效市场，也未假定统治结构（Nee，1996）。

在市场转型时期，重新考虑社会因素是至关重要的。由于市场社会的出现以及社会中横向关系为经济行动提供了可另供选择的社会组织，国家中心分析法的局限性越来越明显。新制度主义范式不像国家中心分析法那样，将社会和经济视为听任国家及其代言人摆布的消极被动的实体，而是指出社会和经济行动者所扮演的积极角色。通过抓住由经济改革所提供的机遇，社会与经济行动者的累积性行为对国家权力产生了决定性的制约作用，并消除了国家社会主义再分配的制度基础，导致了体制变迁。对市场转型的研究发现，在市场渗透力日益增强的情境中，不能仅把厂商视为国家的附属物。

弗雷格斯坦（Neil Fligstein）在质疑倪志伟的市场转型理论时指出，倪志伟的市场转型理论模式假设在市场结构中没有社会结构，而且政府已失去对市场的控制。同时，倪志伟也没有论述干部政治权力相对减弱或者增强对经济生活的影响。在解释人力资源回报率低这一转型社会的特征时，弗雷格斯坦认为：首先，工资水平的高低还由中央控制着，因此，具有不同素质、不同水平的工人不能自由跳槽到地位高、待遇好的单位。其次，劳动力市场的其他行动者（如党员、工会成员）与国家有关系，而且他们能够通过对公平问题的争论来控制不平等。最后，劳动力市场的规则以及招募和解雇工人的困难也限制了劳动力市场的竞争性。他指出，要正确理解劳动力市场必须了解其社会结构，而倪志伟的研究则忽略了社会结构，认为社会结构是给定的。

在东欧研究中，斯塔克提供了一系列证据以表明经济生活在面临竞争时用两种主要方式进行重组：一是围绕核心技术的重组，二是企业集团生产多样化。前者企图将公司、厂商和消费者组织起来，而后者则分散了风险。两者都是应对竞争的战略措施，整合生产可以控制对手，保持市场，而多样化生产是一种风险扩展手段，意在使企业在某种萧条的情形下仍得以生存。这两种方式是否是解决不同工业部门或不同规模的企业之间竞争的有效方法呢？如果是，那么政府官员又采取哪一种方式？这些是新制度主义范式下研究公司的重点所在。

2. 地方法团主义

市场转型的新制度主义视野的另一例证是奥伊所倡导的地方法团主义理论，作为一种社会制度的地方法团主义将重点放在经济动力机制及制度效应上。倪志伟（Nee，1996）论述了关于将再分配与市场结合起来的地方适应性问题，强调了在中国由社会主义计划经济向市场经济转型过程中混合型制度形成的重要性。在混合经济中，混合型的法团形式激增，并在范围不稳定的制度环境中谋取商业利益（Nee，1992）。地方法团主义是将国家制定的正式程序松散地连接起来，并作为一种社会安排。这种法团组织的特点在于其非正式性和复杂性，它具有一长串个人关系网作为复杂的经济交易的基础。使这些法团组织联结起来的似乎就是社会网络交换中的普通交往。这种交换包括基于信任和合作的一般交换，它产生于一种平衡的社会结构之中，例如，一个亲属群体或一个农村社区。在不涉及商品讨价还价的情况下，这种交换是有别于再分配交换的。后者的资源流动遵从于中央调配原则，商品和服务是基于某个中心点流进流出的。

法团组织同时包括劳动力、资本以及土地的市场及非市场的分配方式，这必然涉及集体财产在当地政府与经济行动者之间的产权划分，这种划分是通过签订出租协议和责任契约进行的。作为一种管理结构，地方法团主义在局部改革的情况下是符合工业企业的利益的。在以弱产权、不规范操作以及中央政府正式规则的强制力为特征的制度化环境中，地方法团主义以其信用安全降低了交易成本。在法团主义的地方经济中，再分配经济限制了企业的谋利行为，并且保持了贫弱者的安全网，这样的结果是收入的不平等程度较低；而与此相反的其他地区，收入不平等的扩大导致了 20 世纪 80 年代早期地方经济的最初下降。虽说地方法团主义只是一种结构松散的社会组织，但在与外部群体进行市场竞争时，其凝聚力和团结性还是很明显的。

五、小结

从以上分析中可以看出，发生在东欧国家的制度变迁和社会转型意义深远，已经引起了社会科学对这些问题的兴趣，并将对过渡社会的研究推进到西方社会科学的中心位置。其影响正传播到主流社会学文献中（如《美国社会学杂志》1996 年的有关市场转型专题讨论的八篇文章）。有学者预计这一进程有望产生新的理论和概念的突破。斯密、马克思、涂尔干、韦伯和波兰尼的经典著作反映出现代社会理论产生于知识界对资本主义在西方兴起的回应，与此类似，关于国家社会主义过渡的新的研究，也可能使有关社会转型的社会理论思潮及其带动的经验研究重现活力。自现代社会理论思潮的经典时代以来，研究条件已得到相当的改善。由于现代计算技术及定量方法的发展，我们已经能以一种经典理论家不曾有过甚至不曾想象的方式，分析正在进行中的社会转型。

本章要点

1. 世界政治格局的变化。第二次世界大战后，世界上出现了两大新的地缘政治格局：一是美苏之间的“冷战”；二是亚非拉国家争取独立的历史伟业。在 1945 年后的 25 年间，生产力迅速提高，人口急剧增加，达到了前所未有的规模，从而拓宽了所有人类活动的范围。同时，无论是从数量上来看还是从覆盖的地域来看，大学系统在世界各国都得到了惊人的发展，专业社会科学家的人数也成倍增加。这些新的社会现实给已经历史地制度化了的社会科学提出了新的问题。

2. 有三种研究社会主义社会的基本范式，即集权主义的研究范式、现代化理论或多元群体理论的研究范式、新制度主义的研究范式。

3. 市场转型理论说明了从行政等级到市场的转变所引发的权力资源、刺激与机会结构的重大变迁这一核心过程。它预言在从计划经济的再分配向市场经济配置的转移过程中，直接生产者会从再分配者那里赢得权力。换言之，随着向市场配置部门与地区的转移，市场改革前社会再分配过程的曾经的“牺牲者”，终将比那些再分配的既得利益者获得更多的收益。

4. 有三种政治市场的类型：讨价还价型（在这一类型中必须形成劳工与经理之间、经理与政府之间的正式或非正式的讨价还价）；权力延续型（它是基于继续保持政府官员与国有企业之间联系的需要）；选举型。

5. 经济学中有两大制度主义思想传统：一是始于19世纪末20世纪初，并延续至今的美国制度主义传统；二是新近发展起来的，但可以被视为古典主义、新古典主义以及奥地利经济学中制度主义因素再现和重新扩展的传统。前者往往被称为旧制度主义经济学，而后者通常被叫作新制度主义经济学。

基本概念

市场转型　市场转型理论　再分配经济　地方法团主义　新制度主义范式

复习思考题

1. 研究社会主义国家社会的基本范式有哪几种？
2. 什么是市场转型理论？
3. 根据市场转型理论，市场转型后的社会分层机制是什么？
4. 转型期中国社会分层的特点是什么？
5. 简述文化视野下的市场转型。
6. 简述政治视野下的市场转型。
7. 简述新制度主义视野下的市场转型。
8. 市场的发展有阶段性吗？

推荐阅读书目

1. 奥伊．当代中国的国家与农民．国外社会学，1996（5），（6）.

2. 边燕杰．市场转型与社会分层：美国社会学者分析中国．北京：三联书店，2002.

3. 韩格理，费因斯塔．不同种类的等级制度与市场：一个导论．国外社会学，1998（5），（6）.

4. 林南．地方性市场社会主义：中国农村地方法团主义之实际运行．国外社会学，1996（5），（6）.

5. 罗斯塔斯．昔日风云人物还是今日弄潮儿吗?. 国外社会学，1996（5），（6）.

6. 斯塔克．走向对社会主义的制度分析．国外社会学，1996（5），（6）.

7. 沃尔德．作为工业厂商的地方政府．国外社会学，1996（5），（6）.

8. BRINTON M，NEE V. The new institutionalism in sociology. New York：Russell Foundation，1998.

参考文献

1. 华勒斯坦．开放社会科学．北京：三联书店，1997.

2. 倪志伟．国家社会主义改革中的市场社会转型．国外社会学，1996（5），（6）.

3. 孙立平．社会主义研究中的新制度主义理论．国外社会学，1996（5），（6）.

4. BIAN Y，LOGAN J. Inequality in Tianjin：1978 to 1993. American sociological review，1996.

5. BRINTON M，NEE V. The new institutionalism in sociology. New York：Russell Foundation，1998.

6. FLIGSTEIN N. The economic sociology of the transition from socialism. American journal of sociology，1996，104（4）.

7. HAMTION G. Neither states nor markets：the role of economic organization in Asian development. International sociology，2000，15（2）.

8. MIGDAL J S. Peasents，politics，and revolutions：pressure toward political and social change in the third world. NJ：Princeton University Press，1974.

9. NEE V. A theory of market transition from redistribution to markets in state socialism. American sociological review，1989，54.

10. NEE V. Organizational dynamics of market transition：hybrid forms，property rights，and mixed economy in China. Administrative science quarterly，1992，37.

11. NEE V. Social inequalities in reforming state socialism：between redistribution and markets in China. American sociological review ，1991，56.

12. NEE V. The emergence of a market society：changing mechanisms of stratification in China. American journal of sociology，1996，104（4）.

13. OBERSCHALL A. The great transition：China，hungary，and sociology exit socialism into the market. American journal of sociology，1996，104（4）.

14. OI J. State and peasant in contemporary China. California：University of California Press，1989.

15. PARISH W，MICHELSON E. Politics and markets：dual transformations. American journal of sociology，1996，104（4）.

16. POLANYI K. The great transformation. Boston：Beacon Press，1944.

17. STARK D，NEE V，SELDEN M. Remarking the socialist economic institutions. CA：Stanford University Press，1989.

18. STARK D. Recombinant property in east European capitalism. American journal of sociology，1996，101（4）.

19. SZELENYI L，KOSTELLO K. The market transition debate：toward synthesis?. American journal of sociology，1996，104（4）.

20. WALDER A. G. Markets and inequality in transitional economics：toward testable theories. American journal of sociology，1996，104（4）.

21. XIE Y，HANNUM E. Regional variation in earnings inequality in reform era urban China. American journal of sociology，1996，104（4）.

第六章

交换及交换中的中介价值

交换是主要的社会活动之一。人类社会形成的基础是人与人之间的社会交往，社会交往的根本在于人与人之间在实物和情感上的相互交换和支持。在交换过程中，交换客体以有序的标准和规则在交换主体间流动，交换主体时刻都在衡量着交换客体的价值，以实现交换行为的得体性和交往活动的延续性。交换客体价值的计算和衡量依赖于“可以作为万物之尺度”[①] 的中介价值的存在。经济交换中的中介价值是货币。通过货币夷平一切价值的万能性，经济交换把微观与宏观的经济现象串联在了一起。经济交换一般专指商品交易行为，而社会交换的范畴则更为宽泛。社会交换的交换客体涉及物品、金钱、信息、权力、服务、赞同、尊重、服从、陪伴等，因此，其中介价值也是一个更为复杂的概念。但是，不可否认，正如齐美尔所言：“人与人之间的所有接触都以给予和回报等值这一图式为基础。”（布劳，1988）

第一节　不同学科视野下的交换行为

交换行为是社会生活中最为普遍的社会现象。无论是经济学家、人类学家，还是社会学家，都十分关注人类生活中的交换行为。本节在介绍经济学视野下的交换时，将首先回顾经济学家亚当·斯密有关交换价值和使用价值的论述，然后对奥地利学派的交换动机与交换类型加以分析；人类学家对交换行为的研究也将进入我们的视野；社会学家的交换理论将是对交换行为研究的拓展。

一、经济学视野下的交换

经济学家把人看成是理性的，认为他们在自由和竞争性的市场里同他人进行交易或交换时，总是寻求经济利益或效用最大化，且市场中的人们是自由的，可以得

① 转引自：门格尔．国民经济学原理．上海：上海人民出版社，2005：71.

到充分的必要信息，他们能够考虑所有的替代性选择，并在此基础上，理性地选择能使其物质利益最大化的行动。经济学家正是在这样的前提下展开了对交换的讨论。

（一）亚当·斯密的观点：交换价值与使用价值

经济学家亚当·斯密是早期论述交换的学者。在其《国富论》中，斯密首先讨论了分工、交换与货币。他指出交换对经济生活的影响十分巨大。一方面，人类固有的交换倾向引起了社会的经济分工，而分工的程度则取决于交换能力的大小，即市场范围的大小。人们在交换中发现，与其什么事情都自己做，还不如专门做一种事情，生产一种东西，然后互相交换，这样可给自己带来更多利益。另一方面，交换促成了货币作为交换媒介的出现。斯密认为，一旦社会分工出现，一切人就都将依赖交换生活。起初是物物交换，这种交换的不便利性导致了交换媒介物的演变，直到聪明的人发现了货币。

然而，既然一切产品都成为商品，整个社会生活都建立在商品交换的基础上，那么，交换的价值如何确定呢？为了进一步说明这一问题，斯密首先区分了交换价值和使用价值。他指出，“价值”一词有两种含义：有时表示某一特定物品的效用，有时表示占有物所带来的对其他物品的购买力。前者可被称为使用价值，后者可被称为交换价值。交换价值并非由货物的效用即使用价值所决定，“具有最大的实用价值的东西常常很少有或根本没有交换价值；反之，具有最大的交换价值的东西常常很少有或根本没有使用价值”（斯密，2005）。斯密在区分了使用价值和交换价值后，为了探讨支配商品交换价值的原则，提出将力图说明的三个问题：“（1）交换价值的真实尺度是什么？或者说，构成一切商品真实价格的是什么？（2）真实价格的构成物分为哪些部分？（3）是什么条件使真实价格的某一部分或全部，有时高于或低于它们自然的或普通的比率？或者说，是什么原因，有时阻碍市场价格，即商品的实际价格，使之不能与可以称为商品自然价格的东西完全一致？”（斯密，2005）

斯密是从劳动分工出发来研究交换价值的。在他看来，分工发展以后，人们所需要的必需品，主要不再是自己的劳动生产物，而是用自己的劳动生产物所交换来的别人的劳动生产物。这种交换实际上不过是体现在这些商品中的劳动量的交换，所以商品的交换价值不言而喻地取决于劳动。斯密所讲的劳动不是指生产该商品所耗的劳动，而是指该商品所能购买到的劳动。因此，斯密在这里所考察的是商品价值在交换过程中的外在表现，即价值的外在尺度——交换价值。

（二）奥地利学派的观点：交换动机与交换类型

奥地利学派认为，交换由人们追求经济利益的动机所引起，交换行为产生于人们对财货所带来的欲望满足的需求。而价格只是经济主体在追求“欲望满足增加”的经济活动中所形成的经济平衡的一个表征，绝非交换经济的本质现象。奥地利学派的主要代表人物是卡尔·门格尔和欧根·庞巴维克①。

门格尔是奥地利学派创始人，他关于交换行为的理论思想主要体现在他的著作《国民经济学原理》（*Principles of Economics*，2005）一书中。门格尔认为，当人们在其预期的期间内，对于一种财货的需求量超过其支配量时，则在情况许可下，为完全满足其欲望，就会产生对于该项财货进行经济交换的冲动。当经济人意识到他们欲望的满足及满足程度的大小依赖于他们对于某财货一定量的支配时，该财货对于经济人而言，就获得了我们叫作“价值”的意义（门格尔，2005）。门格尔进而指出，“价值就是经济人对于财货具有的意义所下的判断，因而它绝不存在于经济人的意识之外”，因此，“只有经济财货对我们才有价值”，非经济财货不但不具有交换价值，而且“不具有任何价值”。“在每一种具体情况下，假如一个经济人所支配的财货数量中的一定部分的量，为各种欲望满足中只具有最小意义的一个欲望满足所依存，则此人所支配的财货数量中的这一部分量的价值，对于此人来说，一定等于各种欲望满足中重要性最小的欲望满足对于此人所具有的意义。这各种欲望的满足都是为总体量所保证且可为同一部分量所实现的。”（门格尔，2005）基于此，门格尔提出财货在经济主体之间相互移转需要满足三个前提条件：“（1）某经济主体所支配的某财货的一定量对他的价值，必须比另一经济主体所支配的另一财货的一定量对他（即某经济主体）的价值小，而另一经济主体对于这两个财货的评价正相反。（2）两个经济主体必须认识这种情况。（3）两个经济主体在事实上必须具有进行这两种财货的交换的力量。”（门格尔，2005）这就是门格尔的经济原理。由此，门格尔提出他的一个重要观点：“不管出售某商品一定量的人是一个垄断者还是多数供给竞争者，不管此商品的一定量在供给竞争者间的分配如何，对于该商品的价格形成与该商品在竞争者间的分配的影响，都完全是相同的。”（门格尔，2005）也就是说，对于经济主体而言，交换行为的发生取决于商品是否能够增加其欲望的满足，且它也决定着一定价格之下商品的销售量。

庞巴维克是奥地利学派的另一代表人物，他继承了门格尔的衣钵，奥地利学派的理论观点在他的著作中得到最为完整的展现。庞巴维克关于交换行为的理论思想主要体现在他的《资本实证论》（*The Positive Theory of Capital*，1923）一书中。他认为，形成价格和促成交易均取决于一切参加交换的人的动机：一种是非利己动机，如人情、风俗、友谊、虚荣或外界的影响（即政府税制、工会规则、工资评议会等）；另一种是利己动机，即追求本身的直接经济利益的动机。在他看来，“在交

---

① 卡尔·门格尔（Carl Menger，1840—1921），奥地利学派创始人，出生于奥地利一个官僚家庭，曾在维也纳大学、布拉格大学及克拉科夫大学学习。1867年获克拉科夫大学法学博士学位。毕业后曾任《维也纳日报》经济方面的撰稿人，并研究经济学。1872年任维也纳大学经济学讲师，次年升为教授。1903年退休，被聘为名誉教授。

欧根·庞巴维克（Eugen von Bohn Bawerk，1851—1914），生于奥地利卜龙，曾在维也纳大学学习法律。1875—1877年在德国的海德堡、莱比锡等跟随历史学派代表人物克尼斯（Karl Knise）和罗雪尔（Wilhelm Roscher）等学习经济学。1880年任维也纳大学讲师。1889年在奥地利财政部任职。1895—1906年间曾经三度担任奥地利财政部部长。1904年在维也纳大学任教授。1911年被选为奥地利科学院院长。

换中利己动机在决定价格的动机中占主要的地位”（庞巴维克，1981）。他说：“一切参加交换的人，是完全从追求本身的直接经济利益这个动机出发进行活动的。”庞巴维克称之为“价格形成的基本规律”（庞巴维克，1981）。他进一步指出，交换主体是否在交换买卖中进行交换有赖于对以下两点的思考：“（1）在某种既定情况下，一个人是否应该进行交换；（2）如果他决定进行交换的话，他应该怎样提出交换的条件。”基于此，庞巴维克从利己的基本动机中引申出三条交换原则：“第一，只有在交换给他带来利益的时候，他才愿意交换；第二，他愿意为较大的利益交换，不愿为较小的利益而交换；第三，如果不交换便没有利益，他愿意为较小的利益交换，而不愿意不交换。”庞巴维克进而得出推论：“对一个谋求自己利益的人而讲，只有他对他所要得到的物品的估价比他具有的物品高的时候，交换在经济上才有可能。”（庞巴维克，1981）在他看来，双方所接受的统一的市场价格是双方主观评价冲突的结果，或是各自主观评价相互制衡的产物。

另外，庞巴维克在门格尔市场价格理论关于马与谷物交易分析的基础上，以马市交易为例，对门格尔提出的三种交换类型下的价格决定问题做了进一步的拓展和概括：

第一种类型是孤立交换，即一个卖主与一个买主之间进行的交换。在孤立交换中，“价格的决定是以买主对物品的主观评价为最高限度，而以卖主的主观评价为最低限度的”（庞巴维克，1981）。否则，经济主体双方的“欲望满足”都不会获得增加，即门格尔提出的财货在经济主体之间移转的三个前提条件无法得到满足，因此，交换也就不可能实现。

第二种类型是单方面竞争性交换，它包括两种情况：一是买主单方面竞争，即卖主只有一个，而买主不止一个；二是卖主单方面竞争，即买主只有一个，而卖主不止一个。在买主单方面竞争性交换中，“价格将以成功的购买者的评价为最高限度，并以竞争失败者中最有能力的人的评价为最低限度”（庞巴维克，1981）；在卖主单方面竞争性交换中，“价格将介于实际卖掉货物的人的评价这个最低限度和竞争失败的人中最有能力的人的评价这个最高限度之间”（庞巴维克，1981）。

第三种类型是市场交换中最为普遍的若干卖主与若干买主之间进行的双方面竞争性交换。在双方面竞争性交换中，“市场价格是由两对边际对偶[①]（marginal pairs）的主观评价所限制和决定的”（庞巴维克，1981）。也就是说，“边际对偶的主观评价决定价格高度”，庞巴维克称之为“价格规律的第一条规律”（庞巴维克，1981）。

① 边际对偶是指在双方面竞争性交换中市场价格被决定的范围：其上限由实际进行交换的最后的买主与被排斥的最有能力的卖主的评价来确定；其下限则由实际卖出货物的能力最小的卖主与被排斥的最有能力的买主的评价来确定。这两个界限的意义在于，无论在哪一场合，它都是决定价格的较小的限度。如想进一步了解边际对偶的概念，可参见：庞巴维克．资本实证论．北京：商务印书馆，1981：213－223.

二、人类学视野下的交换

人类学家试图从人类社会的起源中找到社会交换的根源，因此他们以研究近似于初民社会的原始部落为己任，并希冀能够找到社会交换的起因及影响因素。于是，他们的关注点很自然地落到受风俗、习惯等文化价值所规范的交换上。这种交换受一定发展阶段条件下社会结构的制约，具有一定的仪式化特征，也在“赠予—接受—回报”之间加强了人与人之间的关系，带来了社会秩序，是人们获得社会支持的有效手段。

（一）马林诺夫斯基和功能主义

马林诺夫斯基（Malinowski，1884—1942）是人类学功能学派的创始人，在《西太平洋上的航海者》（*Argonauts of the Western Pacific*）一书中，他研究了特罗布里安岛上居民之间存在的一种被称为“库拉圈”（Kula ring）的封闭式交换关系圈——“一旦在库拉中，就永远在库拉中”（马林诺夫斯基，2011）。马林诺夫斯基发现，库拉圈不仅是经济和物质的交换网，而且是用来加强社会关系的符号交换。两人之间一旦进行库拉交易，就永远进行库拉交易。

马林诺夫斯基认为，库拉圈交换的动机具有社会心理学意义，因为这种交换意味着社会和个人的双重需要。按照马林诺夫斯基的功能主义框架，库拉圈的交换关系具有“炫耀”“共享”“给予”的基本功能，并且具有创造社会联系的深切愿望。马林诺夫斯基把交换论从功利主义的局限中解脱出来。通过强调符号性交换对于个人心理和社会整合模式的重要性，他预见到两种基本的交换论观点的概念基础：“一种强调心理的重要性；另一种强调突生的文化和结构力量对交换关系的意义。”特纳把马林诺夫斯基对现代交换理论的贡献归为四点（特纳，2001）。

（1）按照马林诺夫斯基的说法，“库拉圈的意义在于它有助于消除这样一种观念，即理性人只想按照经济原则以最小的努力来满足最简单的需求，此外别无所求”。

（2）心理的而非经济的需求是促进和保持交换关系的动力，因而是解释社会行为的关键。

（3）如库拉圈所显示的，交换关系也能具有超出当事人双方的意义，间接交换的复杂模式可以维持扩展和延伸了的社会网络。

（4）符号性交换关系是基本的社会过程，它既可以造成等级分化，也可以将社会整合为一个有内聚力的、团结的整体。

（二）列维-斯特劳斯和结构主义

列维-斯特劳斯（Levi-Strauss，1908—2009）在“基本构造”中，把“互惠（性）原理”或者“交换的原理”视为人之所以构成社会的一个基本原理。社会是基于互惠（性）原理来进行相互沟通的体系。在交换上，诸事实作为对话的要素而被感知。基于这一逻辑的社会、文化秩序，作为“能使矛盾统一的最直接的表现形式”，互惠性的概念也是普遍的精神结构的要素。在交换问题上，列维-斯特劳斯在研究中表明，如果两个集团之间相互嫁娶女性的互换行为成为双方互为存在的条件，则两个集团互为“半族”，构成更大意义上相互交往的群体。他从表亲兄妹之间横向和代际的婚姻交换规则中推导出“一般交换”和“限定交换”原理，即不是从接受过自己馈赠的对方那里，而是从别人那里获得馈赠，称为“一般交换”；从自己赠予的对方那里获得回赠，叫“限定交换”。这个交换原理在抽象意义上也分别类似于解释商品交换和礼品交换的基本原理，即基于商品生产的交换呈现为“A—B—C—D……”，而族群内部的礼品交换表现为“A—B—C—D—A”。前一个原理比较适合理解马克思经典理论中的商品交换，后一个原理适用于解释马林诺夫斯基的“库拉圈”的交换原理。

列维-斯特劳斯并不把互惠性看成是由更为基本的诸原理构成的，而是把互惠性本身作为归属于人的精神的一种基本原理。如同列维-斯特劳斯1950年为马塞尔·莫斯（Marcel Mauss）的论文集《社会学与人类学》（*Sociologie et Anthropologie*）所写的序文中所说的那样，他并不是使用感情的、神秘的纽带，从赠予、接受并回报这种义务出发建构复杂的机理，而是针对象征思考本身，以及由它直接赋予的体系而言。在列维-斯特劳斯看来，更重要的是象征意义的符号关系，这一点无论是在对亲属称谓还是对图腾、神话的研究中，都反映了他强烈的反功能主义［如马林诺夫斯基和拉德克利夫-布朗（Radcliffe-Brown）］的倾向。这是由于功能主义者一般认为，社会事实是由社会资源相互关联构成的一个有机整体，所谓社会的有机整体和文化系统论，也就是建立在不同要素之间具有力学意义的因果关系上的产物。涂尔干早期的研究代表了这一倾向。在中国，费孝通推出的“多元一体”论也属于这一理论的中国版。列维-斯特劳斯关于人的思维本质和心智活动的研究成果向世人证明，人并非只是一种“从手到嘴”为解决“温饱问题”的、成群的动物，而是一种具有象征性思维的动物。然而，虽然列维-斯特劳斯的这种关于思维和深层结构的研究对文化进化论和功能主义构成了批判，但是在忽视历史这个问题上，他又与马林诺夫斯基等功能主义者的历史观极为相似（罗红光，2000）。

列维-斯特劳斯在其经典著作《亲属关系的基本结构》（*The Elementary Structures of Kinship*）中提出了自己的交换论观点。列维-斯特劳斯认为，人类的行为在本质上不同于动物，尤其在社会交换中，动物在何时、何地、如何进行交换是不受价值观和行为准则支配的，而人类则在任何交换情景中都遵循一定的观念和规则。人们学习并定义这些行为方式的规范，从而保证了人类交换原则的特殊性。所以，交换不能仅从个人的动机来理解，社会交换反映的是以自成一格的实体存在的社会组织类型。基于这一观念，列维-斯特劳斯提出了一些基本的交换原则（特纳，2001）。

(1) 所有的交换关系都包括个体所付出的代价，这种代价应归因于社会，归因于风俗、规则、法律和价值。个人本身不承担这些代价，应把它归之于“社会秩序”。

(2) 社会上所有稀缺的、有价值的资源的分配，无论是物质性的分配，还是符号性的分配，都受到规范与价值观的制约。只要社会上的资源丰富或价值不高，其分配就不会受到控制，而一旦资源变得稀缺，并且获得高价后，其分配就立刻受到控制。

(3) 所有交换关系都受到互惠规则的制约，它要求那些得到贵重资源的人给予那些提供资源的人其他有价值的东西。在某些情况下，规范要求给予施惠者“相互的”和直接的报酬；而在另一些情况下，互惠可以是单向的，其中包括许多不同的间接交换模式，即行动者不能直接互惠而只能通过第三者的转换。在这两种一般的互惠交换形式中，无论是相互的还是单向的，都存在许多次属的交换网络形式，它们也受到规范的制约。

从以上论述可知，列维-斯特劳斯对当代社会学交换论至少有两点影响：首先，分析交换的主要变量是社会结构的各种形式，而不是个人动机。其次，社会系统中的交换关系并非限制在个体间的直接互动内，而是延伸到间接交换的复杂网络。一方面，这些交换过程是由社会整合与社会组织所引起的；另一方面，它们又促成了社会组织的各种形式（特纳，2001）。

三、社会学视野下的交换

社会学视野下的交换是本部分的落脚点，它具有更为宽泛的研究主题：从社会结构的视角，探索社会生活中各种交换行为的内在机理、发生过程及不同情境中影响交换行为的各种重要因素，而无论是经济的还是文化的，又或者是制度的，甚而是心理的。基于此，社会学家们提出了各种类型化的交换原则和理论模式。

（一）齐美尔：经典社会学家的交换理论

经典社会学家为交换理论的发展奠定了基础，如马克思强调内在资源分配不平等之中的动因。应该说早期社会学家关于交换的理论中最为成熟的理论是齐美尔在《货币哲学》（*Philosophy of Money*，1900）中的论述。因此，我们主要介绍齐美尔的交换理论。

在《货币哲学》中，齐美尔（2007）描述了金钱对社会关系和社会结构的影响。他认为，社会交换至少包括：(1) 对自己不具有的有价值物品的渴望；(2) 某一可辨识的人拥有这一物品；(3) 能提供有价值的物品以便从他人那里得到自己想要的有价之物；(4) 拥有这一有价值物品的人接受其物品。

特纳把齐美尔的交换原则分为四点（特纳，2001）：

(1) 吸引原则（attraction principle）：行动者越是感到对方的资源具有价值，

他们之间就越有可能建立交换关系。

（2）价值原则（value principle）：行动者对于某一种特定类型的资源的需求越迫切，同时得到的可能性越小，则这种资源对他越有价值。

（3）权力原则（power principle）：一方面，行动者越是认为另一人的资源的价值大，则拥有资源的人的权力也越大；另一方面，行动者的资源越是容易改变，则在交换中的选择和变更能力越强，从而在交换中的权力越大。

（4）张力原则（tension principle）：在社会交换中，行动者越是力图控制局面来掩盖对某一资源的需求或隐藏这种资源的可用性，交换中的紧张程度就越大，也就越有可能引发冲突。

齐美尔在《货币哲学》一书中试图以其独具特色的形式互动理论，揭示互动对于社会关系本质的影响。他详尽研究了交换关系，特别是以货币为媒介的交换关系所产生的社会后果。应当加以说明的是，并非所有的社会关系都是交换关系。但是，在所有的社会关系中，交换是一种最普遍的关系，齐美尔研究社会交换关系的重点在于经济交换，特别是货币交换关系。虽然并不是所有的经济交换都以货币为媒介，但从历史发展的过程来看，货币作为交换媒介在交换过程中的重要性越来越明显。按照齐美尔的看法，这种历史趋势反映了社会分化的过程，同时，它也是社会分化的原因和动力。

齐美尔在分析交换时强调的是交换过程本身能够创造价值，或者说增加商品的价值。在他看来，参与交换的双方，只有在都认为售出较低价值的商品能换回较高价值的商品时，交换才成为可能。在以货币为媒介的情形中，对货币的追求也就因而有特殊意义。从历史发展的趋势来看，货币越来越偏离其原始的形态，向纸币和信用的方向发展。在现代社会中，货币成为纯粹的交换工具，其价值只有在交换过程中才能实现。在此情形下，对货币本身的追求，使得这种最纯粹的工具本身成为目的。

（二）霍曼斯：行为主义交换理论

20世纪中叶，社会交换理论开始尝试将经济学的理性假设引入社会学，其中，社会交换理论的两位创始人霍曼斯和布劳居功至伟。霍曼斯的交换理论将关于人类行为的经济模型和斯金纳（B. F. Skinner）条件反射的观点结合起来，试图证明稳定的社会规范能够作为个体利益的后果而产生。霍曼斯关于社会交换的理论思想主要体现在他的著作《社会行为：它的基本形式》（1961）一书中，在此书中他提出了社会交换过程中的六个一般性命题（特纳，2001；谢立中，1998）。

（1）成功命题（success proposition）：活动得到报酬的频率越高，也就越可能履行这种活动。

（2）刺激命题（stimulus proposition）：如果人们在过去的情境中曾经得到了报酬，那么现在的情境与过去的情境越相似，也就越有可能发生同样的行为。

（3）价值命题（value proposition）：活动所得的价值越高，行动者越有可能从事这种活动。

(4) 剥夺/满足命题 (deprivation/satiation proposition)：报酬的获得越频繁，其价值将越来越小，即边际效用递减。

(5) 攻击/赞同命题 (aggression/approval proposition)：当一个人的行动没有得到期望的报酬，或者得到意外的惩罚时，他将会愤怒并可能做出攻击性的行为，而其行为的结果对他更有价值；相反，当一个人的行动得到了预期的报偿，特别是比预期的报偿更大时，或者没有受到预期的惩罚时，行动者会高兴，并更有可能认同他人，这种行为的结果对他更为有利。

(6) 理性命题 (rationality proposition)：行动者在进行两者间的选择时，通常会选择那种自己获利的可能性较大的行为。

从一定意义上讲，霍曼斯的基本交换原理是对斯金纳心理学基本原理的再一次阐述（沃特斯，2000）。因此，霍曼斯的理论带着浓重的心理学味道，逐渐偏离社会结构的轨道，而把交换行为的解释局限在对微观社会互动的分析上。

(三) 布劳：中介价值

布劳关于社会交换的理论思想主要体现在他的著作《社会生活中的交换与权力》(*Exchange and Power in Social Life*，1964) 一书中，“中介价值”(mediating values) 的概念（布劳，1988）正出于此书，中介价值思想是布劳的社会交换理论的基础。在此书中，布劳还多次提到霍曼斯。霍曼斯对行为主义的倾斜使其对于交换行为的解释主要植根于心理学理论，他的观点和结论只能适用于微观层次的人际交往；而布劳研究交换行为时，则把关注点放在中观或者宏观的社会结构上，以在不同的水平上解释复杂的社会结构。布劳在《社会生活中的交换与权力》一书的开头就言明“本书的目的是通过分析支配着个体和群体之间关系的社会过程来帮助人们了解社会结构”。为了避免霍曼斯的理论缺陷，为了使社会交换研究从对微观层次的人际交往的研究进入对宏观层次的社会结构的解释，布劳提出了他的中介价值思想。布劳认为，利益交换塑造着社会关系的结构，是社会结构产生的动力机制。同时，他给了社会交换中的利益和理性更加宽泛的意义。社会交换中的利益不仅包括即时的经济利益或者金钱，还包括长期、稳定的情感回报和社会支持，正如齐美尔所说，社会交往“就是以无数不同的方式实现的形式，个人由于那些——感官的或者理想的、瞬间的或者长久的、自觉的或者不自觉的、受因果关系推动的或者受目的所吸引的——利益，采用这种形式构成一个统一体，并且在统一体内实现这些利益”（齐美尔，2002）。而理性正是对这种利益的全面权衡。

布劳指出，社会交换“指的是这样一些人的自愿行动，这些人的动力是由于他们期望从别人那里得到的并且一般也确实从别人那里得到了的回报”。要使行为导致社会交换，有两个条件必须得到满足：一是该行为的最终目标只是通过与他人互动才能达到；二是该行为必须采取有助于实现这些目的的手段。布劳把社会交换对于社会结构的影响过程分为吸引、竞争、分化、冲突和整合五个部分。他认为，交换行为的产生来自社会吸引，社会吸引来自对他人的资源的需求与期待。个体为了能在交换中占有优势，他们之间展开竞争，因为个体之间的交换会受到每个人的其他交换机会的影响。个体之间相互竞争的交换过程引起了分化，群体交换则促进了群体之间的分化。服从和预期的实现与否相伴，竞争和社会分化的过程创造了张力，产生了冲突，这些张力和冲突增加了人们对于群体中一体化纽带的需要。这种纽带包括各种类型的共同价值，它的作用主要有两点：一方面，共同价值作为沟通媒介以扩大社会沟通的范围，整合各种形式的社会关系；另一方面，共同价值是广泛的社会交往和交换的联系中介（布劳，1988）。

布劳重点分析了社会中四种类型的共同价值：作为团结媒介的特殊主义的价值，作为交换和分化媒介的普遍主义的价值，作为组织媒介的合法化价值以及作为再组媒介的反抗理想。前两种社会价值是按照帕森斯的模式变项来分的，特殊主义与普遍主义区别的标准是：支配着人们彼此取向的标准是否依赖存在于他们之间的特殊关系。这两种价值区别的标准是：支配人们之间的取向和交往的价值标准是否独立于他们的地位属性之间的关系。特殊主义价值是社会整合和团结的媒介，它把整合纽带的范围扩大到个人情感吸引的界限之外，增强了群体成员在社会背景中对于这一群体的认同感和归属感。普遍主义价值是社会交换和分化的媒介，它把交换关系和地位结构的范围扩大到直接社会互动的界限之外，并把声誉和权力给予了具有普遍主义价值所认同的属性或成绩的那些人。而使权威合法化的社会价值是组织的媒介，它扩大了有组织的社会控制的范围。反抗的理想是社会变化和再组的媒介，它把感到遭受剥削和压迫的人们集合到一起并把他们团结在一项共同的事业中。

其中，普遍主义价值就是交换中的中介价值，它“提供了宏观结构中较为复杂的过程与微观结构中较为简单的过程之间的联系”（布劳，1988）。经济交换中的货币就是一种中介价值的原型。布劳提出社会交换中的“中介价值”无疑受到了货币的启发，货币把交换客体的工具价值（直接用于物质性生产、消费的能力）、历史价值、艺术价值、幸福价值等都整合到了商品的单一的交换价值之中，夷平了一切价值之间的质的不可通约性，从而一元化经济人的理性和商品的价值，并量化经济人的利益。布劳的“中介价值”正是社会学家对社会交换中的一元化理性和价值的方式的探索。

布劳指出，所有人的交换最终都要包括不同人的劳动成果，即使物物交换也不局限于两个交换主体自己的劳动成果的交换。当个体们在物物交换中得到了他们自己不能用的东西时，为了以后用它们交换到他们需要的东西，于是间接交换发生了。间接交换的关键问题是如何找到有效衡量交换客体价值的普遍标准。布劳认为，个人间基本交换的“人际吸引”到宏观层次就被普遍主义价值取代了，这些价值可以概括为“社会交换的媒介”，它们为从事社会结构及其个体成员间复杂的间接交换链条提供了一套共同的标准以计算预期报酬、互惠性和公平性。布劳概括出了社会交换中具有一般价值层次的四种报酬：金钱、社会赞同、尊重和服从。在社会关系中，金钱的价值层次最低，而服从的价值层次最高。

（四）埃默森：交换网络理论

20世纪60年代，埃默森追随齐美尔的理论传统，寻求关于基本交换过程的形式社会学。埃默森要考察的问题是，个人与集体行动者之间的各种交换能否以同样的原则来理解。通过对行为主义心理学与社会网络分析的综合研究，埃默森为这一问题提供了创造性的答案。行为主义心理学为他提供了交换背后的驱动力，而网络社会学使他以相同的术语对个人与集体行动者之间的关系进行概念化。

埃默森借用了行为主义心理学的基本观点，关心行动者之间的关系形式。关注重点的简单转移对其建立交换理论的方式产生了深远的影响。与早期交换理论的最明显的差异是对这一问题——在给定价值观与偏好的情况下，行动者为何要加入交换关系——的关注，以及对现存交换关系与将来可能在这一交换关系中发生什么的强调。埃默森认为，如果交换关系存在，就意味着行动者愿意交换有价值的资源，其理论目标并不在于理解这一关系如何产生，而在于以后会发生什么，是行动者之间的关系而不是行动者本身成为社会学分析的单位（特纳，2001）。

埃默森理论的关键动力是：权力、权力的运用、平衡。由于他人为了资源而依赖于某行动者，因此，该行动者就拥有权力。这样，行动者A之于行动者B的权力就取决于行动者B为了他所珍视的资源对行动者A的依赖程度；反之亦然。在埃默森的理论体系中，依赖是权力之源，而依赖由下列因素的程度决定：(1) 向他人寻求的资源的价值；(2) 这些资源的替代性手段之稀少或索价之高。在这些条件之下，如果B有意于A的资源，并且B难以获得有吸引力的替代性手段，则B高度依赖于A，这样，A之于B的权力就很大。同样，如果A有意于B的资源，并难以获得B的资源的替代物，则两个行动者表现出高度的相互依赖，相互之间有绝对的权力（absolute power），因此在交换关系中的总权力或平均权力（total or average power）就很大，从而提高了结构性凝聚力（特纳，2001）。

另外，埃默森认为，网络中的交换可以有两种普通形态。(1) 谈判性交换（negotiated exchanges）：行动者在资源的分配上谈判，并讨价还价；(2) 互惠性交换（reciprocal exchanges）：行动者并不谈判，但在连续地提供资源时存有接受回报的期望。如果行动者进行谈判，则他们在资源分配之前就试图相互影响，比如，劳资双方就合同进行谈判，或两个人讨论究竟是去看电影还是去海滩。谈判性交换的动因是独特的，因为它们需要很长时间才付诸实施，因为它们涉及相当多的、更为清晰的对成本与收益的意识与计算，因为它们经常寻求达成大家都满意的、协调各方之间冲突的那一部分。相反，互惠性交换建立在一系列偶发性的回报之上，只涉及一方单方面给予另一方资源，但是对回报存有期望，比如，一个人付出情感也希望他人以同样的情感做出反应，而谈判性交换在资源分配之前就展开了一系列供给与反供给（特纳，2001）。

第二节　社会交换：经济交换与礼物交换的融合

社会交换理论源于古典经济学、行为主义心理学以及人类学对文化价值和交换规范的研究发现。古典经济学认为，人们在自由竞争的市场上与他人交换时总是理性地追求最大的经济利益。行为主义心理学认为，奖赏会强化机体的行为，惩罚会弱化机体的行为。人类学认为，交换行为受风俗、习惯等文化价值的制约，它把仪式化的礼物交换看作获得潜在社会支持的重要手段。但社会交换不同于理想化、纯粹化的经济交换及仪式化的礼物交换。社会交换发生在社会结构和社会关系中，涉及影响交换行为的经济、心理、文化以及"承诺（commitment）""权力（power）""情感（emotion）""制度（system）"等因素，需从多元、全面的视角整合影响交换行为的各种因素。这正是社会交换研究的根本，也是其困难所在，因为它既不能像经济学只关注经济因素，也不能像心理学只关注心理因素，又或者像人类学只关注文化价值因素。

作为社会交换的两种理想类型，经济交换和礼物交换各执一端。经济交换通过货币夷平一切价值的功能，使包罗万象的物品的自身属性都通约为商品属性，它们的使用价值、历史价值、艺术价值等也都化约为经济价值——"每件商品都有一个属于自己的价格"，等价交换得以实现。与经济交换不同，礼物交换采取一种更为情境化的价值匹配方式，具有地方特色的传统规则和风俗习惯以及交换双方之间的独有关系都被纳入交换行为中，甚至交换的时间、地点、人物都会影响"礼物"的得体性。在礼物交换中，社会结构、文化价值和情感因素先于经济价值因素，"是否得体"是礼物交换能否成功并维持延续的重要标杆。为了更好地理解社会交换，我们将对经济交换与礼物交换之间的联系与区别做进一步的明晰。对于经济交换与礼物交换之间的联系与区别，我们主要从价值取向、交换主体、交换时间、交换价值四个方面来分析，如表 6-1 所示。

表 6-1　经济交换与礼物交换特征对比表

编号	维度	经济交换	礼物交换
1	价值取向	经济取向	文化取向
2	交换主体	普遍主义	特殊主义
3	交换时间	即时性	历时性
4	交换价值	明确性	含蓄性

一、价值取向：经济取向和文化取向

价值取向是指人们追求价值的倾向——在不同的社会场景和制度环境中，交换主体追求的是经济价值，还是文化价值，又或者两者兼而有之？经济价值是指与经济利益相一致的工具性因素，文化价值所包含的是经济价值之外的价值因素，其中涉及信息、权力、服从、尊重、名誉、地位、声望等。经济交换是一种极端化、理想化、只考虑经济因素的社会交换，它把自己的关注点放在商品交换上，并且去除了商品交换中的任何非经济因素对于交换行为的影响，一切得失都要划归到单一的经济利益因素的计算和衡量上。在经济交换中，经济价值具有绝对的优先性，经济学家内部的分歧仅在于对交换客体经济价值衡量方式的不同：斯密关注的是物质利益的多少，奥地利学派关注的是“欲望满足”的增加。而社会交换不仅关注经济因素对交换行为的影响，而且关注非经济因素对交换行为的影响，其中涉及信息、权力、服从、尊重等文化价值因素以及地理环境、法律制度等社会结构因素。

事实上，纯粹的经济交换终究只是一种经过理论家们净化的理想模式。经济学家眼中的经济交换之所以备受关注，是因为它能够提供一种符合社会科学发展方向的量化的分析框架，为分析复杂的社会现象提供一个可以参照的突破口，并能够有效地把微观的人际交换与宏观的社会交换融为一体。当然，在现实世界中，经济交换或多或少都会受到非经济因素——不仅有文化价值因素，还有社会结构因素——的共同影响，古典经济学遭受质疑以及新制度经济学的强势出现都源于此。马尔斯（Mars）通过分析伦敦东区的赃物交易市场指出，“人们在交易时并不总是寻求经济利益的最大化，而是试图确保一种长期的人格化交换关系”；约翰逊（Johnson）的研究发现，“个人恩惠与商品交换的融合也表现在小商店中信用的广泛使用上，这类信用兼具社会性和金融性”（阎云翔，2000）。

尽管经济交换的参与双方也把信用以及交换的稳定性和持久性等非经济因素纳入交换价值的权衡和博弈中，但是，经济利益的获得始终是交换主体的第一要务，无论交换主体是鼠目寸光的，还是志存高远的。礼物交换则是另一番景象，尽管礼物交换往往也以物品甚至货币作为交换对象，但是物品发挥的是一种载体功能，它只是一种象征符号，本质上所传递的是一种象征性的文化价值。象征使“两个对立词项丧失了自己的现实原则”，终结了“灵魂与肉体、人与自然、真实与非真实、出生与死亡”（波德里亚，2012）的分离，物品或货币随着交换情境的变化，其意义也发生了转换（伯恩斯 等，2010），文化价值通过经济价值得以表达。这种文化价值依存于特定的社会关系，传承并维系了既有的社会交往秩序和规则。人类学研究发现，美洲西北部印第安人的赠财宴是维持世系群、氏族以及半偶族社会结构的一种重要机制（拉德克利夫-布朗，2011）。马林诺夫斯基通过对西太平洋上一大圈海岛部落的交换行为研究发现，库拉受制于严格的限制与规定，这种限制与规定发生在伙伴之间，地点和时间也不可随意而定——“库拉物品的每一次流动，交换的每一个细节，都受到一套传统规则和习俗的制约与管理，库拉的某些活动还伴随着复杂的巫术仪式和公开礼仪”（马林诺夫斯基，2011）。也就是说，礼物交换以文化价值为依托，文化价值是礼物交换存在的前提。

礼物交换在现代社会也普遍存在。在研究美国当下的社会交往关系时，帕里

(Parry) 提出“纯粹施予”的概念，凯利尔（Carrier）提出“纯粹礼物”的概念。凯利尔认为，纯粹礼物的意识形态已经在美国社会盛行，这主要基于两个流行观念：“（1）礼物是非物质的，它的物质价值是不重要的；（2）送礼既不是被迫的也不具有强制性——‘它是一种并不约束送礼者和受礼者的纯粹发自内心的表达’。”凯利尔把这种情况归结为：“礼物的观念被工业资本主义的兴起形塑。随着生产从存在于家庭中的感情的和坚实的关系向工资劳动与资本的非个人化关系的转变，自由的和非利益的送礼者与受礼者开始出现。他们交换的是非义务性的情感表达。”正如阎云翔所总结的：“所有的礼物形式都是文化建构物或如帕里和凯利尔所说的意识形态。”（阎云翔，2000）无论是“纯粹施予”，还是“纯粹礼物”，都与经济学家们笔下纯粹的经济交换形成了极端化的对照。

此外，随着从传统社会向现代社会的过渡，礼物交换过程中经济因素出现的范围越来越大，媒介和交易的变化“常常会使各种亲密关系发生转换或改变”（泽利泽，2009），以至于一些人类学研究也开始关注礼物交换中经济利益的作用，甚至有些人类学家认为礼物交换也是以逐利为本的。莫斯[①]（2005）通过对古代社会中礼物交换的研究指出：“这些所谓的自愿的呈献，表面上是自由的和无偿的，但实际上却是强制的和重利的。从外在形式上看，呈献差不多总是慷慨大度的馈赠，但其实，在与交易（transaction）相伴的这些行为中，只有虚构、形式和社会欺骗；或者说穿了，只有义务或经济利益。”阎云翔在研究一个中国村庄中的礼物交换之后发现，“礼物经济是嵌于商品经济当中的”。在中国人的礼物交换中，“现金扮演着重要的角色”，“关系网络的培养和人情伦理的遵奉，兼具利益与非利益、表达性与工具性、情愿和被迫两方面的特点”（阎云翔，2000）。

但是，此处需要指出的是，无论是经济交换，还是礼物交换，都从属于一套相对稳定而有序的社会规则——无论是新制度体系下公开透明的法律规章，还是旧制度体系下潜移默化的风俗习惯。这套社会规则维系着日常生活中社会交换的发生与结束。显然，经济交换从属于可以给予明确裁定的法律规章，因为经济交换的所有交换对象的价值都被通约为货币的数量，而礼物交换从属于具有文化价值特征的风俗习惯，因为礼物交换的交换对象的价值是难以明确的，或者说是不可言明的，“进行交换活动是为了建立、维持或改变某个社会关系或结构，例如友好关系或对他人的权力控制关系（权力-依赖关系）等，而不是为了获得特别的商品、服务或奖赏。简言之，关系本身的建立、维持与改变就是首要目标”（伯恩斯 等，2010）。就此而言，经济交换是一种以货币为交换中介的单一性社会交换，而礼物交换是一种以文化价值为取向的复杂性社会交换，情感世界与理性和绩效世界相互交织。

---

① 莫斯（1872—1950），法国社会学家、民族学家，涂尔干的学术继承人。1898年涂尔干创办《社会学年鉴》，莫斯负责该刊物宗教方面的研究与编辑。1925年创办巴黎大学民族学研究所，被尊为法国实地民族学派的创始人。1931—1939年在法兰西学院任教。其影响最广的著作是《礼物：古式社会中交换的形式与理由》（1925）。

二、交换主体：普遍主义和特殊主义

经济交换是商品之间的关系。经济交换可以在任何两个人之间发生，交换本身是关键的，交换主体双方各得其所，而交换主体的个人特征则无足轻重，无论他是达官贵人还是平民百姓，也无论他是富商巨贾还是小商小贩。客户可以货比三家，商人也不需要强买强卖，交换的实现只需要一个双方都可以接受的价格。简而言之，交换主体的特殊性在经济交换中被完全湮没，无论是客户之于商人，还是商人之于客户，普遍主义观念既适用于每一个商人，也适用于每一个客户。

礼物交换则不同，事实上，文化价值取向的复杂性正源于礼物交换中交换主体的特殊性。礼物只存在于特殊的交换主体之间，建立在个人之间特殊的社会关系之上。因此，礼物交换是个人之间的关系，只存在于社会关系网络之中，且不同的礼物只适用于不同的交换主体之间。阎云翔认为，就个体之间的联系而言，“在任何社会中，关键问题是去判断人们如何认识通过礼物传达出来的信息是什么：爱、友谊、关心、责任或超自然的精神”；“不是礼物的精神而是人的精神将馈赠双方联系在一起，不是物品而是通过物品传达出来的人情是不可让渡的”（阎云翔，2000）。礼物交换也在巩固和维系着个人之间的关系，强化着交换主体对这种关系的认同感和归属感，且能够拓展新的社会关系。劳勒和尹的研究成果表明，社会网络中行动者之间的频繁交换形成了内化于关系之中的信任和承诺，并“导致他们的关系本身成为一种价值客体”（Lawler and Yoon，1996）。通过研究佛蒙特州柯立芝县工人阶层居民家庭之间的交换行为，尼尔森和史密斯发现，邻居、朋友、亲属相互提供和实施的服务，普遍以特定关系的差异为依据，不同的交换和媒介匹配不同的社会关系（Nelson and Smith，1999）。通过对家庭、看护、两性以及法律上的亲密关系做进一步的研究，泽利泽发现，在社会交换中，关系、交易、媒介之间的匹配起着关键性作用，“人们对各种社会关系进行区分，确定哪种交易适当地属于哪种关系，运用适当媒介来进行这些交易，并通过命名、符号和实践来划分这种结合（匹配）的边界”（泽利泽，2009），“昂贵的礼物赠予，在某些关系中是一种义务，在某些关系中则是一种选择，而在另外一些关系中则是一种被禁止的越界行为”（泽利泽，2009）。

不言而喻，礼物交换的特殊性赋予了礼物交换排他性特征。当然，在现实世界中，许多经济交换也会存在于固定关系之中，生意上的合作伙伴就是一个很好的例子，他们之间形成了一定的供需平衡，降低了交换双方的交易成本和交易风险。这也正是非经济因素对经济因素的渗透。

三、交换时间：即时性和历时性

在经济交换中，交换行为的发生意味着这次交换的结束，无论是现金还是契约，交换客体的价值都在瞬间展现、固定，“价值连城的钻石在交易中易手，握手之间成为定局”（Ben-Porath，1980）。“当然，也可能购买者当场没有付钱，但一旦他付清了钱（有利息或无利息），他就自由了。”（古德利尔，2007）

与经济交换不同，礼物交换中影响因素的复杂性以及社会关系的特殊性决定了它的交换时间的历时性，赠予和回报都与交换主体之间的特殊关系相伴始终，交换客体的价值体现在这种特殊关系下的任何一次交换中。费孝通对中国乡土社会的研究指出：“亲密的共同生活中个人互相依赖的地方是多方面和长期的，因之授受之间无法一笔一笔地清算往回。亲密社群的团结性就依赖于各分子间都相互地拖欠着未了的人情。”（费孝通，1998）因此也就不难理解，礼物交换可以交换相同的物品，而经济交换只会交换相异的物品。事实上，许多时候，人们可以借助迅速的酬谢偿还他人的馈赠，从而解脱内心的责任，摆脱收礼带来的潜存的义务性压力，获得自由。但是人们往往并不这样做，因为，即刻的偿还意味着对“关系”的拒绝和不信任。于是，更多的时候，人们把目标放在关系的维持，而不是“由自我利益产生的一次性平等的获得上”（翟学伟，2005）。正如阎云翔（阎云翔，2000）所言：一方面，“初始礼物与回礼之间的短暂间隔可能作为一种将新近建立的尚很暧昧的关系转化为平衡关系的策略，而那种延迟的并深嵌于仪式化情境中的回礼则更能用于构建某种长期的表达性关系”。另一方面，“如果没有经年的表达性礼物馈赠所建构起来的长期关系的支持，工具性的礼物馈赠也就无法实现。因此，在乡村生活的情境中，对形成工具性关系的周期性需要实际上强化了表达性关系的培养”。

如果说经济交换是一种有限次重复合作甚至是一次性合作，那么礼物交换则是一种无限次重复合作，这种合作关系甚至代代相传。礼物交换发生在亲属、朋友、同学、邻居等亲密关系或熟人关系内部，以文化价值为取向，情感、权力、威望、经济等因素融合于其中，目的在于维持一种稳定、持久的特定信任关系。因此，处于这种关系中的人们在分享关系带来的帮助和支持的同时，也会尽力维护自己在关系中的“脸面”，以获得关系内部的认同和尊重。谁都想成为库拉中公正慷慨的人，“一个公正慷慨的人会比一个吝啬小气的人吸引更大的库拉物品流到他身边来”（马林诺夫斯基，2011）。现代经济交换方式也在效仿礼物交换的稳定性和持久性所带来的收益的可预期性，试图通过创造品牌、提升信誉、构建会员制度等方式与消费者维持历时性的无限次重复合作。

四、交换价值：明确性和含蓄性

经济交换倾向于追求经济利益最大化，所有商品的价值衡量都可以通约为货币。经济交换的主体追逐的只是单一的经济价值，即货币的多少，双方的利益是对立、冲突的，在交换行为发生时，谈判是必需的，甚至在“明码标价”的情况下，也要进行讨价还价，自然而然，交换客体的价值得以明确。

礼物交换倾向于追求双方互惠的最优化，融合了经济与非经济利益因素。就礼物交换而言，主体双方是互惠的整体，交换客体的价值从不放在台面上，原因在于：礼物交换的关注点是个体之间特殊关系中的特殊回报和社会需求，交换的历时性决定了交换客体的价值无须明确，也难以明确，更不能简单地从经济意义上用货币来衡量。礼物交换中的交换主体只对交换客体的价值进行含蓄地估量，无论怀着期待赠予，还是怀着感激回报。马林诺夫斯基通过对西太平洋上一圈海岛部落的研究发现："库拉中的两个主要原则即是，首先，库拉是一种间隔一段时间就要酬报的回礼，并不是一种易货贸易；其次，等价物品的判断在于赠送回礼者，这不能加以强迫，不存在任何争论，也不能返回而要回自己的库拉礼物——这些便是所有库拉交易的基础所在。"（马林诺夫斯基，2011）这种由回礼者独自判断等价物品的现象必然受到回礼者经验认知、回报能力的影响，事实上，赠礼者并无法确定回礼是否能够达到自己的期望，或者说赠礼者对于回礼的期望本身就是模糊不清的。在中国社会中，逢年过节、红白喜事的礼物往来以及家庭照料中的相互帮助与支持等，即使其中一些可以用货币来衡量，但无论是赠予者还是回报者，都不会刻意要求市场价格的完全一致，而往往是根据关系类型和交换场景的不同而含蓄地进行对应性匹配。对于家庭照料而言，如家长对孩子的爱、兄弟姐妹之间的情、子女对父母的孝，交换价值的价格对等性则变得完全不可能，但是，进行一些含蓄性的对等评估却是必需的。就像马林诺夫斯基在西太平洋上的发现一样，尽管人们要求在库拉中"必须酬报等价的回礼。但是两个人绝不会面对面地就两件物品的等价问题进行讨论、讲价钱、估算之后再进行交换。土著是非常严格遵守并高度重视库拉交易礼节的。土著明确区分开了库拉和易货贸易，他们也非常广泛地进行易货贸易，并有一种清晰的观念"（马林诺夫斯基，2011）。

礼物交换的含蓄性对于社会关系的建立、维持、延续具有非常重要的意义，可以说，正是礼物交换的这种含蓄性使个体之间的特殊关系得以存在。费孝通指出："亲密社群中既无法不互欠人情，也最怕'算账'。'算账''清算'等于绝交之谓，因为如果相互不欠人情，也就无需往来了。"（费孝通，1998）"亲兄弟，明算账"仅存在于经济交换领域，人情是算不明的。齐美尔的观点更为一针见血，他说："最深切的感谢根本不在于赠品得到回报，而是在于意识到人们不能对赠品做出报答，在于这里存在着某种东西，它把接受者的心灵置于面对另一个人的心灵的某种持久状态之中，使某种关系在内心里的永无止境的感觉变为意识，而这种意识不可能由于某种最终的行动而完全枯竭或彻底实现。"（齐美尔，2002）鲍尔和格林（Bauer and Green，1996）将交换关系的建立过程分为交换关系风险评估、试探性交换行动、交换关系稳定化三个基本阶段。交换关系每向前迈进一个阶段，交换客体的价值明确就变得更为宽松。也就是说，"关系越远，有形的标准就越重要"（翟学伟，2005），相反，关系越近，标准就越趋于无形。正如葛里高利（Gregory）所言："商品交换确立了交易物品之间客观的定量关系，而礼物交换确立了交易主体间个人化的定性关系。"（阎云翔，2000）

概而言之，经济交换同礼物交换一样，都是社会交换的一种形式。经济交换只关注经济价值对交换行为的影响，即在经济交换中，经济人只关注自己在经济利益上的得失，在社会交换中追求自己经济利益的最大化。在礼物交换中，交换主体是文化价值取向的，他们关注的是诸如声望、尊敬、服从以及情感上的相互信任和支持。如果说社会交换是社会价值取向的，那么社会价值则是经济价值与文化价值的融合，经济价值与文化价值有时单独存在，有时同时对交换行为产生影响。当然，这一说法的前提是：交换主体在社会交换中也是理性的。与经济交换中的理性人的不同在于，社会交换中的理性人需要面对经济因素和非经济因素的复杂影响。如果要研究复杂的社会交换，那么经济学家关于经济交换的研究成就无疑为我们提供了一条可供参照的路径。

第三节 社会交换中的中介价值

齐美尔指出："人与人之间的所有接触都以给予和回报等值这一图式为基础。"（布劳，1988）社会交换理论提出的前提假设是：社会交换中的交换主体是理性人。他会计算"自己人"[①] 在交换中的得失，期望在交换中实现效用最大化。其中，经济交换自不必说，礼物交换也不例外，"回礼是义务性的，被期待的，而且要和收到的礼物相当"（莫斯，2005），因此，"一个人必须仔细算计他的礼物的合适与否"（阎云翔，2000）。而且，人们私下也会对各种礼物交换品头论足，这种"东家长，西家短"式的闲话也是交换规范得到明确化和社会化的一种有效方式，同时，通过这种方式，文化价值的奖惩得以实现。然而，在社会交换中，经济价值与文化价值的融合带来了社会交换价值取向的复杂性，那么，"如何衡量交换客体的价值大小、计算个人的利益得失"就成了社会交换理论必须面对的问题。

社会交换理论的创始人主要是霍曼斯和布劳。霍曼斯的社会交换理论避开了对价值问题的讨论，走向了心理学的行为主义，主要关注心理因素；而布劳则不同，由于受到齐美尔社会交换思想的影响，他意识到社会交换中价值衡量问题的存在。追随经济学的"理性原则""公平原则"和"边际效用原则"，模仿经济交换中货币的功能，他在《社会生活中的交换与权力》一书中提出了"中介价值"的概念，意欲把一切因素放在一元的价值标准之下，以解决社会交换中的价值衡量和利益计算问题，进而研究社会交换发生的条件以及影响因素的作用大小。中介价值的提出预示着布劳对社会交换中"理性人"的认可和推崇。不过，布劳只是把"中介价值"作为一种权宜的解释工具，作为联系微观层次的人际交往与宏观层次的社会结构之

① "自己人"是一个相对的概念，它可以根据交换双方之间的关系疏远程度而伸缩。一方面，当与陌生人进行交换时，个人会倾向于把自己、熟人或者亲人的得失作为权衡对象，而陌生人则是"外人"。另一方面，当与自己关系非常亲密的人进行交换时，如父母、兄弟姐妹、子女等，交换主体所应考虑的不仅仅是"自己"的得失。当然，他可能把"自己"的得失放在首位，但是，对方的得失甚而交换双方总的得失都会成为影响他的决定的重要因素，后者也就是人类学家所说的"互惠原则"。

间的桥梁，并没有专门对社会交换中的中介价值做深入的探讨。

尽管布劳1964年就提出了社会交换中的中介价值思想，但是它却被之后的社会交换理论——无论是以科尔曼为代表的理性选择理论，还是以埃默森为代表的交换网络理论——束之高阁。毫无疑问，研究社会交换中的中介价值，寻求能够夷平社会交换中一切价值的联系媒介，对于探索社会交换中的动力机制以及巩固社会交换理论的地位具有重要意义。接下来，我们将对社会交换中的中介价值做进一步的分析。为了更为方便地阐述，在这里，我们把社会交换分为两个相互对立的理想类型——经济交换与礼物交换，其他的社会交换则居于其间，受到来自两个方面的因素的共同影响。首先，我们应从经济交换说起。经济交换从原始的物物交换发展到今天，货币成了商品流通中的中介价值，它主要有四种功能：价值尺度、流通手段、储藏手段、支付手段。齐美尔指出，货币的哲学意义在于，它在实践世界之内代表了最为确定的可见性（sichtbarkeit），就像所有存在的最为清楚的具体化公式依据之事物找到了它们相互之间的意义，并且令它们的存在和如此存在（sein und so sein）为它们的关联的相互关系所决定（齐美尔，2007）。那么，礼物交换中的中介价值具有什么功能和哲学意义？它需要具有什么特征？循着这两个问题，通过对经济交换与礼物交换之间的中介价值的比较分析，我们将对社会交换中的中介价值的特征和功能进行归纳、整合。

一、经济交换与礼物交换之间中介价值的比较

（一）从货币到礼物交换中的中介价值

探求中介价值的特征，我们不妨以经济交换中的中介价值——货币的特征和发展历程为参照。货币可以分为四种类型：实物货币、金属货币、纸质货币、信用货币。它们依次出现在人类历史发展的不同阶段。实物货币出现在原始社会末期，源于原始社会中的物物交换，它由“那些虽非自需但销售力较大的商品”（门格尔，2005）来担当。实物货币解决了杰文斯提出的物物交换中“需要的‘双重吻合’”（弗里德曼，哈恩，2002）的难题，使交换主体相互之间不同步、不等值的意愿交易得以顺利进行。金属货币出现于奴隶社会中期，其易于携带、储存、分割，但有两个主要缺陷：一是确定它的真假与成色较为困难，二是收付时必须承担必要的麻烦（门格尔，2005）。纸质货币出现于中国的北宋，源于唐宋时期地区贸易增加以及买卖交易额越来越大，客观上需要一种轻便的货币。信用货币包括支票、信用卡等国家或私人银行开出的支付凭证，它扎根于纸币，以纸币的计价单位为基础，免去了验钞、点钞以及携带、找零等烦琐流程。信用货币把人们带入“无现金社会”。

实物货币和金属货币实际上都是商品货币，如贝、金、银等，它们都有内在的实质价值。即使不作为货币，它们也可以以商品的形式在市场上流通，劣币驱逐良币的格雷欣法则就是最好的例证。现代纸质货币和信用货币都是法定货币，内在价

值十分渺小或根本不存在，生产成本也非常低廉，就是一张纸或者银行的电子记录，是一种法定意义上的价值符号——“一个在文化-制度框架下特别是在文化模式和制度安排内构建和定义下的实体”（伯恩斯 等，2010）。实物货币是因为广为需要才成为货币，而法定货币则是因为成为货币才广为需要——“货币成了价值的缔造者和符号表征”（齐美尔，2007）。从以实物货币到以信用货币为中介价值的经济交换，中介价值的向前迈进，特别是法定货币的出现，突破了人们之间语言、地域、领域、种族等文化、结构障碍，使社会交换的区域范围得以不断延伸，促进了社会交往和社会分工，降低了社会交换过程中的交易成本、储藏成本和交易风险，使社会资源得以节约，人们的各类需求也能够以经济而快捷的方式从更为遥远地域盛产的物品中得到满足。正如伯恩斯所言：“基于交易的货币能通过市场和现代社会使不同的价值之间可以相互转换……这些多重转换是复杂的现代社会中整合机制的基础，因为货币能使一个高度分化的社会里的不同价值领域、不同的活动、不同的群体联系更加便利。”（伯恩斯 等，2010）

同经济交换一样，礼物交换也是一种理性行为。“个体在他们的社会交往中追求社会报酬，这是一条原则。”（布劳，1988）从最古老的家族内的食物共享，到与部落内或其他社会中的他人互赠礼物，再到建立在人际关系之上的相互赞同、尊重与支持，礼物交换时刻都在满足着个体的物质、情感、道德及其他各种需要。尽管礼物交换中不存在交换主体之间关于交换客体价值的谈判，不存在像数理经济学那样精确、明晰的函数关系，但是在礼物交换中人们趋于理性的事实确是有目共睹的。这种理性不仅表现在赠予与回赠的同在或者收礼与还礼的共存上，而且表现在对利益得失的期待和权衡上。马林诺夫斯基通过对西太平洋上一圈海岛部落的研究发现，库拉有两个重要原则：一是“库拉在赠予礼仪性的礼物之后，是在几个小时、几分钟之后也好，甚至是在偿付之间隔了一年或者更长的时间也罢，过了一段时间，必须酬报等价的还礼”；二是“还礼的等价由给出者确定，绝不能用强制力量来执行”（马林诺夫斯基，2011）。但是，如前所述，在无限次重复合作的库拉中，“一个公正慷慨的人会比一个吝啬小气的人吸引更大的库拉物品流到他身边来”（马林诺夫斯基，2011）。在一个相对稳定的社会群体中，个人的品性没有秘密可言，向生活群体呈现一个可靠的自我形象是每个社会成员都必须做的，所谓“日久见人心”。因此，尽管礼物交换具有含蓄性，但赠送与回报物品的价值对等性也受既有传统规则和风俗习惯的制约。这种价值对等性就像一种潜规则，一种日常生活中潜移默化的存在，不能明说，但又要明白，否则就叫不明事理，成为人们茶余饭后口口相传的“糊涂虫”或者“铁公鸡”。

尽管礼物交换中主体双方从不对客体价值进行谈判，但是“每个人心里都有杆秤”。交换客体无论是物品、金钱、职位，还是信息、服务、尊重，无论以相同的方式回报，还是用其他的方式补偿，价值权衡都是存在的。亲密关系的破裂，很多时候正是由于回报远远小于对方的期望值，或者是在需要帮助的时候，对方提供的帮助没有达到预期甚至根本没有提供帮助（怀特，2009），即所谓“不够朋友”。在库拉中，“如果给出的还礼物品并不等价，接受者会失望、愤怒”，尽管“他没有直接加以纠正的办法，也没有强制其伙伴实行的手段，更不能够就此停止整个库拉交易”（马林诺夫斯基，2011）。也有人为了避免社会关系的破裂，而建起一个复杂的交换系统，各种交换主体、社会关系、交换客体交织其中。陈国权和毛益民（2013）在研究腐败裂变式扩散现象时指出，“腐败行动者通过风险评估和试探交换策略来寻找腐败交换对象，通过拟亲化和服务渗透策略使自身进入‘自家人’圈子，通过共赢共溃策略来增强腐败群体的利益共同体意识”，形成腐败同盟，任何一个腐败行动者都需承受社会关系和共同利益两方面的压力，从而避免关系破裂，减少背叛行为的发生。

由此而言，像经济交换一样，礼物交换也有中介价值。但是，礼物交换存在于特殊关系之间，不同的社会关系提供不同的社会支持，如经济支持、就业支持、情感支持、陪伴支持，匹配不同类型的礼物和数量（Wellman and Wortley，1990；贺寨平，2004；泽利泽，2009；李汉宗，2011）。礼物交换不需要即时性回报，因此，礼物交换中的中介价值是潜在的，不需要有实在性，不存在“价值的现金化”（齐美尔，2007），不存在货币的携带、分割、储存、找零等问题；它不需要具有流通手段、储藏手段和支付手段的功能，只需要具有货币的价值尺度功能，即社会交换中的中介价值就是一个计价单位，类似于人民币的单位“元”的作用（而不是人民币的作用）。礼物交换具有含蓄性，不可能像经济交换一样精打细算，礼物交换的中介价值也不可能像货币一样能够夷平礼物的一切自身属性以及交换主体双方的个人特征和关系特征，使礼物之间的价值在类别和数量上完全画等号。有些礼物仅存在于亲属关系中，有些礼物仅存在于朋友关系中；有些礼物用于初次见面，有些礼物用于故友之间。社会关系、交换、礼物、中介价值，它们相互之间的边界和匹配无处不在。

如此来看，如果说经济交换的中介价值是定比变量，那么礼物交换的中介价值则是定序变量，并有类别之分，是一种类别化定序变量。经济交换是明码标价的，该多少就多少，是货币通约的等价交换。而礼物交换则是在撕掉价格标签的同时，融入友情与亲情。礼物交换的特殊主义、历时性和含蓄性决定了它不可能像经济交换那样精确且分文必争，它对于互惠物品的价值误差具有更大的容忍度，赠礼者对于回礼的期望是一个区间，而不是一个点。如果说礼物交换用的是目测，那么经济交换用的则是米尺。人们可以容忍目测偏差 10 厘米，却难以接受米尺 1 厘米的偏差。

（二）从物物交换到礼物交换中的中介价值

人的本质是人的社会性。人类产生之初过着群居生活，谋生手段极其落后，人们并没有交换意识，协作与互助是人类生存的根本，个体之间的赞同、尊重、服从是群体交往的需要，而这正是社会交换的萌芽阶段。数百万年以后，剩余产品出现，为了增进友谊和团结，氏族、部落之间偶然的礼物互赠紧随而至，这就是最初的社会交换。尽管最初的礼物赠送并不是为了得到回赠，但是回赠总是会发生的。

于是，礼物赠送慢慢发展成稳定的礼物互赠，彼此得到对方的善意，又都从使用对方的产品中感受到满足。

随着人们对社会性产品了解的增多以及礼物互赠范围的扩大，对他人物品的依赖和需求增强，就希望对方能送更多且实用的物品，也希望通过送给对方更多且实用的礼物而得到对方更多且实用的回赠。逐渐地，人们开始主动地寻找那些具有自己需要的物品的他人进行互赠，从而加强了对能够有效满足双方期望的互赠关系的认可。这种互赠目的性的改变使有些互赠变得越来越像经济交换，使物物交换逐渐从礼物交换中分离出来。可以说，经济交换是初始社会礼物交换趋于功利性的产物。就价值形式而言，礼物互赠与物物交换是完全一致的，交换主体都是“用自己较富余的产品换回自己较缺乏的有用物，谁的产品都不是专为交换而生产的”（杨芳洲，2006）。它们都没有客观的等价尺度，交换机会很少，因此机会成本接近于零。交换来自双方当事人利益和意志的对立统一，只要双方所得都大于所失，交换就会发生。是交换使不同质的物相等，而不是价值相等才交换。

但是，随着货币的出现，一切都变了，无论是商品与货币之间的交换还是物物交换都有了一元化的价值尺度，不再是“交换使不同质的物相等”，而是“价值相等才交换”。受到这种经济交换的影响，人们开始有意识地思考礼物交换的内容和效用，赠予和回赠逐渐带有对交换客体价值的衡量和个人利益得失的计算。就价值形式而言，现代的礼物交换趋近于现代的物物交换，而离原始的非功利性的礼物互赠已越来越远。当然，由于礼物交换自身的特殊性，它的中介价值不可能像经济交换中的货币一样带来“交易普遍的客观化，一笔勾销了所有个人的色彩和方向”（齐美尔，2007），更不可能以数量的精确形式表征交换客体的价值量。在礼物交换中，“情感（passion）与理性（reason）是相互交织的”（Lawler and Thye，1999）。此外，尽管礼物交换存在于个体之间的特殊关系之中，交换客体在其中具有特殊的价值意义，但是，无论是想获得物质性回报，还是想获得情感性回报，这些回报都是具有普遍价值意义的，都是可以在社会整体中进行衡量的。

二、社会交换中的中介价值

礼物交换的目的是互惠，满足相互的需求，而不是把个人拥有的且不需要的物品随便赠予他人就要求得到回报，因此，在商品关系中出现的“‘双重吻合’难题”并不存在于具有特殊主义、历时性和含蓄性的礼物交换中。如果有剩余产品需要间接交换，那么人们宁愿让它发生在经济交换中。事实上，正是经济交换中对于间接交换的需要产生了衡量交换客体价值的普遍标准，即货币，它让各种物品之间的平等与公正在历史上第一次得到完美展现。通过货币夷平一切的万能性，经济交换把社会生活串联在了一起。

兼顾经济交换与礼物交换，社会交换中的中介价值只是研究者们有意识地对经济交换中的普遍价值进行借用和模仿，从而把宏观结构中较为复杂的过程与微观结构中较为简单的过程联系起来，并使社会交换研究从对微观层次的人际交往的研究进入对宏观层次的社会结构的解释。如果说货币是自发产生的，那么社会交换中的中介价值则是自觉产生的。社会交换的交换客体涉及物品、金钱、信息、权力、服务、赞同、尊重、服从、陪伴、荣誉、声望等。尽管不可能有一个统一的中介价值把金钱与陪伴用函数关系联系起来，但是一定的特殊关系内含了潜在的支持类型和信任强度。“关系越近，无形的标准就越重要；关系越远，有形的标准就越重要。”（翟学伟，2005）一方面，有的关系倾向于金钱资助，而有的关系则保持着相互陪伴的习惯。另一方面，在金钱上，有的关系可能只愿承受 1 万元的带息资助，而有的关系却愿意承受 10 万元的无息资助，这种资助的价值差异正是出于对之前已经得到的交换客体的价值以及对之后可以期望得到的交换客体的价值的权衡；同样，在陪伴上，有的关系可能陪伴 1 个小时都觉得不值得，而有的关系可能陪伴一天都觉得值得。可见，社会交换的客体价值具有层次性和等级性。布劳所指出的不同价值层次的四种报酬（参见本章第一节）实质上就是四个不同层次的中介价值所衡量的交换客体。而每一个层次的中介价值所衡量的交换客体都是有价值等级的，一定的特殊关系只会交换一些价值层次中一定价值等级之下的交换客体。

社会交换价值取向的复杂性，决定了它不可能精打细算，它的中介价值不可能像货币那样带来经济价值、幸福价值、个体价值的量化、物化、客观化、世俗化，而只可能向类别化定序变量发展。同时，中介价值的价值层次将趋于整合，尽管经济交换与礼物交换之间的价值区别并非“井水不犯河水”，但是，实物交换与情感交换之间的价值界限永远不可能消失，即实物以实物回报，情感以情感回报。当无法以相同价值层次的交换客体回报时，价值层次之间就可能发生跃迁现象。例如，“借债还钱”在礼物交换中并不例外，与经济交换的不同在于，礼物交换中的“借”或者“赠予”本身就是一种需要回报的“债务”（古德利尔，2007），并不是钱还清了，这次交换就清零了。更根本的是，在下次对方需要你的金钱资助时，你能给予等价或者更多的资助。但是，当你无法以与金钱同一价值层次的交换客体进行回报性的资助时，伴随着这种特殊关系的长期发展，当对方给予你的金钱资助达到一定的价值等级限度以后，你给予对方全方位的赞同、尊重甚至服从作为补偿就是不可避免的，更不用说无法偿还别人的债务。莫尔姆在研究中把交换资源的价值作为行动者选择交换关系的一个维度，结果发现，交换资源的价值对行动者的权力运用具有强烈影响，一个人对于另一个人的权力随着其提供的交换资源的价值的增加而增加，这既适用于谈判式交换，也适用于互惠式交换（Molm，2001）。伯吉斯和尼尔森通过研究五项实验的数据发现，决定行动者参与公平或者不公平交换关系的基本变量有两个：一个是被交换的资源的价值，而另一个是交换关系中可供选择的有价值的资源的存在或缺失。实验数据还表明，“交换关系中被交换的资源的相对价值和可供选择的资源的相对价值决定了交换发生的概率和交换的公平性”（Burgess and Nielsen，1974）。

概而言之，社会交换就像是经济交换和礼物交换的混合体。在经济交换与礼物交换之间，交换客体并没有太大的差异，区别在于交换主体之间不同的社会关系以及人们在不同的社会情境中看待交换客体的态度。就此而言，社会交换中的中介价值可以分为两个层次：一是实物层次，即经济价值，它与经济交换中交换客体的价值衡量是一致的，都可以用货币来衡量，无论是礼物交换，还是经济交换，又或者兼而有之，但实物的货币价值是一定的。不同在于，经济交换严格遵守等价原则，而礼物交换则具有更宽的等价区间。二是情感层次，即文化价值，这是古典经济学意义上的经济交换所没有的，它只存在于特殊的交换主体之间，它既可能附着于实体的礼物之上，也可能独立存在。就实物层次而言，价值的衡量是简单的，在现代市场经济条件下，即使一定实物的价格有所波动，一个让交换双方都可以理解和接受的标准还是存在的。而情感层次则有些复杂，这也是社会交换的复杂性之所在，它受到来自交换双方个人特征以及交换情境、社会制度等各种因素的影响。一个人的一句话可能挽回另一个人的生命，被救者既不可能只是通过一句话来报答，也不可能用生命来偿还，更多的时候，他会用一种理性的态度来报答施救者，即使回报的付出可能远大于施救者的付出，因为他从施救者的付出中获得的是再生的机会。另外，在当今社会中，实物层次与情感层次之间也出现了相互交换的现象，一定的金钱可以通过服从或者陪伴来偿还，一定的陪伴也可以通过金钱来补偿。这种跨越使社会交换中的中介价值显得更为混乱，但是也为社会交换中的中介价值在实物层次与情感层次之间的整合提供了潜在的契机。

本章要点

1. 交换是主要的社会活动之一。人类社会形成的基础是人与人之间的社会交往，社会交往的根本在于人与人之间在实物和情感上的相互交换和支持。在交换过程中，交换客体以有序的标准和规则在交换主体间流动，交换主体时刻都在衡量着交换客体的价值，以实现交换行为的得体性和交往活动的延续性。

2. 经济学家把人看成是理性的，认为他们在自由和竞争性的市场里同他人进行交易或交换时，总是寻求经济利益或效用最大化，且市场中的人们是自由的，可以得到充分的必要信息，他们能够考虑所有的替代性选择，并在此基础上，理性地选择能使其物质利益最大化的行动。

3. 人类学家试图从人类社会的起源中找到社会交换的根源，因此他们以研究近似于初民社会的原始部落为己任，并希冀能够找到社会交换的起因及影响因素。于是，他们的关注点很自然地落到受风俗、习惯等文化价值所规范的交换上。这种交换受一定发展阶段条件下社会结构的制约，具有一定的仪式化特征，也在“赠予—接受—回报”之间加强了人与人之间的关系，带来了社会秩序，是人们获得社会支持的有效手段。

4. 社会学视野下的交换具有更为宽泛的研究主题：从社会结构的视角，探索社会生活中各种交换行为的内在机理、发生过程及不同情境中影响交换行为的各种重要因素，而无论是经济的还是文化的，又或者是制度的，甚而是心理的。基于此，社会学家们提出了各种类型化的交换原则和理论模式。

5. 作为社会交换的两种理想类型，经济交换和礼物交换各执一端。经济交换与礼物交换之间的联系与区别主要体现在四个方面：价值取向、交换主体、交换时间、交换价值。经济交换在四个维度上分别表现为经济取向、普遍主义、即时性、明确性，而礼物交换在四个维度上分别表现为文化取向、特殊主义、历时性、含蓄性。

6. 社会交换中的中介价值具有层次性和等级性。经济交换中的中介价值就是货币，而礼物交换中的中介价值则相对复杂，只能存在于定序层次中。社会交换中的中介价值可以分为两个层次：一是实物层次，即经济价值；二是情感层次，即文化价值。同时，交换客体的价值在同一层次内可以发生跃迁，而情感层次的交换客体可以附着于实物层次的交换客体。

基本概念

交换　中介价值　社会交换　经济交换　礼物交换　货币　价值取向　经济价值　文化价值　谈判性交换　互惠性交换

复习思考题

1. 简述经济学、人类学、社会学关于交换的观点。
2. 简述布劳的中介价值思想。
3. 简述社会学家是如何认识交换行为的。
4. 简述经济交换与礼物交换的区别与联系。
5. 简述社会交换中的中介价值的特征。

推荐阅读书目

1. 布劳．社会生活中的交换与权力．北京：华夏出版社，1988.
2. 马林诺夫斯基．西太平洋上的航海者．北京：中国社会科学出版社，2011.
3. 齐美尔．货币哲学．北京：华夏出版社，2007.
4. 特纳．社会学理论的结构．6版．北京：华夏出版社，2001.
5. 泽利泽．亲密关系的购买．上海：上海人民出版社，2009.
6. 杨芳洲．价值论．北京：中国社会科学出版社，2006.

参考文献

1. 埃夫伯里．世界货币简史．北京：中国金融出版社，1991.

2. 波德里亚．象征交换与死亡．南京：译林出版社，2012.

3. 伯恩斯，等．经济与社会变迁的结构化：行动者、制度与环境．北京：社会科学文献出版社，2010.

4. 布劳．社会生活中的交换与权力．北京：华夏出版社，1988.

5. 陈国权，毛益民．腐败裂变式扩散：一种社会交换分析．浙江大学学报（人文社会科学版），2013（2）.

6. 费孝通．乡土中国 生育制度．北京：北京大学出版社，1998.

7. 弗里德曼，哈恩．货币经济学手册：第1卷．北京：经济科学出版社，2002.

8. 古德利尔．礼物之谜．上海：上海人民出版社，2007.

9. 贺寨平．社会网络与生存状态：农村老年人社会支持网研究．北京：中国社会科学出版社，2004.

10. 华生．行为主义．杭州：浙江教育出版社，1998.

11. 怀特．街角社会．北京：商务印书馆，2009.

12. 拉德克利夫-布朗．原始社会的结构与功能．北京：中国社会科学出版社，2011.

13. 李汉宗．农民工群体的内部差异：社会流动与社会网络．武汉：武汉大学，2011.

14. 李乾亨．货币小史．南京：江苏人民出版社，1981.

15. 罗红光．不等价交换：围绕财富的劳动与消费．杭州：浙江人民出版社，2000.

16. 马林诺夫斯基．西太平洋上的航海者．北京：中国社会科学出版社，2011.

17. 门格尔．国民经济学原理．上海：上海人民出版社，2005.

18. 莫斯．礼物：古式社会中交换的形式与理由．上海：上海人民出版社，2005.

19. 庞巴维克．资本实证论．北京：商务印书馆，1981.

20. 齐美尔．货币哲学．北京：华夏出版社，2007.

21. 齐美尔．社会是如何可能的：齐美尔社会学文选．桂林：广西师范大学出版社，2002.

22. 齐美尔．社会学．北京：华夏出版社，2002.

23. 乔恩．货币史．北京：商务印书馆，2002.

24. 斯密．国富论．北京：华夏出版社，2005.

25. 宋杰．中国货币发展史．北京：首都师范大学出版社，1999.

26. 特纳．社会学理论的结构．6版．北京：华夏出版社，2001.

27. 沃特斯．现代社会学理论．2版．北京：华夏出版社，2000.

28. 谢立中．西方社会学名著提要．南昌：江西人民出版社，1998.

29. 阎云翔．礼物的流动：一个中国村庄中的互惠原则与社会网络．上海：上海人民出版社，2000.

30. 杨芳洲．价值论．北京：中国社会科学出版社，2006.

31. 杨宜音．“自己人”：信任建构过程的个案研究．社会学研究，1999 (2).

32. 泽利泽．亲密关系的购买．上海：上海人民出版社，2009.

33. 翟学伟．人情、面子与权力的再生产．北京：北京大学出版社，2005.

34. 周长城．经济社会学．北京：中国人民大学出版社，2003.

35. BAUER T N，GREEN S G. Development of leader-member exchange：a longitudinal test. Academy of management journal，1996，39 (6).

36. BEN-PORATH Y. The F-connection：families，friends，and firms and the organization of exchange. Population and development review，1980，6.

37. BURGESS R L，NIELSEN J M. An experimental analysis of some structural determinants of equitable and inequitable exchange relations. American sociological review，1974，39.

38. LAWLER E J，THYE S R. Bringing emotions into social exchange theory. Annual review of sociology，1999，25.

39. LAWLER J，YOON K. Commitment in exchange relations：test of a theory of relational cohesion. American sociological review，1996，69.

40. MAYHEW B H，LEVINGER R L. Size and the density of interaction in human aggregates. The American journal of sociology，1976，82.

41. MOLM L D，et al. The value of exchange. Social forces，2001，80.

42. NELSON M K，SMITH J. Working hard and making do：surviving in small town America. Berkeley：University of California Press，1999.

43. TURNER J H. The structure of sociological theory. Beijing：Peking University Press，2004.

44. WELLMAN B，WORTLEY S. Different strokes from different folks：community ties and social support. The American journal of sociology，1990 (3).

45. WORTHAM S. Bringing criticism to account：economy，exchange and cultural theory. Economy and society，1997，26.

第七章
集体消费与舒适物

近年来关于舒适物的研究引起了学界的关注。对它的学术探讨既可以为社会学研究提供新的知识增长点，又可以为地方政府提升城市形象提供参考依据，还可以为我们开展跨学科研究提供一次重要尝试。我们将以相关文献为据，将舒适物纳入经济社会学分析范畴，在借鉴友邻学科观点的基础上，既呈现当前的研究成果，又提出未来研究的方向，让读者在较短时间内了解该话题的整体概况。

本章引入舒适物，基于三点理由。第一，舒适物与既有的消费现象存在一定重叠。学界借助消费单位维度将消费分为私人消费和集体消费，两者在受益范围、获得方式和外部性上均存在诸多差别。以往文献过多关注私人消费，而作为集体消费重要组成部分的舒适物显然不在社会学视野内。第二，舒适物分配与社会大众的生活质量有直接关联。生活质量与幸福感是社会学关注的重要论题，以往文献注重考察影响大众生活质量的各类客观指标和主观指标，而往往将影响生活质量的客观指标作为既有现象来分析，不经意放弃了对这类指标做进一步的探讨。客观指标属于舒适物范畴。第三，舒适物供给是探讨我国地方政府行为的重要线索。地方政府是供给舒适物的重要主体，以往文献注重考察地方政府在经济发展中的重要角色，却忽略了其在舒适物供给与配置上的重要性。我们在对舒适物进行分类的基础上探讨不同类型舒适物与地方政府行为之间的不同联系。

第一节　拓展消费单位的内涵

传统社会学对消费议题的研究暗含着一个假定，即消费是一种个体独立决策行为，至多还包含家庭消费决策。然而，本节在反思既有消费议题的基础上，通过适当拓展消费单位的内涵，将长期脱离于社会学视域的集体消费囊括其中，这不仅扩展了消费论题的范畴，而且有助于增强社会学的解释力。

一、消费单位：从私人消费到集体消费

消费指的是在现代经济社会条件下，消费者为了满足自身需要，对商品、设施

或服务进行选择、购买、维护、修理或使用的过程，该过程会给消费者带来满足、快乐、挫折或失望等各种心理体验（王宁，2001）。这个消费概念包含消耗性、私人性和排他性。首先是消耗性。消费就是一个商品（服务）被消费者逐渐磨损、耗费直至消亡的过程，这里排除少数兼具投资和消费属性的商品。其次是私人性。消费者买什么、如何消费以及在消费过程中产生的各种体验都极具私人性，他人既无法体验也无从干预。最后是排他性。一种商品或服务被消费，就意味着其他人或群体没有消费这种商品或服务的可能性。这种消费定义在经济学视野中占据主导地位，甚至在社会学传统中也是根深蒂固的。围绕这种消费概念，诸多社会科学展开了深入研究，如通过时尚扩散视角看待着装模仿行为（齐美尔，2001），通过文化资本视角探讨阶层群体的消费趣味差异（Bourdieu，1984），通过炫耀性消费展示社会地位（凡勃伦，2004）和通过符号价值重新看待消费社会（波德里亚，2004）。上述研究的出发点是将消费看作一种私人行为，消费品是一种私人产权的物品，倡导个体消费的独立性。然而，在现实生活中，还有一类消费现象值得关注：第一，消费主体的群体性，即不是个人或少数人而是更大规模的社会群体作为消费的参与者；第二，消费过程的非排他性，即一部分人对这类物品的消费并不排斥其他人同时消费；第三，消费效果的强外部性，即人们消费它所产生的外部效应将折射到该消费品所在的周边区域。这类消费品包括公园、绿地、博物馆、美术馆和购物广场等。与以往的消费概念稍有不同，学界将这类消费现象统称为集体消费。与私人消费相比，人们对这类物品或场所的消费同样要经过选择、购买和使用的过程，在消费过程中同样会带来满足、快乐、挫折或失望等各种复杂的心理体验。面对这种消费现象，比较可行的策略就是适当扩展现有的消费单位范畴，通过一个产权概念将私人消费与集体消费囊括其中（王宁，2014），借鉴产权概念将私人消费品概括为私人产权属性，将集体消费品概括为社会产权属性。

二、重新审视集体消费

集体消费不是近年来才出现的新概念。早在 20 世纪六七十年代，社会学家卡斯特（Manuel Castells）在研究城市与草根运动中就探讨了社会群体围绕住宅、医疗和教育领域开展的各类社会运动，并将这类消费称为集体消费。集体消费指的是消费过程就其性质和规模而言，其组织和管理只能是集体供给（Castells，1976）；而个体消费指消费过程的组织和管理是由私人供给完成的。对消费类型的区分对照现实表现为住房消费（公共住房和私人住房）、教育消费（公共教育和私立教育）和医疗消费（公共医疗和私立医疗）等。卡斯特将城市系统放在资本主义社会系统里来分析，指出政府在集体消费领域内的财政投入会直接影响资本家和工人阶级的利益。政府在这方面的投资会降低工人劳动力再生产的成本，而降低的这部分成本会转化为资本企业的利润。这种论述指出了政府介入集体消费供给的重要性和必要性，即降低企业和劳动者的成本。政府在集体消费领域的投资不当则会引发财政危机。英国社会学家桑德斯（Peter Saunders）后来提出的消费部门分割理论是对集体消费的进一步拓展（见表7－1）。该理论指出，社会群体基于消费资料部门的不同分为两类：一类群体通过市场途径获得高质量的市场服务，另一类边缘群体却没有这种优待，例如，自有住房者和依赖公房的房客是消费部门分割的明显体现（Saunders，1984，1986）。沿着这个思路下来，消费领域内的分化与剥削并不是发生在资产阶级与劳动阶级之间，而是发生在消费资料占有差别基础上形成的不同社会群体之间。他根据对消费资料占有形式的不同，将社会群体的消费模式分为私人消费模式和集体消费模式，这两类社会群体在两类消费模式基础上形成不同的部门联盟，采用私人消费模式的群体凭借市场途径获得高质量的商品或服务，采用集体消费模式的群体则被排除在外。两种消费模式还体现为两类社会群体在生活机遇、社会认同乃至资源分布方面都有明显差别。

表7－1　二元政治论题

	生产政治	消费政治
社会基础	阶级利益	消费部门利益
利益调整模式	社团主义	竞争主义
水平	中央政府	地方政府
主导的意识形态	资本主义（私人产权）	公共服务（公民身份）
政府理论	工具主义（阶级理论）	不完全的多元主义（利益群体理论）

资料来源：桑德斯．城市问题与社会理论．南京：江南教育出版社，2014：306.

集体消费理论为本节论题提供了三点启示。第一，消费领域并非生产领域的延伸。除生产因素外，还有其他因素对消费产生影响。第二，按照消费供给方式不同而划分的群体除了消费模式不同外，可能还存在其他差别。这意味着对传统论题的研究需要将消费作为重要因素纳入进来。第三，集体消费投资中的政府责任。我们尝试用消费单位在集体消费与私人消费之间建立关联：私人消费的消费单位是以个人或家庭为主的，而集体消费的消费单位则是以社区或地方为主的；私人消费通过市场购买商品或服务，而集体消费则凭借公民身份获得商品或服务；私人消费给个人或家庭带来满足体验，而集体消费在人群使用中产生明显外部性。

此外，本节介绍的集体消费与既有文献有一定重合。集体消费从供给、组织和管理方面来说带有集体性，从需求来看也带有集体性。然而，这种集体消费指向某类群体，这类群体因集体消费模式而产生，因此我们重点强调政府投入的重要性，因为这种投入能有效降低劳动力再生产的成本。我们尝试扩大集体消费的受益范围，将该地区更广泛的社会群体作为集体消费的受益范围，这种视角转换不仅扩大了社会学的解释范畴，也为社会学研究提供了更多的经验论题。

第二节　作为集体消费品的舒适物

在适当扩大消费单位后，集体消费品就成为我们分析的对象。这里的集体消费品包含范围比较广，其中就包含那些能够给人们带来心理愉悦、舒适和享受的环境、设施和服务，学界将其称为舒适物，如整洁的城市道路、美观的城市景观和清新的空气等。按照不同标准可以将舒适物分为不同类型。例如，将其划分为自然与物质舒适物、人造舒适物、社会经济构成与多样性，以及居民的价值观和态度（克拉克，2004；转引自王宁，2001）；按照受益人群范围，分为普遍舒适物和相对舒适物，前者指的是给大多数人带来舒适愉悦的环境设施和服务，而后者则因不同人群偏好而各有不同。此外，反舒适物指的是让人们感到厌烦、规避的环境、设施和服务。

一、从舒适物到舒适物系统

舒适物不是以原子化状态分布，而是以系统整体方式出现的。一个城市的舒适物系统包含四个要素。一是舒适物的种类与数量。种类涉及舒适物分布领域的广泛程度，这里展现的是舒适物种类的差异性，种类越多其实暗含着异质性越强，越能满足各类人群的需求。数量指的是每一类舒适物的多寡。二是舒适物的总和。舒适物的总和指的是在一个城市内，各类舒适物加总之后的总量规模，在此基础上我们还可以计算出同一个城市内不同区域舒适物的平均拥有量。三是各类舒适物的构成比例。这里既可以计算出普遍舒适物与相对舒适物的比重，也可以计算出反舒适物在舒适物总和中的比例，当然还可以测量出城市不同区域内各类舒适物所占的相应比例。四是各类舒适物的层次划分。这里既有满足人们基本生活需要的基础舒适物，例如，便捷的公共交通就为人们通行提供了基础条件，也有满足人们更高层次精神需要的高级舒适物，如博物馆、美术馆和艺术馆等。舒适物系统考虑的是整体性与协调性。

上述介绍只是将舒适物系统作为客观指标来呈现，至于这种系统能否给当地居民带来舒适愉悦的心理体验，还取决于获取舒适物的便利性和公平性：便利性指当地居民获取各类舒适物的便利程度；公平性指舒适物在不同区域的分布是否得当。理想的舒适物系统既要在客观配置上做到总量丰富且比例得当，又能让市民比较轻松地获取。除便利性和公平性外，还需要考虑地方居民面对舒适物系统产生的主观评价差异：其一，不同人群对各类舒适物的排序可能存在群体之间的差异；其二，不同人群即使面对同类舒适物也可能产生不同的体验。对舒适物系统的研究不仅要关注客观指标的分类与测量，还要考虑不同人群与舒适物系统的匹配程度。

二、辨析人居环境与舒适物

对舒适物进行研究的不只有社会学学科，其他友邻学科如地理学对人居环境的研究同样值得关注。20 世纪 90 年代，吴良镛院士就提出要用跨学科视野来研究人居环境，“人居环境科学的建立不是要取代已有的各个学科，而是要沟通、拓展相关的学科领域，连贯人类聚居环境的形成与发展，包括自然科学、技术科学与人文科学的新的学科体系。这一学科体系的建立与发展有助于从全新角度多层次地揭示当前人类聚居环境中存在的问题，有助于高屋建瓴地解释我国由于城镇化进程加速所出现的现象，有助于科学地预测人类住区建设的重大发展趋势，有助于充分利用现有的科研成果着手解决某些有关人居环境建设发展中的复杂矛盾”（吴良镛，1996）。人居环境学科从早先单纯重视物质环境设施到后来关注社会文明礼貌指数等，本身就意味着对人居环境的认识有质的飞跃。

当前的人居环境学科是用客观指标和主观指标来设计城市评价指标体系的。客观指标体系包含五个方面，分别是安全性（犯罪率、交通事故率、紧急避难场所）、健康性（大气污染系数、垃圾处理率、噪声、饮用水标准）、方便性（教育设施数量和等级、医疗设施数量和等级、商业设施数量和等级、娱乐设施数量和等级、儿童游乐设施数量和等级）、便捷性（交通设施数量和等级、交通线路数量和等级、距离市中心的距离）和舒适性（公园、绿地数量和规模，绿化率，公用空地数量和规模，建筑密度，建筑物高度和街区的历史年代）（张文忠，2007）①。城市地理学者通过设计城市综合评价指标体系描绘了不同城市在人居环境方面的差异，刻画了城市内部不同区域人居环境的差异。主观指标体系则探讨居民对各类客观指标的主观评价，体现了“以人为本”的城市发展理念。

城市地理学科探讨的人居环境与本章介绍的舒适物多有交叉。以人居环境为例，城市地理学科在指标构造和遥感测量上具备明显优势。然而，社会学学科在这类议题上同样可以提出新的分析思路：一是考虑将构筑人居环境的各类环境设施看作舒适物类型；二是采用社会分层的视角，包括从便利性和公平性的角度考察不同社会群体在汲取各类舒适物上的差异；三是考察不同社会群体在面对同样类型的舒适物时所产生的不同主观评价以及相应的影响因素。

上述对舒适物的跨学科反思为我们带来两个重要启示。其一，在学理层面，扩大社会学研究消费现象的知识范畴。以往关于消费话题的讨论大多集中在私人消费领域，这些研究增进了人们对消费行为、消费文化和消费制度的理解，为其他应用性学科比如市场营销、消费者行为学提供了不少参考分析框架。然而，这种消费概念在面对集体消费现象时就显得力不从心，将消费单位适度扩大就迫使社会学者从新的角度来阐释该现象并力争提出新的分析思路。其二，在政策层面，重新思考全球化时代下的地方经济发展论题。国外不少文献指出，地方经济的发展与高科技人才吸引和高新技术产业的升级换代有很大联系。当前我国不少地方政府在不断推出政策优惠的同时却忽略了吸引人才的重要性。对高素质人才来说，收入高固然重要，但城市是否宜居也不容忽视，而舒适物就是构建宜居城市的重要组成部分。近些年来，国外学者围绕舒适物开展的场景研究也可以被看作对这类议题的重要拓展（西

---

① 日本学者提出的居住环境的5项基本理念，分别是安全性、保健性、便利性、舒适性和可持续性（浅见泰司，2006）。

尔，克拉克，2020；迈尔斯，2013）。由于学科差异，城市地理学着重从自然科学的角度对舒适物展开科学测量，而对群体与舒适物的关系研究至多停留在主观评价层面。相反，社会学从界定消费概念出发，通过扩大消费单位的内涵将舒适物纳入社会学研究框架，在探讨群体与舒适物匹配关系上有新的解释思路。下面，我们将尝试借鉴经济学与社会学的相关研究①，通过探讨地方政府的行为来考察其在舒适物供给上的作用。

第三节　舒适物与地方政府行为

全球化时代意味着各种生产资源要素（资金、技术、公司和人才）在全球不同国家乃至各个区域之间自由流动，国与国之间、地方与地方之间将围绕这些资源展开激烈争夺，谁能在竞争过程中吸引更多、更优质的资源，谁就能在新一轮的产业竞争中脱颖而出，从而保证经济的快速增长。自改革开放以来，我国各级地方政府尤为重视生产要素在推动地方经济发展中的重要性，推出各种招商引资优惠政策，“经营企业”就是重要例证。然而，在产业升级换代的背景下，高科技人才和高新技术公司是推动地方经济发展的关键，谁能吸引高科技人才落户，谁就能吸引高科技公司落址。

一、从舒适物系统到舒适物供给

对于不同社会群体而言，城市的含义各不相同：对企业投资者来说，城市可以让企业投资环境变得更优越；对外来移民来说，城市可以让日常生活变得更宜居。研究文献发现，舒适物系统可以有效提升城市品质，通过吸引高科技专业技术人才落户进而吸引更多的高科技公司入驻地方，最终促进地方产业的升级换代和经济的快速发展（王宁，2014）。作为集体消费品的舒适物就不仅具备消费价值，还有重要的经济与社会价值。市民可以将一个地方舒适物系统看作整体性消费品，而消费品质量的高低取决于该地舒适物的种类、数量、层次和总和，这种将地方作为一个整体性消费品来进行选择的消费偏好就是地方消费主义（王宁，2014）。舒适物作为地方政府提供给市民的集体消费品，是展现地方消费质量的重要组成部分。市民消费舒适物是一种集体消费：其一，它的受益人群更广泛且不具有排他性，甚至可以说它的规模效应需要更多的人群来消费；其二，它的外部效应能辐射到邻近周边地区，这种效应具有正面效果。

上面介绍了舒适物系统供给的重要性，接下来就要讨论舒适物配置的论题。围

① 与经济学分析思路稍有不同，社会学在探讨政府与企业、市场关系的论题时会侧重考虑社会关系的作用，形成两种很重要的范式，分别是制度分析和迈向有历史维度的政府行为分析（周飞舟，2019）。

绕舒适物的空间配置包含两个层次：第一个层次涉及不同地方在舒适物上的配置；第二个层次涉及同一个地方内不同区域的舒适物配置。鉴于篇幅所限，这里重点探讨第二个层次。围绕舒适物在城市内的空间配置，形成了不同的社会制度，分为有效率但无公正、有公正但无效率和兼具效率与公正三种类型，摄取方式有排他性摄取方式、公共摄取方式和商业性摄取方式三种（王宁，2017）。

（1）公平优先于效率。舒适物的获得采取无差别原则，凡是本地市民都有机会分享，例如地方政府为本地市民建造的公园、绿地和博物馆等公共设施。

（2）效率优先于公平。舒适物的获得采取市场购买逻辑，即价高者得的原则，例如，高收入群体在购买湖景房和江景房后，同时获取了观览湖、江的优美风光的机会。

（3）效率与公平兼得。围绕湖景和江景建造的各类商业服务设施，市民可通过市场消费来使用。与经济学强调城市空间开发的效率机制不同，社会学强调舒适物获得的社会公平与公正。

二、舒适物供给与地方政府行为

尽管近年来我国地方政府通过城市化大幅改进了舒适物系统，如城市更新带来的交通设施的改良和城市公园绿地的增加，然而在其他更应关注的方面却仍有不足，例如，一些大中城市一旦遭遇暴雨天气就会发生城市内涝，地下排水管道系统的相对滞后至少是需要改进的。通过对照两类案例，我们可以看到地方政府在舒适物供给方面的不足。一是认识不清。不少地方没有意识到舒适物系统在城市更新和产业升级换代上的重要性，换言之，改进舒适物系统与推动地方经济发展的内在联系还没有引起足够的重视。二是财力不济。一些地方虽然意识到了舒适物供给对推进地方经济发展的重要性，但没有足够的财政来供给或改良舒适物系统。三是意愿不强。地方在具备财力而且意识到舒适物对促进经济发展的重要性后，依然没有动力投入。上述任何一种情况都会导致舒适物系统供给匮乏，需要区别对待。针对认识不清，可通过专题调查研究和递交咨询报告来引起地方重视；针对财力不济，可通过中央财政转移支付或吸纳多元化社会资本来解决资金不足的问题；针对意愿不强，可考虑改进考核地方官员晋升的指标体系从而解决激励不足的难题。

在探讨地方政府行为与舒适物供给的关系之前，有必要介绍一下有关我国地方官员与地区经济增长关系的文献，其中尤以官员晋升锦标赛理论框架影响力较大。晋升锦标赛理论最初来自企业研究领域，后来经周黎安教授借鉴引入地方政府治理领域，逐渐成为探讨地方官员行为的重要框架。晋升锦标赛作为一种行政治理模式，指的是上一级政府对多个下级政府部门的行政长官设计的一种职位晋升竞赛，竞赛优胜者将获得晋升，而竞赛指标由上级政府决定，GDP 增长率和其他可度量的指标都可以作为竞赛指标（周黎安，2007）。这种晋升机制需要具备五个前提：一是上级政府集中人事权力，决定晋升选拔的标准；二是存在一种委托人和代理人都能衡量的竞赛指标；三是政府官员的竞赛成绩是相对可以比较的；四是被考核指标与参赛人的努力有直接关联；五是参赛人之间不容易形成合谋。晋升锦标赛在实施过程中主要有四种成效：一是解决了中央政府监督激励依次递减和信息不对称的问题，从而节约了监督成本；二是改变了政府对生产要素的态度，从某些方面保护了企业产权，而政策环境也得以优化；三是克服了发展中国家面临的政治公有的悲剧；四是限制了政府官员被固定或狭隘利益集团捕获而导致地区增长迟缓的治理手段。然而，这种晋升锦标赛机制在为各级官员提供强激励的同时，也带来了一系列的负面后果，例如环境污染、能源消耗过大，以及加工成本优势都建立在长期人为扭曲的要素价格基础之上。

探讨地方官员的晋升激励机制对思考舒适物供给有重要启发。如果在制度层面将舒适物供给嵌入地方官员晋升激励的框架，那么舒适物供给可能就不再是一个政策呼吁的难题而转变为切实的政府行为。从现实来看，地方政府在舒适物供给上也并非无所作为，近年来各地的地铁建设项目不啻一种改进舒适物系统的重要举措。探讨地方政府在舒适物供给上的角色发挥，不能一概而论，而要先对舒适物进行分类，随后再将舒适物供给、地方经济增长和地方官员晋升统一纳入研究框架，才能理清它们之间的内在联系。本节按照舒适物的功能将其区分为三种类型，分别是提升城市形象的舒适物、推动地方经济发展的舒适物和提升居民生活质量的舒适物。

（一）作为提升城市形象的舒适物

第一类舒适物具有提升城市形象的功能。尽管没有文献直接指出这类舒适物与地方政府行为之间的关联，但是与舒适物相似的公共物品的供给研究却可以开拓研究视野。例如，有文献指出，地方政府会给予可视性公共物品更多的投入。这项研究用城市维护建设支出数据区分可视性公共物品支出和非可视性公共物品支出。可视性公共物品支出包括修建道路、桥梁、轨道交通支出和园林绿化市容环境卫生支出；非可视性公共物品支出指的是燃气、集中供热支出和排水防洪支出等。该研究指出，地方官员任期与可视性公共物品支出之间存在显著的倒 U 形关系：任期之初，可视性公共物品支出大幅增加，第三年到达最高峰，之后逐渐下降（任期第三年是升迁时间，地方官员在任期内最优配置财政资源，使可视性公共物品在上级考核关键点上达到最大值）（吴敏，周黎安，2018）。这项研究的创新点在于拓展了对以往地方政府行为的研究领域，如果说以往的地方官员通过推动地方经济发展来提升客观政绩，那么供给可视性公共物品则可以通过提高上级的主观评价来获得晋升的可能。显然，公共物品与舒适物有很大重叠。我们在此以可视性为标准，将舒适物分为可视性强的舒适物与可视性弱的舒适物，前者包括美观的城市道路、快速的城市交通和城市公园绿地，而后者包括城市下水管道等。借鉴上面的研究不难发现，如果可视性弱的舒适物既不能被纳入地方经济发展的框架又没有进入上级政府主观评价范围内，那么地方政府对这部分舒适物的投入激励就会相对不足，例如近年来城市内涝屡见报端就是一个明证。显然，与以往学界区分舒适物的标准稍有不同，这里按照可视性标准将舒适物分为两类，地方政府可能会在可视性强的舒适物领域投入更多。当然，如果这类舒适物还可以推动地方经济发展，那么地方政府在这方面的投入会更大。

将舒适物作为提升城市形象的重要手段，背后隐藏的依然是地方官员的晋升逻辑。如果说以往晋升锦标赛关注的是辖区内企业发展对地方经济的推动作用，进而转化为标识地方官员的政绩，那么这种可视性强的舒适物则是作为经营辖区的重点工程来打造的，结果是整体地方消费质量的提高。这里仅从可视性标准来区分，在注意到可视性强的舒适物更容易引起地方投入的同时，也要探讨可视性弱的舒适物如何才能引起地方政府的重视。用可视性标准来区分也在提醒我们，当学界呼吁地方政府加大对舒适物的投入的时候，实际上要区分两个层面的问题：一是地方政府有没有投入；二是如果有投入，那么是有选择性投入还是无差别投入。

（二）作为推动地方经济发展的舒适物

上述介绍的舒适物是从可视性标准来考察的，此外还有一种舒适物虽然可能并没有很强的可视性，但是在推动地方经济发展中功不可没。改革开放以来，我国地方政府在发展地方经济的过程中经历了一个从经营企业到经营辖区的历史演变过程，经营企业所带来的税收和 GDP 的增长成为地方官员晋升的重要考核指标。伴随分税制和城市化进程的不断加深，经营辖区成为地方政府发展地方经济的重要举措（曹正汉，史晋川，2009）。舒适物系统对地方经济的推动体现在两个方面：第一，通过吸引专业人才和高科技公司落户来实现地方产业的更新换代，通过产业升级来寻找地方经济发展的新的增长点；第二，将舒适物供给与当前地方政府的空间规划结合在一起。本部分内容主要讨论第二个方面。地方政府在牢牢抓住土地开发权的基础上，根据城市的自然禀赋、历史文化、地理区位和人口规模策略性地供给舒适物。经营辖区意味着政府在充分考虑地方实情之后，以促进经济增长发展为目标来有意识地规划本地空间，这意味着舒适物的供给要与城市的整体规划一并进行。例如，地方政府在围绕土地财政而产生的土地出让之前必须先平整土地，必须为土地提供基本的公共配套设施，只有做好这些基础设施，土地出让才会顺利进行（周黎安，2018）。还有学者指出，在辖区内统筹规划土地发展来策略性地供给舒适物将空间资源市场化，通过改进舒适物系统来提高城市土地价格，进而实现土地、金融与财政的“三位一体”（周飞舟，2010）。例如，沿江、沿湖的地块经平整后成为住宅楼用地，地方政府围绕这块地皮配套相应的舒适物，舒适物配置的外部效应使周边土地大幅升值，政府通过公开招标拍卖来获取土地出让金。这种供给舒适物的方式从短期来看实现了效率最大化，但是没有实现公平。从公平角度来看，房地产商通过高价竞拍地皮来建造楼房，未来的高价房被高收入阶层购买，高收入阶层进而获得相应的舒适物。上述介绍的舒适物不仅是提升城市形象的重要手段，而且是推动地方经济发展的重要引擎。舒适物的配置不仅仅带来短期的经济效应，政府在综合考虑本地情况后，通过对原有空间的改造升级来打造特色舒适物，此时的舒适物就起着牵一发而动全身的功效，使城市更新与地方经济发展成为一个系统配套工程。

学界讨论与现实状况有出入，问题在于缺少对地方政府行为的研究，例如，地方政府有没有被激励去投入。上面的讨论初步给出了答案。舒适物以两种方式进入地方官员的视野：一类舒适物本身可以为经济发展提供动力，理应引起重视；另一类舒适物尽管不能直接推动经济发展，但它因可视性而成为上级评价的重要指标。上述两类舒适物被很好地嵌入当前的官员晋升激励框架之内。现在遗留的问题是还有一类舒适物，要么由于可视性弱而没有进入上级评价范围，要么在推动地方经济发展上的效果不太明显，但这类舒适物供给质量的优劣直接关乎地方居民生活质量的高低。对此，我们要反思地方官员晋升激励框架，将居民评价作为指标纳入考评体系可能就是一个备选项。

（三）作为提升居民生活质量的舒适物

如上文所言，从官员晋升激励角度看，那些可以推动地方经济发展和提升城市形象的舒适物被很好地嵌入当前的官员考核体系内，很容易就成为重点投入的领域；可是还有一些舒适物被忽略了，更要紧的是，这些舒适物反而是居民更加关心和重视的。围绕舒适物供给配置，学界讨论与政府实践之间还存在一定的割裂，学界呼吁能否在政府层面产生积极的回响最终还要落实到制度激励上。不可否认，当前我国推进的城镇化战略已经逐步从土地城镇化转变为人的城镇化，两字之差意味着城市公共配套设施要跟上，其中舒适物系统的供给就显得尤为必要。在此，我们可以考虑采取适当的办法将居民评价作为重要指标纳入官员考评体系，通过改进官员考评激励框架来推动这一类舒适物的供给。此外，舒适物系统的供给除了要适当改进地方官员的考评体系外，还要考虑地方财政的负担，因为舒适物系统的供给与改进需要公共财政投入。问题是当前我国各地政府的财力并不均等，中西部地区的财政尚且需要中央财政转移支付，如果简单地模仿东部沿海城市，那么只会适得其反。各地政府如何因地制宜、量力而行地提供相应的舒适物系统是下一步需要考量的问题。

本节将舒适物分为提升城市形象、推动地方经济发展和提升居民生活质量三种类型，结合官员晋升锦标赛的理论分析框架，指出前两种类型的舒适物由于被很好地嵌入官员晋升激励框架内，因此有比较大的投入，而第三种类型的舒适物可以通过改进现有考评体系来增加投入。与既有学术观点相比，这种分析有两个创新点：第一，将舒适物分为不同类型，探讨不同类型舒适物供给的差异性，这就避免了以往笼统讨论舒适物的窠臼；第二，将舒适物供给与地方官员晋升结合在一起思考，探讨地方政府行为的逻辑。

本章从现有消费概念的局限性出发，引入消费单位概念，将消费区分为私人消费和集体消费，随后指出作为集体消费的舒适物近年来引起学界的广泛关注。围绕舒适物论题，本章对它的概念、特征、角色和作用做了全面介绍，紧接着将舒适物供给与地方政府行为结合在一起，探讨了不同类型的舒适物在地方经济发展过程中发挥的不同作用。舒适物是一个跨学科研究的论题，除了社会学，经济学和人文地理学对与舒适物相似的现象也开展过深入的学理探讨。面对同一个现象的同一个侧面或维度，不同学科的解释思路各有特色，适度地借鉴其他学科的观点有助于加深对这个现象的解释。以舒适物研究为例，社会学与经济学、人文地理学之间是一个相互补充的关系。人文地理学借助先进的遥感技术可以对不同城市乃至城市内部不同区域的舒适物配置做出精确的测量，经济学关于地方官员晋升机制的研究又为舒适物供给的制度激励提供了重要启发，而社会学的思路在将集体消费纳入消费范畴之后通过考察舒适物在不同社会群体配置中的公平与效率问题将该论题拉回社会层面。不同学科只有通力合作才能更好地研究舒适物论题，不仅在学理上有新的知识增长点，同时也能为地方政府决策提供重要的参考建议。

本章要点

1. 消费不仅包括私人消费，也包括集体消费，两类消费在产权性质、受益范围和外部性上有显著差别。以往研究文献过于重视私人消费，忽视了对集体消费的讨论，我们可以借鉴消费单位概念将两类消费纳入统一的分析框架。

2. 舒适物是可以给人们带来心理愉悦的重要集体消费品，而反舒适物则给人们带来不良心理体验。

3. 舒适物系统指的是不同类型舒适物之间形成的关联结构，包括舒适物的种类与数量、舒适物的总和、各类舒适物的构成比例和各类舒适物的层次划分。

4. 关于舒适物供给论题的探讨需要纳入地方官员晋升激励框架来理解：可视性强的舒适物可以进入上级考察下级政绩的主观评价范畴，这一类舒适物可以有效提升地方形象。

5. 舒适物研究是一个跨学科的重要尝试，不同学科围绕它的讨论应该是一个相互借鉴、相互启发和相互推动的过程。

基本概念

舒适物　晋升锦标赛　地方消费主义　私人消费　集体消费　外部性

复习思考题

1. 简述私人消费与集体消费的主要异同。
2. 什么是舒适物？什么是舒适物系统？
3. 简述舒适物研究的相关理论。
4. 中国的城市舒适物研究有哪些特色？

5. 简述舒适物跨学科研究的优势与局限。

推荐阅读书目

1. 桑德斯．社会理论与城市问题．南京：江苏教育出版社，2014.
2. 英格利斯．文化与日常生活．北京：中央编译出版社，2010.
3. 埃尔潘．消费社会学．北京：社会科学文献出版社，2005.
4. 佐京．购买点：购物如何改变美国文化．上海：上海书店出版社，2011.
5. 格罗瑙．趣味社会学．南京：南京大学出版社，2002.
6. 张文忠，等．人居环境与居民空间行为．北京：科学出版社，2020.
7. 周飞舟，谭明智．当代中国的中央地方关系．北京：中国社会科学出版社，2016.
8. 周飞舟．以利为利：财政关系与地方政府行为．上海：上海三联书店，2012.
9. 周黎安．转型中的地方政府：激励与治理．上海：格致出版社，2017.
10. CLARK T N. The city as an entertainment machine. New York: Elsevier，2004.

参考文献

1. 波德里亚．消费社会．南京：南京大学出版社，2004.
2. 曹正汉，史晋川．中国地方政府应对市场化改革的策略：抓住经济发展的主动权：理论假说与案例研究．社会学研究，2009 (4).
3. 凡勃伦．有闲阶级论．北京：商务印书馆，2004.
4. 迈尔斯．消费空间．南京：江苏教育出版社，2013.
5. 齐美尔．时尚的哲学．北京：文化艺术出版社，2001.
6. 浅见泰司．居住环境：评价方法与理论．北京：清华大学出版社，2007.
7. 王宁．城市的舒适物配置与空间正义．旅游学刊，2017 (4).
8. 王宁．城市舒适物与消费型资本：从消费社会学视角看城市产业升级．兰州大学学报（社会科学版），2014 (1).
9. 王宁．地方消费主义、城市舒适物与产业结构优化：从消费社会学视角看产业转型升级．社会学研究，2014 (4).
10. 王宁．消费社会学：一个分析的视角．北京：社会科学文献出版社，2001.
11. 吴良镛．关于人居环境科学．城市发展研究，1996 (1).
12. 吴敏，周黎安．晋升激励与城市建设：公共品可视性的视角．经济研究，2018 (12).
13. 西尔，克拉克．场景：空间品质如何塑造社会生活．北京：社会科学文献出版社，2020.

14. 张文忠．城市内部居住环境评价的指标体系和方法．地理科学，2007（1）.

15. 周飞舟．大兴土木：土地财政与地方政府行为．经济社会体制比较，2010（3）.

16. 周飞舟．政府行为与中国社会发展：社会学的研究发现及范式演变．中国社会科学，2019（3）.

17. 周黎安．官场+市场与中国增长故事．社会，2018（2）.

18. 周黎安．再论行政发包制：对评论人的回应．社会，2014（6）.

19. 周黎安．中国地方官员的晋升锦标赛模式研究．经济研究，2007（7）.

20. BOURDIEU P. Distinction：a social critique of the judgement of taste. Cambridge，MA：Harvard University Press，1984.

21. CASTELLS M. Theory and ideology in urban sociology//PICKVANCE C. Urban sociology：critical essays. American journal of sociology，1976，31（4）.

22. CLARK T N. Urban amenities：lakes，opera，and juice bars：do they drive development? //CLARK T N. The city as an entertainment machine. New York：Elsevier，2004.

23. SAUNDERS P. Beyond housing classes：the sociological significance of private property rights in means of consumption. International journal of urban and regional research，1984，8.

24. SAUNDERS P. Social theory and the urban question. London：Routledge，1986.

第八章
劳资关系

在中国由计划经济向市场经济转型的过程中，各种经济成分在社会经济生活中扮演着不同的角色，各种劳资关系问题也随之凸显出来。本章将首先介绍劳资关系的概念、劳资关系的影响因素、劳资关系的类型与表现形式、研究劳资关系的目的等相关问题；其次回顾劳资关系在西方国家的演变，总结劳资关系研究的基本理论；然后从系统科学的角度阐述劳资关系的研究框架，从系统内部的输入，系统内部行为者的角色和特征，行动者的目标、价值和权力，以及外部环境对劳资关系系统的影响等方面分析劳资关系的输入，同时探讨劳资关系输出系统以及模型的分析力、预测力和解释力；最后分析在中国社会转型时期中外合资企业中的劳资关系，主要论及中外合资企业劳资关系研究的基本问题、中外合资企业劳资关系现状以及政策含义等。

第一节　劳资关系概述

工会和劳资关系研究一度是西方学术界研究的热门课题，经济社会学家和工业社会学家在这方面做了大量研究。20 世纪 80 年代以后，随着工会在西方经济生活中的重要性逐渐降低，学者们对劳资关系研究的热情日渐消退。但是，处在由计划经济向市场经济转型阶段的国家，如东欧国家以及中国，劳资关系问题却正在凸显出来，这必将引起学者们更多的关注。

一、劳资关系的概念

劳资关系是雇佣劳动者与资本家之间的关系，它是资本主义社会最主要、最基本的社会关系。劳资关系（industrial relations）的定义有广义和狭义之分。广义的劳资关系是工作中人们的行为和互动关系，包括雇主与雇工之间在企业运作过程中的关系，个人、群体、组织以及机构如何做出规范劳资双方雇佣关系的决定等内容。它明显地表现出超越质量控制、市场营销、价格决定和利益转让的特点。广义的劳资关系研究包括：（1）对工人及其工会、雇主及其雇主协会以及规范劳资双方关系的制度等的一系列研究；（2）公共政策和法律框架在影响雇佣条件方面的作用；(3) 工作环境中雇主与工会的权力关系。狭义的劳资关系包括两个含义：其一，是指工作场所的规则与制度；其二，是阶级冲突的一个方面，必须将其定位于当代资本主义的综合分析中来考察。狭义的劳资关系意味着雇工与雇主的关系限定在劳方与资方的日常管理协会之间。一般而言，我们通常所说的劳资关系主要指狭义的劳资关系。

劳资关系的特征有以下几个方面：(1) 劳资关系是企业中“雇佣关系”所产生的关系束。如果没有雇主和雇工的参与，就不可能有雇主与雇工的这种关系。产业是劳资关系产生及存在的土壤。(2) 劳资关系强调和解的过程，参与双方通过和解，学会相互合作与适应的方法和技能。(3) 每一种劳资关系系统都会形成一套管理工厂的规则，同时通过集体讨价还价制定的规则，在劳资双方之间形成以维护和谐关系为主要目的的工作共同体。(4) 政府或国家借助法律、规则、协定和奖励制度影响劳资关系，并起着定位导向作用。同时，政府或国家也强调通过习惯、风俗、传统、政策的执行以及行政和司法机构的干涉来对劳资关系进行调节。

二、劳资关系的影响因素

在劳资关系的演变过程中，社会、心理、经济和政治因素相互交织，共同决定劳资关系。就社会因素而言，社会群体、社会价值和规范、社会地位都影响劳资关系，尤其是在工业化初期，产生如“主-仆”“富人-穷人”这样的关系，但随着工业化的发展，这些社会因素渐渐失去其重要性。在心理方面，由于工作竞争激烈而又单调乏味，动机的缺乏、人与人的疏远、个性认同的丧失、利益受损以及工人们的社会心理需要未被满足等导致沮丧和抱怨。为了对抗工人们建立的组织，雇主们也建立了自己的组织。这样，如果政府不借助合适的劳动立法去干涉、规范集体关系，“权力关系”环境就会应运而生，对经济的影响主要来自相对地位差距、群体间收入悬殊、失业、通货膨胀和经济衰退。如果劳工对更高工资的要求得不到满足，生活标准不能提高，冲突就在所难免。政治制度和政府系统也影响劳资关系。在民主体制中，劳工和资方的合作可通过工人参与机制来实现；相反，在一个专制的系统中，雇主自己的决策可能会孕育劳资骚乱。

一般来讲，影响劳资关系的因素分为制度因素、经济因素和技术因素。(1) 制度因素包括国家政策、劳动法、自愿规则（voluntary codes）、集体协议、劳动者工会和雇主组织，以及社会制度［社区、种姓（caste）、组合家庭、纲领（creed）、信仰系统等］、工作态度、权力地位系统、动机和劳资关系。(2) 经济因素包括经济组织（社会主义、资本主义、共产主义、个人所有制、公司所有制、国家所有制）、劳工的权利和雇主的权利、劳动力的组成与特征和市场上劳动力的供给与需求。(3) 技术因素包括生产技术、现代化、理性体制（rationalization schemes）和资本结构等。有时，外部因素，如国际关系、全球冲突、占垄断地位的国家政治意识形态、国际组织［如国际劳工组织（ILO）］的运作等也会影响一个国家的劳资关系。

劳资关系环境是一个由政府、商界和劳动者组成的“规则网”（web of rules），它受现有的以及潜在的经济制度和技术因素的影响。一个国家的劳资关系系统不是突变的结果，它往往依赖于其社会背景而产生；它也不仅是工业变化的结果，而且是先前社会变迁的综合反映。劳资关系的发展和形成取决于既定社会的主要制度，与社会主要制度一起诞生、繁荣和消亡。总之，劳资关系过程与制度力量紧密相关。

在劳资关系中，有三个子系统，即技术子系统（technological subsystem）、经济子系统（economic subsystem）和政治子系统（political subsystem）。在技术子系统中，技术密集型行业和劳动密集型行业的劳资关系是相当不同的，技术改进提高了对工人技能的要求，用现代化技术过程和方法减少手工劳动，使工人获得对工作更大的控制，同时也提高了产量。随着技能和教育水平的提高，工人对回报的期望也逐渐上升。在经济子系统中，市场和经济限制影响劳资关系，因为需要劳动者更加熟悉所生产物品的数量和质量。随着市场竞争加剧，公司的获利难以确定。在政治子系统中，社会中的权力平衡以权力为中心的形式存在，如工人组织、雇主和政府。权力平衡也影响劳资关系，在起始阶段，工人和雇主都表现出对各自目标的强烈要求，但随着管理性权力的放弃，政府在劳资关系的发展过程中起关键性作用。

三、劳资关系的类型与表现形式

劳资关系因时代、国家、行业、企业的不同，其表现出来的互动也各不相同，既可能是敌对的、冲突的，也可能是顺从的、合作的。美国劳动社会学家诺克思（J. B. Knox）根据经营者的类型及其对工人的态度将劳资关系区分为五种类型（见表 8-1），即“家族主义型”“亲权型”“契约型”“敌对型”和“社会体系型”。

表 8-1 劳资关系的各种类型

经营者的类型	对工人的看法	劳资关系的类型
伙伴、同事	伙伴、同事	家族主义
博爱家	依赖性的孩子	亲权
资本家	经济人	契约
技术专家	机器、工具、动物或有心理问题的人	
上述任意与第一栏不对应的一种	上述选一种	敌对
关系学专家	生物的、心理的、社会的存在	社会体系

资料来源：万成博，杉政孝．产业社会学．杭州：浙江人民出版社，1986：126.

克尔（C. Kerr）和中山伊知郎（Ichiro Nakayama）认为劳资关系有四种基本的类型，即“绝对型”“阶级斗争型”“亲权型”和“竞争型”。“绝对型”劳资关系是指在决定劳资条件的实权完全掌握在雇佣者手里这一前提下所形成的劳资关系；“阶级斗争型”劳资关系是指劳资双方互相敌对，不断斗争，在这种阶级斗争的过程中所形成的劳资关系；“亲权型”劳资关系是指雇佣者与被雇佣者之间靠温情主义结合起来所形成的关系；“竞争型”劳资关系是指在劳动双方互相承认对方地位、共同谈判和协商来解决劳资问题这一原则下形成的劳资关系（万成博，杉政孝，1986）。

劳资关系有许多表现形式，其主要的表现形式是罢工。罢工行动与经济活动有明显的联系。在经济繁荣时期，由于资本家获得的利润增加，工人就要求分享利润，而资本家也较愿意施惠，因此工人要发动罢工以争取利益。而在经济萧条时期，工人为了使自己不被解雇，并争取较好的工作条件，所以也经常发动罢工。但研究表明，在经济繁荣时期罢工活动较多，而在经济萧条时期罢工活动则明显减少。

罢工与行业性质有较大关系，也就是说，某些行业的工人比其他行业的工人更容易发生罢工事件。一般来说，煤矿工人和码头工人罢工的倾向性最强烈；其次是木材行业和纺织行业；再次是化学、印刷、制革、一般制造、建筑和食品业；然后就是制衣业、公共事业、服务业等；最不太可能发生罢工的行业是铁路、农业和商业（斯梅尔瑟，1989）。

为什么不同的行业发生罢工的可能性不一样呢？克尔和西格尔将其解释为各行业工人之间以及工人与社会之间的整合程度不同，因此罢工的倾向性就有差异。罢工次数多的行业一般具有几个特点：工人来自同质性较强的群体，这些群体与社会其他群体不相往来，其内聚力较强。许多行业罢工次数较少是因为：（1）工人与社会的整合程度较高；（2）工人是那些受市场或政府限制、不允许罢工的工会的成员；（3）工人之间接触不多，无法联合举行罢工。对不同行业罢工次数不同这一现象也可解释为，那些与外界不相往来的行业，由于不吸引人、缺乏技术，往往雇用较强悍、好斗的工人，所以罢工的次数就多。当然，罢工还受到具体的历史因素影响。

至于工人们对现实不满而举行罢工的原因较为复杂。对其解释有各种观点，较为常见的观点是：（1）“经济利益”学派。持这一观点的学者认为工会的主要功能是“经济性”的，就是为会员争取提高工资。（2）“工作安全”学派。其观点是从“经济利益”学派演变而来的，认为工人想要争取的是良好的工作条件，而不是暂时的工资增加。（3）“阶级利益”学派。“阶级利益”学派也称为“马克思”学派，他们认为资产阶级欺压工人阶级，由此引起工人们的不满。（4）“政治”学派。他们强调，在承认工会及其集体争议方式、管辖权、内部领导权以及共产主义对工会的影响等方面，工会和资方都存在政治冲突。（5）“人际关系”学派。持这一观点的学者认为工人无法组成初级群体，而资方和工人又不能相互沟通意见，他们互不理解，因此工人产生不满情绪。

四、研究劳资关系的目的

劳资关系研究的最基本目的在于促进两个参与者——雇工和雇主——之间形成健康的良好关系。一个国家的劳资关系状况与其政治管理形式紧密相连，一个劳工组织的目的可能会从经济取向变为政治取向。

有些西方学者把研究劳资关系的目的分为四种：一是改革现存工业管理和政治管理中工人的经济条件；二是国家控制工业以便规范管理生产和调节劳资关系；三

是用使国家本身成为雇主的办法促进本国的工业社会化和国有化；四是将工业产权授予工人（周长城，1997a)。

也有些西方学者把研究劳资关系的目的分为七个方面：(1) 确保雇工和雇主双方的利益，增进双方了解。(2) 避免劳资冲突，劳资双方建立和谐的关系对于工业进步和生产效率的提高尤为重要。(3) 在全日制雇佣阶段，减少劳动调整和经常性旷工以提高生产水平。(4) 劳动合作关系不仅是为了享受组织所得，而且是为了共同做出决定，使参与者的个性被充分认可，同时使其成为文明公民，因此必须建立和维持工业民主。(5) 在雇佣双方间确定合理的工资水平，改进工人的工作条件，给工人小额利益（fringe benefits）以减少罢工、封闭工厂（资本家压制罢工工人的一种手段)。(6) 使正在亏损的单位和工厂及其生产的产品变为公共部门由国家控制。(7) 通过劳资关系的改善，国家努力在社会秩序与某种需要之间搭桥铺路，由于社会秩序是不平衡、容易混乱和失控的，这就需要依靠规范来控制社会成员，调节利益冲突，在保护一些的同时限制一些，使其逐渐形成一种健康的社会秩序（周长城，1997b)。

第二节 劳资关系的演变及理论

一、劳资关系及其研究的历史流变

从一定程度上讲，近代资本主义的发展历史也是劳资关系曲折发展的历史。劳资关系是劳资双方不断冲突和斗争的结果。在西方发达国家的劳工运动史上，由于社会经济条件的变迁，工会的结构不断发生变化，所以工人斗争的形式也随之改变。

(一) 劳工运动的兴起与劳资对立

19 世纪后半叶到 20 世纪初，尤其是第一次世界大战以后，伴随着资本主义经济的早期发展，产业工人与资本家之间的矛盾日益加深。这一时期，劳资矛盾尖锐，劳动问题成为影响经济生活的一个重大因素，劳动制度、工资制度是否合理，以及劳动条件是否人道等都成了学者们研究的重要课题。美国劳动经济学家摩根(Morgan) 指出，随着工业化的进程，出现了若干劳资关系问题（工资、工时、工作条件)，并进一步产生了劳动者的经济无保障问题。

马克思系统地研究了欧洲的劳工运动问题，他对资本主义劳资关系研究最重要的贡献是对阶级结构和阶级矛盾的分析。在此基础上，马克思提出了劳工运动理论，强调阶级组织和阶级对抗，核心是阶级斗争和资本主义不可避免的崩溃，基本形式是暴力革命，终极目标是打破资本主义的生产方式以实现无产阶级的自主劳动。马克思以劳动价值论和剩余价值论为基础，指出了工人运动的方向，即通过无产者的组织进行暴力革命实现自身的彻底解放。马克思的劳工运动理论揭示了劳工运动更为广泛的背景和更为深远的意义，将劳工运动视为激烈的社会和政治变革的动因，影响十分巨大。在马克思之后的很长一段时间内，不少人仍然沿着这样的思路加以研究，并最终形成了劳动社会学理论中的“马克思模式”。直到今天，这种研究还代表着劳动关系和集体谈判研究领域中的一个学派或一种研究方法。

此外，韦伯、韦布夫妇（Sidney Webb and Beatrice Webb）、凯恩斯等学者也都对劳工问题进行了广泛而深入的研究。韦伯的工业资本主义理论说明了劳动关系系统对经济的核心地位的肯定。劳动关系在官僚体制中内涵十分清晰，它以细致而严格的规则和过程表现出劳动者与管理方之间的冲突。韦布夫妇的产业民主理论主张劳工运动既要有政治方向，也要有经济方向，要用劳工运动和团体协商的方式来解决劳动问题。该理论在大多数西方市场经济国家中产生了巨大的理论效应，他们关于集体协商活动的理论以及私营和国有企业共存的理论，对于西方国家集体谈判和混合经济的形成有着不可磨灭的影响。如今，由产业民主思想演进而成的社会改良和社会整合思潮，成为欧洲劳工运动的主流。

总体而言，早期的劳资关系研究都试图在资本主义的体制框架内寻找解决劳资冲突的良方。它们以早期资本主义发展阶段为背景，为争取产业工人的生存权而采取了多种努力，并逐渐形成了以马克思为先导的历史唯物主义研究脉络和以韦伯为鼻祖的文化主义研究脉络。其中，在 20 世纪前半期，古典马克思主义的社会运动理论对全球无产阶级革命和民族解放产生了深远影响。在科学社会主义理论的指导下，工人运动在世界各国轰轰烈烈地开展起来。在无产阶级政党以及各级工会的组织领导下，欧美各国的工人阶级为缩短工时、增加工资，为改善劳动条件、争取劳动保护，为争取言论、集会、结社的自由等基本经济政治民主权利，开展了前赴后继的斗争。

（二）劳工运动的转向与劳资关系的缓和

随着第三次科技革命的迅猛发展，西方资本主义国家的社会经济结构发生了巨大变化。资方迫于压力向劳方做出重大让步，吸收社会主义的部分成果，改善劳资关系，缓和劳资矛盾。各国工会运动也顺应客观形势的变化，纷纷调整自己的纲领和策略，在国家的法律框架之内，以合法规范的手段代表、维护和增进劳工权益，劳资谈判、民主参与、劳资共决等成为工会工作的主要内容，社会改良成为一种主流思潮。

1. 资方的管理控制

此阶段的资方研究关注资本家或企业管理者如何化解工人抗争、协调劳资关系。布雷弗曼（Harry Braverman）、弗来德曼（A. L. Friedman）、埃德沃兹（R. Edwards）和布洛维等学者都提出了通过管理控制消减工人抗争的理论观点。

布雷弗曼对资本主义劳动过程的研究是从讨论人的劳动特点开始的，认为劳动中的构想（conception）与执行（execution）是可以分开的。随着垄断资本主义劳动过程的发展，构想活动逐渐集中到少数管理人员手中，工人逐渐被去除技能而降格。资本主义劳动过程的管理可以采取两种控制方式，即工匠控制与管理控制（也许，可以在更广的意义上称之为工人控制与资本家控制）（Littler，1990）。布雷弗曼认为，控制是一切管理制度的中心思想，管理控制又主要采用泰罗制的科学管理方法（Braverman，1979）。

弗来德曼在1977年出版了《工业与劳动》（*Industry and Labour*）一书。在书中他指出，资本主义生产方式下的管理总是包含两个迥然不同却又密切相关的功能：一是协调公司内部的各种活动；二是对工人行使权威。高层管理者通常采用两种主要的策略来行使他们对劳动者的权威：一种是责任自治（responsible autonomy）；另一种是直接控制（direct control）。他认为，重要的是研究资本主义生产方式是如何适应工人抗争的，而不是简单地研究资本主义生产方式是如何因为工人抗争而可能被推翻的。

埃德沃兹利用美国一些大公司［如国际商业机器公司（IBM）、AT&T、通用电气（GE）、宝丽来（Polaroid）、Ford Motors 等］的资料，对美国资本家控制系统的转变进行了系统研究。他指出，自19世纪以来，随着从竞争资本主义到垄断资本主义的转变，工作场所的控制方式也从简单控制（又分为资本家亲自控制和等级控制）转变为结构控制（又分为技术控制和官僚控制）。这些变化的主要触发因素就是连续的阶级斗争，即资本家、工人和其他阶级为了保护和增进他们各自的利益而进行的斗争（Edwards，1979）。

布洛维则精辟地回答了如何将工人的劳动力转化为实际而有效的劳动这一问题。一旦工人进入生产车间，工人自发的认同也是强制之外的另一个重要因素（Burawoy，1979）。他通过对垄断资本主义劳动过程中三种制造认同的机制（计件工资制、建立内部劳动力市场、建立内部国家）的深入研究，得出了三种机制共同导致个人主义的增长、上下等级之间冲突的消散和劳资之间以及工人与管理者之间利益的具体协调的结论（Burawoy，1979）。他根据资本家使用“强制”和“认同”的情况，把资本主义的劳动过程划分为两种类型：一种是专制的工作组织；另一种是霸权的工作组织。根据这两种劳动过程类型的划分，资本主义发展的动力可以有两个，即竞争和斗争。后来，布洛维扩展了他的研究思路，不再使用“内部国家”（internal state）而使用“工厂体制”（factory regime）这个概念，认为资本主义的工厂体制呈现出从市场专制体制向霸权体制再向霸权专制体制发展的趋势（Burawoy，1979）。此外，布洛维特别强调集体谈判的作用，它能够产生工会与公司之间建立在企业生存与发展基础上的共同利益。

在他们的影响和带动下，目标管理、员工参与管理、利润分享、员工持股、雇佣期限、利害相关、工作分享等理论观点也先后出炉，它们对缓解劳资冲突、增强合作、推动社会经济发展产生了重大影响。

2. 劳方的集体谈判

第二次世界大战以后，凯恩斯主义在西方大行其道，并确立了国家干预——福利国家的现代化道路。集体谈判越来越为工人阶级所接受，并成为西方国家对劳资利益进行经常性调整的一项重要制度，成为西方国家工会运作的基本形式。

"集体谈判"这一术语由韦布夫妇首先提出并开始使用。他们认为集体谈判主要体现为一种经济功能，因为工会通过限制某些人进入某些职位就业，形成同业联盟而能够代表技术工人进行谈判协调雇佣劳动者的薪酬。英国学者艾伦·弗兰德斯（Allan Flanders）认为，集体谈判不仅仅具有经济功能，更具有政府的作用。因为集体谈判本身也是规则形成的过程，涉及不同组织之间的权力对比。"集体谈判的双方除了对实体性条款进行谈判之外，还要对程序性规则进行协商，从而将自身关系的调整与委托人之间的雇佣关系清楚地区别开。这些程序性规则规范着解决争议的行为，包括第三方的调解、仲裁程序。"（程延园，2004）张伯伦（Chamberlain）和库恩（Kuhn）概括了集体谈判完成的三个功能，即市场或经济功能，政府作用以及决策功能。

集体谈判在多大程度上能够为雇主所接受，以及谈判是否能够作为特定工作场所确定和调整就业条件及待遇的主要方法，关键取决于雇主对于工会的态度。英国学者艾伦·福克斯（Alan Fox）指出，管理方在选择接受还是拒绝以集体谈判方式决定就业条件时，主要采用两种不同的价值判断体系：一元论和二元论。一元论强调资方的管理权威，甚至否认冲突的存在。二元论则在承认冲突的基础上认为集体谈判是规范和调整劳资之间利益关系的最好形式（Fox，1966）。帕塞尔（Purcell）和西森（Sisson）从传统型企业、精明的家长制企业、精明的现代企业、标准的现代企业四种组织出发，进一步阐明了两种价值观具体适用的范围和特点。此外，学者们还就谈判的级别、谈判结构的调整、集体谈判理论的发展过程、谈判模型等问题展开了广泛而深入的研究。

（三）当代劳资关系研究的新进展

由于后工业社会的来临，西方社会的工人阶级逐渐从政治舞台退隐而被认为是一个日益丧失历史意义的阶级。西方社会学界将此种状况称为"双重危机"：劳工运动本身的危机以及劳工研究的危机（Silver，2003）。但是，必须看到，在资本主义全球化的影响之下，产业工人阶级的"国际重组"正在进行。产业工人阶级在某些最为发达的国家，在经济、政治和社会生活领域中归于沉寂，并不意味着这个阶级在其他国家也同样丧失了历史意义。恰恰相反，如果从产业工人阶级的国际重组的角度上观察问题，就会发现在西方发达国家中逐步消逝的产业工人阶级，却在一大批发展中国家和转型国家中迅速崛起，发展中国家和转型国家变成全球产业工人阶级的复兴基地（沈原，2006）。全球化时期对传统劳资关系和工人运动研究的继承和发展的最典型表现是"血汗工厂"和"反血汗工厂/公司行为守则运动"研究的兴盛①。

---

① 关于"血汗工厂"和"反血汗工厂/公司行为守则运动"的相关内容，参见：余晓敏．经济全球化背景下的劳工运动：现象、问题与理论．社会学研究，2006（3）.

1. 血汗工厂

血汗工厂是与资本在一定地域内“过度积累”并向劳动力廉价、税收优惠的地区转移的过程相伴而生的。在亚洲、非洲、拉丁美洲的广大发展中国家和地区形成了前所未有的“全球性无产阶级化”的图景（余晓敏，2006）。戴维·哈维（David Harvey）从资本积累方式的角度研究了“血汗工厂”的出现，他将这种变化称为“弹性的积累”，即全球化的资本主义在过程和结构上都与“福特制”的“刚性”格格不入，新的经济秩序表现为一种“弹性的积累”——在劳动过程、劳动力市场、生产和消费模式上都表现出充分的“弹性”（Harvey，2001）。雷德森（Nadesan）进一步指出，在这一过程中，资本主义生产组织方式的变化也表现为由“福特制”向“后福特制”或“弹性专业化”的转变。新的生产组织方式使用灵活多用的机械和高技能的劳动力，小批量地生产特殊化的产品，满足多样化且不断变化的市场需求，从而最终兼顾生产效率和规模经济效应（Nadesan，2001）。

“血汗工厂”的出现也是资本主义国家资本追求利润最大化的方式由生产领域向市场领域扩展的结果。克罗斯（Cross）认为，发达工业化国家的经济模式是典型的消费经济。作为资本主义固有的意识形态，“消费中心主义”在新自由主义全球化的过程中得以空前膨胀（Cross，2000），并对“全球化的资本主义”起着意识形态上的支撑作用（Sklair，2001）。面对“消费经济”带来的巨大市场，资本解决“过度积累”危机、实现利润最大化的活动逐渐由生产领域扩展到市场领域。

新自由主义的经济全球化对于劳动体制、劳工权益和劳工运动都产生了巨大冲击。穆涅斯（C. B. Munoz）在对美国和墨西哥边界的工厂体制的比较性研究中发现，美国政府对由两国边界进入美国的墨西哥移民的严格管制不仅限制了墨西哥劳动力向美国的自由流动，而且对位于两国边界工厂中“专制性”的工厂体制的形成有着直接影响。与此相似，许多研究中国企业劳资关系的学者都认为户籍制度助长了资本对农民工的控制。

此外，资本在全球流动追求利润最大化的活动造成了工作条件和劳工利益的“向下竞争”。强迫性劳动、使用童工、工作时间过长、无报酬加班、职业伤害和职业病、体罚、性骚扰、工资过低等问题造成的恶果使工人担心失去工作机会，从而降低工作要求。资本的全球流动性加剧了不同国家劳工对于有限工作机会的竞争，而劳动力市场、生产过程、产业关系的多元化致使工人阶级对资本主义的反抗和替代性制度的理解很难统一（Harvey，2001）。同时，工会作为传统劳工运动的组织主体，不仅表现为会员数量萎缩，而且表现为意识形态危机，即认为现有的社会制度是无法改变的（Lambert，2002）。

2. 反血汗工厂/公司行为守则运动

20 世纪 90 年代中期以来，血汗工厂、失业、贫富分化、环境污染、战争等反映经济、政治、社会不公正的问题引发了一系列“反全球化”的社会运动。“反全球化”社会运动关注的一个重要问题就是新自由主义全球化下的劳工问题，尤其是血汗工厂的再现。20 世纪 90 年代初以来，全球“反血汗工厂/公司行为守则运动”

围绕着三个主题不断推进：守则制定、守则监察、劳工赋权（余晓敏，2006）。

“公司行为守则”用于规范供应商工厂的劳动条件和劳工待遇。世界银行2003年的统计表明，现存的关于劳权、人权、环保的“公司行为守则”已达1 000项。“大学生行为守则”用于规范生产带有大学标志的产品的供应商的劳工状况。到2005年，美国已有大约200所大学通过了反对血汗工厂的行为守则。“大学生行为守则”通常严格要求供应商向大学公开其所有工厂的信息，要求尊重工人组织工会的权利，要求提供高于法定最低工资的“生活工资”（Esbenshade，2004）。“多种利益主体守则”则是美国政府牵头成立的，由工厂、工会、宗教组织、人权组织共同参与的联盟组织制定的守则，用以消除服装业和制鞋业中的血汗工厂。

欧鲁克（Dare O'Rourke）在其他研究的基础上指出，守则的有效性必须以有效的监察机制为保障。他区分了三组监察机制，即“内部监察”（internal monitoring）和“外部监察”（external monitoring）、“多种利益主体监察”（multi-stakeholder monitoring）、“独立性监察”（independent monitoring），并分别指出其特点和适用范围（O'Rourke，2003）。虽然监察机制的完善提高了守则实施过程的透明度和民主性，但是其依然无法对全球性生产体系中的所有工厂进行检查（O'Rourke，2003）。如何向劳工赋权，增进工人在守则实施过程中的行动能力，成为运动的关注点。具体手段有劳工培训、增强工人对守则监督机制的参与、建立“非工会性的员工代表机制”、通过守则监察推动工会组建和集体谈判等。

“反血汗工厂/公司行为守则运动”在社会基础、参与主体、对抗对象、运动场域和对象、运动目标以及运动范围等方面具有与传统劳工运动明显不同的特征（见表8-2）。

表8-2 反血汗工厂/公司行为守则运动与传统劳工运动的区别

	传统劳工运动	反血汗工厂/公司行为守则运动
社会基础	产业工人	多种阶级：中产阶级的行动者和消费者或其与工人的联合
参与主体	工会、代表劳工利益的政党	工会“行动者联盟”
对抗对象	生产领域里的制造商	品牌公司
运动场域和对象	生产领域： 组织工人发动行动，争取劳工利益	市场领域： 动员消费者，改造不道德资本的商业行为
运动目标	推翻剥削性的经济制度	改良社会，维护政治、文化、道德领域的民主、自治、正义
运动范围	民族国家内部	跨国性战略和行动

资料来源：Frundt，2004；Johns and Vural，2000；Frank，2003；Kozinets and Handelman，2004；Klein，2000：34；O'Rourke，2003；Esbenshade，2001；Featherstone，2001；Sklair，1998。

总而言之，以资本和金融市场为主导的经济全球化的快速发展和跨国公司的全球扩张打破了第二次世界大战以后逐渐形成的劳资力量的相对平衡。传统产业工人的数量在西方社会逐渐减少，工会组织逐步分裂，工会行动的影响力大幅度降低，劳工群体的组成不断扩充，工作性质、工作方式和工作时间也日趋多元化，工作机会和工作待遇在不同群体之间不平等的分配，国际移民工人的出现等问题，推动了劳工研究的微观化、多元化和国际化。传统的结构主义和文化主义视角依然延续，解构主义、建构主义、女性主义、生态主义等视角也相继进入，以探讨新兴劳资问题的发展方向和特质。

（四）劳资关系发展的阶段总结

美国学者 R. 希尔费丁（R. Hilferding）将西方劳资关系的发展分为三个阶段：

（1）个人斗争阶段。在工人运动发展初期，劳资关系表现为单个的资本家和单个的工人之间的关系。工人所采取的斗争方式是个人斗争，如频繁流动、旷工、怠工、迟到、早退等。工人们偶尔也采取集体斗争的形式，但这种集体斗争是随意的、无组织的。这些集体斗争方式如群众暴动、砸坏机器、迅速组织罢工和扰乱生产。这一时期的特点是，工人尚处在分散而竞争的状态下，组织松懈，斗争没有制度化，仅由个人或随意组成的团体来进行（刘艾玉，1999）。

（2）罢工斗争阶段。在工人运动中期，劳资关系表现为单个独立的资本家与组织起来的工人之间的关系。在这一阶段，工人以罢工形式进行斗争，或是为了争取经济上的利益，或是为了达到其他目的。工人们经过无数次个人反抗的失败，终于组织起了自己的利益组织——工会。通过组织工会，工人们在劳动力市场上的无序竞争现象逐渐消失，工会取得了供给劳动力商品的垄断权，而此时资本家尚未组织起来，所以工人的斗争力量相对增强。同时工人们罢工也采取理性的态度，罢工事件大都遵循一定的规律，罢工的主要目的是寻求经济上的利益。在经济繁荣时，劳动力供不应求，工人会乘机要求加薪，罢工非常有效；在经济萧条时，工会则会灵活应变，罢工的目的转而成为促使政府改变经济政策，要求政府保留工人的工作机会，或者要求政府统筹新的经济组合，以建立新的经济结构（刘艾玉，1999）。

（3）工会组织稳定阶段。在这一阶段，劳资关系表现为组织起来的资本家与组织起来的工人之间的关系，换言之，是资本家组织与工人组织间的关系。在这一阶段，工会组织更加稳定。为了对付工人组织，同时也是出于产业结构调整、资本积累和垄断发展的需要，资本家所组织的各种各样的雇主协会发展了起来。由于资本家组织和工人组织的发展，资本家与工人之间的斗争渐渐有了普遍与重大的社会意义和政治意义，劳资间相互斗争的手段和工具都有很大改变。工会使罢工的各项行动都合乎理性，并组织对工人的培训，减少了暴力活动，控制了罢工行动的区域范围，尽量减少了工商业损失，同时也使公众舆论宽容了工会的活动。20 世纪中叶，工人在罢工时很少表露出强烈的仇恨感，暴力革命的行动明显减少，工人的抗议活动完全采取和平的、集体争取权益的方式（刘艾玉，1999）。

进入 20 世纪 80 年代以后，西方主要发达市场经济国家正经历着一场雇佣关系变革，即以合作为导向的人力资源管理实践正越来越多地取代以冲突为导向的劳资关系管理。在人力资源管理的影响下，工作场所中的劳资关系总体上趋于缓和，劳资关系之间合作的一面成为主流。这反映了从对抗到承诺的转变，越来越强调员工的合作与承诺。劳资关系从最初的尖锐冲突到日益缓和也体现了劳资关系发展的轨迹和归宿（郭军，李雪艳，2009）。随着全球经济一体化进程的持续推进、劳动力市场结构的进一步健全以及劳动法律制度的完善，总体上西方国家的劳资冲突将继续沿着缓和的趋势发展。尽管如此，劳资冲突的现象仍然不可避免，在特殊历史时期甚至可能会出现反弹。劳资双方只会在不断反复的较量过程中使彼此力量逐渐趋于平衡，从而实现真正意义上的劳资合作（崔勋 等，2010）。

二、研究劳资关系的理论

经过一个多世纪的发展，研究劳资关系的社会学理论形成了三种较有代表性的观点：(1) 认为雇佣关系基本上是和谐的，这种和谐只是偶尔被暂时的冲突中断的一元论观点；(2) 认为冲突是雇佣关系所固有的，但是可以解决，而且能靠适当的规则网络去控制的多元论观点；(3) 把劳资关系视为资本拥有者和控制者与劳动力出卖者之间的阶级冲突的观点。

（一）一元论方法

一元论方法（unitary approach）假定每一个工作组织都是有着共同目标的整合体，认为劳资关系建立在雇主与雇工之间合作和利益协调的基础上，并假定劳资双方的目的是使组织高效运行，认为劳资双方没有根本的利益冲突。根据这一观点，劳资双方事实上是同一队伍中的成员，他们是生产、利润和报偿的享受者，是合作伙伴。

根据一元论的观点，劳资冲突只是暂时的异常行为。劳资冲突既可能是一些好闹事的人所为，也可能是管理不善或沟通渠道不畅所致。一元论认为工会是不受欢迎的组织，工会是在与资方争夺雇员的忠诚，工会的存在扰乱了合作的整体结构，为了取得对工作和对组织的承诺，必须有一个强有力的领导。显然，一元论者主要强调管理。美国的组织心理学家最早运用一元论分析劳资关系问题，他们试图将组织概念化为一个合作系统，在这一系统中，资方的工作就是将个别工人的目标和组织的目标整合起来。这些理论家虽然不否认组织内部存在冲突，但声称冲突根源在于人与人之间的互动，而不是经济或组织的缘故。他们强调履行承诺的管理战略，改进交流，实行民主领导和职工参与管理。一元论中有三种学派：科学管理学派、人际关系学派和新人际关系学派。

（二）多元论方法

与一元论的观点相反，多元论方法（pluralist approach）接受了冲突是不可避免的观点，认为组织内部存在各种具有不同利益、不同目标的群体，它们彼此相互竞争。一元论只承认一种合法的权力源泉，而多元论则指出存在不同的利益群体忠诚源泉和对组织依恋的可能性。对雇工来讲，这意味着在其他组织中也有与自己有着相同利益的雇工，借助于在不同组织中工会之间的联系，雇工形成对其领导的忠诚与认可，而并不认同各自组织的资方。在多元论的方法中有两个关键要素或假设。一个关键要素认为在主要的谈判群体中，权力是分散的，因此，不可能有一方控制另一方。换句话讲，竞争的力量限定了绝对权力。尽管没有一方能完全达到自己的目的，但双方可能取得部分成功。另一个关键要素是将国家称为“公共利益”的公正卫士（impartial guardian），其作用是保护弱者，遏制强者。多元论把劳资冲突视为让步与妥协的过程。

（三）马克思主义的方法

劳资关系中的马克思主义方法（Marxist approach）与多元论方法有相同之处，都认可雇工与雇主之间的利益冲突是固有的和基本的。不过，多元论者认为这种利益冲突不是绝对的，各方至少有某些共同的目标，而马克思主义者认为阶级关系是劳资关系的唯一方面，这种资本与劳动之间的利益对抗源于资本主义社会中阶级冲突的本质。工业是阶级冲突的场所，财产拥有者与工人阶级之间存在着根本的利益冲突，这便是劳资关系中种种现象的基础。而且，劳资冲突并不只是一种工业现象，它是渗透于整个社会的阶级冲突的一种反映。发生在雇主与雇工之间的冲突是资本主义的一个明显特征，是拥有和控制生产资料者手中经济权力和政治权力集中的标志。与多元论方法不同的是，马克思主义者认为劳资关系是生产的社会关系总体中的一种要素，而多元论者认为劳资冲突源于雇佣结构。由此，马克思主义者认为多元论者在某种程度上回避了这样一个问题：利益的对抗产生于社会层面，而且蕴藏于雇佣关系所产生的生产结构之中。马克思主义者对多元论者过于强调冲突规则的制定持批评态度。马克思主义者认为多元论者过于强调对冲突的遏制和控制，从而忽略了冲突是如何产生的这一基本问题。多元论者一味地强调雇主、工会及其他机构是如何处理这些冲突的，处理过程是如何进行并如何维持工业稳定的，马克思主义者则更多地关注权力问题，他们认为社会生活以及工厂里权力的不平衡是劳资关系的根本所在。马克思主义者对多元论者所持的政府作为公众利益监护人的观点不赞成，而认为政府在保护掌权者的利益和维护社会主要结构特征方面充当着重要角色，这种社会的主要结构对于权力、地位、金钱和资源的控制者是十分重要的。政府的注意力在于发展能控制冲突和促进社会稳定的制度化机构。

第三节　劳资关系系统分析

一、劳资关系系统的输入

劳资关系系统的输入有两种类型：一种是内部输入——来自系统中行动者的目标、价值和权力；另一种是外部输入——来自修正行动者的目标、价值和权力的环境子系统（周长城，2000）。

（一）来自系统内的输入

由于行动者的目标、价值和权力决定劳资关系系统的内部输入，同时也决定劳资关系系统的输出，行动者的目标、价值和权力与劳资关系是相互关联的关系，因此应首先研究劳资关系系统中与每个行动者有关的目标、价值和权力，详细考察系统内部行动者的角色和特征。

1. 劳资关系系统内部行动者的角色和特征

劳资关系系统研究特别关注集体行为，因此，我们着重研究工会组织、公司和非营利组织。劳资关系系统中的行动者既指个人，也包括小组。劳资关系系统中的主要行动者是独立的经理、管理小组、工人代表、工人集体谈判的各种协会、工会等，有时第三部门也充当公共部门或私营部门的角色。公共部门行动者的例子是劳资关系委员会或者政府建立的类似机构，这些机构是特殊群体集体谈判的代理者以及解决由劳资关系紧张所引起的困难的协调者。私营行动者包括法律、事务所、咨询机构或者常常单独或联合帮助资方和工会解决其问题的个人。

（1）工会组织。一般来说，工会组织是一种在处理工人与雇主关系方面保护工人的自愿组织，当工人面对强大的资方和科层制机构而倍感无助时，工会组织则表现出极大的关注。虽然工会像其他组织一样有自己的生存方式，但它们并非铁板一块的组织，事实上，工会内部也包括一些需求不同的亚群体。如果工会被认为是可信的，那它就必须满足亚群体的期望。在工会内的亚群体可根据技能水平、年龄、性别、种族背景以及对工会活动的参与度来划分。工会领导者应意识到竞争亚群体的需要，以在谈判中更新策略和权衡利弊，充分服务于会员。

（2）公司和非营利组织。在高度工业化的社会中，作为法人主体的公司其功能基本上是把劳动力、资本和其他投资要素结合在一起生产物品和服务社会。资本的所有权和其他资源在很大程度上已经与组织的管理相分离。由于公司持股者众多且分散，因此实际上公司的管理阶层控制着决策权。值得注意的是，上述有关营利公司的讨论同样适合于政府、政府代理机构、医院和学校等非营利组织。这些组织的目的是尽可能有效地传送服务，包括协助政府部门发放养老救济金、提供高质量的健康保险和高效的教育计划。同样，尽管工会组织的决定直接影响工厂中的个人行为，但工会组织部门中的劳资关系在很大程度上介于上述两种组织之间。然而组织本身并不互动，正是各个层面的个人之间的互动构成了正式组织之间的关系。集体协定就包含涉及这些正式组织相互关系的条款。

2. 行动者的目标、价值和权力

目标是个人或群体所要寻求取得的目的或需要。无论是正式群体，还是非正式群体，在正常情况下，其目标都是由条款定义的。然而，群体内的特殊个人也许不同意群体目标，因此，对劳资关系系统的分析也必须关注这些个人的目标。价值观是行动者在建立相对重要的目标时所遵从的规则和标准，以及为了达到目标所采取的方式。而在解决给定问题的众多方式中，行动者将选择一种既与所遵从的价值观一致，又有望得到最大满足的方式。权力是行动者克服其他障碍达到目标的能力。权力至少由两个要素构成：一个是对所希望或已拥有但不构成威胁的东西的强烈迷恋；另一个是实施惩罚的能力。权力起始于对某些问题的一种承诺。没有承诺，不论其能力多大都没有实施惩罚的动因。惩罚有三种类型：（1）道德惩罚，如公共舆论的运用；（2）经济惩罚，如罢工、怠工和工厂关门；（3）身体惩罚，如恫吓或暴力。

无论何时何地，每一个行动者都有自己特定的目标、价值观和权力。在劳资关系研究中，很容易测量一些利益集团的目标，但是不易评价它们的价值观和权力。然而，对价值观和权力进行一些定性评价还是可能的，例如，有些目标重要性的变化和一些行动的目标承诺的改变，以及影响一个利益集团因素的变动。不过，这些定性判断不能构成对目标、价值观和权力的准确评价，仅能鉴别某一个特定的输入强度和重要性是否已经增强或减弱。

（二）外部环境输入对劳资关系系统的影响

作为外部条件输入，环境输入会影响内部输入和劳资关系系统输出的变化。一般而言，系统中行动者的目标、价值观特别是权力决定其输出，也就是说，行动者对输入和输出都有某种程度的控制。下列环境子系统对劳资关系系统有较大的影响：生态子系统、经济子系统、政治子系统、法律子系统及社会或文化子系统。

1. 生态子系统

生态子系统是一个社会的自然环境以及与环境相连的生存方式。例如，气候对某些行业有定期影响，在天气寒冷的时候，内陆港口必须关闭，一些建筑工程必须停工，这样，有些行业的季节性特征迫使它们必须承受裁员或者减少职工福利的谈判压力。此外，一个区域关键性资源的获取对其劳资关系系统的输入和输出都有严重的影响，几次能源危机已经显示，世界上特别重要的几个能源集中的工业地区是如何影响依附国家的经济和劳资关系系统的。如 1973 年冬季，加拿大的许多行业在能源短缺期间为了节省能源，一周仅工作三天或四天。虽然生态子系统能影响劳资关系系统，但它不能对系统的输出做出反应，这是生态子系统不同于其他社会子系统的地方。其他社会子系统中有意识的决策机制能分析劳资关系，并且能修正由此引起的系统输入。

2. 经济子系统

经济子系统由生产市场、劳动力市场、货币市场以及技术进步水平构成，它制约着劳资关系系统的输入和输出。经济活动活跃将促进输入和输出，而相对疲软的经济活动则产生相反的效果。其他宏观经济条件，如通货膨胀、失业和利率等，也对劳资关系产生实质性的影响。

由于消费者对一定产品的需求影响厂家（资方）提高工资和福利的意愿和能力，因此生产市场为产品输出设定了一个最高值；相反，劳动力市场设定了需要吸引足够工人进入特定公司的劳动力最小输入和输出。货币市场受到货币政策和财政政策以及利率结构的影响。上述市场变化可轮流加速或延缓经济活动，因此可被视为经济子系统的条件因素。

技术变迁影响资本劳动力、工作结构、必备的技能和生产率。技术变迁对劳资关系系统的输入和输出有广泛的影响。一些发达国家政府，如加拿大政府，试图通过立法来保护工人避免由技术进步所带来的负面效应；有些国家则采取诸如“过剩方案”来保护因技术变迁而失业的人员，进行一次性补偿、培训和支付他们转岗的费用。

3. 政治子系统

政治子系统以各种方式影响劳资关系系统，影响作用最大的是政治结构。一元化国家比权力分散国家形成集体讨价还价中心系统要容易得多。欧洲大部分国家属于这种情况，而像加拿大这样高度分散的联邦系统的政府，则拥有世界上最分散的劳资关系系统，这样的系统使得一些小谈判单位感到它们的输出在整个国家舞台上几乎不产生任何影响。

从这个角度讲，政治系统的执行部门在保护公共利益方面发挥直接的干预作用，这样的干预在加拿大和美国常常可以见到，尤其是在工会与资方谈判受阻时干预可以解决问题。此外，政治子系统常常通过制定或者修改劳资关系法创建通用的“游戏规则”，或者通过特定的措施处理特殊的争端。加拿大议会一直以议会法案的形式，通过现实措施命令罢工的铁路工人、邮政工人和其他工人返回工作岗位。

4. 法律子系统

法律子系统由成文法、习惯法和行政法组成。法律子系统也影响劳资关系系统：(1) 法律子系统通过立法制定规则，以决定工会与管理层在日常的活动和谈判中如何行动；(2) 法律子系统制定劳动标准法，其中包括最低工资、最长工作时间、健康与安全标准、同工同酬标准以及被社会认同的工作条件等；(3) 习惯法既先于法定法存在，又是法定法法律解释的结果，对系统中行动者的行为有显著的影响；(4) 行政法以更为直接的方式在劳资关系系统中起决定作用，它是由按劳动法所建立的劳资委员会制定的各种各样的行政法来弥补成文法在解释和执行方面的不足的。

5. 社会或文化子系统

社会或文化子系统作为一种复杂的条件输入作用于劳资关系系统。由于劳资关系系统中的所有行动者都是社会的一部分，因此行动者之间至少有某些共同的目标和价值。目标和价值上的一致性同时保证了劳资关系系统在宏观层面以及微观层面上的作用。然而，亚群体目标和价值的不同程度也会危及这种一致性。如果一致性被破坏，而且假设某种争论存在于部分或整个社会，那么公众可能会迫使社会精英、政府领导者以及经济精英干预某种争论，而政治子系统也会采取行动解决这一争论，这些行动包括立法或提出一些解决问题的指导性建议。一旦政治子系统被卷入对争论的处理之中，原来的两个利益群体就变为三个利益群体，政府将对劳资双方产生很大的影响。

当上述子系统限制劳资关系系统的输入时，这些子系统并非各自独立地起作用。如前所述，在社会或文化子系统与政治子系统之间有某种关联，而其他子系统之间的关联也会根据所解决的问题而有所变动。劳资关系研究中必须完成的主要任务之一是准确定义来自系统内的输入（内部输入）和当环境子系统限定这些输入时所起的作用，目的在于找到每个变量的测量方法以评价它们的影响，并将这些测量方法加以应用。

（三）输入转化为输出的步骤

1. 单方面决定

输入转换为输出的步骤有各种不同类型。有时，输出也许由一方独立决定，如雇主（无论是私营部门还是公共部门）规定工人的奖励标准和工作条件。

2. 双边谈判

与单方面决定不同，输入亦可通过劳动工会（工人组织）与资方之间的双边谈判转换为输出。在美国和加拿大，这种方法在经济组织部门中占主导地位，多数协议是由双方共同达成的。在双方系统中，可能有三种不同的谈判方式：(1) 一个工会组织内的竞争群体既可能就目标进行争论，也可能达成一致。(2) 在管理层也有可能发生类似的过程。例如，销售经理可能最关心产品或服务的传送日期，而生产经理感兴趣的是降低成本。这样，他们之间有时必须达成妥协。(3) 遵循前两种组织内的谈判，在试图解决问题时，产生了双边谈判。

3. 第三方帮助

当双方难以达成协议时，则需要第三方的介入。如加拿大的政治司法体系中有一种强制性的双边协调程序，工会在采取合法罢工之前，或者资方在合法关闭工厂之前，必须事先向政府呈交报告。美国的联邦法律规定，劳资各方在修正集体协议之前必须告知联邦调停委员会，使之前的某些协议作废。美国采用的调停并非强制性的，除非以下特例：总统宣布争端涉及国家利益与安全，这之后有八天禁令。十分有趣的是，在加拿大的多数政治司法中，强制安抚正在让位于强制调停。

如果第三方帮助不能解决争端，那么只有通过各方的较量来解决。然而，为了最终达到双方都满意的结论，必须使用一种或多种形式的第三方帮助。必须认识到罢工或关闭工厂是劳资关系系统的产物，它将对环境子系统和劳资关系系统本身产生重大影响。

应该指出，劳资关系不仅由周期性的谈判组成，而且包括工作场所内个人之间的日常相互关系。由于集体协定不可能包括资方或者工会日常生活中所期望的每一次行动，因此，加拿大的所有政治司法都要求集体协议对正被用于解决冲突的办法或当前集体协议条款的运用做出解释。

（四）非工会部门

我们应该关注没有设立工会组织的劳资关系系统。需要说明的是下述几种模式。

1. 管理模式

资方单方面建立的管理模式（administrative model）是以组织等级的方式运行的。许多规则和步骤采取如人事政策那样的成文形式或手册形式，而其他一些则以习惯的形式存在。这种次级系统具有合同模糊不清的特点，无论是工人的工资，还是工人的工作条件，都表述不清。一旦遇到金融危机，那么只有资方有权改变他认为必须改动的地方。这种模式下的条款与集体讨价还价模式有着惊人的相似之处，主要是因为资方一直盗用非工会部门的方法，希望保持其组织没有工会。

2. 行政机构模式

行政机构模式（civil service model）将集体讨价还价与管理体制模式结合起来，对规则、减少暴力和其他人事措施有着明确、详细和合法的限制步骤。大部分规则是内部形成的，而不是来自集体讨价还价模式。在加拿大政府部门内，各级工人都加入了工会，因此情形与私营部门的集体讨价还价模式一样。

3. 法律模式

法律模式（legal model）既关注过程，也关注具体结果，强调雇佣关系中有关补偿问题和工作条件的规则与法律，一些司法条款中规定工人可以拒绝完成某些他们认为有害的工作。法律还禁止各种歧视，如种族歧视、性别歧视、肤色歧视、国别歧视等。在一些司法权限中，法律禁止年龄歧视并要求同工同酬。而在所有实际的司法条款中，都有妇女休产假的规定。法律规定了失业保险、最低工资、一周工作的最长时间、带薪假日，以及职业健康与保险等。

在习惯法中，工人们几乎没有与他们工作相配的权利，一旦雇主提出合理的理由，雇佣关系就可能被终止，而且许多雇佣条件不受法律保护，这种情况引起了许多矛盾。有些国家为了解决这一问题，制定了劳动法案，规定了雇工的基本权利。

4. 非正式关系

上面考察了把输入转为输出的正式步骤，然而，经理之间、工人与经理之间、工人之间以及工人与工会领导之间的非正式关系（informal relationships）在输入转换为输出方面也同样重要。在很大程度上，参与者的社会与心理需求可得到满足。工业心理学和组织行为学均承认行动者之间的非正式关系在理解劳资关系方面的重要性。我们知道，许多个人和群体常常是通过非正式关系而不是正式组织机构得到满足的。同时，大量研究显示，组织需求也可能通过非正式关系得到最大的满足（Craig，1986）。

二、劳资关系系统的输出

劳资关系系统的输出可分为两种主要类型：一种是组织取向；另一种是工人取

向。倾向于组织的劳资关系系统输出不可能出现在非工会组织部分。一般地说，倾向于组织的条款注重：管理权、工会认同、工会安全、清查应付款。这些条款既代表组织本身之间的关系，又包括组织与成员之间的关系。倾向于工人的条款注重：(1) 工资和讨价还价，(2) 工作权利和规定的过程，(3) 应急津贴。除了上述两种输出外，还有第三种输出——转化机制。转化机制（特别是罢工和关闭工厂）不仅对组织和工人有影响，对不直接参与劳资关系系统的社会公众也有影响。

到目前为止，我们都在讨论劳资关系系统的输出，讨论工人工作所获得的报酬以及工人工作的条件。然而，不能仅仅考虑限于这些范围的系统输出，还应该考虑输出对被研究的经济单位或服务单位的影响，以及对社会其他子系统的影响。劳资关系系统与各环境子系统的关系构成了一个反馈环。

从理论上讲，可把劳资关系系统的输出视为对环境子系统的输入：劳资关系系统决定了环境子系统；反过来，环境子系统也作用于劳资关系系统。两者之间的互为条件性，不仅存在于劳资关系系统与环境子系统之间，还存在于劳资关系系统的输出与系统和行动者之间，而且这种互为条件性是直接的、不经过第三者的。直接的内在条件性的典型范例是对获得满意工资、小额利益和改善工作条件的影响。

反馈环是研究框架的一部分。从公共政策或私人政策的观点来看，就社会子系统而言，调查劳资关系系统输出的后果是一项基本的要求。例如，罢工对经济、法律、政治和社会或文化子系统的影响是什么，工资和其他输出是如何在组织和社会层面上影响支出、价格和就业的，劳资关系系统是如何影响社区对劳资双方的态度的，态度中的哪些部分在构建收入政策、罢工权利和其他影响劳资关系系统输出的公共政策方面起作用，输出是如何影响一个国家与其他国家的竞争的。也许很难建立一种客观的测量方法去评价这些影响，然而，可以尽量努力去建立分析和预测工会和资方行为的方法，以及评价劳资关系系统对社会总体影响的方法。

三、模式的分析力、解释力和预测力

在微观层面，劳资关系系统中行动者的目标、价值和权利越相近，相互冲突的可能性越小，除非行动者当中的一方（如工会）要求让步，否则另一方（如雇主）不会主动让步。在宏观层面，如果政府把劳资关系系统的输出视为导致恶性通货膨胀、收支平衡赤字等问题的重要因素，那么政府会采取实质性措施，如征收工资税和价格指导（或者价格控制）。这种行为基于以下假设：集体讨价还价过程能使工会推动工资和价格高于自由竞争的劳动力市场及生产市场中的工资和价格。在把双方系统转换为三方系统时，政府增收的工资税以及政府提出的价格指导类似于政府机构实施的仲裁。

把双方系统转换为三方系统的另一情形发生在基础行业或服务业举行罢工时。如前所述，政府在有些情形下将通过立法的形式命令罢工的铁路工人、邮政工人和其他工人回到工作岗位，西方国家对某些省一级的罢工也采取这一措施来结束罢工。如加拿大议会可能通过现行法律命令铁路和邮政行业的罢工工人及其他工人回到工作岗位，加拿大各省也有类似的法律迫使工人们结束罢工回到工作岗位。至于这种方法是否是处理罢工的最好办法，目前人们还存在着很大的争议（Gunderson，1975）。毫无疑问，只能在政府认为自己拥有很高的支持率，而且系统中的行动者支持紧急立法的前提下，才能采取这样的措施。反馈回路不仅是解释和预测劳资关系系统中行动者行为的有用工具，而且可用于分析罢工的后果和公众支持罢工的程度。

第四节　中外合资企业中的劳资关系探讨

随着改革开放的逐步展开与不断深入，中国的劳动关系正经历着重要变化。作为中国对外开放政策的产物，中外合资企业从无到有，蓬勃发展，并因其独特的制度特征，自产生之日就与市场经济紧密相连，在相当长的时间里代表着新型所有制结构和先进的管理方式。它触及单一公有制以及工人阶级主人翁的地位，使“资本”以及与之相关的一系列概念重新为人们所熟悉，产权变化使劳资关系主体明确化，导致工人在企业中的地位发生改变，劳资冲突与协调在这一新型所有制经济结构中表现得尤为明显。中外合资企业劳资关系研究是中国劳动关系研究的前沿问题，对其深入研究有利于我们更好地把握中国劳资问题发展的动向，并从一个侧面深入了解中国社会结构发生的变革。

一、中外合资企业劳资关系研究的基本问题

（一）中外合资企业与劳资关系

目前，对于中外合资企业比较明确的定义是：经由中国政府批准，在中国境内建立，由一个或一个以上的境外（指中国内地以外）企业与境内一个或一个以上企业联合投资兴办，取得中国法人地位并受中国法律管辖的国际性联合经营企业。中外投资各方在商定期限内按一定比例分享企业所得，并对营业亏损共同承担责任。根据联合国贸易和发展会议统计数据，自 1992 年起，中国已连续 28 年成为吸收外资最多的发展中国家，在世界各国家和地区中所处位次基本稳定。近二十年，中国吸收外资在全球外商直接投资（FDI）总量中年均占比为 7.6%，在发展中国家吸收外资中年均占比则为 21.5%。《2014 年世界投资报告》显示，2013 年中国 FDI 流入量达到 1 240 亿美元，创历史新高，仅次于美国居全球第二位。截至 2014 年 7 月，中国累计设立外商投资企业近 80 万家，实际使用外资金额超过 1.5 万亿美元。2020 年受疫情影响，FDI 减少 42%，发达国家外资平均减少 69%，发展中国家外资平均减少 12%，而中国反而逆势增长 4%，超越美国（减少 49%）成为世界上吸引外资最多的国家。改革开放 40 多年来，中国全面推进市场经济建设，充分把握

经济全球化的契机，积极合理有效吸收外资，中外合资企业获得了巨大的发展。

中外合资企业因其所有制结构特征使工人先赋地位的优越性不断弱化。新中国成立以来，社会结构的先赋性表现为统一的同质性单位，产权单一化，公有制内部国有和集体所有的差别并不能影响工人在企业中的主导地位，与这种政治先赋性即“主人翁”相对应的是就业上的“铁饭碗”制度。改革以后，随着中外合资企业等其他经济形式的发展，产权结构与产权控制形式日益多元化，人们对不同社会阶层的态度与价值评判逐步变化，工人先赋地位在中外合资企业中发生了动摇，旧的劳动关系被打破，劳资冲突日显突出，“雇佣”概念逐渐为人们所接受。劳资关系是生产活动中直接从事劳动生产的人（劳动力的拥有者——雇员）与雇用这些劳动者的人（生产资料的拥有者——雇主）之间的社会关系的总称。雇佣关系是劳资关系存在的前提和基础。

（二）中外合资企业劳资关系的特征研究

中外合资企业劳资关系具有劳资关系的一般特征，即劳资关系是由工业企业中“雇佣关系”产生的关系。如果没有雇主和雇工的参与，就不可能有雇主与雇工的这种关系；劳资关系强调和解的过程，靠这种和解，参与双方学会了相互合作、相互适应的方法与技能；每一种劳资关系系统都形成了管理工厂的规则，同时通过集体谈判而达成的合同、集体协议等成文契约形式在劳动者与资方之间形成了以维护和谐关系为主要目的的工作共同体；政府或者国家借助法律、规则、协定和奖励制度对劳资关系产生定位、导向等重大影响，同时，政府或者国家也强调习惯、风俗、传统、政策的执行以及通过行政和司法机构的干涉来对劳资关系进行调节。

合资企业中劳资关系也是一种雇佣劳动关系。一种具有代表性的观点认为，广义上的劳动关系与生产资料所有制直接相关。在公有制下，所有劳动者只是分工不同而没有阶级或其他等级上的差别，故此，劳资关系从形式上和实质上说均是相互依赖、相互交换的平等关系，工人具有先赋地位的优越性，而私有制下实质的平等却很难达到。狭义的劳动关系是指劳动者与用人单位在运用劳动能力、实现劳动过程中所形成的关系。在私有制下，这种关系表现为雇主与雇工之间的关系，其实质就是雇佣劳动与资本的关系，即劳资关系。所以，所有制的差别构成了中外合资企业劳资关系与公有制下劳动关系的差别，它在特定所有制范围下调整产权结构的分配与控制，将工人从既是企业的劳动者又是企业名义上的所有者转变为单纯的雇佣劳动者，不再具有先赋的“主人翁”地位。虽然这种劳资关系也体现了一种互惠，但人与人之间的物质利益关系是劳资关系的实质。中外合资企业劳资关系是一种以非公有制为基础的雇佣关系，从所有制性质出发观察其产权结构变化及由此导致的利益分化与重组，将是深入研究的出发点。

（三）中外合资企业劳资关系的环境研究

如本章前面所述，劳资关系结构由三个子系统构成，即技术子系统、经济子系统和政治子系统。与之相对应，影响劳资关系的因素包括技术因素、经济因素和制度因素。这些子系统和影响因素共同构成了劳资关系的内部环境。技术因素包括生产技术、现代化、理性体制和资本结构等。经济因素包括经济组织（社会主义、资本主义、共产主义、个人所有制、公司所有制、国家所有制）、劳工的权利和雇主的权利、劳动力的组成与特征和市场上劳动力的供给与需求。制度因素包括国家政策、劳动法、自愿规则、集体协议、劳动者工会和雇主组织及社区、种姓、组合家庭、纲领、信仰系统等社会制度，以及工作态度、权力地位系统、动机和劳资关系。

劳资关系环境是一个由政府、商界和劳动者组成的"规则网"，它受现有的和潜在的经济制度和技术因素影响。一个国家的劳资关系系统绝不是突变的结果，劳资关系依赖于产生它的社会，它不仅是工业变化的结果，而且是先前社会变迁的综合反映。劳资关系的发展和形成取决于既定社会的主要制度。就中外合资企业劳资关系而言，它是中国改革开放特定环境的产物，伴随中国经济体制改革的深化而逐步成长，并已获得法律保证，即在法律规定范围内的个体经济、私营经济等非公有制经济，是社会主义市场经济的主要组成部分。

二、中外合资企业劳资关系现状

（一）影响中外合资企业劳资关系的结构变迁

中外合资企业是中国改革中所有制变迁的一个特例，产权变化使劳资关系主体明确化，表现为：有适应市场经济的管理体制，职工与企业两大主体已经形成鲜明的利益关系，并出现利益分化；职工对权益保护要求强烈，劳资冲突外显化且日趋强化。佟新（1997）在描述中外合资企业劳资关系现状时，对产权制度和利益分化给予特别强调，认为产权制度和利益分化是中外合资企业劳资关系的前提条件，国家和政府对中外合资企业不再拥有完全产权，只能以出资者身份享有部分产权。佟新认为，产权关系变化使工人在企业中的地位发生了实质性改变。在中外合资企业中，工人与企业所有者、工人与管理者的利益发生了明显分化，首先表现为可比利益上的分化，其次表现为工人自身对地位变化的自觉性。

（1）可比利益分化。在可比利益上，工人利益与企业利益的同质性趋于分化。工人与代表雇主将管理程序操作化的管理层，尤其是外方管理人员在劳动报酬、奖金和各种福利待遇上分化明显。中外合资企业由于其独特的制度特征，劳动管理与国际接轨程度较深，外方投资者通常基于在全球范围内最大限度地获得比较利益这一目标做出投资决定，而要提高效益降低成本，就必须首先降低劳动力成本，在劳动密集型产业中尤其如此。利益分享的分化具体表现为：高薪聘用外国人担任高级职员，以远远低于国外工资标准却明显高于中国平均工资水准的工资吸引高质量的中方管理人员，同时利用中国是人均国民收入较低的国家的优势，以低廉的价格大量吸纳本地工人进行生产。

（2）工人对自身的地位角色有明确的认识。中外合资企业工人普遍认为企业内等级分明，企业不同类别人员之间不仅收入差别大，心理差别也大。这种认识首先以个人与企业的契约化关系为基础，其次是对个人与老板关系的认识。一方面，资方以支付少数人高薪为代价，达到长久稳定地获取高额利润的目的，人为地扩大了企业内部的等级分化，造成了管理层与工人的对立。另一方面，企业劳动合同有效期短，一般是一两年，使职工在心理上具有较重的不安全感和危机意识，只能将自我定位为打工者，为老板干活，容易导致失落与不平衡心态。工人对自身地位变化的自觉性增强了他们的自我权益保护意识，潜在的劳资紧张不断积累就会在一定时期以各种方式表现出来，形成劳资冲突。

（二）中外合资企业劳资关系静态结构

1. 行动者：中外合资企业劳动过程中的角色分化

在现阶段研究中，学者们一致认为中外合资企业劳动过程存在着十分明显的角色分化，即中外合资企业产权制度特征带来利益分化，进而形成不同的利益关系群体。归纳起来，劳资关系中代表各种利益群体的角色有以下几种。

（1）工人。中外合资企业职工作为中国整个工人阶级的组成部分，其地位已经发生了某些微妙的变化。一方面，他们通过一定的方式进入中外合资企业，享有企业劳动者应该享有的各种具体权益，即工人地位本身没有更大变化，甚至待遇相较传统国有企业还有所提高，但他们不再具有主导地位。另一方面，工人在企业中的地位确实在下降，相对于其他社会阶层结构社会地位的上升而言，其社会地位反而在降低。社会主义制度赋予广大工人和广大劳动人民行使管理国家的民主权利，工人是国家和企业的主人。但是在改革开放 40 多年里，企业工人的传统地位发生了前所未有的变化，使工人的地位相对发生了改变，在企业内部处于被动的、受支配的地位，在劳资关系中是需要保护，但又未完全学会如何有效争取自身权益的一方。

（2）工会。中外合资企业劳资关系明确化和相互冲突促成工会利益主体的形成。工会是代表工人利益的群众组织，中外合资企业工会的法定身份就是职工利益的代表，工会与企业的关系是独立法人之间的关系，具有平等的地位。工会组织通过参与企业事务，签订集体合同和参与劳动争议的处理，促进建立稳定和谐的企业劳资关系，主动帮助外商和企业克服困难，共谋企业发展。

（3）外资代表。实证研究（周长城 等，2000）表明，虽然中外合资企业的中外双方股权比例不尽相同，但绝大多数企业是外方人员任总经理。他们是劳资关系中用人单位的主要代表，对劳资关系起着决定性影响。一般而言，外资代表受西方市场经济的影响和训练，绝大部分有较强的法制观念，对有关的中国法律法规十分注意。但也有部分人利用中国立法尚不完善和有关法律法规中的灵活规定，尽量避重就轻，以达到不承担或者少承担义务的目的。

（4）中资代表。在中外双方股权相等或接近的企业中，中资代表（一般为董事长、副总经理）只要能够坚持原则，就一般都能够在促进关系协调和维护职工合法权益方面发挥较为重要的作用，但也存在盲目迁就外方的现象。

（5）外地工。在中外合资企业劳动者中还存在一个特殊群体，即外地工，具体而言包括农民工和劳务工。在一些地区，中外合资企业招聘了相当数量的外地工，有的多达职工总数的一半。这些具有农民身份的工人形成了介于城市工人阶级与纯粹农民阶级之间的边缘阶层，可被视为工人阶级的特殊阶层。他们在工资上与正式工同工同酬，在社会保障上却被排除在外，不能享受养老保险、个人与家属的医疗保险等，而他们却正是从事苦、累、脏、险工作，加班加点尤其多的工人，在劳动安全和个人健康上隐患甚多，也是劳资关系链条上最为薄弱的一环。

2. 劳动合同：中外合资企业劳资关系中的制度安排

职工个人与合资企业关系的一般状况表现在劳动合同中。目前，绝大多数企业已与职工个人签订了劳动合同。中外合资企业的劳动关系表现为雇佣关系，雇佣性质要求雇员必须为雇主工作，必须服从雇主，必须得到报酬。个人劳动合同就是雇佣合同，规定了雇主、雇员双方的义务：雇主提供工作，支付报酬，确保雇员人身安全；雇员完成工作，对雇主忠诚。劳动合同还应就其他具体事项做出明文规定，包括考勤制度、工作量要求、不竞争协议、病假权、雇主如何支付养老金及其他福利计划和如何终止合同等。由于雇佣关系属于私人关系范畴，因此政府需要通过立法进行宏观调控和积极干预。劳动法中所涉及的职工的各种具体权益包括：职工有依法组建和参加工会的权利；有订立劳动合同的权利；有在企业效益增长的基础上不断增加经济收入的权利；有要求改善工作、劳动、生活环境的权利；有接受职业培训的权利；有参与社会保险和福利的权利。

《中华人民共和国劳动法》规定，合同期满后企业有终止合同并不给被辞退者以任何补偿的权利。虽然用工自由最符合企业利益，但鉴于目前中外合资企业劳动合同有效期只有一两年，职工尤其是中老年职工因此缺乏就业安全感而倍感不安，有的职工在职工代表大会上公开表示强烈不满，有的职工为此拒签劳动合同，要求先签集体合同，并在集体合同中依照劳动法明确关于无固定期劳动合同的条款（即职工连续工龄满 10 年者，在续订劳动合同时，企业应当按职工要求，与之订立无固定期即长期劳动合同）。现在，由于多数合资企业职工平均年龄较低，工人正值手脑灵活、动作高效的“黄金年龄段”，一两年合同期满后续签的概率大；企业本身开业 10 年以上的还不多，适用无固定期劳动合同条款的职工也还不多，因此这个问题的实际冲突尚不明显。但是应该看到，中外合资企业明里、暗里拒不执行或规避实行上述关于无固定期劳动合同条款的现象相当普遍，问题还在于有些中方代表也持同样的态度（周长城，吴淑凤，2000）。

3. 工会：一个备受关注的组织

由于集体谈判的双方是职工组织和用人单位，在中外合资企业劳资关系中即为工会和资方，对此问题，国内学者研究成果颇丰。据统计，截至 2017 年年底，全国工会会员人数 31 430.2 万人，全国基层工会 280.9 万个。其中，外商投资企业建立工会 4.29 万个，占 1.5%。

《中华人民共和国宪法》《中华人民共和国工会法》《中华人民共和国劳动法》是外商投资企业工会的最基本的法律依据。《中华人民共和国外商投资法》《中华人民共和国外商投资法实施条例》既是外商投资企业开展经营活动的基本法律依据，也是该类企业工会的主要活动依据。根据《中华人民共和国外商投资法》，外商投资企业职工依法建立工会组织，开展工会活动，维护职工的合法权益，外商投资企业应当为本企业工会提供必要的活动条件。根据《中华人民共和国工会法》，外商投资企业工会具有中国法人资格，是中华全国总工会的一个组成部分，依照法律规定组织职工采取与企业、事业单位相适应的形式，参与企业、事业单位民主管理。在外商投资企业中，工会与企业具有平等地位，二者的关系是独立法人间的关系。

工会组织发展的动力在于工会利益主体的形成。中外合资企业工人利益与企业利益的分化使工人认识到，要维护自身利益仅仅依靠个体力量是不够的，只有集体力量才能形成压力，工人对工会的要求是合资企业工会产生与组织重组的最直接、最主要的动力。在群体利益要求下，工会自身会对利益主体的要求做出适应性反应，并形成积极的制度体系。

《企业工会工作条例》对外商投资职工代表大会或职工大会的地位、作用和具体的权利、职责做了原则性规定，听取企业发展规划和年度计划、生产经营等方面的报告，提出意见和建议；审议通过涉及职工切身利益重大问题的方案和企业重要规章制度、集体合同草案等；监督企业贯彻执行国家有关劳动安全卫生等法律法规、实行厂务公开、履行集体合同和执行职代会决议、缴纳职工社会保险、处分和辞退职工的情况；保障法律法规、政策和企业规章制度规定及企业授权和集体协商议定的其他权利。具体而言，现阶段外商投资企业工会基本上有四项功能：一是维护工人权益，保护工人利益；二是协调劳资关系，协助管理层进行管理；三是做好工会自身的建设，提高服务职工的水平；四是教育职工遵守劳动纪律，完成企业的各项经济任务。而工会权力的实现主要表现为通过群体压力维护工人权利及协调劳资关系等方面。

4. 集体行为：不可忽视的行为方式

集体谈判与集体合同是目前中国劳资关系研究，特别是中外合资企业劳资关系研究的热点问题，众学者分别从不同角度对此进行了论述。

工会权力的体现除了通过参与企业管理形成制衡力量以外，还有就是作为集体利益的代表者参与集体谈判，签订集体合同。集体谈判是工会与管理层之间就有关工作制度规则进行的谈判，包括两方面内容：一是有关福利、赔偿、休假等问题；二是有关劳方与资方的工作权利与义务的规定。虽然外方经营者和管理者都十分重视集体合同，但其中心态各不相同。集体合同是签订个人劳动合同的直接依据，规定了劳动者最基本的权益，《劳动法》第三十五条明确规定："依法签订的集体合同对企业和企业全体职工具有约束力。职工个人与企业订立的劳动合同中劳动条件和劳动报酬等标准不得低于集体合同的规定。"

在实际操作中，在中外合资企业推行集体谈判和集体合同存在较大困难，究其原因，有学者做出如下分析：第一是资方态度，外方对签订集体合同一般均持慎重态度，须经跨国公司总部或地区分部批准，费时甚长，对于合同条款条条必争。有些外商甚至抵制集体合同，认为就业条件是用人单位与劳动者个人之间的事，雇主应有决定权，不愿承认并害怕工会享有代表职工集体与资方进行平等协商的地位与权利。第二，由于中国的劳动法对签订集体合同的规定具有灵活性，即“可以”签订，且目前尚处于开始执行阶段，外方宁愿等待并观望。第三，个别地方和部门的个别领导者为了引进外资而漠视职工权益，一旦外方对签订集体合同表示困难即以“不要影响投资环境”为理由，要求工会放弃或推迟签订集体合同。这一阻力在有些地方甚至大于外商抵制所起的消极作用（王家宠 等，1998）。

集体谈判已被大多数市场经济国家的实践证明是协调劳资纠纷、解决劳资争议的有效方式。对于中国的合资企业来说，其意义还在于突破政府被动使用行政手段调整劳资关系的格局，鼓励劳方团结起来争取、维护自身的合法权益。有的学者对建立集体谈判、签订集体合同制度提出以下建议：与世界接轨，先行试点，逐步推开；制定集体谈判、集体合同审查管理、集体争议处理等规范，注意吸收国外集体谈判的经验和教训（徐亚萍，1997）。普遍的情况是，凡签订了集体合同的中外合资企业，企业劳资关系都趋向更加协调和稳定，劳资争议显著减少，只有极少数中外合资企业存在签订集体合同劳资关系反而恶化的现象。也有学者认为，中国集体协商依靠“国家主导”模式，走出了一条完全不同于欧美国家的道路。国家推动集体协商的主要目的不在于推动劳资博弈，而是要把劳资双方都纳入法律制度框架之内，使劳资双方的行为能够法制化和契约化。但是，国家规范劳动关系并非简单控制，而是通过指标管理实现对基层产业秩序的治理。在实践工作中，地方政府“第三方”的角色发生了转变，同时工会“代理政府”的角色也得以强化，集体协商的本质则从劳资博弈转变成党政联合工会与资方的讨价还价行为（吴清军，2012）。

（三）中外合资企业劳资关系的动态过程

对于新形势下劳动关系调整基本思路的总体把握，有助于深入理解和分析中外合资企业劳资关系的动态发展过程。在中外合资企业中，劳方与资方之间所存在的关系实际上是一种契约关系，即以经济利益为纽带，以互惠为基础的权利义务关系，这也是规范的市场经济的必然要求。劳资关系的确立、延续以及解除或终止，都是双方从各自的经济利益出发，在法律允许的范围内进行相互选择的结果。劳资关系涉及劳资双方当事人各方面的利益，存在大量不稳定因素，不可避免地导致个人性的和集体性的劳动纠纷与争议。只有承认两个不同行为主体之间目标的差距，才能认可劳资关系调整的必然性与可行性。现实社会中合作型、冲突或对立型以及其他各种形态的劳动关系无处不在，同时并存，这些不同形态的劳动关系是企业理性选择的结果，而且只要不违反法律规定，政府尽管可以设法引导，但也不能横加干涉，因为保持一种灵活的劳动管理手段和富有弹性的劳资关系，对于众多合资企业来说不仅是管理的先进性所在，也是它们在激烈的市场中生存所必需的一个重要条件。但是对于劳动争议、劳资纠纷乃至劳资冲突亦不能完全听之任之，而应遵照理性效率原则，按照法定程序和手段进行引导、调节、控制、化解，最终保证职工合法权益不受侵害，企业正常经营得以顺利进行。

1. 劳资冲突

除了具有劳资冲突的一般特性，中外合资企业劳资冲突还因其产权特征而具有个性。据此，佟新（1997）认为合资企业劳资冲突可从规模、表现形式和起因三个方面进行分类。

（1）从劳资冲突的规模看，合资企业的劳资冲突偏于个体化，这一方面是因为合资企业毕竟有着中方的股权，中方雇工的利益由此得到必要的保障。另一方面，无论是政府相关部门还是企业的所有者都对集体冲突十分敏感，因此工人与管理者或所有者的冲突常常在个体化阶段便得以解决，通常不会酿成大范围的集体冲突。在实践中，合资企业外方代表通常在处理个人劳资关系上比较自信，对于处理与集体的关系却往往犹豫保留，持漠视乃至厌恶的态度。

（2）从劳资冲突的表现形式看，冲突均以潜在形式表现出来。所谓的潜在冲突是指引起冲突的根源存在，而冲突得以排解的渠道也在一定范围内存在，因此冲突不是以白热化的方式，而是以发牢骚或不断反映问题的方式表现出来的。但是，如果此时企业的所有者或经营者过于专横或不拿工人利益当回事，工人就很容易出现过激的行为，如举行集体罢工。

（3）从劳资冲突的起因看，一般认为劳资冲突源于劳资双方利益的冲突，如具体的权益和要求未被满足，但实践中源于不同文化的冲突却占到相当大比例。在多数情况下，工人与外方代表或者管理者的利益冲突常常以文化冲突的形式表现出来。这种文化冲突因而在合资企业中具有特殊的意义，工人常常以文化冲突表达自己对实际利益的不满。

2. 劳资冲突的解决机制

（1）平等协商。又叫劳资协调，即合资企业中劳方与资方就有关导致冲突的企业生产经营和职工利益等事项，平等地进行交涉、对话和商讨，以实现相互理解与合作，并在可能的条件下达成协议的活动。它早在19世纪末就已出现，并在两次世界大战期间及之后得到较快发展，当今已遍及西方国家和某些发展中国家。我国《劳动法》第八条规定：劳动者依照法律规定，通过职工大会、职工代表大会或者其他形式，参与民主管理或者就保护劳动者合法权益与用人单位进行平等协商。劳动部《关于〈劳动法〉若干条文的说明》则进一步指出，职工代表大会主要适用于国有企业，平等协商主要适用于非国有企业。在中外合资企业中，平等协商既是解决劳资冲突的基本形式，也是进行集体谈判的准备步骤；既可以在协商机构进行，也可以通过其他形式初步拟订集体谈判的内容、时间、地点等事项。

（2）集体谈判。劳资关系理论和实践中常常将集体谈判和平等协商相互混淆，两者对于合资企业劳资冲突解决都十分重要，将两者混同会给具体操作带来不必要的麻烦和误解。作为职工参与形式的平等协商和作为集体合同订立程序的集体谈判是两种不同的制度和行为：平等协商的职工方代表一般经民主选举产生，集体谈判则由工会出面并由工会选派代表；平等协商并不一定以达成协议为目的，集体谈判则是为了签订集体合同；平等协商中如有争议，只能由双方自行协商解决，不能采取罢工、闭厂等行动，集体谈判中的争议可能表现为以上激烈形式并由第三方协调处理；平等协商的双方可以就企业经营决策等表现出的劳资关系问题交换意见，集体谈判只限于劳动条件。正因为上述区别，《劳动法》并未将平等协商规定为集体合同制度的内容。

（3）劳动争议调解委员会。工会内部一般设有劳动争议调解委员会，将其作为调解企业日常劳动争议的专门机构。劳动争议调解委员会设在用人单位内部，由职工代表、用人单位工会代表、用人单位代表三方组成。在通常情况下，职工代表由职工代表大会（或职工大会）推举产生，用人单位工会代表由用人单位工会委员会指定，用人单位代表则由用人单位法定代表人指定。调解委员会组成人员的具体人数由职工代表大会（或者职工大会）提出并与用人单位法定代表人协商确定，用人单位代表的人数不得超过调解委员会成员总数的三分之一。劳动争议调解是我国劳动争议处理的第一道程序，调解委员会是法定的劳动争议调解机构。

三、结论

目前研究中外合资企业劳资关系必须注意以下几个问题。

（1）“三方原则”是劳资关系协调机制的关键，有的单位缺位则意味着“三方原则”名不副实，不利于劳资关系协调。

（2）如果中外合资企业要求企业主管部门作为资方代表参与劳资协调，那么工会作为社会力量相较作为行政机关的企业主管部门处于弱势地位，不利于公正地保护劳方利益。

（3）现代市场经济是全球化经济，要求实行国际上通行的制度。中外合资企业的外方代表大多具有丰富的国际经验，熟知国际上通行的劳工制度，而国内用人单位团体缺位则与此相悖，既不利于中外合资企业正常运行，也不利于同国际通行的劳动关系协调制度接轨。因此，中外合资企业急需中方雇主单位在团体制度创新方面更进一步，从而规范中外合资企业劳资关系运行，实现劳资关系协调发展。

中外合资企业的工会是劳资关系协调中至关重要的一环，工会只有适时转变功能才能适应经济制度变迁。对于工会功能转换而言，在计划经济体制下，工人是企业的主人，工会作为企业职工的互助组织，其主要功能是教育职工并协助企业进行管理。但在市场经济体制下，工会的主要功能需要发生变化。工会成为劳动力供给方的代表，作为一种特殊的利益群体，其主要功能必须是反映群体的利益，因此，维护工人的权利和协调劳资关系是工会新的功能，唯有如此，方能适应经济制度的变迁。对于合资企业的工会来说，更要严格遵守有关的法律、法规，完成好“维权”与“教育”两项任务。

实施工会权力是发挥工会功能的主要途径。虽然本质上工会的权力是政府通过法律或规章的形式所赋予的，是无差异的，但在实施过程中工会权力存在着明显差别，需要进行深入具体的研究。中外合资企业存在中方控股、外方控股、中外合资方各占一半三种产权结构类型。在不同的产权关系下，工会权力发挥的状况不同。中方控股企业的工会权力相对较大；外方控股企业的工会权力则受到限制。外方控股使工会失去了集体讨价还价的基础，难以实现对资方不良行为乃至非法行为的控制。

中外合资企业工会的整体活动有待加强，工会地位也有待巩固，工会干部的观念亟待改变。工会能否体现或实现自己的权力，不仅取决于它在企业中的位置，还取决于工会干部对工会职能的理解。对一种新的制度形式来说，工会干部的价值观、思想意识、工作态度等都会影响到工会工作的质量。中外合资企业工会干部普遍面临如何适应合资性质工会工作的问题。如果完全照搬原来国有企业的经验，不加强专业知识学习，就不能适应中外合资企业的工作。

此外，还存在外籍雇工权利保护的问题。中外合资企业也应是社会主义企业的组成部分。根据《劳动法》及现行的《工会法》，只要是在中国境内的企业工作的雇工就都可以享有以上两法规定的权利，对外籍雇工加入工会，两法并无禁止性规定。因此，只要是以工资收入作为主要生活来源的外籍脑力劳动者和体力劳动者，其本人自愿申请加入中国工会，就都可以成为会员，但外商投资者和外商投资者的代理人不能加入中国工会。据此，中外合资企业工会还应研究外籍雇工加入中国工会后的劳资关系协调和保护问题。

本章要点

1. 劳资关系的定义有广义和狭义之分。狭义的劳资关系意味着雇工与雇主的关系限定在劳方与资方的日常管理协会之间；广义的劳资关系是工作中人们的行为和互动关系。

2. 劳资关系的特征：(1) 劳资关系是企业中“雇佣关系”所产生的关系束。如果没有雇主和雇工的参与，就不可能有雇主与雇工的这种关系。(2) 劳资关系强调和解的过程，参与双方通过和解，学会相互合作与适应的方法和技能。(3) 每一种劳资关系系统都会形成一套管理工厂的规则，同时通过集体讨价还价制定的规则，在劳资双方之间形成以维护和谐关系为主要目的的工作共同体。(4) 政府或国家借助法律、规则、协定和奖励制度影响劳资关系，并起着定位导向作用。同时，政府或国家也强调通过习惯、风俗、传统、政策的执行以及行政和司法机构的干涉来对劳资关系进行调节。

3. 研究劳资关系的目的在于：确保雇工和雇主双方的利益，增进双方了解；避免劳资冲突；减少劳动调整和经常性旷工以提高生产水平；建立和维持工业民主；在雇佣双方间确定合理的工资水平，改进工人的工作条件，以减少罢工、封闭工厂；通过劳资关系的改善，稳定国家经济与社会秩序。

4. 劳资关系可分为五种类型，即“家族主义型”“亲权型”“契约型”“敌对型”和“社会体系型”。

5. 劳资关系可用系统方法来研究，劳资关系系统包括输入系统和输出系统。输入系统分为系统内部的输入和系统外部的输入。

6. 劳资关系系统的内部输入由行动者的目标、价值和权力决定。

7. 劳资关系系统的行动者主要是工会组织、公司以及非营利组织。

8. 行动者的目标是个人或群体所要寻求取得的目的或需要；行动者的价值观是行动者在建立相对重要的目标时所遵从的规则和标准，以及为了达到目标所采取的方式；权力是行动者克服其他障碍达到目标的能力。

9. 对劳资关系系统有影响的外部环境输入包括：(1) 生态子系统（一个社会的自然环境以及与环境相连的生存方式）；(2) 经济子系统（由生产市场、劳动力市场、货币市场以及技术进步水平构成）；(3) 政治子系统（政治结构）；(4) 法律子系统（由成文法、习惯法和行政法组成）；(5) 社会或文化子系统。

10. 输入转变为输出的类型有：(1) 单方面决定；(2) 双边谈判；(3) 第三方帮助。

11. 解决劳资关系问题除了工会以外，还有其他几种模式：(1) 以管理模式解决问题；(2) 以行政机构模式解决劳资争端；(3) 用法律模式解决劳资冲突；(4) 通过非正式关系解决问题。

基本概念

劳资关系　劳资关系系统　劳资冲突　目标　价值观　权力　工会组织　集体谈判　集体合同

复习思考题

1. 什么是劳资关系？劳资关系有何特征？
2. 简述研究劳资关系的理论。
3. 劳资关系有何类型？
4. 西方劳资关系有何新变化？
5. 研究劳资关系的目的是什么？
6. 简述劳资关系系统理论。
7. 劳资关系系统中的行动者各有哪些行动取向？
8. 影响劳资关系系统的外部因素有哪些？它们是如何影响劳资关系系统的？
9. 简述解决劳资冲突的机制。
10. 目前研究中外合资企业中的劳资关系应注意哪些问题？

11. 劳资关系与宏观的社会政治结构有什么关系？
12. 简述劳资关系和不同利益群体的关系。
13. 如何理解劳资关系中的冲突与合作？

推荐阅读书目

1. 霍夫曼．劳动力市场经济学．上海：上海三联书店，1989.
2. 刘艾玉．劳动社会学教程．北京：北京大学出版社，1999.
3. 利普塞特．政治人：政治的社会基础．北京：商务印书馆，1993.
4. 桑普斯福特，桑纳托斯．劳动经济学前沿问题．北京：中国税务出版社，北京腾图电子出版社，2000.
5. 斯梅尔瑟．经济社会学．北京：华夏出版社，1989.
6. 万成博，杉政孝．产业社会学．杭州：浙江人民出版社，1986.
7. JACKSON M P. Industrial relations. London：Croom Helm，1977.
8. SAMUELSON P，NORDHAUS W D. Macroeconomics. New York：McGraw Hill Book Company，1989.

参考文献

1. 程延园．集体谈判：现代西方国家调整劳动关系的制度安排．教学与研究，2004（4）.
2. 崔勋，等．从近代西方劳资关系研究视角的变迁看劳资冲突走向．中国人力资源开发，2010（5）.
3. 郭军，李雪艳．劳动关系发展趋势研究：基于概念演化视角的分析. 经济经纬，2009（1）.
4. 刘艾玉．劳动社会学教程．北京：北京大学出版社，1999.
5. 沈原．社会转型与工人阶级的再形成．社会学研究，2006（2）.
6. 斯梅尔瑟．经济社会学．北京：华夏出版社，1989.
7. 佟新．新时期有关劳动关系的社会学分析．浙江学刊，1997（1）.
8. 万成博，杉政孝．产业社会学．杭州：浙江人民出版社，1986.
9. 王家宠，等．关于外国跨国公司在华投资企业劳资关系的若干情况．当代思潮，1998（2）.
10. 吴清军．集体协商与“国家主导”下的劳动关系治理：指标管理的策略与实践. 社会学研究，2012（3）.
11. 徐亚萍．劳动争议日趋显性化：一个不可忽视的社会问题．南京大学学报（哲学·人文科学·社会科学版），1997（4）.
12. 佘晓敏．经济全球化背景下的劳工运动：现象、问题与理论．社会学研究，

2006 (3).

13. 周长城，等．关于中外合资企业中劳资关系的调查．社会科学研究，2000 (2).

14. 周长城，吴淑凤．中外合资企业中的劳资关系探讨．经济评论，2000 (4).

15. 周长城．加拿大劳资关系系统分析．国外社会科学，2000 (2).

16. 周长城．科尔曼及其社会行动理论．国外社会科学，1997 (1).

17. 周长城．西方劳资关系研究的基本问题．学术研究，1997 (5).

18. ANDERSON J C. Bargaining outcomes: an IR system approach. Industrial relations, 1979, 19 (2).

19. BAKKE W, UNION W. Management and the public. NY: Harcourt, Brace and World, 1967.

20. BRAVERMAN H. Labor and monopoly capital: the degradation of work in the twentieth century. New York: Monthly Review Press, 1979.

21. BURAWOY M. Manufacturing consent: changes in the labor process under monopoly capitalism. Chicago: University of Chicago Press, 1979.

22. CARRELL M R, HEAVRIN. Collective bargaining and labor relations: case, practice, and law. NY: Macmillan, 1991.

23. CLEMENT W. Understanding Canada: building on the new Canadian political economy. Toronto: McGill & Queens, 1997.

24. CRAIGA. The system of industrial relations in Canada. Ontario: Prentice-Hall Canada Inc. , 1986.

25. CROSS G. An all-consuming century: why commercialism won in modern America. New York: Columbia University Press, 2000.

26. DEERY S. Australian industrial relations. Sydney: McGraw Hill Book Company, 1986.

27. DUNLOP J T. Industrial relations system. NY: Henry Holt and Co. , 1958.

28. EDWARDS R. Contested terrain: the transformation of the workplace in the twentieth century. New York: Basic Books Inc. , 1979.

29. ESBENSHADE J. Codes of conduct: challenges and opportunities for workers' rights. Social justice, 2004, 31 (3).

30. FISHER C. Innovation and Australian industrial relations: aspects of the arbitral experience 1945—1980. Canberra: Croom Helm, 1958.

31. FOSSUM J A. Labor relations development, structure, process. Boston: Irwin, 1989.

32. FOX A. Managerial ideology and labour relations. British journal of industrial relations, 1966, 4 (1-3).

33. FRENKEL S, HARROD J. Industrialization & labor relations: contemporary research in seven countries. Ithaca: ILR Press, 1995.

34. GUNDERSON M. Collective bargaining in the essential and public service. Toronto: University of Toronto Press, 1975.

35. HARVEY D. Spaces of capital: towards a critical geography. NY: Routledge, 2001.

36. HERSON C. The workers' revolt in Canada, 1917—1925. Toronto: University of Toronto Press, 1998.

37. LAMBERT R. Labour movement renewal in the era of globalization//HARROD J, O'BRIEN R. Global unions?: theory and strategies of organized labour in the global political economy. London: Routledge, 2002.

38. LITTLER C R. The labour process debate: a theoretical review 1974—1988//KNIGHTS D, WILLMOTT H. Labour process theory. London: The Macmillan Press Ltd, 1990.

39. MILLS D Q. Labor management relations. NY: McGraw Hill Book Company, 1985.

40. MONTON D. Working people: an illustrated history of Canadian labor movement. Toronto: McGill Queens University Press, 1998.

41. NADESAN, POST-FORDISM M H. Political economy, and critical organizational communications studies. Management communication quarterly, 2001, 15 (2).

42. O'ROURKE D. Outsourcing regulation: analyzing nongovernmental systems of labor standard and monitoring. Policy studies journal, 2003, 31 (1).

43. SILVER B J. Forces of labor: workers' movements and globalization since 1870 . New York: Cambridge University Press, 2003.

44. SKLAIR L. The transnational capitalist class. Oxford: Blackwell, 2001.

45. VERMA A, CHAYKOWSKI R. Contract & commitment: employment relations in the new economy. Toronto: Queens, 1999.

46. WOLTERS R S, HOLLEY W H. Labor relations: an experiential and case approach. NY: The Dryden Press, 1998.

第九章

经济组织

经济组织是经济社会学关注的重要研究对象，尤其是20世纪80年代兴起的新经济社会学，把经济组织视作最主要的研究对象之一。马克·格兰诺维特1985年在美国华盛顿特区美国社会学学会的一次会议上提出了“新经济社会学”这个概念，并指出，新经济社会学与此前的旧经济社会学之间的不同就在于前者更多地关注核心经济体制，比如公司、货币和市场，而非边缘经济现象。

经济社会学的发展史就是一部社会学与经济学的对话史（刘世定，2007），所以我们看到在国内外的一些经济社会学的著作中，总是免不了先提到相关研究主题中经济学的研究，然后对应地展示社会学在同类研究对象上不同的研究视角及其成果。在经济组织的研究中，经济学与社会学研究正对应地体现两种各具特色的传统。简单地说，前者的理论大厦得以建立的基本假定是公司是追求最大化利润的、自由竞争的理性行动者。后者奠基其整个理论体系的基本假定是，公司并非纯粹的经济理性行动者，而是一个嵌入更广阔的经济、文化、历史结构中，受到重重限制的社会行动者，而且内部充满了利益冲突与群体分裂。关于社会学与经济学在企业研究中的视角之别，我们在后面有更详细的论述。

“组织”一词有两个面向的解释：一是作为名词的组织，即组织被看作一个实体，尽管这个实体在信息技术时代是否还有边界成为一个热议而未决的问题；二是作为动词的组织，即组织是一个过程，经济组织就代表着各种参与经济活动的要素的超越一个个具体组织的结合及流动过程。所以，经济组织的狭义概念等同于公司（firms）/企业（enterprises），其内涵是组织成员的行动以营利为目标被组织起来，有清晰的活动边界。就经济组织的广义概念而言，在经济社会学的整个知识框架中，经济组织既包括单个的公司/企业，也包括跨单个实体组织的组织联盟等形式，比如工业区、产业集群等，以及各种经济要素的组织过程，比如，市场与网络（朱国宏，1998），资本主义与全球性经济组织（Swedberg，2003）。

本章将着重介绍企业组织的相关研究，包括第一节“企业组织的经济学研究”，第二节“企业组织的社会学研究”，第三节“社会学视角述评及其与经济学视角的比较”，第四节“企业研究发展的新趋向”。必须说明的是，限于篇幅以及相关研究以英文文献为主流的不争事实，本章所列文献主要是英文文献，主要涉及美国学界的相关研究[①]。关于企业研究的中文研究文献也很多，来自各个学科，形成了一个庞杂的文献群，本章中只涉及其中的一小部分文献，主要是企业研究的社会学文献。

第一节 企业组织的经济学研究

现代企业不论是从数量上还是从其对世界的影响上而言，都是当今世界最重要的经济组织形式，经济社会学中存在企业社会学的分支，组织社会学家在咨询界大受欢迎也往往是因为他们被视作企业社会学家（拉法耶，2000）。

经济社会学是在与经济学的对话中发展起来的，我们看看20世纪七八十年代的学科发展史，经济学帝国主义的兴盛激发了经济社会学复兴的情况（称为新经济社会学），就会对此有更深刻的体会（斯威德伯格，2003）。所以，当我们要考察社会学对经济组织的研究时，了解经济学对经济组织的研究是题中应有之义。

一、企业研究的经济学渊源

联系社会学与经济学的关系史，刘世定（2007）将经济学的发展分为三个阶段：第一阶段叫作古典时期，终结于19世纪末；第二阶段叫作经济学的新古典时期，从19世纪末经济学的边际革命到20世纪60年代；第三阶段就是20世纪70年代以来至今。虽然企业在人类历史上存在很多年了，但是在新古典经济学之前的经济学家都没有怎么关注企业，直到1937年罗纳德·科斯发表了《企业的性质》（The Nature of the Firm）一文来探讨企业为什么存在才算是一个正式的开篇。但这篇文章在20世纪60年代之后才引起人们的广泛注意，由此引发了大量解释企业本身的论著（梁小民，2001）。

关于经济学从什么时候开始关注企业的问题，其他学者有不同的看法。斯威德伯格（2005）认为，其实古典时期的经济学家已经提出了现代经济学的一些企业研究的思想，尽管这些思想只是零星的存在，但是我们后来的组织经济学各理论流派的思想起源大多都能追溯到其古典时期[②]。比如，亚当·斯密在《国富论》中就暗示了企业并非一个只是遵循理性最大化原则的整体单位，在企业内部也存在利益差别的现象，比如，在合资企业中，人们不像对待自己的钱那样关心别人的钱，这使得合资企业中所有权人的利益与管理者的利益相分离，也正因为如此，“疏忽和浪费，常成为股份公司业务经营上难以避免的弊端”（斯密，2007）。

马歇尔的著作中也讨论过企业内部的利益之分的问题。比如，他谈到企业主与

---

① 尽管如此，本文也只能对相关文献做简要介绍，高年级的本科生（本文的读者对象）应该已受过文献检索的训练，知道如何按图索骥选择自己感兴趣的主题做进一步的细致探索。

② 其实就亚当·斯密和马歇尔的理论特点而言，这在一定程度上也可被看作经济社会学的思想起源。

领取薪水的管理者之间的利益差别。企业主在自身利益的引导下可能为最大化利益而冒险，但是领取薪水的管理者却会在个人利益的引导下秉行“受到最小抵制、获得最大舒适和承担最小风险”的工作原则，他们对他人提出的改进建议总是试图找借口回绝，除非这种建议看起来确定会成功——因为这就意味着他们不用承担什么风险就能获得较大收益。当然，马歇尔也指出，企业得以被组织起来，除了因为企业能为其成员提供利益报酬，也因为企业作为一个群体对员工在情感上的凝聚力以及员工对企业特有的忠诚感。

但是经济学关注企业的这个传统到新古典时期几乎完全被忽略了。较为系统的企业理论最早见于古诺（Cournot）19 世纪 30 年代的著作（Blaug，1980），古诺在本质上将企业界定为以需求和技术为约束条件的利润最大化行动体。20 世纪初经济学用来分析企业的一个标准工具就是生产函数，生产函数就是“一种可以描述每种生产要素每一单位的投入所能产出的最大生产量的技术性关系”（Samuelson，1970）。具体每种生产要素是否需要投入，以及投入多少，则通过市场中的需求-供给信息价格机制来指导。人们只要在理性选择的原则下追求自己私利的最大化，市场运行就可以实现资源的帕累托最优配置。换句话说，企业对市场价格做出被动反映，在价格一定的情况下对产量做出理性决策以实现最大利润，企业所关心的是生产函数，以及可变资本和固定资本的投入比例问题。新古典经济学的企业研究基于两个基本假定：第一，企业是自然存在的，它是从生产要素到产品的转化器；第二，交易成本为零（周长城，2003）。新古典经济学只关心特定条件下企业如何依据边际替代原则对生产要素进行最优组合的生产决策问题，而并不追问企业从何而来、企业为什么有大有小、企业的结构差异等问题。总之，在新古典经济学的企业研究中，高度抽象后的企业厂家成为一个没有任何社会性和个体性的，只关注个人利益，自然就可以完成市场或生产活动的“黑箱”（周雪光，2003）。

这种情况一直持续到赛特（Richard Cyert）和马奇（James March）的《厂商行为理论》（*A Behavioral Theory of the Firm*）。他们在该书中直指“新古典主义企业理论对企业内部的利益冲突视而不见，或者假借一份雇员合同假定雇员都同意追求企业家利益而解决这个问题”（Cyert and March，1963）。事实上，“存在无法解决的冲突是组织的一个显著特征”（Cyert and March，1963）。马奇在《作为一种政治联盟的商业企业》一文中则将对企业相关行动者的讨论，从马歇尔和斯密的企业内部利益行动者拓展到企业外部，比如，政府机构、工会、贸易联合体等。

新古典经济学时期，经济学对经济组织的关注主要是市场、资本主义，到 20 世纪中期以后才对个体的企业组织展现出兴趣。1986 年，巴尼（Barney）和大内（Ouchi）在《组织经济学：理解和研究组织的一种新的范式》（*Organization Economics：Toward a New Paradigm for Understanding and Studying Organizations*）中明确提出了组织经济学的概念，用来说明经济学对组织研究的贡献。在这本书中，两位编者提到组织经济学包括交易成本学、代理理论、公司战略经济学、组织结构经济学、演化理论等是如何可以被用来理解组织的。而杜玛（Sytse

Douma）和斯赖德（Hein Schreuder）在《组织经济学：经济学分析方法在组织管理上的应用》（*Economic Approaches to Organizations*）中介绍了代理理论、交易费用理论、博弈论、公司行为理论、产业组织理论和组织演化理论等，这些理论系统地回答了企业组织是什么、企业组织为什么存在，以及影响企业组织运行的因素有哪些等问题（杜玛，斯赖德，2006）。

组织经济学各个流派的共同特点就是从个体的自我利益出发，然后引入社会关系或制度、文化的考量，这通常是为了解释利益是如何通过创建特定的社会关系而实现的。尽管以随处可见的组织现象为研究对象，组织经济学依然秉持了一贯的经济学风格，即强调逻辑讨论而鲜少考虑实际经验。

在经济社会学看来，尽管组织经济学为理解组织现象提供了富有想象力的分析，但它过度强调了自我经济利益倾向而对社会关系关注不够，社会关系与行动者的关系不仅是后者建构前者（如策略性行动）以获得利益，还包括前者对后者行动的约束，甚至形塑。因而，不论是从历史上看还是从现实来考察，我们都会发现经济研究中对社会关系（包括处于发展形态的关系以及表现为固化形态的制度）的忽视是不可取的。经济行为是一种社会行为，社会行为就必须考虑到他人的行动决策，经典的比如囚徒困境的故事，仅仅是简单的一个规则下两个人的活动，就凸显出建立在简约的自利原则基础上的决策并不必然带来最大化的收益。下面我们将选取与社会学对话程度较高的几个组织经济学理论来介绍其基本观点与方法，包括交易成本学派（Transaction Costs Economics）、委托—代理理论（Agency Theory）和博弈论（Game Theory）。

二、交易成本学派

科斯在 1937 年所写的《企业的性质》一文中指出，传统的经济学假定了企业依据市场价格机制来调整自身的决策，一旦价格发生变化，个体和企业就会自动调整生产量，因为依据市场价格调整生产策略毋庸置疑是符合企业及企业员工个人利益的。但是正如之前有经济学家分析企业内部存在企业主、管理者与职工之间的利益差异一样，科斯发现了企业中的个人与企业在调整自己的生产策略的机制上是不同的：企业的调整得自市场的引导，而个人的调整得自企业的命令。由此可见，市场与企业代表了协调生产的两种替代性方式。但其中的一个问题是，如果经济领域存在两种生产协调方式，那么出于效率的考虑，什么时候用市场、什么时候用企业呢？而且根据既往的经济学假定，市场是万能的，那么一切生产活动通过市场来组织不就可以了吗？又为什么会出现企业呢？科斯指出，以往经济学家们忽略了利用市场其实是要耗费成本的，这包括信息获取成本、合同拟定成本等。如果使用市场的成本超过了利用企业的成本，那么原则上就需要利用企业这种生产组织形式。这里的成本概念就是后来威廉姆森提出来的交易成本思想的前身。

威廉姆森的重要著作是《市场与层级制》，在书中他指出，市场与科层制企业构成了人类生产活动中的两种替代性治理结构（Williamson，1994），但经济学家只将市场组织作为其研究领域，而把企业组织拱手让给来自其他各个学科的组织研究者。后来，威廉姆森又把这两种治理结构拓展为三种，即市场、科层制，加上混合的或以长期契约关系为基础的企业联合体（Williamson，1994）。他的核心概念“交易成本”的定义是：“起草、谈判和支持一项协议成立的事前成本，更重要的是遇到不良情况后的适应和调整等事后成本，这里的适应和调整是在合同执行过程中因歧义、误会、遗漏和不可预期的干扰而发生合同执行偏移时所产生的成本，以及经济系统本身的运行成本。”（Williamson，1994）

威廉姆森接着科斯的论述继续往下回答了生产活动什么时候选择市场这种组织方式，什么时候又选择企业这种组织方式的问题。他指出，这本质上取决于交易成本的大小。在交易频繁发生，存在较大不确定性和资产专用性的情况下，就应当选择以企业的方式来组织生产与交易。相反，如果不存在资产专用性的问题，交易只是一次性交易而非长期反复交易，则通过市场来组织更有效。

科斯和威廉姆森的交易成本分析引入了有限理性、机会主义、资产专用性等概念，引发了利益理论的巨大变革，更具有现实解释力而且并没有损害其形式理论的优势。之前的经济学理论的经典假设是所有行动者都遵循规则（合约）行动，不会投机，这意味着似乎确实没有必要讨论监控系统或者法律系统等变量，这就是经济学根本不关注外在制度的原因。交易成本则从行动者是自我牟利者的假设出发，推导出个体都是机会主义的，应该说这才更符合经济学的自我利益原则。

但是如果行动者都是机会主义的，那么当企业的规模达到一定程度需要具有专业知识的人来管理的时候，企业主又如何杜绝这些管理者的机会主义呢？这就是委托—代理理论要解答的问题。

三、委托—代理理论

代理是个法律概念，简单地说它是指代理人代表委托人以一种受到法律约束的方式与第三方互动。这个概念被引入经济学是指股份制公司中的委托人-代理人契约关系，而非仅指法律关系。可以说经济学对企业内部的关注直到委托—代理理论出现才发生了一个质的飞跃。

正如前面我们说过的，亚当·斯密已经认识到了所有权和控制权分离所引起的股份制公司内部的“浪费和疏忽”问题，但这个问题并没有得到其他早期经济学家的太多关注，直到1932年阿道夫·伯利和加德纳·米恩斯（Adolf Berle and Gardiner Means）的著作《现代公司与私有财产》（*The Modern Corporation and Private Property*）的出版才改变了这种局面。他们说大型企业常出现一种情况，即管理者往往只拥有公司的很小一部分股份，对管理者来说，大量的股利流向公司外部的股东，而所有主要的决策却又是管理者做出的，公司的外部股东并不能控制公司的管理者。在这种情况下，公司的管理者和股东的利益就产生了分歧。股东只对利润感兴趣，而管理者只追求权力、威望及自己的利益，加上代理人又可能是机会主义的，这就使得代理人的利益与委托人的利益经常冲突成为不争的事实。不但所有权人与管理者之间是委托—代理关系，实际上，高级管理者与下一级的管理者，中层管理者与企业普通员工之间都是委托—代理关系。对于总经理来说，部门经理有自己的部门利益，所以总经理与部门经理之间经常发生冲突；而对于部门经理来说，部门内部的员工有自己的利益，或者为了得到更多的收入，或者为了在收入一定的情况下得到更多的休闲（这将发生偷懒现象），这又与部门经理追求部门效益的目标相冲突。所以，整个企业看起来就是一系列委托—代理关系的集合。

委托—代理理论最著名的代表人物是迈克·詹森（Michael Jensen）和威廉·麦克林（William Meckling）。他们合著的《企业理论：管理行为、代理成本和所有权结构》（*Theory of the Firm：Managerial Behavior，Agency Costs，and Ownership Structure*）一书就指出，如果管理者不是百分之百地拥有企业，那么他为增加企业利润而工作的动力就比不上所有权人。这是对斯密最初关于合伙人企业的论述的继续，只不过这后面的论述主要针对大规模的股份制企业公司。面对这个代理难题，经济学最早提出通过监督解决，但问题是监督又需要监督成本，而且谁去监督那些监督的人呢？所有权人会监督管理者，同时给予管理者足够的激励（比如分红与股票期权），使得管理者的行动朝着推动企业追逐最大利润的方向前进。虽然不管是监督还是激励都会产生管理成本，但是只要各级行动者经过考量发现，他们为设立这些监督岗位和激励制度而支付的管理成本小于或者至少等于代理人基于机会主义而带来的利润损失，那么就是可取的。

自詹森和麦克林提出委托—代理理论以来，企业就被看作契约的集合，其中缔结合约的各方包括雇员、消费者、债权人等。所以，詹森和麦克林说企业就是“一系列契约的联结点”（Jensen and Meckling，1976）。

四、博弈论

在新古典经济学中，行动者是独立的，各自追求自身的利益最大化，最后就会导致整体福利的最大化。但实际的情况是人的决策并非与他人隔绝，相反是受到他人决策的影响的，行动者在决策时考虑还是不考虑他人会导致不同的决策结果，而并不存在一个可以独立做出的、唯一的最大化利益决策。这个认识是对经济学假设的重大修改，所以带来了经济学的重要发展——博弈论的出现。

博弈论是指某个个人或组织，在具有竞争性质或对抗性质的行为中，参加斗争或竞争的各方各自具有不同的目标或利益，为了达到各自的目标或利益，各方必须考虑对手的各种可能的行动方案，并力图选取对自己最为有利或最为合理的方案，比如，日常生活中的下棋、打牌等。一般的博弈问题都由以下几个要素构成：局中人（players）、策略（strategies）集合，以及每一对局中人所做的选择和得失（payoffs）的集合。其中所谓得失是指如果一个特定的策略关系被选择，那么每一个局中人所得到的效用。所有的博弈问题都会遇到这几个要素。

1944年，由匈牙利数学家冯·诺伊曼（Von Neumann）与经济学家奥斯卡·摩根斯顿（Morgenstern）合作出版的巨著《博弈论与经济行为》（*Theory of Games and Economic Behavior*）标志着现代系统博弈理论的初步形成。对于非合作、纯竞争型博弈，诺伊曼所解决的只有二人零和博弈——好比两个人下棋，一个人赢一着则另一个人必输一着，两人间的净收益为零。在这里，抽象后的博弈问题是，已知参与者集合（两方）、策略集合（所有棋着）和盈利集合（赢子输子），能否且如何找到一个理论上的"解"或"平衡"，也就是对参与双方来说都最"合理"、最优的具体策略呢？而且究竟什么才是"合理"的呢？应用传统决定论中的"最小最大"准则，即博弈的每一方都假设对方所有策略的根本目的是使自己最大限度地失利，并据此最优化自己的对策。诺伊曼从数学上证明，通过一定的线性运算，对于每一个二人零和博弈，都能够找到一个"最小最大解"。通过一定的线性运算，竞争双方以概率分布的形式随机使用某套最优策略中的各个步骤，就可以最终达到彼此盈利最大并且利益相当的结果。

后来纳什（Nash，1950，1951）在他那著名的"一页纸"论文中证明了均衡点的存在，为博弈论的一般化奠定了坚实的基础。所谓"纳什均衡"是指在一个策略组合中，所有的参与者都面临这样一种情况：当其他人不改变策略时，他此时的策略是最好的。也就是说，此时如果他改变策略，那么他的所得将会降低。在纳什均衡点上，每个理性参与者都不会有单独改变策略的冲动。

博弈论就是研究博弈行为中竞争各方是否存在着最合理的行为方案，以及如何找到这个合理的行动方案的数学理论和方法。在经济学上，博弈论是个非常重要的理论概念，它为组织经济学带来的贡献在于引入"囚徒困境"这类事实：如果每个行动者都以一种理性的原则来独立地、最大化地追求自己的利益，那么他们最后所得的结果可能比彼此合作时更糟糕。博弈论自诞生之后就在企业决策中迅速地被扩散应用，被广泛应用于企业营销决策及经营决策等，到今天，博弈论已发展成为一门较完善的学科。下面我们举一个经济学中的"智猪博弈"（Pigs' Payoffs）的例子来说明博弈论是如何用于企业管理的。

"智猪博弈"的例子是这样的：猪圈里有两头猪，一头大猪，一头小猪。猪圈的一边有个踏板，每踩一下踏板，在远离踏板的猪圈的另一边的投食口就会落下少量的食物。如果有一头猪去踩踏板，另一头猪就有机会抢先吃到另一边落下的食物。当小猪踩动踏板时，大猪会在小猪跑到食槽之前刚好吃光所有的食物；若是大猪踩动了踏板，则还有机会在小猪吃完落下的食物之前跑到食槽边，争吃到一些残羹。

那么，两头猪各自会采取什么策略呢？答案是：小猪将选择"搭便车"策略，也就是舒舒服服地等在食槽边；而大猪则为一点残羹不辞辛劳地奔忙于踏板与食槽之间。

原因何在？因为如果是小猪踩踏板，它将一无所获，而它不踩踏板反而能吃上食物。对小猪而言，无论大猪是否踩动踏板，不踩踏板都总是更好的选择。反观大猪，已明知小猪是不会去踩动踏板的，自己亲自去踩踏板总比不踩强，所以只好选择自己去踩踏板。

“小猪躺，大猪跑”的现象是由故事中的游戏规则所导致的。规则的核心指标是：每次落下的食物数量和踏板与投食口之间的距离。但如果我们改变一下核心指标，猪圈里就不会出现这种“小猪躺，大猪跑”的景象了。

改变方案一：减量方案。仅投食原来一半的食物。结果是小猪大猪都不去踩踏板了。小猪去踩，大猪将会把食物吃完；大猪去踩，小猪也会把食物吃完。无论谁去踩踏板，都意味着为对方贡献食物，所以谁也不会有踩踏板的动力了。如果目的是让猪们多去踩踏板，这个游戏规则的设计就是失败的。

改变方案二：增量方案。投食量比原来多一倍。结果是小猪、大猪都会去踩踏板。谁想吃，谁就会去踩踏板。反正对方不会一次把食物吃完。但这样一来小猪大猪的竞争意识都不会很强。对于游戏规则的设计者来说，这个规则的成本相当高（每次提供双份的食物）；而且因为竞争不激烈，想让猪们多去踩踏板的效果并不好。

改变方案三：减量加移位方案。投食量是原来的一半，但同时将投食口移到踏板附近。结果小猪和大猪都在拼命地抢着踩踏板。等待者吃不到食，而多劳者多得，每次的食物刚好消费完。对于游戏设计者来说，这是一个最好的方案——成本不高，但收获最大。

初始版的“智猪博弈”故事启发了竞争中的弱者（小猪）选择等待为最佳策略。但是对于社会而言，当小猪未能参与竞争，而仅“搭便车”时，社会资源的配置并不能达到最佳状态。为了使资源配置最有效，规则的设计者是不愿意看见有人“搭便车”的，政府如此，企业主也如此。但能否杜绝“搭便车”现象，则取决于游戏规则的核心指标的设置情况。比如，公司的激励制度设计，若激励力度太大，又是持股，又是期权激励，公司职员个个都成了百万富翁，这就好比前面的假设改变方案二“增量方案”，其结果是企业支付的成本高，但员工的积极性并不一定高。但是如果奖励力度不大，而且做多做少都得到同样少的一份，那么曾经努力的大猪也不会有动力了，这就像“智猪博弈”的“减量方案”所描述的情形。最好的激励机制设计就像改变方案三——“减量加移位方案”，使得多干者多得，少干者少得（比如业务按比例提成），这必然对大猪小猪都形成激励，而对于企业来说，这既节约了成本——不过是对既有的奖励总量采取了不同的分配方案而已，又消除了“搭便车”现象，从而可以实现有效激励。

博弈论在分析企业的优势时强调行动者的策略行为，行动者在决定自己的行动时要考虑到其他行动者所可能采取的行动。组织经济学中用博弈论分析处理的问题有串通舞弊和垄断性竞争等，可以参见迈尔森（Myerson）的著作《博弈论：矛盾冲突分析》(*Game Theory*: *Analysis of Conflict*, 1991）以及杜玛和斯赖德的著作《组织经济学：经济学分析方法在组织管理上的应用》中的相关章节。

以上我们简要介绍了组织经济学中影响比较大的三个学派。组织经济学自 20

世纪70年代以来就蓬勃发展，社会学家们就此做出了各种反应，或者消极，或者积极，或者忽视，不一而足。就对组织经济学的批评而言，比如，佩罗就批评代理理论假设行动者是机会主义者，这种观点如果在社会中扩散就将产生消极的影响（Perrow，1987）。但是斯威德伯格（2003）反驳说，如果将强调企业内部的所有人、管理者和工人都有各自的利益与人性堕落的论点轻易地等同起来，那么是对代理理论的误解，因为行动者是利益行动者，这是本质上的，而机会主义是条件性的，应该区分这一点。

格兰诺维特则具体批评了组织经济学研究中的一些基本假设（Granovetter，1985）。比如，他认为人们选择信任他人还是不信任他人并不仅仅基于有利益还是没利益，而是嵌入具体的社会关系中的，比如，我们选择是否信任一个人取决于我们是否了解这个人，或者我们认识的人或更准确地说我们信任的人是否信任他。而且，既有的经济学对组织的研究都假定了现存的经济组织是高效的，否则它们就不存在，这种功能主义的假定也是错误的，因为我们完全可以找到一些组织效率低下却依然存在的事实。比如，我们有些长期亏损的国有企业，虽然它没有效率，但是它在理论认为该消失的时候却并没有消失，因为国家选择向它持续地输入资金与政策支持，直到或许未来的某一天它终于可以盈利，也或许就这么一直持续下去。这是因为经济组织是特定政治、文化环境中的组织，它的运行并不必然遵循市场优胜劣汰的规律，以中国的国有企业为例，它们主要遵循的或许是政治逻辑而非经济逻辑。

奥博修尔（Oberschall）和雷佛（Leifer）（1986）则批评组织经济学只关注效率，而且似乎企业的问题都可以通过设计得到解决而无例外，但显然他们忽略了企业目标的模糊性以及企业内部的权力问题，而这两个问题就使得所谓的为实现企业目标而进行的组织设计变得并不像经济学家们所认为的那样可测。

正是在与经济学以及其他社会科学及其方法建立联系与对话的基础上，关于组织的社会学分析被激活了（斯威德伯格，2003）。显然，从社会学角度出发对组织经济学展开批评为经济社会学的组织研究提供了发展的基础。

第二节　企业组织的社会学研究

社会学对企业组织的公开关注比经济学早得多，这个传统始于韦伯——如果我们按照惯例将韦伯视为社会学家而非经济学家的话[①]。韦伯之后，社会学对企业组织的关注成为工业社会学的主要内容，直至20世纪70年代后，工业社会学衰落；但差不多与此同时，组织社会学又兴盛起来，企业又成为组织社会学的重要研究对象。

---

① 但这个说法并非确定无疑，比如也有人说韦伯本身是个经济学家，属于经济学中的德国历史学派（何蓉，2005）。

社会学关注企业与经济学关注企业的视角不同，经济学关注企业内部的利益问题——或者作为企业的驱动力，或者为企业带来管理的难题，而社会学则试图把企业当作一般化的组织来研究，关注它的社会结构。社会学的企业研究尽管在韦伯和马克思的古典传统中都试图兼顾经济利益与社会结构两个维度，但在后来的走向中，或许是为了撇清与经济学的关系，社会学极少考虑企业的经济维度（尽管其实它影响重大，不容忽视），而孜孜以求如何凸显其中的社会关系，甚至有时候有些故意地偏好社会关系如何制约经济力量这类的主题。换句话说，经济学总是致力于研究如何达至企业效率，而社会学则对各种致力于达至企业效率的设计如何失效的问题更感兴奋。当然，这样归类不尽准确，因为尽管少见，但事实上社会学中并不乏学者采纳利益分析的视角，比如理性选择理论的代表人物科尔曼，又比如始终致力于建构基于“有规则的利益”的瑞典经济社会学家斯威德伯格，以及持社会资本分析理论的法国社会学家布迪厄。他们都共同强调利益作为行动者行动驱力的重要性。但显然，这些社会学家所谓的利益概念的内涵比经济学家的要广阔得多。

一、韦伯及科层制研究

韦伯的研究在组织研究中被引用最多的是其关于“科层制”的论述，这也被视为他在组织研究中贡献最为突出的一部分。但其实他对经济组织的论述并不限于此，只是或许因为科层制引发了太广泛的兴趣，所以反而掩盖了他关于经济组织的其他真知灼见。

韦伯在《经济与社会》一书中将企业界定为一种封闭或者说受到约束的社会关系，这种关系反复发生就形成了秩序，它对关系中的个体或群体具有强制性。经济组织本质上是一些认为有共同利益的人自愿组合在一起所形成的关系的集合。所谓经济组织是与经济活动相关的组织，既包括组织生产、从事经济活动的企业组织及其组合（比如行业协会），也包括维护雇员权利的组织（比如工会组织），以及管理经济活动秩序的相关国家组织。其中，企业组织被视作按照特定规则、理性行动、追求利润最大化的行动主体。强调利益的驱动力和规则对行动“轨道”的决定作用正是韦伯对经济行为本质的理解（斯威德伯格，2003）。

韦伯在著作中提到了当时社会背景下逐渐演化而来的用股份来投资的方式，比如荷兰和英国的东印度公司中就出现了这种资本组织方式。韦伯还区分了企业内的三个群体，即企业家、管理层和普通雇工，他们分别被描述为理性的企业家、效忠的管理层和干活谋生的工人。企业家的心理特征是独立判断、追逐利润、有远见，是企业的灵魂；而管理层具有如何组织资源实现企业家目标的专业知识，他们在企业内部职责明确，具有负责任、重视荣誉等品质特征；工人通过付出劳动来获取报酬以维持家庭生活，他们的工作就是服从安排。然而工人的行动不仅有服从工厂纪律的一面，还有受到工人群体的非正式文化影响的一面。比如，若一个工人工作效率很高，他努力工作的话就会降低计件工资，这样其他工人就会非正式地给他施加压力，使他不那么努力。韦伯指出，企业主和雇员对待商业的态度对企业经营至关重要。我们这里可见与他《新教伦理与资本主义精神》一书中一脉相承的关注行动者的“主观世界”的理论思想。他也因为对企业内部群体特征的总结，而被称为工业社会学的奠基人。

韦伯对企业的论述最著名的就是其科层制理论。他认为科层制是大型组织的治理结构，是效率最高的生产组织方式，因为权责分明以及按照规则办事自然会导致高效率。这是韦伯为组织研究贡献的经典理论。但是自韦伯以来的科层制研究经历了一个从“支持韦伯”到“反对韦伯”的过程，并且到后期这个主题的研究几乎是以一种反韦伯的方式进行的。

在“支持”时期，著名的如古尔德纳（Gouldner，1954）在对石膏矿的研究中，探讨了三种类型的正式科层制结构。第一种为“赝品型”，即管理人员和工人都忽视其存在；第二种为“惩罚型”，即在管理上通过强制的方式让工人接受规则，工人做出抵抗；第三种为“代表型”，即管理上表现为强制，但工人却接受。最后，他正面评价了“代表型”的科层制结构。其他的还有塞尔兹尼克（Selznick，1949）对田纳西河谷权威制度的研究，布劳（Blau，1955）对州政府机构和联邦执法所的研究，李普塞特等（Lipset et al.，1956）对工会的研究，等等，他们都是支持韦伯关于科层制的经典假说的，即科层制是高效率的组织方式。

在后来的“反对”时期，克罗齐埃（Crozier，1964）对法国一个卷烟厂的经验研究显示，机械修理工在工厂里具有人们想象不到的权力，因为他们控制着机械维修，进而控制着车间的生产。这是他第一次以“科层制”现象为题，对科层制与效率之间的经典假设提出了质疑，并把科层制定义为“不能根据教训修正其行为的组织”。而更极端的反对来自本尼斯（Bennis，1966），他在《变迁中的组织》中指出，科层制根本不能适应专业人员力量的增长、参与式管理的发展以及快速的组织变迁，所以科层制将在20世纪消失。

韦伯提出科层制是最有效率的组织形式的经典假设是否正确，现在已经并不重要了，因为他就此开启了一个经典的组织研究领域，这本身就是对组织社会学研究的巨大贡献。

二、工业社会学的企业研究

20世纪30年代，美国诞生了工业社会学，它刚开始主要研究工厂内部的运作和工作情况，即把工业企业作为社会的细胞，从微观上研究工业企业内部的各种社会关系、社会行为、社会因素，如企业内部的人际关系，企业中的初级群体、非正式群体，企业内部职工与干部的积极性以及他们对工作的满意程度，职工的企业意识、安全感与工作效率，等等。在20世纪40年代末它又拓展到宏观层面，把工业视为社会系统的组成部分，研究工业与社会之间各方面的关系，如工业与人口、工业与家庭、工业与社区、工业与环境、工业发展与社会变迁，以及工业发展对人们生活质量的影响等。到 20 世纪 70 年代，由于一方面工业社会学的研究一直无所突破，另一方面组织社会学又蓬勃兴起，人们对企业研究的关注就从工业社会学转到组织社会学上，工业社会学的有些研究内容也被组织社会学吸纳，工业社会学逐渐很少有人提起。

在工业社会学的繁荣时期，涌现了许多经典研究，包括威廉·怀特（Whyte，1948）的《餐饮业中的人际关系》（*Human Relations in the Restaurant Industry*）、多尔顿（Dalton，1959）的《管理者》（*Men Who Manage*），还包括来自欧洲学者的研究，如贾侯达和拉扎斯菲尔德（Jahoda and Lazarsfeld，1972）的《马林塔尔：失业社区的社会学描述》（*Marienthal：the Sociography of an Unemployed Community*），以及克罗齐埃（Crozier，1964）的《科层现象》（*The Bureaucratic Phenomenon*）。

梅奥（Mayo，1933）的霍桑工厂实验开启了工业社会学的研究，他在《工业社会中的人的问题》（*The Human Problems of an Industrial Civilization* ）一书中指出，工作小组是复杂的社会组织，是一个社会系统，它有一套严密的行为规范；非正式组织的因素在工人行动中起着重要作用，要使工人有良好的情绪，必须在工作小组内有令人满意的人际关系。自梅奥以来的工业社会学传统就尤其关注工作岗位中非正式关系对工作的重要作用，认为企业组织中的人们总是倾向于结成小团体，这些小团体往往会使得正式的关于工作中的人际关系规则（比如反种族歧视）以及正式的工作规则（比如努力工作提高效率）等发生扭曲。比如，怀特等人（Whyte et al.，1955）在《金钱与动机》（*Money and Motivation*）一书中就揭示了工人群体中存在一种"定额维护"的现象。管理者为了激励工人，就对工人依据其工作效率给予差异化的报酬，这使得那些渴望得到更多报酬的工人努力工作（当然也有不受这种激励制度影响而"我行我素"的工人），但是这种工作效率的提升具有非技术的限度（依照管理者的看法，工人效率的提升只会受到技术水平的限制）。管理者有自己对最大工作效率的设想，但是工人群体中形成了关于最大工作效率的"非正式的规定"，即群体中大部分人能够达到的程度，这就形成了一个关于什么是适当的工作效率的非正式群体规范。而如果有的工人工作效率特别突出，大大超过了这种群体对工作效率的非正式规定，那么他就成了定额破坏者，就会受到群体的孤立，而不是像管理者所预期的那样被视作英雄或榜样。

多尔顿的研究兴趣在于探究由组织任命的正式的"角色"（role）行为与组织结构中个体成员所认可的非正式角色行为之间的差距。在企业组织的实际运行中，"小群体"（clique）是一个与正式"角色"对应的重要概念。他在书中描述了在这些非正式的活动中，组织个体是如何组成小群体，而小群体又是如何反过来支持其个体成员，使其在信息获取上占尽先机的。他的研究也表明，管理者与各个部门之间的非正式权力斗争始终存在，正式和非正式的奖励和惩罚措施都被用作权力斗争的武器。他通过对工厂车间员工关系、部门间的讨价还价以及各个垂直和横向的小群体关系来展现这一点。例如，他在一家大型化工厂的观察过程中发现，在审计制度中，企业力图通过由中心管理机构执行的审计来监督下属各个部分的工作。为了得到真实的情况，审计往往采取突击的方式，但是各部门成员借助关系网络来协力对付这种审计。首先是有人偷偷地把审计活动泄露给被审计的下属部门。然后，各部门就会在审计真正到来之前将不合格的部件和设备隐藏起来，甚至在审计人员的检查过程中，没被检查的那些部门将不合格的部件通过走与审计人员不同的路线藏到已经接受过检查的仓库里。经过这样的多次审计、多次“合谋”，各部门领导之间彼此帮忙隐藏物品的协作促进了企业各部门领导及员工之间的关系。此外，各个部门之间的合作也受到社会关系的影响。这个化工厂内部的运行逻辑具有更强的政治性、社会性而非建立在效率的基础上。例如，在各个生产部门与维修部门之间的关系中，重要的不是企业正式的制度规定，而是各生产部门领导与维修部门的工作关系。有些领导会通过个人关系或使用威胁手段来催促维修部门。对于这些违反制度规定的非正式手段的运用，监督人员往往视而不见（朱国宏，1998）。

另一个关于内部关联交易定价的研究则更能体现企业如何低效率，产品价格如何受到内部部门关系的影响而非服从成本加利润核算的经济学规则（朱国宏，1998）。埃克斯（Eckes）访问了 13 家公司的大约 150 名管理者，他发现，在企业内部交易中，所谓产品的成本并没有一个普遍的标准。与其说成本是一种客观的计算，不如说它反映了各部门之间利益与意见的妥协。因为产品从 A 部门转移到 B 部门有时候很难核算清楚成本是多少，应该获得的利润也没有一定之规，所以实际上各部门交易的产品价格都是具体协商的。此外，企业内部的政治性因素强烈地影响到关于成本的标准。每个部门对于成本核算的标准都是依据是否有利于自己部门利益的原则来确定的。正是因为企业内部错综复杂的社会关系与部门利益，所以内部交易比外部交易更难。

唐纳德·罗伊（Roy，1958）的研究所揭示的“香蕉时间”亦令人深思。他的研究对象是一个工厂中生产线上的一群工人，这些工人整天在生产线上从事枯燥、重复的工作。他注意到几乎每天都有一个工人自发地带一盒香蕉来给大家当零食。但是这盒香蕉的意义却远远超越了它作为零食的角色。这些香蕉给工人们带来了快乐，因为吃香蕉给了工人们一个令人愉悦的暂停工作的借口，使得他们每天可以有片刻的“偷懒时间”。这对于管理者的启发就是，如果你不想办法使工人们的工作变得丰富有趣些，那么他们自己会想办法，只有这样他们才能忍受这枯燥的一天。有的管理者可能会觉得每天的“香蕉时间”是在浪费工作时间，但罗伊的研究表明，“香蕉时间”充当了提高士气的功能，从而提高了小组的生产力①。

工业社会学的发展历经几十年，它受到诸多的批评，但是有些问题随着工业社会学本身的发展而逐渐得以解决。比如，工业社会学曾经受到的一个批评是它将工厂视作一个封闭的社会系统，与经济中的其他部分相分离。关于这一点，在 20 世纪

---

① 笔者在这里刻意重提罗伊在 20 世纪 50 年代的研究，是希望对当前中国社会的血汗代工工厂现象的解释有所启发。全球最大的代工工厂富士康公司发生的员工“N 连跳”事件必然蕴含着相关管理者，甚至是以富士康管理者为代表的中国当下这一代管理者在管理思路和管理制度建设上值得反思的地方。

50年代后的著作中我们看到，工业社会已经超越了局限于企业内部的微观与琐碎，转而关注宏观层面的工业企业与环境的关系，这方面的研究典范见施奈德（Schneider，1957）的《工业社会学——工业与社区的社会关系》（*Industrial Sociology: The Social Relations of Industry and the Community*）。他在书中采纳了帕森斯的结构功能分析理论，着重研究工业的社会结构、工会的社会结构、工业与社会等问题。此外，有学者认为，在工业社会学的研究范式里工人的利益与管理者的利益之间在本质上是和谐的，所有工业社会将趋同（斯威德伯格，2005）。但是笔者认为这并非十分适切的理解，因为如前所述，工业社会学的研究议题中显然也关注工厂中的冲突，其中既包括管理者与工人群体之间的冲突，如“香蕉时间”以及怀特等人关于工人群体中的定额维护者的研究，也包括管理者内部的冲突，如多尔顿的公司审计执行情况的研究。

在笔者看来，工业社会学衰落的原因有三。第一，其研究与管理学、心理学的相关研究区分不明显，限于微观。虽然后来走向宏观，但是走向宏观的研究仅限于功能主义的视角而缺乏延展性。第二，也跟整个世界范围内产业升级、工业制造业的地位逐渐降低有关，这种产业格局的变迁也诱发学者们扑向新的组织现象。第三，学科知识的创造受到范式革命规律的支配，工业社会学研究经历繁盛后逐渐难以推陈出新，于是研究者们失去兴趣转向新的研究兴趣点。

三、组织社会学中的企业研究

现代社会学对企业组织的研究成果很多集中在组织研究领域，斯威德伯格（2005）将组织理论与网络理论、文化社会学并列为新经济社会学的三大核心分析方法[①]。组织理论对企业组织的研究成果主要集中在以下几个学派：权变学派、资源依附理论、组织种群生态学派、组织新制度主义学派以及网络学派。

（一）权变学派

权变学派（contingency theory）兴起于20世纪60年代末，是由劳伦斯和洛奇（Lawrence and Lorsch）于1967年提出的，其基本观点是不存在最佳的组织方式（组织结构），最佳的组织方式都有赖于特定的内部与外部环境[②]。加尔布雷斯

---

① 当然，作为著名的经济社会学家，斯威德伯格自己也在雄心勃勃地构建展现他“独立的思想”的第四种分析方法——利益分析法，即他认为应该这样来看待经济活动：驱动经济行为的是与社会关系相关的利益，利益是行动的驱动力，而社会关系对利益进行定义与规范。相对应地，其他大多数社会学家都将经济行为视作社会关系的结果，或许是为了刻意表现与经济学的不同而刨除利益的考量是危险的（斯威德伯格，2003）。

② 严格说来，这里说的是结构权变学派的观点。实际上，权变学派的“没有最佳”包括一系列的“没有最佳”，即不存在最佳的组织结构、管理方式与决策方式等，所有这些组织相关的活动的最佳方式都有赖于特定的内部与外部环境的特征。这里我们选取权变学派中最为突出的，也最具有社会学特征的组织结构权变范式来介绍，即不存在最佳的组织结构，组织结构的优劣取决于特定的组织内外部环境。后面的研究也是介绍结构权变范式的研究。

(Galbraith，1973) 指出权变理论的两个前提假设是：第一，不存在最佳的组织结构。第二，任何组织结构之间都不等效，因为组织结构将产出何种绩效还受到组织环境和组织行为的影响。在此基础上，权变学派认为，一旦组织内在特征与其环境要求达致匹配，组织就能够最好地适应，产出最好的绩效。

这个在我们今天看来显而易见的普通观点在那个时代提出来却具有革新意义。权变理论是在批判韦伯的科层制理论（科层制是最有效率的组织形式）与泰勒的科学管理理论（存在一套最有效率的工作程序）的基础上发展起来的。权变学派学者认为这两个理论是失败的，因为它们都忽略了企业的管理风格和组织结构受到环境各方面的影响，这就是权变因素。社会学的企业组织权变生存观表现出对现实中企业组织存在的多样性问题的关注。

劳伦斯和洛奇（1967）认为，不同的环境对组织有不同的要求。比如，同样是在市场条件下，那些以不确定性高、变化速度快为特征的环境相比稳定的环境而言，就会对身处其中的企业组织提出不同的要求，这既包括它们对企业组织施以不同的约束条件，也包括它们赋予企业组织不同的机会。他们在食品加工行业、塑料行业以及包装行业进行了一些实证研究，以确定环境（具有不同的确定性和变化速度）与每种组织的内在特征之间的关系，而且他们进一步指出一个企业组织内部不同的子单位会对外部环境有不同的要求。比如，在塑料制品公司，研发部门相比生产部门不确定性更强、变化更快且偶然性更大，这样它们就要求更大的自由度。为了应对这种子单位之间差异化的环境要求，公司就发展了不同的子单位部门结构：对于稳定性较强的生产部门，形式化程度高，注重长期计划，集中决策；而对于研发部门则往往形式化程度低，决策也更倾向于民主化。虽然组织内部的这种结构分化看起来是效率之举，但是不同组织方式之间的子单位的协调又该遵循什么规则呢？这又往往导致冲突，所以这种分化的组织内部结构又带来了协调的难题。总之，劳伦斯和洛奇提出，组织与环境的适应至少发生在两个层面上：第一，组织每个子单位的结构特征都应当与同其相关的特定环境相适应；第二，组织的分化和整合模式应当与其所处的整体环境相适应。

劳伦斯和洛奇在企业组织的环境分析中强调后者的不确定性和复杂性，加尔布雷斯的环境分析强调信息这个变量。换句话说，她将环境的不确定性和复杂程度用信息量的大小来表达。任务的不确定性越高，就意味着决策者为了实现既定目标要处理更大量的信息。而不同的结构设置，包括规章、等级制和分散化，都被视为决定系统信息处理能量的机制。当然，可以想见，除了信息量，还有其他维度来对环境进行测量和表达，所以到 20 世纪 90 年代后，权变学派的学者们又相继提出了规模、技术、地理位置、参与者个人偏好、国家和文化差异、组织的生命周期等重要环境因素（Lawrence，1993）。

（二）资源依附理论

资源依附理论（resource dependency theory）出现于 20 世纪 70 年代，其基本

观点是，组织是一个开放的系统，所有组织都在与环境进行交换，获得必要的资源以维持生存。在和环境的交换中，环境给组织提供了关键性的资源（稀缺资源），如果没有这样的资源组织就不能运作。这样，对资源的需求构成了组织对外部的依赖。资源稀缺性和重要性决定了组织对环境的依附程度，进而使得权力往往伴随资源的稀缺性而生（Emerson，1962）。比如，经济依附常常造成政治问题，并只能通过政治途径来解决。代表人物之一汤普森（Thompson，1967）甚至将其研究定义为权力依赖模型（power-dependency model）。普费弗（Pfeffer，1978）认为所谓成功的企业就是那些能够最大化自己权力的企业。

资源依附理论的基本假定是：（1）组织是在社会交换中形成的内部与外部联盟，联盟的目的是增强对外部的影响和对组织的控制。（2）环境中存在对于组织生存来说稀有而有价值的资源，这使得组织陷入一个困境：资源获得的不确定性。（3）组织有两个目标：获取资源的同时最小化组织自身对其他组织的依赖，或者获取资源的同时最大化其他组织对自身的依赖。实现这其中任何一个目标的过程都会影响组织间交换的过程，因此也影响到一个组织的权力。

资源依附理论对企业管理的启发是，确定组织的需要和可以满足需要的来源。其方法是首先确定资源的关键性，特别是针对组织的稀缺性；接着寻求关键性资源的获得途径，比如建立多渠道的资源依附途径，包括资源的水平集成和垂直集成（邱泽奇，1999）。

在组织与环境的主动关系中，组织通过参与（特别是管理者的参与）考察环境，进而发现机会和威胁，并由此趋利避害。例如，虽然所有组织都依赖于供应商、消费者，但是选择什么样的交换模式和交换条件，组织可以做出选择和决定。这个理论视角认为组织对自己的命运负责。经理人的职责就是以最小限度的依赖为代价获取足够多的资源，这就是对环境的管理。资源依附理论的一个重要贡献就在于让人们看到了组织采用各种战略来改变自己、选择环境和适应环境。资源依附理论最初被用于组织间关系的研究，后来也被用于组织内部的单位间关系研究，对此，只要我们把组织视作单位的联盟，就好理解了。

较早强调企业组织的资源依附现象的有万斯利和扎尔德（Wamsley and Zald，1973），以及汤普森（Thompson，1967）等学者。而普费弗和萨兰奇克（Pfeffer and Salancik，1978）在《组织的外部控制：对组织资源依赖的分析》（*The External Control of Organizations*：*A Resource Dependence Perspective*）一书中进行了综合，使其成为组织研究中一个引人注目的视角。另一个典型的研究是伯特（Burt，1983）的《公司利润与合作》（*Corporate Profits and Cooperation*）。他认为公司的利润取决于三种因素，即供给者、竞争者和消费者的多寡。也就是说，供给者越多，竞争者越少，消费者越多，那么公司原材料采购价格就越低，产品销售价格就越高，可能获利也就越多，他称这种情况为结构自主性（structural autonomy）高。他试图证明公司的结构自主性越高，公司获利空间越大。

（三）组织种群生态学派

组织种群生态学（The Population Ecology of Organizations）是生物种群生态学在组织研究中的借用。组织种群生态学将组织视作生物物种模拟物，它们在环境中经过竞争以及自然选择的过程。该理论关注组织的死亡（公司死亡率）、新企业诞生（公司出生率）以及组织的成长和变迁规律等问题。

依赖相同资源生存的组织，可被视为同一个组织种群（Hannan and Freeman，1977），组织种群生态论者主张组织形式的适应发生在生态种群的集体选择层次。组织种群生态学提出组织生态位（niche）[①]、组织年龄、组织规模、组织密度对组织的进入和离开以及成长、变迁都有影响。组织一旦抢占一个市场生态位，便会产生结构惯性（inertia），这个结构惯性会增加组织的生存概率，因为组织种群生态学的一个基本假定是变迁的过程本身变故性大，容易导致企业突然死亡。从组织种群生态学的观点看，组织年龄是生态惯性的主要影响力，组织存在时间越长，其组织惯性，即保持原有状况的倾向性越大，变迁成本越高。所以，如果组织稳定，那么环境的变迁就只能通过组织更替来完成。

企业种群的发展依赖于生态位以及其中合法化和竞争两种力量的结果。所谓的生态位，是指一个种群通过和其他种群竞争所获得的领域，它是某类承载所有企业组织种群的资源集合。合法化的力量是指一定类型的组织越多，这些组织的合法性就越高，就会获得越多的资源。竞争的力量是指组织的数量越少，对每个组织而言所拥有的资源越多，则企业组织的存活率就会越高。通过合法化与竞争的力量，组织种群内部发生组织更替，种群得以演进。进一步地，这个种群演进的过程可以划分为三个阶段：第一，变异（variation），这是指在组织的种群中新的组织形式总是不断地出现。第二，选择（selection）。有些变异比其他的更能适合外部的环境。有些变异被证实是有益的，因此能够找到自己的领地或缝隙，并且从环境中获得必要的资源。第三，保留（retention）。保留是对所选择的组织形式的保存和形式化或制度化。

但是处于同一生态位的企业所面临的被选择或被淘汰的机会并非一样的，不同的企业类型往往占据不同的生态位宽（niche width），即企业组织所能从中获取资源的环境的跨度不同，这在一定程度上影响到其生存概率。依据企业所占据的可以从中获取资源的生态位的宽度，企业被划分为一般化组织（generalist）与专门化组织（specialists）两类，或者称为全面组织与专化组织。举例来说，那些提供广泛的产品或服务，或者服务于广大市场的组织（因此所占据的生态位较宽）就是一般化的组织；而提供较为单一的产品或服务，或者服务于窄小市场的组织（因此所占据的生态位较窄）就是专门化的组织。专门化的企业能最大化地利用环境中的既有资源，并且更能够承受环境变迁的风险。而一般化的企业利用环境的程度较低，但

---

① 有学者将 niche 音译为“利基”，“生态位”是意译。

其获得的保障也较高（Hannan and Freeman，1977）。这就好比一家传统公司提供多种产品，进入多个市场，因为往往受到资源限制，所以每个市场的渗入都不深，这样对环境的利用程度就较低；但是当在其中一个市场遭遇危机时，这个企业还可以从其他几个市场来获取资源，因此保障程度较高。

组织种群生态学最初是由汉南和弗里曼（Hannan and Freeman，1977）在《组织的种群生态学》一文中提出的，后来成为组织研究中的中心理论流派之一。这个学派以定量经验研究著称。生态学研究通常是做大规模的历时性研究（数据常常横跨几十年，甚至有时候是一个世纪）。卡洛和汉南（Carroll and Hannan，2000）在《公司和产业的人口学》（*The Demography of Corporations and Industries*）一书中从公司和产业种群与小区的观点来研究企业和产业组织的承载总量、各类型组织生态位、成长空间的消长和生存生态位与生存机会。汉南等人（Hannan，Polos，and Carroll，2007）的《组织理论的逻辑》（*Logics of Organization Theory：Audiences，Codes，and Ecologies*）对组织生态学中的各个范式及其方法都做了较为详尽的介绍。

（四）组织新制度主义学派

新制度主义（new institutionalism/ neo-institutionalism）提供了一种不同于传统经济学的视角来解读制度，意在解释为什么各个组织在历史演变路径并不相同的情况下到最后却都采取了相同的结构（isomorphism）。以及进一步地，制度是如何形塑个体企业的行为的。新制度主义认识到每个企业都存在于特定的环境中，包括技术环境和制度环境。技术环境要求企业讲求效率，制度环境是各项制度组合而成的环境。组织的主要目标是生存下来，但在这样的环境条件下，为了生存，它们不仅要在经济上获得成功，还需要在特定的制度世界里建立自己存在的“合法性”。

最早将新制度主义引入社会学组织研究领域的是西尔弗曼（Silverman，1971），他在批判了几乎所有的主流的组织模型后，以一个现象学家的视角来看待组织，认为组织的环境不仅应该被定义为资源的提供系统和产出的目标系统，而且应该被定义为组织成员的意义来源。

迈耶和罗恩（Meyer and Rowan，1977）的《制度化的组织：作为神话和仪式的正式结构》一文被称为新制度主义的奠基之作（曹正汉，2005）。组织为什么同构？其原因就是合法性机制。所谓合法性机制，是指当社会的法律制度、社会规范、文化观念或某种特定的组织形式成为“广为接受”的社会事实之后，就成为规范人的行为的观念力量，能够诱使或迫使组织采纳与这种共享观念相符的组织结构和制度（周雪光，2003）。而所谓制度，迈耶和罗恩（1977）认为它指称一个文化规则的集合体，这种文化规则为组织的建立构建了独立的基础。当然制度环境对于组织的影响作用也并非绝对的，迈耶和斯科特（Meyer and Scott，1983）认为，虽然所有的组织都由技术环境和制度环境共同塑造，但显然有些组织更容易受到技术环境的制约，另一些组织则更容易受到制度环境的影响。

在解释企业如何受到其组织场域的影响而趋向同构时，迪马吉奥和鲍威尔（DiMaggio and Powell，1983）提出了集体理性（collective rationality）的概念以及三个具体机制来解释制度是如何发生作用的。就企业而言，组织场域包括与企业相互依赖的上游、下游、竞争者和国家对产业约束的制度，以及产业镶嵌在其中的社会文化等。对于企业组织的结构，往往个别组织能够自由选择的空间有限，企业组织长期在组织场域内与相关行动者互动，来自组织场域的国家规定、市场盛行的组织形式、同业协会以及产业协会等对组织标准的同构化要求（集体理性），都成为促使产业组织趋同的原因。他们区分出制度在组织或组织场域范围内扩散的三种主要机制，即强迫性机制（coercive）、模仿机制（mimetic）和规范性机制（normative），并指出组织趋同性（isomorphism）是竞争性过程和制度化过程的共同结果（DiMaggio and Powell，1983）。

有学者后来用制度趋同主义（institutional isomorphism）理论来探讨日本、韩国和我国台湾地区的企业集团的组织结构如何受到各自社会文化的制度趋同力量的影响，这三个国家和地区的大型企业在所有权、管理、财务和生产的组织特质上主要反映了各自社会的文化所习惯的组织法则（Orru，Biggart，and Hamilton，1991）。日本的企业集团结构特质反映了日本历史的封建制度和企业共同体的特质（communitarian ideal）；韩国的企业集团结构特质被称为世袭的家族（patrimonial households）；我国台湾地区的企业集团结构特质则被称为家庭网络（familial network）。政治制度也是影响企业发展的重要因素。佩罗（Perrow，1987）关于美国寡头企业崛起的研究以及高柏（2008）对日本的产业行会和卡特尔兴起的研究，都验证了国内的政治制度是如何影响各国的经济制度和市场形式，由此影响到各类企业发展的命运的。佩罗指出，在美国，一个在政治上容易受到影响的弱政府使得早期的资本家有机会建立基本的商业规则，而这些规则遵循市场的弱肉强食的基本规律，更有利于大公司的生存与发展。而在日本，一个政治独立且管理能力强大的政府则使得政府官僚有可能贯彻他们自己的思路，即通过产业行会来组织现代经济。

在组织的制度学研究中，一方面是制度对于组织行为的雕塑，但是另一方面，企业的组织行为也能够影响环境，弗雷格斯坦的市场形成的政治文化论就认为，组织为制度环境的变迁提供了动力。

弗雷格斯坦（Fligstein，1985，1990，1996）研究了美国企业组织场域与组织形式长期变迁的制度机制，这是对钱德勒的正统经济学观点的驳斥。钱德勒认为，现代大型企业的出现及其结构是对技术领域的新进展以及 20 世纪初美国国家市场出现的反应。而弗雷格斯坦则对市场制度形成和转型的机制提出一个组织场域权力竞逐的论点，强调市场是一个政治文化过程。他认为，一旦一个产业场域化，产业内上下游同业竞争等互动频繁，在这个组织场域中就会出现核心与边陲厂商的阶层化区分，组织场域内的核心厂商对该组织场域内的组织形式就会有较大的影响力。当整个组织场域面对较高的经济环境不确定性时，如市场面临危机时，组织场域内的边陲厂商往往是场域内新组织形式的创新者，他们会成为场域内核心厂商的挑战者；若边陲厂商在一个新的经济环境中找到有竞争力的生态位，有更多的厂商形成新联盟，渐渐地这些创新者便移入组织场域内的核心，取代了场域内旧的组织形式。一旦新的市场秩序和市场制度形成，市场内组织场域结构、组织行动者间的财产权、治理结构等概念通过制度模仿扩散的趋同性机制，市场制度就渐趋新的稳定。

此外，应该说当前我国大量关于农村经济组织的研究也归属此列，因为这些研究的典型思路就是中国的农村经济组织是如何受到政治环境的形塑的——尽管这些社会学研究常常在具体经验层面"就事论事"，普遍缺乏与更高层面的组织理论进行对话①。

当前的中国农村经济组织从其缘起来看，最初是新中国成立以来农业集体化运动的产物——从互助组、初级社、高级社到人民公社本身就是政治塑造经济活动的典型标本。它的出现与其说是经济发展到一定阶段的结果，不如说是政治意识形态的产物——20 世纪 50 年代，中国将农业合作化、集体化与社会主义等同起来，并最终将对农业生产关系、生产组织形态的选择上升到"社会主义"与"资本主义"两条道路之争的政治高度，导致超越了经济发展阶段的农业经济集体化的"大跃进"（王贵宸，2006；安贞元，2003）。一方面它是政治制度的衍生物，另一方面它又产生了超越经济领域的社会后果与政治后果。黄宗智（2006）认为它容纳了巨大的农村生产力剩余，并且促进了农村的水利系统建设和机械化；温铁军（2000）认为它降低了政府与农村的交易成本，使得农村经济生产的剩余可以被集中起来用于发展城市；杜赞奇（Duara，2008）认为它使得征税单位、所有权结构与政权结构统一起来，中国借助农村经济集体化实现了"政权重建"。当然人民公社最终失败了，对此原因的探讨主要集中在这种制度缺乏激励、监督成本高等经济学逻辑上。

之后，中国农村合作经济组织在市场意义上的出现是 20 世纪 80 年代初的社会改革开放。农村实行家庭联产承包责任制之后，各类以输出地方优势产品为主的农村集体所有制企业（如农产品加工、手工技艺产品）蓬勃兴起，到 20 世纪末 21 世纪初，随着中国越来越深地卷入世界经济体系，尤其是在中国加入世界贸易组织后，农村市场越来越多地面对全球竞争，由此促进了农村合作经济组织的快速发展，出现了农村专业技术合作社、农产品行业协会等承担经济功能的合作组织。一方面有学者认为，我国村落农民历来"善分不善合"的文化使得合作难以深入持久（曹锦清，2000），或认为农村传统的组织力量与文化的衰落使得平等协商的契约型合作成本过高，导致合作的困境（贺雪峰，2004）；另一方面也有学者认为，村庄中的派性可以作为农村组织重建的资源（仝志辉，2007）。

以上综述的中国农村合作经济组织起落、复生、发展历程的有意思之处就在于，它鲜明而又集中地展示了市场与国家在特定的经济现象上的较量。

① 对国内学术界的研究缺乏与理论对话、与之前的经验研究对话的情况，学者周雪光曾在多个学术会议场合谈及。他认为这种研究倾向导致自说自话，出现大量的重复研究，造成学术资源的浪费，是国内的社会学研究走向规范所必须解决的问题（如周雪光在 2012 年 7 月北京大学教育学院暑期学校中与青年学者的对话）。

（五）网络学派

网络学派是诸组织理论流派中对经济组织，尤其是企业的研究最为着力的一个。作为一种分析方法，网络分析的要素就是节点（行动单位）与连线（行动单位间有关系），以及结构洞（行动单位间无关系的状态），再加上在各个节点之间流动及潜藏的资本、信息、控制等利益。这种分析方法被自如地用于企业内部的关系分析，以及企业间的关系分析。其中，关注网络结构面向的网络理论构成网络结构观，关注网络中的投资—回报议题的网络理论构成网络功利观。网络结构观的思路是从结构、网络的角度去解释行为和关系，强调网络作为结构制约、形塑行动主体的一面，比如市场网络观与嵌入性的观点。网络功利观强调个体利用社会网络争取社会资源以达至目的，其核心主张就是网络的工具性，比如强/弱关系假设、结构洞观点等（周雪光，2003）。

1. 网络结构观

市场网络观是怀特的观点。他在1981年发表了论文《市场从何而来》，从关系网络的角度去解释市场的起源。他认为，市场实际上是生产组织在彼此间的网络（同行业网络）中行动（相互观望、模仿）的结果，它们之间网络结构的再生产就产生了持续存在的市场。生产经营者们从一开始就处在同一社会网络之中，他们互相接触，相互观察对方在做什么，特别是对方在同类和相关产品上是如何定价的。然后，处于同一网络中的生产经营者们相互传递信息并相互暗示，从而建立起一种信任关系。在这种信任关系的制约下，大家共同遵守同一规则，一起维持共识，由此市场秩序就被生产出来，也就是说市场秩序产生于同处一个网络圈子中的生产经营者之间的互动，而非有一个外在的纯粹理性的市场规律。市场网络观挑战了经济学对市场的解释逻辑，揭示了市场产生的网络机制——组织行为的规则在某种程度上是在涉入者的互动中产生的，是交往中暗示、探讨、信任的结果，而非外在于市场行动者的、依照理性原则计算的结果。这启示我们在组织研究中考虑行动主体的因素。

此外，常见的网络分析用于企业研究的案例是调查几家董事会成员的确定过程，以此来梳理企业之间如何建立起互锁管理机制（Mintz and Schwartz，1985）。但是网络内部的行动者并非平等的，只要位居相同的结构地位，面对相同的网络结构，就会获得同样的居间利益，因为网络不是平面的，而是有层级之分的。波多尼很强调企业组织间的交换不是由效率来支配的市场法则，经济行动者交换后产生的地位分化与次序才是经济后续交易很重要的结构因素。这就是市场信号理论的核心观点。在经济市场的经济交换网络中，会逐渐出现层级化的现象，有些企业在这个交换网络中是核心和高层级者，有些企业则处于边缘或者较低位置。当面临不确定关系时，企业间的交换就往往会借助企业组织在网络阶层中的地位信号（status signal）来互动。一般而言，组织行动者比较偏好与在产业中具有相等级别地位信号或地位品牌位阶较高的组织进行交易。而对于消费者来说，有时他们并没有实际和厂商交易的经验，在信息缺乏的情况下往往会根据这种市场网络位阶地位信号来选择交易对象。

“嵌入性”的概念最初由波兰尼在《伟大的转折》一书中提出，然后经由格兰诺维特的论文《经济行为与社会结构：嵌入性问题》得到进一步发挥，并从此焕发出旺盛的学术生命力。格兰诺维特指出，经济行为嵌入社会结构中，个体的经济行为应从社会关系的角度来解释。他指出，交易互动的基础是信任，如果没有一定程度的信任感，交易就无法进行，这在任何交易方式下都如此。信任来源于社会网络，嵌入社会网络之中，因此人们的经济行为也“嵌入”社会网络的信任结构中。

乌兹（1999）就一家芝加哥银行的贷款业务做了嵌入性的实证分析，发现贷款对象并不愿意接受较高贷款利率的陌生客户，而往往选择那些要求降低贷款利率的长期客户。为什么银行不追求高利率反而趋向追求低利率呢？乌兹认为，银行与长期客户有着深厚的人情关系，有相互协助的信任感，以及携手处理突发事件的历史背景，这就是格兰诺维特所强调的嵌入性问题。乌兹（1996）也注意到成衣业和客户间的二度镶嵌对成衣业生存概率的影响，以及律师在对客户定价时，既有的嵌入关系、董监事成员和镶嵌网络的地位都会影响经济行动者的价格设定（Uzzi，1996；Uzzi and Lancaster，2004）。

此外，帕吉特对佛罗伦萨纺织业兴起的研究也颇著名。他的论断是，佛罗伦萨纺织业的兴起得益于创业者的特殊网络背景，即佛罗伦萨纺织业中的创业者多是大家族的成员，家族是一个网络，而另外一些人在银行工作，这又是一个网络，这两种职业网络的结合有利于创业者动员各种资源，因此产生了一个巨大的制度创新的空间，从而导致一种新的经济制度出现，这就是纺织业在佛罗伦萨兴盛的原因。

2. 网络功利观

强/弱关系力量观点首先是格兰诺维特在《弱关系的力量》一文中提出的。他所说的关系是指人与人、组织与组织之间通过交流和接触而实际存在的一种纽带联系，网络就是多维关系的空间组合。他提出关系力量的概念，认为关系因关系力量不同而有强弱之别，强弱关系在行动单位的互动中发挥不同的作用。以找工作为例，弱关系对求职者的作用大于强关系。其原因是弱关系提供了高价值的非重复性信息，而通过强关系得到的往往是低价值的重复性信息。弱关系充当信息桥梁正是格兰诺维特提出“弱关系力量”的核心论断。

后来林南（Lin，1982，2001）提出了社会资源理论，推进了弱关系观点。林南指出，弱关系联结着不同阶层拥有不同资源的人们，弱关系有用，但其中的原因不是弱关系传递非重复信息，而是通过弱关系发生资源的交换。所以，人的社会网络有价值就在于其拥有的网络异质性强，形成异质性的资源交换。

与前两位学者不同，边燕杰根据他在中国的经验研究提出了强关系力量假设。他指出，在中国计划经济的工作分配体制下，个人网络主要用于获取分配决策人的影响力而不是用来收集就业信息。因为求职者即使获得了信息，但如果没有关系强的决策人施加影响，也有可能得不到理想的工作。

“结构洞”是伯特的社会网络理论的核心概念。他在《结构洞》（1992）一书中首次明确指出，关系强弱与社会资源、社会资本的多寡没有必然联系，而与行动者在网络中所处的位置及与其他人之间的联结情况有关。行动主体与网络中其他人之间存在有直接联系与无直接联系两种关系状况，若无直接联系便出现了“结构洞”——此处关系断裂内陷，好似洞一般。例如，在ABC网络中，如果AB之间有关系，BC之间有关系，而AC之间没关系，则AC就是一个结构洞。而如果A、B、C处于资源竞争的状态，AC结构洞的存在就会为B提供信息利益与控制利益，从而使B获得竞争优势（Burt，1992）。在此基础上，伯特认为，市场经济中的竞争优势不仅是资源优势，而且更重要的是关系优势。结构洞少的竞争者，其关系优势就大，获得较大利益回报的机会就大。任何个人或组织，要想在竞争中获得、保持和发展优势，就必须与相互无关联的个人和团体建立广泛的联系，以获取信息优势和控制优势。伯特以公司内部不同阶层上的经理人的网络构建为例说明了如何应用既有的研究结论为自己构建一个有利于升迁的网络。网络的优势也跟网络的范围和性质有关，拥有跨界、强异质性的网络（意味着结构自治性高）的行动者从网络中所获得的利益就要大于来自同质性强的网络（意味着结构自治性低）的利益。比如，一个公司里处于公司边缘与外界对接地带的销售经理所拥有的网络，就比位居集团企业内部，在办公室办公的经理人所拥有的网络更具优势。

第三节　社会学视角评述及其与经济学视角的比较

一、社会学视角评述

总结以上各个企业组织社会学的研究流派，权变学派和资源依附理论都关注一般化的企业组织（即没有对企业组织进行分类）与环境的关系，不同的是前者以消极态度看待行动主体，认为企业管理者对环境只有适应的能力，而后者更强调作为行动主体的企业管理者的能动能力，觉得他们的行动策略在为企业获得资源的多寡及性质上具有重要意义。组织种群生态学派从关注一般化的个体企业与环境的关系跃迁到关注特定企业种群的死亡率、存活率与组织种群所在生态位内的资源总量之间的关系。组织新制度主义学派围绕制度环境与企业结构同构之间的关系来展开研究。其最大的推进之处在于将环境从为企业组织提供资源的角色，上升到环境是对企业形成外部约束的观念、制度、结构的角色，从而更富有社会学意涵，环境对企业也有了更强的规定性与形塑作用。在此基础上，组织新制度主义学派中的政治文化论也探讨了在市场形成与变迁中国家力量的作用，以及组织场域内组织间结构所内生的权力现象，这种企业组织结构形成与变迁中的合法性机制，正是与经济学所强调的基于市场运作的效率机制相对应的、组织社会学对组织分析的特殊贡献所在。网络学派也是组织社会学中的显要学派。之前的社会学分析总有企业与环境的二元划分，并且在分析层次上具有关注宏观而无法兼顾微观的嫌疑，网络理论既是一种理论思路，也提供了一种分析工具，这使得如果以单个行动者为研究单位，那么我们可以对企业组织进行微观分析，如果以企业为研究单位，那么我们可以对企业组织在群的层面上进行中观分析，由此大大拓展了社会学在组织研究中的分析层次。

当然，即使到最晚近的网络学派与制度学派，它们也受到诸多批评，包括它们彼此之间的相互批评。比如，有学者批评制度学派的理论，认为他们缺乏微观基础，因为合法性毕竟是宏观层面的机制，而在微观层面，制度学派无法给出一个令人满意的解释（曹正汉，2005）。对此，有学者认为，或许应用理性选择理论可以成为解决这个问题的一个思路（周雪光，2003）。又比如，制度学派的学者批评网络分析法忽略政治和文化在经济生活中所扮演的重要角色，似乎在网络中行动者之间是平等的，一切只取决于行动者所处的位置（Fligstein，1990）。其实，这与网络学派的基本理论假定有关。网络学派的理论基础就是行动者是策略行动者，即所谓的“玩家”（player），也就是说个体行动就是为了克服其所面临的约束，并利用可得的一切资源。每一种理论在发展的特定阶段都必然受到其特定的前提假定的限制，这是不可避免的，而这也正是我们推进相关理论向前发展的一个方向——就特定理论的前提假设条件不断追问下去。

网络学派所受到的另一个较为普遍的批评是，受限于其研究技术的客观限制使得它的研究应用范围具有极大的局限性，网络不可能无限延伸与扩展使得研究受限于这个能呈现出来的网络的边界。但是，现实生活中的网络往往并没有一个清晰的边界，而且用图来表示的话，以同样的方式表达出来的 A－B 联结与 A－C 联结之间可能在本质上有巨大的区别，而且这些本质也并不限于关系的强弱或者在关系线上流动的介质是信息，是资源，还是交情。一个悖论是，网络技术正是在不断地解决这些问题的情况下变得越发复杂的，这就阻止了更多的研究者参与其中，由此就可能使得网络技术的研究逐渐走向小圈子化。

此外，以制度学派为代表的组织社会学家还遭到另一个批评，那就是以企业组织为载体来做研究却努力得出适用于一般化组织的结论。这也可以说就是组织社会学家们的研究目的，为了实现这个目的，组织社会学家们显然有些忽略企业组织与其他类型的组织之间的区别。比如，企业组织很重要的一个特性——追求利润，就使得有些适用于一般化组织的社会学理论在针对企业进行解释时有时候显得不那么贴切，或说缺乏深度。再比如，新制度主义学派对一个问题“为什么企业在结构上趋同”的回答。为什么组织会趋同呢？这是因为合法性机制，即因为有些观念已经被广为接受称为“神话”，所以大家都会追随。换句话说，组织趋同的原理就在于大多数人认为一个企业的结构就应该如此，企业主不愿意或不能违背这种观念，结果就呈现出大大小小的组织在结构上趋同的现象，于是我们就看到明明是以营利为目的的企业内部会出现一些不经济的部门。虽然这个合法性机制的理论用于解释一般化的组织没有什么问题，但是用于解释企业组织的时候就忽略了企业组织有逐利而生的本质特征，而这在一定程度上并不合适。也就是说，真正的作为市场行为主体的企业在本质上是要营利的，否则不能生存，所以企业组织对所谓维持外部合法性的需求是以企业能支付相应的成本为边界的。因此，不是合法性压倒了经济理性，而是相反，合法性是手段，经济理性是本质上的行动逻辑——如果不做一些形式上的折中与妥协，企业就将付出更大的代价；虽然做一些形式上的折中与妥协看起来是不经济的，但是这里付出的成本将大大小于企业不如此做而将付出的成本。这是社会学研究企业组织时应该特别加以重视的。

对此，斯威德伯格（2005）也反复提及，并且正致力于构建社会学企业组织研究的利益范式。他认为社会学在企业组织研究中忽视利益、强调结构目前看起来走向了极端，社会学不应该完全抛弃利益在驱动社会行为中的作用，尤其是经济行动。所以，他建议应该以更合适的方式来看待利益概念，尤其要重视在经济行为研究中，比如企业组织行为的研究中将利益视作其驱动力的角色，而文化习俗、正式制度等应该起到"铺设"这股驱动力的行进"轨道"的作用。

二、两种视角的比较

综上所述，经济学与社会学的企业研究之间无论是在理论的逻辑上还是在理论形式上都存在显著区别。

首先，二者在理论逻辑特征上有以下几点重要区别。第一，古典经济学家将公司视为追求经济效用极大化的理性行动者①；相反，经济社会学者将公司视为社会行动者，公司会与其他公司进行各项结盟，在市场中呈现阶层化的地位分布，同时，公司也是市场制度的建构者（Swedgerg，Himmelstrand，and Bruli，1987）。第二，传统的经济学家对企业的考察主要限于企业本身，而社会学家对企业的关注则往往超越企业本身；经济学家对经济组织的研究往往限于组织内部的群体研究，而社会学家除了以不同的视角来看待组织内部的群体关系，也看重更宏观层次上的企业间的社会关系。第三，经济学家主要关注营利性组织——企业，而社会学家更关注一般化的组织，强调企业依照外在规范行动的一面。第四，在传统经济学的企业研究中，企业总是处于一个理所当然的空间与背景下，换句话说，经济学认定企业组织的行动是独立于环境的，而社会学正是要挑战经济学对企业所处背景"理所当然"的假设，它对企业的考察是联系其所在的特定环境，试图表明不同的环境是如何塑造出不同的企业组织的（权变学派、资源依附理论、组织种群生态学派），或者同样的制度环境是如何将本应不同的企业组织塑造出相似的结构的（组织新制度主义学派）。

---

① 诚如我们所看到的经济学的理论演进，古典经济学的这个基本假定已经有所修正，经济学的理论框架也逐渐纳入一些社会因素，比如行动者间的关系等。尽管如此，这种十分有限的"条件性"的理论修补并不意味着经济学放弃了这个理性行动者的内在假定。事实上，这也正是经济学的内在特点所在，经济学家们也并不打算放弃。

我们可以以企业家精神的研究为例来看经济学与社会学在企业研究的前提假设上的差异。经济学将企业家精神及其发展视为企业家自身“内在的逻辑”（inner logic），来自天生的高成就动机、乐于冒险等品质特征。与此不同，经济社会学家认为企业家精神显然是一种社会行动，受到社会过程运行的影响。企业家精神中的利润驱动被视作由特定文化确定的、由社会制度诱发而生的行为品质，而非一种与生俱来投机倒把的心理倾向。在经济社会学者看来，人类行为的动机、偏好和价值不能被视为始终稳定不变的、同质的和外生于社会的参数，而是一个变量，具有异质性、内生于社会，是文化性的和制度性的（Zafirovski，1999）[①]。

其次，两种视角在理论形式的偏好上也存在重要区别。组织经济学重视微观的技术分析，比如交易成本分析、代理关系分析以及博弈论，它们强调对理论的精耕细作，逻辑严密并细致地给出精巧设计的制度以解决问题。而组织社会学则更关注超企业层面的宏观结构，比如企业组织与环境的关系。虽然不论是从分析工具还是从分析视角而言，社会学的企业组织研究都显得粗犷得多，但是这并不妨碍社会学对企业组织的研究显示出深刻的悟性与富于想象力的见解。因为所谓社会学理论建构的“不够严谨”的特点，社会学常常招致各类社会科学学者们的批评，而社会学者也似乎常常以此为憾。但是，各个学科的理论知识积累的方式及其理论呈现的特质受到它的研究对象、学科定位以及所选择的研究工具等诸多因素的影响，这既有现实的原因也有历史的原因。经济学的知识树的演进可以从大树干生出中枝干再到小枝，然后枝繁叶茂，前后知识之间的承继关系清晰明确。而社会学的知识树或许显得比较芜杂，似乎是从大树干旁边的土地上不断生出些小树干来，显得多头发展，前后知识之间在承继上常有断裂之感，理论进路不清晰。但只要能提供理论的创见，而且兼具足够的信度与效度，除此条件之外，方法应有多样之美，而不必有高下之分然后有轻下者的观念。

第四节　企业研究发展的新趋向

周雪光（2003）指出，在20世纪六七十年代以来，社会学在组织（包括企业组织）研究中涌现了不少富于启发性的理论视角，比如组织种群生态学派、组织新制度主义学派以及网络学派。但是自20世纪末以来，这些理论流派的发展逐渐陷入难以有所突破的境地，或者流于琐碎，组织研究呈现出碎片化的状态，各个学派的发展已经渐趋特色不明显。而理论得以推进通常因为两个契机：一是理论本身在逻辑上的演进，如果在理论的前提假定或应用边界上不断追问，就能将理论不断推向前进；二是研究方法上的革新，比如企业研究中网络学派的兴起就得益于网络这

---

① 在一定程度上说，企业家精神研究与企业研究往往关联很紧密，但此处不纳入，本书中另有独立的章节论述企业家精神。

一特殊分析工具的发展。同时作为以企业现象为研究对象的社会学研究，研究对象企业本身的演变与发展也会对相关理论的发展形成刺激，比如一种新的组织形式的出现——虚拟组织现象、组织的信息化现象、组织跨国外包现象、跨国企业、工业区、经济全球化对企业的影响等，这些在过去半个世纪伴随新技术发展不断涌现的企业组织现象被引入研究领域，必然推进相关理论知识的积累。此节我们将关注的就是那些受到这类企业组织自身新发展的刺激而出现的研究新趋向。

怀特利（Whitley，2007）指出，目前大量公司之间的相互关系以及公司与其他政治-经济行动主体之间的相互依赖关系都越来越重要，这为新时期的企业研究提出了一个关于什么是理解公司行为的合适的分析层次的问题。正如怀特利所暗示的那样，格兰诺维特认为企业组织的关注应当超越单个企业而转而关注许多企业，这种研究层次由单个企业向企业集合的转变正如从个人向企业的转变一样，具有质的飞跃。本节我们将呈现的是企业群研究，包括网络组织、企业集群（产业集群与工业区）的研究。

一、网络组织

这里所说的网络组织研究不同于前面所列举的网络学派的相关研究，之前列举的是组织的网络研究，即以边界明确的企业为研究对象，考察的是某一边界明确的企业处于由多个边界明确的企业所组成的网络中的情况。而这里的网络组织是一种特殊的、介于企业的垂直化生产体系与市场之间的组织形态，对应于威廉姆森所说的市场与科层制之间的第三种治理结构——“混合模式”。它是指因生产过程而紧密结合在一起的一个企业联合体，网络参与者在一段较长时间内形成的保持稳定的合作关系，在他们之间存在频繁的商品和服务的买卖以及信息、知识和新技术的交流（李晓华，2009）。伴随着计算机技术、网络技术、通信技术以及全球市场的形成，企业组织的垂直一体化生产体系开始瓦解，生产外包等现象开始盛行，网络组织形态应运而生。

不同于经济学的从理性人的行为假设出发，研究局部的博弈、进行机制设计的理论范式，格兰诺维特提议社会学家从观察企业间上下游垂直关系和同业间竞争合作的水平关系等真实的结构特质入手。他指出，企业间的网络交易关系包括分工、互相依赖、竞争与合作等机制。组织间垂直依赖的关系会再生产市场的权力结构，而合作关系则会再生产信任规范，在日常生活中市场运作依然靠这些权力结构和信任规范来支配经济行动；不是单纯地以自己的利益为出发点去行动，而通常是一种兼顾集体利益和个体利益的集体行动，尽管有时候实现兼顾十分困难（熊瑞梅，2006）。行动中的权力视角、文化制约以及强调行为结果的不确定性正表达了社会学解释范式的重要特征。

在当前经济全球化的潮流下，网络组织还应该关注全球分工以及跨国企业的情况。在过去，生产、分配以及消费发生在同一个国家，市场主要是以国家的政治疆域为界的，而全球化则意味着资本以及生产经营活动开始跨越国家的政治边界，形成较为自由的流动。全球化带来的国家间边界的这种弱化表现在许多方面。以生产为例，如今的生产经常包含数个国家，而消费则可能发生在另一个国家。让我们想想一些美国品牌产品的全球扩张，我们在中国买到美国品牌的产品，从运动服装到奢侈品应有尽有，而在美国市场又总看到商品标签上写着“中国制造”。

这种全球化的原材料供应、生产与消费往往是由大型跨国公司来组织的。但遗憾的是，迄今为止，新经济社会学几乎不关心国际经济的研究传统使得它在全球化的讨论中几乎处于缺位的状态（斯威德伯格，2005）。社会学中较早论述全球化中的公司现象的是卡斯特尔（2006），他指出跨国公司以一种横向的方式被组织着并能积极地形成网络。跨国公司的全球网络扩张往往伴随权力的生产。熊瑞梅（2006）认为，全球商品链主张产业全球分工，产业的上游设计及下游的制造和销售的厂商联结成全球分工的商品链；但控制这个商品链的厂商位置和价值生产的仍然是核心国家的大零售商和大制造商。

文化范式是另一个对跨国企业的分析视角。周长城认为，跨国公司在经营中同时受到母国文化和东道主国家文化的双重作用，因此文化对于跨国公司的经济行为和经济决策有着重要影响。研究文化对跨国公司的影响有两层含义：一是研究文化对作为整体行动者的跨国公司如何产生影响；二是研究文化如何通过影响公司成员的行为来影响公司的组织决策和管理结构（周长城，2003）。

二、企业集群

企业集群包括产业集群和工业区，二者都内含了一定的地理性条件因素。但略有不同的是，产业集群是以地理空间为纽带形成的网络组织，这通常是指从事同类或相关产业的企业的聚集。而工业区更强调地域性，而非强调企业所从事产业的相似性或互补性，尽管这二者之间经常是重合的。

（一）产业集群

产业集群按照其基本结构可以分为市场型集群、中卫型集群和网络型集群。市场型集群是指企业集群内部之间的关系是以平等的市场交易为主的，各生产厂家以水平联系来完成产品生产，比如我国浙江义乌的产业集群。中卫型集群是指大企业处于集群的支配地位，小企业为核心企业提供专业化的配套生产或服务。网络型集群是指以信息联系而非物质联系为主的企业集群，比如企业间常有项目合作的情况。其中，常见的是市场型集群，这也是被研究得最多的集群类型。

最早的对产业集群的论述来自马歇尔，他分析了企业集群的经济动因：第一，几个企业集中于一个区域可以分享有特定专业人才的劳动力市场；第二，促进专业化的投入和服务的发展；第三，使公司从技术溢出中获益（李晓华，2009）。马歇尔的解释代表了聚集经济的观点，即把产业集群视作一个大量从事同类产业的生产者在自由选择区位的基础上聚集起来的现象，聚集的发生主要取决于生产过程的报酬递增与运输成本之间的平衡。此外，还有区位优势的解释范式（李国武，2009）。阿尔弗雷德·韦伯（Alfred Weber）从节约运输成本的角度出发，认为企业会聚集在靠近原料产地或者销售市场的地方，克里斯塔特勒（Walter Christaller）认为厂商的定位原则是考虑市场范围以及其中的需求限度。

与此经济学范式对应的社会学解释范式有社会网络与地方制度范式、传统产业范式以及就近扩散式产业集群。社会网络与地方制度范式是指，产业集群是一些社会性因素的结果，比如区域内经济主体之间长期形成的社会网络，区域内的正式制度与非正式制度对于产业集群内企业之间的分工与协作、交流与创新都具有促进作用，或者就是贝卡蒂尼（Becattini）所说的"具有相同社会背景和制度背景的人们和企业在一定自然地域上形成的社会地域生产综合体"，比如意大利中部和东北部的企业集群（李国武，2009）。传统产业范式是中国学者对中国乡村地区的一些产业集聚的解释，是地方产业传统和工商传统在新的制度环境下复兴和发扬光大的结果，比如温州的制鞋业等。李国武（2009）在考察河北省清河羊绒分梳业的产业集群的基础上提出就近扩散式产业聚集范式，即产业聚集在很大程度上是某种生产经营活动在人口密集的邻近的乡村社区中扩散的过程，这其中的影响因素是产业特性（如所需初始投资额度、盈利水平、技术难度等）、地方制度（如政府是否扶持）以及人际网络（技术扩散通过人际接触扩散）。

（二）工业区

工业区研究始于20世纪70年代中期意大利的学者们对意大利中部与北部的调查。阿纳尔多·巴格那斯科（Arnaldo Bagnasco）特别指出，在意大利第三帝国时期，经济既不是由国家组织运行的（如意大利南部），也不是由大型企业集团决定的（如意大利西北部），而是依靠中小企业，这些地区出产传统产品，如瓦片、编制物和皮革制品等。

后来，查尔斯·萨贝尔（Charles Sabel）指出，与需要特权来组织和稳定市场的老式"福特主义"产业相比，中小企业在"专业技术的灵活伸缩性"方面更具优势。这种"船小好掉头"的中小企业也具有对现代易于动荡的资本主义市场较好的适应性。在工业区里，许多小型企业相互关联，共同完成一个产品的生产。比如在针织品的生产中，各个小型企业往往相互协作，第一个公司负责编织，第二个公司负责切割，第三个公司负责添加纽扣，等等。这样一来，工业区带来的好处就是加强了相关企业间的分工，降低了单位产品的制造成本。

随着时代的发展，人们对传统的欧洲制造业工业区的研究转入以大量现代高科技企业为主体的工业区的研究。硅谷就是这样一个例子。萨克森尼安（AnnaLee Saxenian）的《区域优势：硅谷与128号公路的文化和竞争》（1994）一文对于硅谷的研究做出了重要贡献。该文强调，对于工业区而言，在竞争中起作用的既不是单个的企业家，也不是以数量取胜的小型企业，而是工业区的文化特性与社会结构。

波士顿128号公路地区和位于加利福尼亚北部的硅谷都兴起于第二次世界大战期间美国政府对有关战争研究的资助。刚开始，128号公路地区的发展比硅谷迅速得多，但从20世纪80年代后期以来，它却又远远地落后于硅谷。在萨克森尼安看来，其主要原因就在于这两个地区从一开始便存在不同的社会结构与文化氛围。她称128号公路工业区是一个“以相互独立的企业为基础的工业系统”，而硅谷则是一个“以网络为基础的分散化工业区”（Saxenian，1994）。128号公路工业区的特点是：第一，各个公司相互独立，公司之间在地理上都相隔甚远，彼此保持独立；第二，人们之间还存在传统的阶层等级之分，老板与雇员有各自的圈层；第三，破产就意味着个人的失败，意味着丢脸，因而是人们要极力避免的；第四，雇员的流动是不自由的，跳槽就可能招致公司起诉；第五，企业发展资金主要来自银行。

而相比之下，硅谷地区的特点是：第一，公司密度较大，相邻很近。第二，人们之间也较少阶层之分，在这里谁都可以创业，这些创业者们通常要经历过一到两次失败才能成为真正的企业家，今天的失败者完全可能就是明天的成功者。第三，这里的人们下班后经常参加社会活动，彼此平等交流、交往。第四，雇员们跳槽频繁，以至于不可能起诉他们。第五，企业发展资金来源于新型的资本家——投机资本家，他们通常自己以前也是企业家，希望通过风险投资而获得收益。通过以上比较，萨克森尼安得出结论，硅谷成功的答案就在于硅谷独特的网络关系和创业文化，而这正是128号公路地区所缺乏的。

萨克森尼安的比较研究看起来十分吸引人，使我们能够跟随她去辨别哪些因素可以促进工业区的发展，而哪些不能。但是最近她的这个观点遭到了伊尔斯（Alan Earls）的反对。伊尔斯认为目前硅谷的胜出、128号公路地区的落后是行业巨变的结果，当英特尔的微处理器成为计算机和微电子行业的主导时，它把所有的企业——不管新的老的，只要是买得起现成CPU的企业——都放在了同一起跑线上，这使得硅谷得以借势飞速发展。他指出萨克森尼安所做的对比不是东西海岸的商业文化的对比，而是技术更新换代的对比。而就工业区的文化比较而言，伊尔斯的观点则与萨克森尼安相反，他认为与硅谷相比，128号公路地区的公司拥有一笔宝贵的财富——雇员的忠诚和长期承诺，这正是128号公路地区曾经成功的关键所在①。

格兰诺维特领导了一项名为“硅谷网络”的大型社会学项目，其中的一项研究结果指出，硅谷成功的关键，与其说是大量公司模仿某个成功公司的结果，不如说是充斥硅谷的、来自几个不同领域的力量所组成的网络群的功劳。这些网络的参与者，比如公司、投机资本家、法律公司、教育机构、政治权威等，使得公司在发展中能够轻易获得需要的资源。格兰诺维特及其合作者（Castilla et al.，2000）的一项关于硅谷的半导体产业公司的抽样调查结果表明，如果说网络中的一条连线表示一个人已积极地参与了两个公司的创立，那么从1947年到1986年的分析来看，

---

① 参见：没有终点的道路：回顾128国道的兴起：《128国道和高科技时代的诞生》作者Alan Earls访谈录，http://www.docin.com/p-48510242.html。

一小部分有名气的人平均每人拥有 10 条这样的连线。当然其中也有完全不知名的人物在积极地创办公司。可见，这里的网络连接十分复杂，也因此是相当活跃的。

三、非正式经济组织

非正式经济（informal economy）概念是剑桥大学著名经济学家、人类学家哈特（Keith Hart）博士于 1973 年首次提出的。之后，包括国际劳工组织在内的社会机构和研究者开始关注发展中国家城市社区中的那些低收入、低报酬、无组织、无结构的小规模生产的个人或服务单位，并将其定义为“非正式部门”（informal sectors）（ILO，1973）。这些组织的特征就是游离于现行的法律框架之外，规避国家管制和税收，但它们客观上也增加了就业机会，在一定程度上改善了收入分配。各国地方政府总体对它们持不认可、不支持的态度，甚至将其等同于非法活动加以抑制。但在学界看来，非正式经济并不等同于非法活动，国际劳工组织在定义非正式经济时特别地将它与非法活动区分开来，指出这些经济活动虽然没有正式注册，但是“符合社会价值并且有酬劳”，并不包括乞讨、犯罪、卖淫（ILO，1997）。

非正式经济组织体量庞大。国际劳工组织在 2007 年发布的报告表明，当前发达国家非正规就业人数占到了社会总就业人数的 20%～35%，荷兰高达 50%；而在发展中国家，这个比例更高，根据国际劳工组织（2002）的报告，它在拉美高达 51%，在亚洲已经扩展到非农就业的 65%，在撒哈拉以南非洲地区高达 78%。就中国而言，黄宗智（2009）测算出，到 2006 年，在中国城市就业的农民工加上在非正式经济部门就业的城镇居民共计 2.5 亿，要比城镇正式职工多出 2.2 倍，即非正式就业率高达 69%[①]。

关于非正式经济组织的分类，国际劳工组织在《1998—1999 年世界就业报告》中区分出三种类型：（1）小型或微型企业；（2）家庭式生产服务单位；（3）独立的劳动者。任荣伟（2013）在此基础上将中国的非正式经济划分为五类：（1）小型或微型企业；（2）住户或家庭作坊式企业；（3）独立的劳动者；（4）高度模仿或山寨式企业；（5）嵌入集群平台式的非正式企业。其中最具特色的是山寨式企业，成为中国的特殊问题。当然，中国的非正式经济的特殊之处不仅限于此，还包括中国庞大的农民工群体在城市的自发非正式就业问题（李强，唐壮，2002），以及中国的淘宝和阿里巴巴店铺等现象（陈春花，刘祯，2013）[②]。

无疑发展中国家是非正式经济存在与研究的主要阵地。那么发展中国家为什么会出现如此多的非正式经济组织现象？多数社会学家认为这是企业与劳动者为了逃避税收和管制而有意为之的结果。国际劳工组织 2007 年的研究报告则认为，发展

---

① 以下的文献介绍主要集中于发展中国家非正式经济组织的研究成果。

② 当然，这里说的都是现象上的特殊之处。黄宗智（2011）认为，中国的非正式经济确有独特之处，本质原因是高度中央集权的国家体制下的地方政府竞争。

中国家经济中有大量的非正式企业，是因为存在诸多规制阻碍了新企业或非正式企业进入正式部门（ILO，2007）。马洛尼等则认为非正式经济组织是容纳较低劳动生产率的劳动力所必需的，同时也存在一些发展中国家的政府腐败提高了合规性成本的原因（Maloney and Nu，2001）。汪和建（1998）从中国城市的就业入手，指出是对外来劳动力实施就业歧视的制度安排导致了城市中非正式经济组织的产生与兴盛。蔡昉（2005）则从经济学的视角指出，非正式经济组织对应的非正规就业是劳动力市场配置资源的结果。

当前关于非正式经济的社会学研究集中于三个视角：二元论、结构主义与功能论[①]。

二元论是指有的学者把非正式经济与正式经济并列考量，认为前者是低效率的边缘性活动，它与正式经济在社会中形成二元结构，彼此隔绝与对立。如哈特认为非正式经济是一个独立的、边界明确的经济体，与正式经济没有直接联系，功能就是为穷人提供收入或安全网（Hart，1973）。他在对货币工资雇佣和自我雇佣进行区别的基础上，提出了正式与非正式就业机会划分和城市劳动力队伍收入机会划分的二元化模型。克罗斯和约翰逊又进一步把二元劳动市场分为四类：一级、二级、非正式与非法（Cross and Johnson，2000）。但基本的思想没变，即这四类之间是彼此隔离的。

结构主义认为不应该纯粹地从非正式经济内部来考察它，而应该看到它与正式经济的紧密联系。非正式经济并非独立于正式经济，而是附属于正式经济，因为它主要表现为一些拥有雄厚实力的资本家，即正式经济组织为降低成本与一些小生产商和贸易商合作。这就是所谓的规则产生不规则，正式经济产生其自身的非正式。只有理解这一点，我们才能把握非正式经济产生的社会制度背景，否则不能对非正式经济进行正确定位（Castells and Portes，1989）。

功能论的解释是从非正式经济现象存在的功能来审视其存在的合理性。比如任荣伟（2013）认为小微企业合法性缺乏会导致社会公众对新创企业及其产品或服务的不信任，非正式经济正好为此提供了成长空间，比如大学生创业；陈春花等（2013）在对阿里巴巴的研究中认为这促进了社会创新；汪和建（1998）认为中国城市中的非正式经济是外来劳动力在城市正式就业制度壁垒的约束下所创造的一个替代性劳动就业结构，它不仅履行着对外来劳动力显在的就业替代功能，而且发挥着向社会挫折群体提供经济流动机会的潜在的“社会安全阀”功能。

黄宗智等（2011）指出，非正式经济（组织）是发展中国家存在的全球性现象，规模庞大，国际上也有诸多研究，但是在世界上最大的发展中国家——中国的发展经验举世瞩目之际，中国的“非正式经济”却并未得到相应的重视与研究（黄宗智，2009），这是因为西方的经济学理论运用在中国的语境中出了偏差。所以他们说中国的非正式经济被严重地“忽视”了，必须尽快地补上。这也启示我们在学

① 对二元论与结构主义的总结参见任荣伟（2013）。

习中把握借鉴西方理论与运用于本土情境之间的张力，即使在看起来同质性远高于社会与文化领域的经济领域也不例外。

本章要点

1. “组织”一词既包括作为实体的组织，也包括作为过程的组织。狭义的经济组织等同于公司/企业等实体，其内涵是组织成员的行动以营利为目标被组织起来，有清晰的活动边界；广义的经济组织包括跨单个实体组织的组织联盟等形式，以及各种经济要素的组织过程，即既包括公司/企业，也包括更高层次的企业联盟、全球性经济组织、市场等。经济社会学是在与经济学的对话中发展起来的，与经济学视角的比较有助于我们更好地把握什么是企业研究的社会学视角。

2. 企业组织研究中的经济学视角主要包括交易成本学派、委托—代理理论以及博弈论。交易成本学派的基本观点是企业作为一种与市场相对的生产组织方式是降低交易成本的产物。委托—代理理论认为企业就是从上到下一系列委托—代理关系的集合，该理论假设人是自利并且机会主义的，由此企业内部管理中产生了监督和激励的需求，这也成为企业面临的难题。企业管理实现有效就在于为委托—代理管理所支付的激励和监督等管理成本是否小于或者至少等于代理人基于机会主义而带来的利润损失。博弈论修正了新古典经济学中关于行动者独立地追求各自的利益最大化最后导致整体福利的最大化的假设，它指出，在实际的情况中，行动者的理性行动不是独立的，而是受到他人决策与行动的影响的，每个人都追求利益最大化并不必然导致总体利益的最大化。所以，理性行动不是独立算计，而是指个人或组织在具有竞争性质或对抗性质的行为中，参加斗争或竞争的各方各自具有不同的目标或利益，为了达到各自的目标或利益，各方必须考虑对手的各种可能的行动方案，并力图选取对自己最为有利或最为合理的方案。根据不同情境中不同的目标，我们可以利用博弈论进行不同的机制设计。

3. 企业组织研究中的社会学视角始于韦伯的科层制研究，他给出了科层制的理想类型，并认为这是最有效率的组织形式。韦伯的科层制研究开启了组织研究中一个重要的主题领域，后来的研究经历了“支持”韦伯时期，即沿着科层制效率论的道路前进，和“反对”韦伯时期，即认为科层制其实是效率低下的组织形式。

4. 工业社会学研究为社会学对企业组织的研究进行了重要积累。工业社会学始于梅奥的霍桑实验，他率先提出企业中的非正式人际关系与企业效率的关系的研究主题。工业社会学关注企业中非正式关系研究，包括它们对正式关系的侵蚀或约制，以及非正式的制度设置对效率的“意外”促进，企业内部的群体利益分化、非正式的合谋，以及工人群体与管理者群体的非正式冲突，等等。

5. 现代企业组织研究中的社会学视角主要包括权变学派、资源依附理论、组织种群生态学派、组织新制度主义学派、网络学派。

6. 权变学派的基本假定是：第一，不存在最佳的组织结构。第二，任何组织结构之间都不等效，因为组织结构将产出何种绩效还受到组织环境和组织行为的影响。因此，权变学派的基本观点就是不存在最佳的组织结构，只有组织内在特征与其环境要求达致匹配时，组织才能够最好地适应，获得最好的绩效。也就是说，企业组织的生存与发展取决于它们对环境的适应程度。

7. 资源依附理论认为，组织是一个开放的系统，所有组织都在与环境进行交换，获得必要的资源以维持生存。在和环境的交换中，环境给组织提供了关键性的资源（稀缺资源），如果没有这样的资源组织就不能运作。这样，对资源的需求构成了组织对外部的依赖。资源稀缺性和重要性决定了组织对环境的依附程度，进而使得权力往往伴随资源的稀缺性而生。但是相对于权变理论的消极适应，资源依附理论认为管理者是可以管理环境的，为寻求企业必需的资源进行策略性行动。成功的企业就是那些在与其他企业竞争环境资源时能够最大化自己权力的企业。

8. 组织种群生态学将组织视作生物物种模拟物，从整体上关注组织的死亡（公司死亡率）、新企业诞生（公司出生率）以及组织的成长和变迁规律等问题。学者们认为，组织种群的数量与结构取决于组织的生态位、组织年龄、组织规模、组织密度等。种群的演进要经历变异、选择以及保留三个阶段。企业组织内在惯性会阻碍组织的变迁，从而妨害组织的寿命。

9. 组织新制度主义学派意在关注制度环境对企业组织的影响，试图解释为什么不同的企业组织总会走向同构，以及制度是如何形塑个体企业的行为的。新制度主义认识到每个企业都存在于由各项制度组合而成的环境中。组织的主要目标是生存下来，为了生存，组织就需要在特定的制度世界里建立自己存在的“合法性”。正是相同的制度环境促使企业组织最后走向同构。制度环境促使企业同构的机制有：强迫性机制、模仿机制和规范性机制。一方面，制度环境会改变企业，但另一方面，企业之间的相互关系也影响到外部制度环境，为后者的变迁提供动力。

10. 网络学派更多的是学者们从其所用的分析工具出发而给一系列研究的命名。作为一种分析方法，网络分析的要素就是节点（行动单位）与连线（行动单位间有关系），以及结构洞（行动单位间无关系的状态），再加上在各个节点之间流动及潜藏的资本、信息、控制等利益。其中，关注网络结构面向的网络理论构成网络结构观，关注网络中的投资—回报议题的网络理论构成网络功利观。网络结构观的思路是从结构、网络的角度去解释行为和关系，强调网络作为结构制约、形塑行动主体的一面。网络功利观强调个体利用社会网络争取社会资源以达至目的，其核心主张就是网络的工具性。

11. 企业研究中的经济学视角与社会学视角有重要差别。第一，经济学家主要将公司视为追求经济效用极大化的理性行动者，而经济社会学者将公司视为社会行动者，会彼此结盟而非单独行动，公司之间不是平等竞争关系，市场内部呈现层级化的结构。第二，经济学家对企业的考察主要限于企业本身，而社会学家对企业的关注则往往超越企业本身；经济学家对经济组织的研究往往限于组织内部的群体研究，而社会学家除了以不同的视角来看待组织内部的群体关系，也看重更宏观层次上的企业间的社会关系。第三，经济学家主要关注营利性组织——企业，而社会学家更关注一般化的组织，强调企业作为一个组织成员的集合行动体性质的一面，而不仅仅关注其营利性。第四，在传统经济学的企业研究中，企业总是处于一个理所当然的空间与背景下，而社会学正是要挑战经济学对企业所处背景"理所当然"的假设，它对企业的考察是联系其所在的特定环境，试图表明不同的环境是如何塑造出不同的企业组织的，或者同样的制度环境是如何将本应不同的企业组织塑造出相似的结构的。

12. 网络组织成为一种新的组织形态，这是一种介于企业组织与市场之间的第三种组织形态。随着计算机技术、网络技术、通信技术以及经济区域化、全球化的发展，网络组织与企业集群和工业区成为当前企业研究的重要关注对象。

基本概念

经济组织　交易成本　委托—代理　博弈论　科层制　工业社会学　权变学派　资源依附理论　组织种群生态学派　组织新制度主义学派　网络学派　网络组织　企业集群　工业区

复习思考题

1. 请简述企业组织研究的几个经济学视角。
2. 请简述企业组织研究的几个社会学视角。
3. 社会学与经济学在企业研究中的视角有何差别？
4. 社会学对企业集群的研究对当下我国的工业区建设热潮有何政策启示？
5. 试以一个企业现象为例来进行经济学视角与社会学视角的比较解读。

推荐阅读书目

1. 斯威德伯格．经济学与社会学．北京：商务印书馆，2003.
2. 斯威德伯格．经济社会学原理．北京：中国人民大学出版社，2005.
3. 李国武．技术扩散与产业聚集：原发型产业集群形成机制研究．上海：格致出版社，2009.
4. 伯特．结构洞：竞争的社会结构．上海：上海人民出版社，2008.
5. 卡斯特．网络社会的崛起．北京：社会科学文献出版社，2006.
6. 克罗齐埃．科层现象．上海：上海人民出版社，2002.
7. 周长城．经济社会学．北京：中国人民大学出版社，2003.
8. 周雪光．组织社会学十讲．北京．社会科学文献出版社，2003.
9. DIMAGGIO P，POWELL W W. The iron cage revisited：institutional iso-

morphism and collective rationality in organizational fields. American sociological review，1983，48.

10. FLIGSTEIN N. Market as politics：a political-cultural approach to market institutions. American sociological review ，1996，61.

11. GRANOVETTER M. Economic action and social structure：the problem of embeddedness. American journal of sociology，1985，91.

12. GOULDNER A W. Patterns of industrial bureaucracy. Glencoe：Free Press，1954.

13. HANNAN M T，FREEMAN J. The population of ecology of organizations. American journal of sociology，1977，82.

14. LIN N. Social capital. New York：Cambridge University Press，2001.

15. MEYER J W，ROWAN B. Institutionalized organizations：formal structure as myth and ceremony. American journal of sociology，1977，83.

16. SAXENIAN A. Regional advantage：culture and competition in silicon valley and route 128. Cambridge，MA：Harvard University Press，1994.

参考文献

1. 安贞元．人民公社化运动研究．北京：中央文献出版社，2003.

2. 伯特．结构洞：竞争的社会结构．上海：上海人民出版社，2008.

3. 蔡昉．非正规就业：发挥劳动力市场配置资源作用．前线，2005 (5).

4. 曹锦清．黄河边的中国：一个学者对乡村社会的观察与思考．上海：上海文艺出版社，2000.

5. 曹正汉．无形的观念如何塑造有形的制度?．社会，2005 (3).

6. 陈春花，刘祯．阿里巴巴：用价值观领导“非正式经济事业”．管理学报，2013 (1).

7. 道宾．经济社会学．上海：上海人民出版社，2008.

8. 杜玛，斯赖德．组织经济学：经济学分析方法在组织管理上的应用．3 版．北京：华夏出版社，2006.

9. 杜赞奇．文化、权力与国家：1900—1942 年的华北农村．王福明，译．南京：江苏人民出版社，2008.

10. 菲佛，萨兰基克．组织的外部控制：对组织资源依赖的分析．上海：东方出版社，2006.

11. 高柏．经济意识形态与日本产业政策：1931—1965 年的发展主义．上海：上海人民出版社，2008.

12. 郭毅，徐莹．新制度主义：理论评述及其对组织研究的贡献．社会，2007 (1).

13. 国际劳工组织网站，见 www. iol. org.

14. 何蓉．德国历史学派与19世纪经济学方法论之争的启示．社会，2005 (3).

15. 贺雪峰．缺乏分层与缺失记忆型村庄的权力结构：关于村庄性质的一项内部考察．社会学研究，2004 (2).

16. 胡鞍钢，赵黎．我国转型期城镇非正规就业与非正式经济（1990—2004).清华大学学报（哲学社会科学版)，2006 (3).

17. 黄宗智，李强，潘毅，李丁，许庆红，胡伟，刘世定，胡鞍钢，张静，郭伟和，张勇，万向东．中国非正式经济：上．开放时代，2011 (1).

18. 黄宗智．长江三角洲小农家庭与乡村发展．北京：中华书局，2006.

19. 黄宗智．中国被忽视的非正式经济：现实与理论．开放时代，2009 (2).

20. 卡斯特尔．网络社会的崛起．北京：社会科学文献出版社，2006.

21. 克罗齐埃．科层现象．上海：上海人民出版社，2002.

22. 拉法耶．组织社会学．北京：社会科学文献出版社，2000.

23. 李国武．技术扩散与产业聚集：原发型产业集群形成机制研究，上海：格致出版社，2009.

24. 李强，唐壮．城市农民工与城市中的非正规就业．社会学研究，2002 (6).

25. 李晓华．产业组织的垂直分解与网络化．北京：经济管理出版社，2009.

26. 梁小民．经济学是什么．北京：北京大学出版社，2001.

27. 刘世定．经济学与社会学：来自关系史的思考．[2021-03-10]. http://www.360doc.com/content/10/0522/07/1193891_28853977.shtml.

28. 邱泽奇．在工厂化和网络化的背后：组织理论的发展与困境．社会学研究，1999 (4).

29. 任荣伟．多重视角下的非正式经济组织前沿理论与趋势．中山大学学报（社会科学版)，2013 (6).

30. 斯密．国富论．北京：新世界出版社，2007.

31. 斯威德伯格．经济社会学原理．北京：中国人民大学出版社，2005.

32. 斯威德伯格．经济学与社会学．北京：商务印书馆，2003.

33. 仝志辉．派性的性质与农村组织重建的资源：湖村、路村、岭村三村比较．中国农村观察，2007 (4).

34. 汪和建．就业歧视与中国城市的非正式经济部门．南京大学学报（哲学·人文科学·社会科学版)，1998 (1).

35. 王贵宸．中国农村合作经济史．太原：山西经济出版社，2006.

36. 韦伯．经济与社会：上卷．北京：商务印书馆，1997.

37. 温铁军．中国农村基本经济制度研究：“三农”问题的世纪反思．北京：中国经济出版社，2000.

38. 熊瑞梅．台湾企业社会学研究的发展与反思．[2021-03-10]. http://soc.thu.edu.tw/2006TSAconference/_notes/2006TSApaper/1-1.pdf.

39. 周长城．经济社会学．北京：中国人民大学出版社，2003.

40. 周雪光．组织社会学十讲．北京：社会科学文献出版社，2003.

41. 朱国宏．社会学视野里的经济现象．成都：四川人民出版社，1998.

42. BARNEY J B. OUCHI W G. Organizational economics. San Francisco, CA: Jossey-Bass, 1986.

43. BENNIS W G. Changing organizations: essays on the development and evolution of human organization. New York: McGraw-Hill, 1996.

44. BLAU P M. The dynamics of bureaucracy. Chicago: University of Chicago Press, 1995.

45. BLAUG M. Common assumptions about education and employment//SIMMONS. The education dilemma. New York: Pergamon Press, 1980.

46. BURT R S. Corporate profits and cooperation. New York: Academic Press, 1983.

47. CARROLL G R, HANNAN M T. The demography of corporations and industries. NJ: Princeton University Press, 2000.

48. CASTELLS M, PORTES A. World underneath: the origins, dynamics, and effects of the informal economy. Baltimore: The Johns Hopkins University Press, 1989.

49. CASTILLA E et al. Social networks in silicon valley//LEE C et al. The silicon valley edge, a habitat for innovation and entrepreneurship. Stanford: Stanford University Press, 2000.

50. CROSS J C, JOHNSON B D. Expanding dual labour market theory: crack dealers and the informal sector. International journal of sociology and social policy, 2000.

51. CROZIER M. The bureaucratic phenomenon. Chicago: University of Chicago Press, 1964.

52. CYERT R M, MARCH J G. A behavioral of the firm. Englewood Cliffs, NJ: Prentice Hall, 1963.

53. DALTON M. Men who manage. New York: Wiley, 1959.

54. DIMAGGIO P, LOUCH H. Socially embedded consumer transactions: for what kinds of purchases do people most often use networks?. American sociological review, 1998, 63.

55. DIMAGGIO P, POWELL W W. The iron cage revisited: institutional isomorphism and collective rationality in organizational fields. American sociological review, 1983, 48.

56. DIMAGGIO P. Interest and agency in institutional theory//ZUCKER L G. Institutional patterns and organizations: culture and environment. Cambridge, Mass: Ballinger Pub. Co., 1988.

57. DOUMA S, SCHREUDER H. Economics approaches to organizations. 3rd ed. London: Prentice Hall, 2002.

58. EMERSON R M. Power-dependence relations. American sociological re-

view，1962，27.

59. FLIGSTEIN N. Market as politics：a political-cultural approach to market institutions. American sociological review，1996，61.

60. FLIGSTEIN N. The spread of multidivisional form among large firms，1919—1979. American sociological review ，1985，50.

61. FLIGSTEIN N. The Transformation of corporate control. Cambridge，MA：Harvard University Press，1990.

62. GAlBRAITH J. Designing complex organizations. MA：Addison Wesley，1973.

63. GOULDNER A W. Patterns of industrial bureaucracy. Glencoe：Free Press，1954.

64. GRANOVETTER M. A theoretical agenda for economic sociology//GUILLEN M，COLLINS R，ENGLAND P，MEYER M. The new economic sociology：developments in an emerging field. New York：Russell Sage Foundation，2002.

65. GRANOVETTER M. Economic action and social structure：the problem of embeddedness. American journal of sociology，1985，91 (3).

66. HANNAN M T，FREEMAN J. The population of ecology of organizations. American journal of sociology，1977，82.

67. HANNAN M T，POLOS L，CARROLL G R. Logics of organization theory：audiences，code，and ecologies. NJ：Princeton University Press，2007.

68. HART K. H Informal income opportunities and urban employment in Ghana. The journal of modern African studies，1973，11 (1).

69. HUGHES E. The sociological eye：selected papers. Chicago：Aldine-Atherton，1971.

70. JAHODA M，LAZARSFELD P F，ZEISEL H. Marienthal：the sociography of an unemployed community. London：Tavistock Publications，1972.

71. JENSEN M C，MECKLING W H. Theory of the firm：managerial behavior，agency costs and ownership structure. Journal of financial economics，1976，3 (4).

72. LAWRENCE P R，LORSCH J W. Organization and environment：managing differentiation and integration. Boston：Graduate School of Business Administration，Harvard University，1967.

73. LAWRENCE P R. The contingency approach to organization design//GOLEMBIEWSKI R T. Handbook of organizational behavior. NY：Dekker，1993.

74. LIN N. Social capital. New York：Cambridge University Press，2001.

75. LIN N. Social resources and instrumental action//MARSDEN P，LIN N. Social structure and network analysis. Sage，1982.

76. LIPSET S M et al. Union democracy. Glencoe：Free Press，1956.

77. MALONEY W F，NU J. Measuring the impact of minimum wages：evidence from latin America. Policy research working paper 2597，2001.

78. MAYO E. Human problems of an industrial civilization. London：Macmillan，1933.

79. MEYER J W，ROWAN B. Institutionalized organizations：formal structure as myth and ceremony. American journal of sociology，1977，83.

80. MINTZ B A，SCHWARTZ M. The power structure of American business. Chicago：The University of Chicago Press，1985.

81. MYERSON R B. Game theory：analysis of conflict. Cambridge，MA：Harvard University Press，1991.

82. NASH J F. Equilibrium points in n-person games. Proceedings of the national academy of sciences，1950，36 (1).

83. NASH J F. Non-cooperative games. Annals of mathematics，1951，54.

84. OBERSCHALL A，LEIFER F. Efficiency and social institution：uses and misuses of economic reasoning in sociology. Annual review of sociology，1986，12.

85. ORRU M，BIGGART N W，HAMILTON G G. Organizational isomorphism East Asia//DIMAGGIO. New institutionalism organizational analysis. Chicago：The University of Chicago Press，1991.

86. PERROW C. Complex organization：a critical essay. 3rd ed. New York：McGraw-Hill，1987.

87. PFEFFER J，SALANCIK G P. The external control of organization. New York：Harper and Row，1978.

88. PODOLNY J M. A status-based model of market competition. American journal of sociology，1993，98.

89. PODOLNY J M. Status signals：a sociological study of market competition. NJ：Princeton University Press，2005.

90. ROY D. Banana time：job satisfaction and informal interaction. Human organization，1958，18.

91. SAMUELSON P A. The fundamental approximation theorem of portfolio analysis in terms of means，variances and higher moments. Review of economic studies，1970，37 (4).

92. SAXENIAN A. Regional advantage：culture and competition in silicon valley and route 128. Cambridge，MA：Harvard University Press，1994.

93. SCHNEIDER E V. Industrial sociology：the social relations of industry and the community. New York：McGraw-Hill，1957.

94. SCOTT W R，MEYER J W. Organization environments：ritual and rationality. London：SAGE Publications Inc.，1983.

95. SELZNICK P. TVA and the grassroots：a study in the sociology of formal organization. Berkeley：University of California Press，1949.

96. SILVERMAN D. The theory of organizations：a sociological framework.

New York：Basic Books，1971.

97. SWEDBERG R，BRULIIN G. The paradigm of economic sociology：premises and promises. Theory and society，1987，16.

98. SWEDBERG R，HIMMELSTRAND U，BRULIN G. The paradigm of economic sociology：premises and promises. Theory and society，1987，16.

99. SWEDBERG R. Major traditions of economic sociology. Annual review of sociology，2003，17 (1).

100. THOMPSON J D. Organizations in action. New York：McGraw-Hill，1967.

101. UZZI B，LANCASTER R. Embeddedness and price formation in the corporate law market. American sociological review，2004，69 (3).

102. UZZI B. Social embeddedness in the creation of financial capital. American sociological review，1999，64.

103. UZZI B. The sources and consequences of embeddedness for the economic performance of organizations：the network effects. American sociological review，1996，61.

104. VON NEUMANN J，MORGENSTERN O. Theory of games and economic behavior. NJ：Princeton University Press，1994.

105. WAMSLEY G L，ZALD M N. The political economy of public organizations. Lexington：M. A. Heath，1973.

106. WEBER M. Economy and society：an outline of interpretive sociology. Berkeley：University of California Press，1978.

107. WHITLEY R. Business systems and organizational capabilities：the institutional structuring of competitive competences. Oxford：Oxford University Press，2007.

108. WHYTE W F，et al. Money and motivation：an analysis of incentives in industry. New York：Harper & Bros，1955.

109. WHYTE W F. Human relations in the restaurant industry. New York：McGraw-Hill Book Company Inc.，1948.

110. WILLIAMSON O. Transaction cost economics in the handbook of economic sociology. NJ：Princeton University Press，1994.

111. ZAFIROVSKI M. Probing into the social layers of entrepreneurship：outlines of the sociology of enterprise. Entrepreneurship & regional development，1999，99.

112. ZAFIROVSKI M. The "unbearable lightness" of the economic approach to economic behavior in the social setting：rational action and the sociology of the economy. Journal for the theory of social behavior，1999，29 (3).

113. ZUCKER L G. The role of institutionalization in cultural persistence. American sociological review，1977，42.

第十章
企业家与企业家精神

本章首先讨论企业家的定义、特征、社会来源及其成功的因素，其次讨论经济学中的企业家理论和社会学对企业家和企业家精神的研究，再次分析企业家行为和管理者行为的相互转换，最后从个人机遇与组织更新的角度考察企业家成长和企业家精神的环境创新。

第一节　企业家与企业家特征

美国学者泽姆若和斯卡博在一本书中开宗明义地指出："现在是企业家的时代。"(Zimmer and Scarborough，1996)。在当今世界上，很难找到一份报纸或者杂志不谈论企业家或者企业家精神，谈论这一问题的世界级杂志有美国的《福布斯》《财富》和《华尔街》等。事实上，在市场经济发达的国家和地区，无论是政府部门还是非政府组织，各种鼓励创业和指导如何成为企业家、如何投资的研讨会，开发投资的项目和课程班层出不穷。那么，究竟什么是企业家？什么样的人才可能成为企业家？什么是企业家行为以及什么是企业家精神？为什么有的人可以成为企业家，而有的人则不能呢？本章将讨论这些问题，并从经济学和社会学的角度审视企业家理论。

一、企业家的定义

企业家表示一种精神、一种热情和一种理想；企业家是一种组织、管理和承担经济风险的人；企业家是用自己的智慧，靠自己的勤奋劳动而创造企业的人；企业家就是那种为了取得利润的增长，面对风险和不确定性，靠寻找机会和调配资源开创一个新企业的人（Zimmer and Scarborough，1996）。

所谓企业家行为（entrepreneurship）①，是个人为了创造财富和增加社会价值，

---

①　entrepreneurship 有时译成企业家行为，有时译成企业家精神。加拿大多伦多大学企业研究学者罗曼德·高(Raymond W. Y. Kao) 认为："企业家行为是一种从事新的（创造性的）和不同于他人（创造性）的过程，这一过程的目的是增加个人财富和社会价值。"而企业家是一个人，他认为"企业家是一个通过孵化思想、组合资源和付诸行动而从事创造财富和增加价值过程的行动者"[参见 From general management to entrepreneurship：the business ("B") school challenge//MENG L A，LIANG T W. Entrepreneurs，entrepreneurship and enterprising culture. New York：Addison Wesley Publishing，1996]。显然，企业家行为强调的是过程，而企业家强调的是行动者。

而从事的新的（创造）和不同于以往（革新）企业活动的行动过程，是以经济为导向的新增长的创造和构造。企业家（entrepreneur）是一个通过萌发新思想、调配资源并促使其发生，进而从事一个增加财富和增加价值过程的行动者，是看准机会，创造一种产品和服务，将资源调配起来，继续制订计划并执行计划，从而充分利用机会的人。这样一来，企业家在将自己的商业增值的同时，也使国家经济增值，并构建了各种组织①。

企业家精神是一种在新市场、新产品和新技术方面的创新能力、投资能力和扩张能力。这在一定意义上意味着企业家就是随时都在为冒险投资资源以便改进现有产品、开发新市场而不懈努力的人。

企业家和管理者不是一回事。经理所做的事情就是让企业运转良好，而企业家所做的事情则是有效地给企业带来变化（参见本章第四节）。

二、企业家的特征

不同的学者对企业家的特征有不同的定义和描述，这里介绍几种常见的观点。

美国哈佛大学的大卫·C. 麦克利兰（David C. McClelland）通过研究认为，企业家的基本特征表现为冒险、自信、勤奋工作、目标明确、精于计算和创新等（McClelland，1961）。

（1）成功的企业家是合理的冒险者。任何新的商业活动对企业家而言都是一种冒险。企业家既可能成功也可能失败，他们不可能预测将会发生什么。从自我保护的角度看，企业家喜欢在成功和失败中寻找平衡。但如何寻求平衡呢？一般而言，当风险太大时，他们不可能创办企业，比如说在汽车行业，很少有企业家愿意去投资生产一种完全没有污染的汽车，因为这样会惹怒拥有巨额资产的底特律汽车行业，而且生产完全没有污染的汽车的成功机会比较小。同时，即使已经投资，多数企业家也会关门，因为从这样一种工作中得到的满足感与其付出的努力相比太小。当然，企业家也不会从事那种像钉纽扣或者磨咖啡等例行式的平凡琐事。

然而，尽管企业家通常在成功与失败之间选择，但他们倾向于高风险的经济活动，乐意选择那些风险不过于高的经济活动，这样做是因为他们认为更可能在自己的能力范围内既获得满足又获得成功。这就是说企业家是合理冒险者的依据。如同登山者一样，他们知道自己的体力和经验才冒险去登山，企业家是理性的冒险者。

与流行的说法不一样，企业家通常避免纯粹的赌博式冒险。适合自己的一种冒险是有把握的冒险，不可能做一点把握都没有的冒险。企业家的冒险取决于自我，而非运气。他们没有办法影响骰子的滚动。企业家乐意用自己的行动去改变事情，

---

① 现在世界各国都在充分利用企业活动，其实，人们真正对企业家感兴趣始于 20 世纪 80 年代初，戴维·伯奇（David Birch）于 1981 年首次发表了他的著名研究，该研究结果显示，美国在 1969—1976 年间由社会提供的新的就业机会中，80%是由人数不到 100 人的公司所提供的。

他们欣赏的是通过其行动使得事情发生，而不是任由事情自行发生（make them happen rather than let them happen）。

（2）成功的企业家是十分自信的。企业家相信自己，相信自己在相同领域里比别人做得更好。企业家一般不满足于现状，相信自己能改变现状。

（3）成功的企业家是勤奋工作的。在我们这个社会里很少有人比企业家工作得更勤奋。企业家把工作当成生活的一部分，并不厌倦工作。企业家常常努力工作，但他们仅仅做自己能做到的事，同时如果情形缺乏挑战性，他们就会放弃。

（4）成功的企业家的目标是明确的。心理学家常常把幸福定义为一种朝着自己既定目标努力的过程，而不一定在意目标是否真正能达到。这种幸福的定义符合企业家的特征，即幸福时刻在目标完成之前，而不在目标完成之后。企业家很少感到自己已经达到了目标。一旦他们达到了目标，他们就会失去进一步努力的兴趣，因为对企业家来讲，他们没有成就感。只有面对具有挑战性的工作，企业家才会为之努力工作。

（5）成功的企业家是精于计算的。企业家要么完全有信用，要么完全没信用。这种行为的稳定反馈使得企业家精于计算。为了测量这一行为，企业家可使用集中方法，如返回投资和利润增长率，当然也有两种结果：成功或者失败。

利润是最好的测量方法。利润可显示企业家在市场上的表现，实际上，利润只是表现的一种尺度，而不是作为目标。一位公司的咨询者说过这样的话："利润确实是公司贡献给消费者、销售商和公共的竞争价值的一种测量维度，但它仅仅是使公司能最大化利润的最大贡献。"换句话说，是关注利润这件事，而不是利润本身，或是将利润作为一种测量标志，而不是作为一种目标。但利润还是和指导企业家的思想有价值上的区别。

（6）成功的企业家是创新性人才。一般地说，创新是企业家最显著的特征。如亨利·福特（Henry Ford）那样，企业家往往做那些别人不知道的事，他们以一种新的方式做事，他们放弃旧思想，接受新模式，他们提供更多解决问题的方法。

实际上，企业家的作用是不同于创新者的作用的。虽然创新对成为企业家是至关重要的，但创新者只有在将创新的产品付诸生产，并有利于消费者时才有可能成为企业家。比如，虽然是美国人发明了转换器，但最终是日本人制造并付诸生产，使之成为一种新产品，并服务于消费者。

还有的学者把企业家的特征归纳为以下几点。

（1）企业家是乐意负责任的人。企业家感到促使企业取得成就是自己的责任。他们宁愿控制自己的资源，用这些资源实现自我决定的目标。

（2）企业家乐意冒适当的风险。

（3）企业家自信自己会成功。根据美国一家调查公司的调查，有 2/3 的企业家认为他们成功的机会是百分之百。

（4）企业家希望及时得到对某一行为的反馈。企业家乐意知道自己是如何行事的，是如何独立完成和成功的，而没有什么能像自己的企业那样给予自己及时的反馈。

(5) 企业家是精力充沛的人。

(6) 企业家的行为是以将来为导向的。企业家很少关注昨天干了什么，他关心的往往是明天将做什么。

(7) 企业家有较强的组织能力。企业家知道如何将合适的人放在一起共同完成一项任务，有效地将人和工作匹配，这一工作能使企业家将自己的理想变为现实。

(8) 企业家的价值观是成就重于金钱（Timmons，1994）。

有学者认为，一个成功的企业家除了拥有企业家的一般共性特征外，还应具有某些方面的独特秉性。表 10－1 是美国国际发展署 1996 年年度报告所提供的成功企业家的九大特征。

表 10－1 成功企业家的九大特征

1. 主动性（initiative）：在被问及之前或者在被事情逼迫之前，就开始做事
2. 确认性（assertiveness）：面对其他人直接提出的问题，告诉其他人必须做该做的事
3. 瞄准机会立即行动（sees and acts on opportunities）：抓住难得的机会，开办一个新企业，获得贷款、土地、办公场所以及其他援助
4. 效率取向（efficiency orientation）：寻找代价最小、速度最快的办事方式
5. 关注高质量的工作（concerns for high-quality work）：牢记一条准则，即生产或销售顶级或更好的产品与服务
6. 系统计划（systematic planning）：将复杂的任务分解为简单的任务单元，消除障碍，评价替代方法
7. 监测（monitoring）：发展或使用过程方法，确保工作完成以及使工作满足质量要求
8. 承诺工作合同（commitment to others）：即使做出个人牺牲或者付出极大的努力也要完成一项任务
9. 承认商业关系的重要性：与消费者建立一种友好关系，视人际关系为基本的商业资源，长期的信任重于短期所获

资料来源：Entrepreneurship and small enterprise development. Second Annual Report by McBer and Co. to the United States Agency for International Development，March 25，1996.

霍纳迪（Hornaday，1982）则详细地分析了企业家的特征，他罗列了企业家的 40 多条特征（见表 10－2）。

表 10－2 企业家的特征

1. 固执、决定性	11. 与他人相处的能力
2. 精力充沛、勤劳	12. 激励性
3. 资源丰富	13. 灵活性
4. 有计算冒险的能力	14. 聪明
5. 动态性、领导才能	15. 目标明确
6. 乐观主义	16. 能够面对挑战
7. 成就动机	17. 独立性
8. 多面手，有生产、市场、机械和技术等方面的知识	18. 对批评和建议立即反应
9. 创造性	19. 有运筹时间的能力，注重效率
10. 影响他人的能力	20. 迅速做出决定的能力

续表

21. 责任心	32. 敏锐性
22. 预见性	33. 忍受不明情形的能力
23. 准确性	34. 进步性
24. 合作能力	35. 享受的能力
25. 利益取向	36. 有效性
26. 从错误中吸取教训的能力	37. 承诺性
27. 权力意识	38. 信任他人的能力
28. 令人欣赏的个性	39. 对其他人关注
29. 自我意识	40. 诚实、整合性
30. 勇气	41. 成熟、平衡性
31. 想象力	

资料来源：HORNADA J A. Research about living entrepreneurs. Encyclopedia of entrepreneurship. NJ: Prentice Hall, 1982.

从上面的研究可以看出，展示成功企业家特征的方法有多种。而不同的研究方法所描述的企业家特征不同。但有一点是确定的，即企业家的独有特征成就了企业的经济活动及企业家个人的成功。

三、关于企业家的实证研究

(一) 私营企业的企业家研究

改革开放以来，中国经济在迅速增长的同时，也经历了根本性的变化，从以国有和集体企业为主体转向多种经济成分相互促进、共同发展。私营企业在国民经济中发挥着越来越重要的作用，私营企业中企业家的重要性也日益凸显。

周长城和马立秦（1996）对武汉市的私营企业家进行了标准式的访谈调查，其中人口社会统计特征如下：私营企业家的年龄大多在 30～49 岁，占 67%；男性占大多数，比例为 84%；3/4 的企业家已经结婚；多数企业家比他们的父辈有更高的文化程度，其中小学以下文化程度的占 6%，初中文化程度的占 18%，高中文化程度的占 29%，专科毕业生占 16%，“五大生”占 6%，23%的企业家具有大学本科文凭，研究生占 3%。

根据被访者的自我评价，其主观分层结果如下：1%的企业家认为自己是上等阶层，7%的企业家认为自己是中上层，38%的企业家认为自己是中等阶层，32%的企业家将自己视为中下阶层，而认为自己属于下等阶层的占 21%。调查还显示，大多数企业家来自与旧体制有千丝万缕联系的家庭，62%的企业家的父母是中共党员，而企业家自己是中共党员的占 14%。调查还发现，仅有 4%的企业家有过犯罪记录，而并非平常人们所认为的那样，觉得大多数企业家都有犯罪记录，这有点出乎人们意料。

周长城还对企业家的个人信念与价值观进行了调查。就家庭观念而言，70%的企业家认为“有美好的家庭才有成功的事业”，这反映了儒家文化的特质。95%的企业家相信“一个人要想事业成功，必须有明确的目标”，多数企业家的工作伦理是“一个人对工作已尽到自己最大的努力，总会感到欣慰满足”，或是“为了得到财富，你必须努力工作，而且财富不可能靠运气带来”。就商业伦理来讲，超过一半的企业家不同意“为达到赚钱目的，可以不择手段”，而是认为人际关系在经济活动中是关键的因素，认同“在经济活动中，无须使用欺诈伎俩，照样可以成功，但不可没有人际关系”“诚实乃办企业的最佳策略”等观点。企业家们在经济管理中有着自己的原则，85%的企业家相信，在企业活动中企业家应有自己的企业哲学，应有长期的企业发展计划，同时认为“和气”才能生财。被访的企业家们也极力主张在企业内部建立完善的会计制度与财务制度；多数企业家认为企业应在人事方面取人以才，不偏用私人；尽管企业家们十分繁忙，但他们认为应不断吸收新知识来丰富自己，强调新技术、新方法的采用；企业家重视顾客的需求，坚持服务第一，注重控制产品质量，并主张与雇工维持一种和谐的关系。在个人特征和价值观上，多数被访者感到个人的性格是十分重要的，他们相信一个成功的企业家必须有坚强的个性，不屈不挠，奋勇向前，“要有魄力和勇气，才能排除众议果断地做出决定”。企业家们认为“即使有了钱，也应保持节俭的好习惯”。

（二）企业家的社会责任研究

英国学者谢尔顿（Oliver Sheldon）于1923年在美国考察企业期间首先提出了企业社会责任（corporate social responsibility，CSR）的概念，把企业社会责任与公司经营者满足企业内外各种社会群体需要的责任联系起来，并将道德因素嵌入企业社会责任范畴之内。这要求企业超越将利润作为唯一目标的传统经营理念，在生产过程中加强对人的价值的关注，对消费者、环境和社会做出应有的贡献。

在过去相当长的一段时期内，曾有许多企业认为，企业通过社会活动来履行社会责任是浪费企业的资源，而其回报至多是给企业增加些知名度而已。其实，社会活动是它们实现各种经营目标和达成企业使命的机会和途径，可以给它们自身以及社会公益事业带来各种切实的利益。也就是说，这些企业没有意识到它们可以并且也应该“通过做好事来做好”（do well by doing good）。企业家是企业中的核心领导力量，企业家精神是企业文化的精神载体。可见，企业的社会责任在一定程度上与企业家的社会责任是密不可分的。在市场经济中，企业和企业家承担社会责任不仅是一种义务，也是一种道德规范，是企业家精神的重要体现。企业承担社会责任是企业家精神的最充分体现。

美国学者佩恩和乔伊纳（Payne and Joyner，2009）对企业家的道德决策（ethical decision-making）及社会责任行为进行了研究，他们对10位美国成功企业家展开了半结构式访谈，受访企业家的年龄从28岁到63岁不等，其企业年均销售收入都在300万美元以上。研究结果显示，在企业家个人价值观（individual entrepreneurial values）方面，诚实和职业道德（work ethic）是企业家引领企业获得成功的最佳策略；在企业内部的组织文化及员工福利方面，通过员工协助计划、员工福利、员工培训及赋予员工更多的职权可以让员工真正喜欢自己的工作，与此同时，企业有望实现更大的发展；在产品质量及顾客满意方面，力图生产高质量且价格公道的商品是市场实现良性循环的重要保证，因为在整个生产网络中企业家本人不仅是某种产品或服务的供应者，也是其他环节中的消费者；在企业外部的责任方面，满足一定的社会需求、积极参与捐助等慈善活动是大多数企业家乐于做的，因为他们认为企业是依托于社会而存在的，不可能独立生存，承担一定的社会责任有助于形成双赢的局面（win-win situation）。

（三）女企业家研究

传统社会中的性别角色观念在当前的劳动力市场中仍然存在一定程度的影响，性别壁垒仍是亟待解决的问题，女性群体就业面临着诸多源于自身及外界的限制。在这种背景下，一部分女性选择了自主创业，成为女企业家。对于女企业家而言，鉴于其企业家和女性的双重角色，她们在劳动力市场中的创业现状是怎样的？究竟是什么动机让她们决定自主创业？这逐渐引起了国内外学者的广泛关注。

童亮、陈劲（2004）对浙江省女企业家的创业动机进行了研究。该研究向浙江省 220 家企业的女性董事长或总经理发放了问卷，共回收到 56 份有效问卷。关于女企业家自身基本情况的调查结果主要包括：14.3%的女企业家每天的工作时间甚至超过 12 小时，需要投入很多的时间和精力。在学历方面，64.3%的女企业家接受过高等教育，说明女企业家的知识层次实际上是比较高的，尤其是对中青年女企业家而言。在接受过高等教育的对象中，学习经管和人文专业的占 75%，这说明女企业家在创业时就已基本具备经营管理方面的知识基础。从女企业家从事的行业来看，从事服务业、零售业的占 60.7%，只有 23.2%的女企业家在从事制造业。

该研究讨论了女企业家的四种创业动机：需求动机、成就动机、独立动机以及环境机会。调查结果显示，对于不同学历、不同经历、从事不同行业的女企业家而言，她们的创业动机有着很大的相似之处，通过计算克伦巴赫（Cronbach）内部一致性系数，这四种动机的一致性系数分别达到 0.79、0.73、0.70 和 0.81。这从一个侧面反映出当代社会对于女性从事商业活动的总体看法与女性自身能够达到的水平的不均衡性。这种情况容易导致这样一种结果：许多女性通过其他形式的活动难以达成自己的期望，无法获得预期的成就感，难以实现自身的价值，于是便选择了创业的道路。

沈开艳、徐美芳（2009）对上海市的 213 位女企业家的工作家庭冲突关系进行了问卷调查。213 位女企业家分别来自美容保健、物流、咨询、旅游、IT 信息教育、房地产、卫生、金融、餐饮等多个行业，其中，私营企业 133 个，公有制企业 46 个，外资企业 12 个，其他所有制性质的企业 11 个。其人口社会统计特征如下：拥有大专及以上学历的女企业家占调查总数的 80.3%；20.2%的女企业家曾有在海外学习、工作、短期培训和考察或生活的经历；其中有 20 位女企业家通过市场招聘或民主推选担任目前的职务；女企业家的平均年龄为 47.21 岁，其中年龄最小的受访者 24 岁，年龄最大的受访者 73 岁，主要的年龄段为 36～55 岁，占 79.3%。女企业家所经营的企业的平均资产额、销售额和利润额分别为 97 245 万元、35 195 万元和 3 859 万元，平均雇员人数约为 323 人，个人平均年收入为 44.7 万元。

上述研究主要对女企业家的工作家庭冲突（work-family conflict）情况进行了调查，结果显示，上海女企业家的"工作满意度"和"家庭满意度"都比较高，选择"非常满意"和"比较满意"的女企业家分别达到 71.8%和 91.1%，但同时，她们感到工作压力比较大，压力"非常大"和"比较大"的女企业家达 79.8%。与此同时，认为"可以家庭与事业兼顾"的女企业家占受访者总数的 80.9%。"角色压力"与"家庭成员是否理解支持"的交叉分析显示，感到工作压力较大的女企业家同时也得到家人的支持和理解。其中，感到"工作压力较大"和认为"得到家庭成员的理解支持"的女企业家在受访女企业家中的比例均比较大，认为"得到家庭成员的理解支持"的女企业家占受访者总数的 81.9%。

土耳其学者耶蒂姆（Yetim，2009）通过问卷调查、面对面访谈的方式对土耳其梅尔辛市 304 位女企业家进行了研究，其人口社会统计特征如下：26～35 岁的女企业家占所有受访者的 27.8%，36～45 岁的占 34.5%；半数以上（57.5%）的受访女企业家出生于城市家庭；85%的受访者已婚，34.5%的受访者育有两个子女，36.4%的受访者育有三个子女；具有初中学历的受访女企业家占 10%，具有高中学历的占将近 44%，其中 27.5%的受访者具有大学学历。耶蒂姆指出，土耳其女企业家整体受教育水平偏低的状况可以解释这样一种现象：女性群体由于受教育水平较低，难以在劳动力市场中寻得职位，这促使她们通过自己创业、成为企业家的方式来融入经济社会生活。

美国女性企业研究中心（The Center for Women's Business Research）的数据显示，截至 2006 年，美国 29%的私营企业是在女企业家的管理下运行的，仅 2006 年一年间，女企业家经营的公司就在美国产生了 1.1 万亿美元的巨额销售收入，并为 710 万人提供了就业机会。在近 20 年中，女企业家所掌管下的公司数量的增长速度是美国所有公司平均增长速度的两倍（CWBR，2007）。美国学者盖特伍德（E. J. Gatewood）等人对 90 位女企业家做了电话访谈。根据他们的调查，受访女企业家所在企业的资产额从 50 万美元到1 000万美元不等，平均为 250 万美元；在 90 位受访者中，有 41 位（约占 45.6%）表示能够成功实现股权融资[①]（equity financing）。在其研究中，他们从以下四个方面分析了女企业家融资中的资本：（1）金融资本（financial capital），这既是每个企业依据其界定的主要消费者群体研发、生产优质的产品及服务必不可少的资本，也是获得潜在投资者信任的重要保障；（2）人力资本（human capital），女企业家的相关从业经历和受教育水平对其成功获取融资是非常重要的；（3）战略选择（strategic choice），女企业家通过股权融资获得成

① 所谓股权融资，是指企业的股东愿意让出部分企业所有权，通过企业增资的方式引进新的股东的融资方式。股权融资所获得的资金，企业无须还本付息，但新股东将与老股东同样分享企业的盈利与增长。

功的可能性比采取创新性的融资策略要大两倍多；(4) 社会资本 (social capital)，本研究并没有发现社会关系网络的强度与美国社会中的女企业家融资存在明显的相关 (Gatewood, Brush, Carter, Greene, and Hart, 2009)。

第二节　不同视野下的企业家概念：对企业家精神的再认识

一、经济学中的企业家概念

纵览经济学说发展史，人们不难发现，对企业及企业家精神详细著述的经济学家凤毛麟角，尤其是 20 世纪 30 年代以后，随着新古典主义经济学的兴起，厂商理论作为现代微观经济理论的标准内容占据了教科书的大部分篇幅，企业家角色在主流经济中几乎完全消失了。企业家角色在现代微观经济理论中消失的原因可以直观地归结于新古典主义厂商理论过于强调完全信息和完全市场。因为在完全市场中，市场会进行一切必要的协调，管理和决策无足轻重，企业家才能只类似于一种固定的要素禀赋，企业家只被用于填补固定要素“缺口”。

总的来说，对于企业家经济功能的分析，着重强调该企业的经济功能而非作为执行者的企业家。追溯历史渊源，当坎梯龙 (Cantillon) 在 18 世纪早期创造“企业家”一词并将其引入经济学理论时，主要强调其风险承担功能，即以确定的价格买进而以不确定的价格卖出。萨伊 (Jean Baptiste Say) 最早赋予企业家突出地位，在扩展该定义时引入了生产因素，由此导致的问题是，是否存在一种独一无二的企业家功能，它是否是一种管理形式。1911 年熊彼特将“创新”引入企业家概念，认为创新包括一系列的过程创新，包括市场创新、产品创新、要素创新，甚至组织创新，并通过强调企业家创新回应了经济过程的间断。熊彼特的商业周期概念假设一般状态下的均衡，但他同时也意识到企业家是导致非均衡经济的根本力量。近年来，研究企业家的学者指出，企业家精神包括创建新企业，并且强调企业家就是企业的奠基者。

从经济学的历史演变出发，对企业家概念在不同阶段的具体模式加以归纳，能够更加清晰地了解经济学中企业家概念的发展历程。古典经济学侧重于研究企业家的职能，认为企业家的基本模式有两个：坎梯龙的经营模式和马克思的资本模式。前者强调企业家是经营者，只有具有经营职能的人才能成为企业家；后者认为企业家的特质是人格化的资本，或者说企业家是一定资本的所有者，由于资本与财富或财产是同义词，亦即企业家是一定“财产”的所有者。

新古典经济学对企业家的研究侧重于企业家的特质，即企业家的性质，它分别从人力资本、创新和决策三个维度建立起企业家研究模式。新古典经济学鼻祖马歇尔在对企业家问题进行综合性研究的基础上提出了人力资本模式，认为企业家是人力资本这一特定要素禀赋的所有者，从而将古典经济学对企业家内涵的界定从资本深化到人力资本，他同时还明确指出了人力资本的基本特征是报酬递增。在马歇尔看来，企业家是凭借创新力、洞察力和统帅力发现和消除市场非均衡性，创造交易机会和效用，给生产指明方向，使生产要素组织化的人。熊彼特突破性地研究了企业家的创新性，提出了创新模式。他指出现代企业家是管理者，其管理活动核心是创新，企业家的创新产生了动态性的经济运动与经济发展。熊彼特将企业家视为“革新者”，强调“创新”作为企业家的真正职能和必备素质，以区别于企业日常工作和单纯的管理行为。只有能对经济环境做出创造性反应并推进生产增长的管理者才有资格被称为企业家。新古典经济学关于企业家的第三个模式是决策模式，其代表人物是哈耶克、柯斯纳（Kessner）和西蒙。该模式强调企业家在获取和使用信息方面具有重要作用，认为企业家是决策者，是经济时机的发现者，企业家在高度不确定的环境中进行决策并承担后果。

自由主义经济学对企业家的研究主要集中在企业家的作用方面，其模式包括组织模式、交易费用模式、队生产模式和代理模式。制度经济学将企业看作一个拥有自己独立的生活空间、形式和决策权力的组织，关于企业家研究的组织模式强调企业家行为受到自身所处的组织环境的影响，企业家有权选择自己的组织。交易费用模式是新自由主义经济学中最重要的企业家理论模式，它提出交易费用概念，指出制度变迁（企业生产）的基本方向，其代表人物是科斯和威廉姆森。队生产模式认为企业家是企业生产运行的最佳指挥者，是通过企业内部的合约产生的，其作用是作为监督者来检查队成员（企业成员）的投入绩效。代理模式明确提出现代企业制度中管理层的上升问题，认为企业家产生于所有权和控制权分离的过程，即“经理人员资本主义的兴起和企业主资本主义的衰落过程”。

（一）经典理论

古典经济学理论中没有论及企业家理论。自法国经济学家坎梯龙于 1755 年将“企业家”这一术语首次引入经济学理论，在 200 多年的西方经济理论发展史中，“企业家”经历了角色变迁、地位沉浮。在 18 世纪末期，流行的经济观点认为资本提供者和生产组织者是同一人。即便是 19 世纪末 20 世纪初的新古典经济学理论也未对企业家理论加以论述。古典经济学和新古典经济学关注的是“自然”的建立和“均衡”价格的分析，只强调最终状态，而既不考虑这个过程，也不考虑企业家的贡献。古典经济学的分析承认经济生活中组织的重要性。英国的古典经济学家如斯密、李嘉图和米勒等都用“利润”来描述资本提供者的总回报，甚至还包括管理工资、资本利息、垄断租金等。

法国古典经济学传统是企业家思想的源泉。他们认为利润留成是一种收入，不同于资本收入，应归功于企业家。正是由于法国古典经济学家对企业家思想的贡献，因此英国的经济学家开始使用法语“entrepreneur”（企业家），而不再用英语“venturer”（冒险家）。

19 世纪初期法国著名政治经济学家萨伊最早赋予企业家作为生产协调指挥者的角色。萨伊从坎梯龙的观点出发，坚持认为利润不同于收入和利息，因此产生了英国古典主义与法国古典主义的根本区别。然而，萨伊没有像坎梯龙那样强调风险的重要性，而是视利润为一种产生与生产组织者的工资。他认为，企业家是生产的驱动力，其职能具体包括协调（主要职能）、决策制定和承担风险等。企业家作为生产过程的中心枢纽，收集信息，制定决策，着重发挥其协调人、财、物、产、供、销的作用。

马歇尔对企业家作用的论述贯穿于其从 1890 年的《经济学原理》到 20 世纪 30 年代的所有论著，其论述是非常全面的，从企业家作为企业组织的领导者、协调者、创新者、中间商和不确定性承担者等多方面对企业家的职能进行了研究。在马歇尔看来，企业家要作为协调者，组织调配各种资源，指挥管理生产过程；为了追求成本最小化，企业家必须又是创新者，研发各种新技术，尝试各种新思想；企业家低价买进、高价卖出的渔利行为使企业家又具有中间商的角色；企业家的管理决策行为、渔利行为和创新行为都会面临很大的风险，风险负担和管理权限是不可分割的，企业家理所当然又是不确定性承担者。

（二）莱特：企业家是不确定性承担者

在所有关于企业家的经济理论中，不确定性承担者是经济学家赋予企业家的最普遍的角色，多数经济学家认为企业家的主要职责是挑战不确定性环境。这种不确定性承担者具体又可以分为三种角色——投机商（speculator）、所有者（owner）和决策者（decision maker）。其中，法国经济学家坎梯龙最早把企业家引入经济学时，就赋予了企业家投机商的角色。19 世纪末 20 世纪初美国经济学家霍勒（Frederick B. Hawley）基于只有企业所有者才能真正承担企业的不确定性和风险的观点，认为企业家是企业的所有者。霍勒认为企业家不是生产要素，而是不确定性承担者和一种激励要素。1921 年，美国经济学家莱特（Knight）出版了《风险、不确定性和利润》，在该书中，企业家被赋予不确定性决策者的角色。不确定性是指在完全未知、出现概率难以估算的条件下的随机事件。面对不确定性问题，管理者也无能为力，只有企业家才能承担不确定性问题决策的职责。决策正确，企业家得到剩余和纯利润；决策错误，企业家承担相应的损失。

莱特发展和解释了企业家从承担不确定性风险中得到回报（return）的理论。学者对莱特的批评主要是其不确定性的特征和含义不清楚。一种观点认为利润是时间的连续变化和发展所致，莱特并不与这种观点争论，但他坚持认为现实的变化不是主要问题。例如，如果发生变化，且其结果是完全可以预测的，那么就不会产生利润。完全预料的变化与均衡状态①是吻合的，而均衡状态没有利润产生。根据莱特的观点，不是变化带来风险，而是不确定性、不正确的期望带来利润之概率。

① 现在称这种类型的均衡为哈耶克均衡。

对“不确定性”的估算是企业家的主要功能。决定多种目标如何取得、预见什么样的额定目标值得获取则取决于企业家。莱特分析的主要结论是企业家的功能是对不确定的将来做出判断，而奖赏与这种功能联系在一起，利润是对承担不确定性的回报。莱特式的企业家观念是一种直观的表达，即企业家的存在通常与不确定性联系在一起，与不完备的知识有某种联系。

（三）柯兹纳：企业家承担“中间商”角色

奥地利学派的柯兹纳（Israel M. Kirzner）在1973年赋予企业家“中间商”（broker）的角色，他认为，企业家是推动市场结构的主体。他不是一种生产要素，不需要组织协调、选择最优投入产出比之类的特殊技能，“他所需要的是发现哪里的购买者的卖价高，哪里的销售者的售价低，然后以比其售价略高的价格买进，以比其卖价略低的价格卖出。发现未被利用的机会需要洞察力，计算能力无济于事，节俭和追求最大产出也不是企业家所需具备的特征”。

（四）利本斯坦：克服X低效率的企业家

X效率理论是由美国经济学家利本斯坦（Harvey Leibenstein）于1966年提出的一种理论，它试图批判占支配地位的新古典经济理论，尤其是厂商理论。所谓X效率是相对市场价格配置效率的帕累托效率而言的，是指一个组织内部或个人动机方面的效率。X代表造成非配置效率的一切因素。由于企业劳动合同是不完善的，企业主和雇员利益是不一致的，个人的行为具有惰性，垄断条件下的市场结构不仅会造成配置效率低，还会使企业缺乏追求效率的动机等原因，企业组织中的X低效率大量存在。正因为如此，利本斯坦在1968年的《企业家精神和发展》一文中认为，企业家的职责在于克服组织中的X低效率，企业家就是避免出现低效率（这种低效率对于别人或他们所属的组织来说，是易于出现的），从而取得成功的人。但由于利本斯坦并没有将其与资本家、创新者等角色进行区分，因而他的企业家角色不具有可比性和知识的积累性。

（五）熊彼特：企业家是创新者

在传统的市场经济理论中，社会资源的配置由市场决定，“看不见的手”会将资源进行合理的分配，直至帕累托最优。而现实市场经济中企业家的重要作用在经济学中几乎没有任何说明，熊彼特提出的企业家理论尽管属于非主流经济学，但也取得了强烈的反响。在几十年后的今天，经济学界越来越注重经济中人的因素，熊彼特的企业家理论显得更为重要。

熊彼特在其成名作《经济发展理论》（*The Theory of Economic Progress*）一书中，强调和重视“企业家”在资本主义经济发展中的独特作用，把“企业家”视为资本主义的“灵魂”，是“创新”、生产要素“新组合”以及“经济发展”的主要组织者和推动者。熊彼特的企业家理论主要表现在以下几个方面（参见本书第一章中有关熊彼特的内容)。

1. 对“企业”及“企业家”的定义

熊彼特认为,“企业”是指生产手段新组合的实现,并将实现“企业”职能新组合的人们称为“企业家”。从这一角度对企业及企业家进行定义的优点在于:

(1)将“企业家”与“资本家”区分开来。这一区分与普遍的定义是一致的,即资本家是资本所有者,而企业家是资本的重新组合者。

(2)将“企业家”与普通股东或“风险承担者”区分开来。普通股东一般没有参与公司经营管理的权利。

(3)它强调了“首创性”“权威”或“远见”等常见的对企业家的描述。

熊彼特在书中还对马歇尔关于企业家的定义进行了批判,他认为,马歇尔在其企业家定义中将企业家职能视为最广义上的管理让人不能接受,因为这一观点没有把马歇尔自己所认为的主要之点表达出来,而仅仅是作为使企业家活动与其他活动具体分开的唯一要点。

2. 企业家与均衡

柯兹纳的企业家理论与去均衡联系在一起,关心的是经济推动均衡的过程,企业家是一种推动力量。柯兹纳的企业家理论导致某种程度上的“人人都以企业家方式行事”的结论;而熊彼特认为企业家是产生非寻常事的非寻常人,企业家是一位革新者,一位尝试生产新产品的发明者。柯兹纳的企业家理论导致均衡,而熊彼特的企业家理论将扰乱平衡,重新定义技术边界,一个是平衡力,一个是非均衡力。二者还可区分为用“新”技术知识和技术知识的新应用。如首先创造和使用人造纤维的是熊彼特式的企业家,而逐渐认识到人造纤维的许多可能用途的是柯兹纳式的企业家。

3. 企业家与创新

企业家的精神实质是创新。熊彼特提出了生产手段的新组合这一概念包括的五种情况:(1)采用一种新产品或新产品的一种新的特性;(2)采用一种新的生产方法,这种新方法不一定需要建立在科学新发现的基础上,还可以存在于商业处理一种产品的新方式中;(3)开辟一个新市场,不论这个市场以前是否存在过;(4)掠夺或控制原材料或半制成品的一种新的供应来源;(5)实现任何一种工业的新组织,如“托拉斯化”,或打破一种垄断地位(巫宝三 等,1982)。

在熊彼特看来,“企业家并非一种职业,也非一种持久的状况,因而并不形成一个从专门意义上讲的社会阶级,诚然,企业家的职能对成功企业家及其家人将会导致某种阶级地位……但在他本身,它并不表示一种阶级地位”。那么,“企业家”到底是什么呢?它是实现一种新组合的人,是在一个特别过程中发挥作用、实现一个特种“职能”的人,是具有创新精神的人。“实行新组合也是一个特殊职能,是这一类型的人的特权,而他们的人数比所有具有实现新组合的‘客观可能性’的人数要少得多。”(Schumpeter,1936)他给创新下的通俗定义就是经济生活领域内的新事情和新做法。工商业主按照常规惯例营业是对环境的适应性反应，创新则是他做出的创造性反应。根据这样一种观念，下面三条创新的特点就不言而喻了：(1) 创新与科学技术发明并无必然联系，绝不能等同起来。(2) 创新不限于大企业，也不一定规模大。(3) 由此，创新可以，也往往被人仿效追逐而一时风起云涌，形成高潮，新企业经过一个时期的经营，其中多数失败倒闭以后又出现另一个创新高潮，由此推动整个经济周期性波浪式发展。

“企业家”的特殊性在于其创新性，因为“在例行事务的边界以外，每行一步都有困难，都包含一个新要素”。这些性质可以集中于以下三点：(1) 在已有的惯例中供企业家决策用的数据及行为规则的短缺。(2) 个人对新事物的本能排斥。(3) 社会环境对于想做新事情的人的反响或反作用。正是这些性质使企业家成为一种特殊的职能，使创新成为企业家独一无二的精神实质。

由什么样的人来创新？社会环境对于新事物总是抵制抗拒的。经营工商业，按照陈规惯例要比创新容易得多。创新是迈向未知领域的创造性行动，各行各业都需要相对不同的奇才异士才能实行。这种人所以要创新，目的不仅仅在于营利，更在于建立自己的独立王国，在于征服和战斗，在于同别人较量高低、决一雌雄，在于为成功而成功。这种人就是熊彼特所谓的“企业家”，推动他们创新的是所谓的“企业家精神”。

一般来说，这种企业家可以来自社会上的任何行业，但他们不可能是已有地位的企业的董事或经理，也不一定是资本家。已有地位的企业一般只需要按既定方针和现有规模经营管理，其中的董事或经理即便具有才能和魄力，一时也不会想到创新，所以他们不会是企业家。这是不难理解的。但为什么企业家不一定是资本家呢？他们从哪里获得创新资金呢？对这个问题的回答是熊彼特创新论的一大特色。

企业家从哪里获得创新资金呢？从银行贷款。在常规经济渠道中，既然能够使用的储蓄款在数量上不足以供应资金需要，那么企业家唯一的办法就是向银行借款。也就是说，创新资金的唯一重要来源是银行为企业家提供的创新专用贷款。当然，借款是要偿还的，并且要付利息。一个企业家的远见卓识也就在于能够看准创新有利可图，对借款还本付息，尚能绰绰有余。这里利息的来源是企业利润，虽然企业家依靠银行贷款才能实现创新，从而获得利润，但创新仍然是最基本的环节。如果没有创新，也就绝不会有利润。利润是企业家从创新中获得的物质报酬。利息是企业家为了筹借创新资金而付给资本家的报酬。

一个社会如果没有创新，就没有企业利润，也就没有利息（政府消费性借款的利息除外）。在一个社会的企业创新和经济发展中，主角是企业家，资本家的作用只不过是提供货币资本和定期收取利息而已。

4. 企业创新与资本主义的兴起和发展

熊彼特所说的企业创新和经济发展仅仅是一个特定历史时代的经济现象，也就是他所说的“资本主义”时代，而不是任何其他时代的经济现象。这个时代的社会经济和政治文化是一个统一整体。熊彼特定义“资本主义是一种人们一般能利用信贷借款实现企业创新的私有制经济”（Schumpeter，1936）。

熊彼特自认为他的资本主义概念是马克思式或桑巴特式的。在形式上，他们的概念确实相似，但基本观点可说是鲜有共同之处。在马克思强调生产方式的改变、阶级斗争，以及桑巴特所谓资本主义精神的地方，熊彼特都代之以企业创新。因此在熊彼特看来，促使资本主义发生和发展的是企业创新，导致资本主义趋于消沉衰颓的是创新机会的日益消失。

（六）卡森：企业家的“判断性决策者”角色

美国经济学家卡森（Mark Casson）于1982年出版了《企业家：一个经济理论》一书，试图寻找一条贯穿企业家角色研究的主线。在该书中，卡森引入了“企业家判断”（entrepreneurial judgement）这一概念，企业家被定义为专门就稀缺性资源做出判断性决策的人。判断性决策的精髓在于决策结果取决于决策由谁做出。对自己判断力自信的人会坚持其判断，购入他们认为别人低估的资产，抛出他们认为别人高估的资产，承接别人认为无利可图的项目，等等。

莱特的企业家超常地忍受“不确定性”，柯兹纳的企业家特别机灵，熊彼特的企业家是无情的破坏者，卡森则试图综合和延伸这些关于企业家的理论。他认为企业家是擅长对稀缺资源的协调做出判断与决定的人，“有相同目标的不同的人在相同情形下行动有可能做出不同的决定”（Casson，1982），获得信息的来源不同，对信息的解释也不同。从这个意义上讲，企业家是使自己的判断不同于其他人的判断的人。

卡森的企业家理论与奥地利学派的理论基本上是一致的，都认为企业家的奖赏是一种残余收入（residual income），而不是源于交换过程；认为企业家是“中间人”，企业家重新分配资源。为了获得对资源的重新分配，人们必须用产权交易。如果他们在协调方面的努力是成功的（即资源的重新分配），他们就将得到一种企业家的纯利润。能够判断重新组织一个公司可以获利，收购其他公司，改变公司的运作方式，为了获利而选择公司，等等，都清楚地表明他是一位企业家。同时，在现行的工作条件下，组织一个团队一起工作比这些人单个独立工作更为有效，而且工资水平相当，这种通过组织团队努力获得合适利润的人也是企业家。但在这一点上学者们各有侧重，卡森认为这些人是“做市场的人”或协调者，是专家，而柯兹纳则把精明的人视为潜在的企业家。

卡森的企业家理论与奥地利学派的企业家理论也有所不同。熊彼特和柯兹纳等都认为变化的步伐由企业家的活动决定，每个人都有自己的个性特征，这些个性特征决定了是否激励变化，但是他们对是由均衡还是非均衡引起变化的看法不一。不过每个人都很清楚，变化和企业家精神的关系如同马与鞍一样。卡森认为变化的步伐是企业家活动的伴随物，而不是结果。这更像莱特的观点，即在不确定世界中的人专门做出艰难抉择，但能够收到承担不确定风险的利润。从这个意义上讲，卡森试图构建一种企业家理论。

除了以上介绍的企业家经济学理论外，还有些经济学家试图构建一种区域内“企业家指数”。斯妥瑞和约翰逊（Storey and Johnson，1987）发现，区域里小公司所占百分比与边缘群体人口比例、相关知识的积累以及潜在企业家的经验有关。教育信息，如不同学位的人口比例与人们开设公司的能力正相关；人均存款、房价指数和人均住房面积与进入资本正相关。制造业的新公司开业率与经济结构关系不大，而新公司的特征比工业结构更重要。政府鼓励小公司的政策并非对所有区域都有效（Storey and Johnson，1987）。

二、社会学中的企业家概念

与经济学视野中的企业家概念不同，社会学试图从另外的角度寻求对企业家的概念的解读。社会心理学对作为人的企业家的研究揭示出成为企业家应该具有众多一般的个性特征。社会学对企业家系统而全面的研究主要集中于经济社会学，着重强调企业家与创新的关系，包括企业家的类型、企业家的特征及由创新活动产生的经济原动力、企业家的动机和企业家的社会来源等等。

意大利经济学家马蒂尼利将企业家研究归纳为两个基本维度：一是系统与行动者变量（也称宏观模式与微观模式）；二是结构与文化变量。他认为经济学家大多从系统与行动者维度研究企业家，认为企业家不是一个问题，而只是一个取决于资本有效性、劳动技术、要素流动、进入市场等一系列经济因素的变量。马蒂尼利分析了企业家形成的三个方面。首先，回答企业家是什么，如何区别企业家与普通人，哪种社会群体和社会角色更易产生企业家。他将研究企业家出身背景的理论分为三类：心理学的“特征模式”（trait models），社会心理学的“成就动机理论”（need-for-achievement theory），社会学的“地位退出理论”（status withdrawal theory）。特征模式认为企业家应该有一种不同于一般的经济人理性行为的特殊个性和行为，将经济活动完全视为个性的函数，企业家既是独立的，但同时又渗透于新要素市场；成就动机理论受个人早期社会化中文化因素的影响，认为在一些人中，儿童期的经历会使人产生一种特殊的心理因素，即成就动机，并会由此滋生出企业家态度；地位退出理论认为企业家产生于一种具有地位退出的群体，即有些社会群体的成员发现他们生活中的目的和价值不被社会地位高的群体尊重。其次，研究企业家的社会特征及产生条件。一种观点认为企业家打破传统价值和模式，其创造性和能力特征存在于各种社会群体、各种人、各个地区之中，但在有些群体中更常见，如持异端论者或相对某区域来说的陌生人，这主要是犹太人。这些群体在社会中不完全被接受，因而他们更易偏离规范经济行为的传统价值和准则。由于他们的孤立性特征，在商贸中产生了特殊的技能；由于他们的多样性、敏锐性感觉，在经济活动中维持了一种坚强的群体团结，这种团结有利于商业信用（Martinelli，1994）。马蒂尼利从文化和结构两个方面论述了企业家的社会边际性，他指出，强调文化变量的经典研究是韦伯在研究资本主义兴起时对宗教伦理和经典行为的比较分析，而新韦伯主义研究集中在理性化力量继续影响经济增长和社会现代化程度上。无论是马克思主义还是新马克思主义，都强调结构模式，认为研究生产的社会关系、国家政策、政治和社会冲突更易于分析企业家的形成、经济变化和社会转型。最后，马蒂尼利分析了企业家在特定环境中如何行动，即企业家如何充分利用现存的机会。对这一问题有两种态度：强调结构要素超过社会行为的学者认为，企业家的形成与个人所处环境及与之相连的社会群体有关，正是企业家与其特殊的社会背景和参照群体的互动产生了其独特的抱负和行为；而认为社会行为比结构要素更重要的学者认为，在一定的社会环境下，行动者做出选择和决定，在这种社会环境中，社会结构随时间而变化，企业家特别能够辨别新机会，并且较之普通人更能充分利用这些机会，该观点强调既定文化背景中的个人选择和转化形式。

伯恩斯则对一般意义上的企业家概念加以拓展（Burns and Dewhurst，1996）。他认为企业家和创新不仅存在于私营部门，也可能发生在公共部门。其主要的区别是公共部门的制度和限制与市场制度相比，可能为创新努力提供了不同的渠道。伯恩斯等人于20世纪80年代在美国、法国、德国、丹麦和瑞典的六个能源部门进行了长达六年之久的实证研究，考察了公共部门的企业家与创新精神。伯恩斯对私营部门的企业家和公共部门的企业家进行了对比。私营部门的企业家一般将自己的资金与其他投资者的资金结合起来。例如，一个企业家在寻求一个新产品的投资时，必须说服投资者，告诉投资者该产品有潜在市场，其潜在的利润值得冒险。一个旨在削减公司成本的革新者必须说服公司的其他人，告诉他们该革新有很大的成功机会。如果该公司的股东缺乏对管理方面的直觉，那么他们可以卖掉股票，私营部门的制度安排特征可促使大量革新的展开，尽管革新者面临压力和机会，但是，私营企业家可进行一系列的改革而不触动社会法律、不改变伦理规范和其他交换规则。而在公共部门的革新则意味着政策的改变，公共部门企业家必须在某种程度上获得许可，以新的方法使用公共资源。当然，在实践中，一个官员可能有相当自由的权限控制某种公共资源，以至于他可以像私营企业家那样自由地革新。但重大的革新要求超出公共部门企业家权限范围的资源，需要某些公共资源配置方面的集体决定。公共部门企业家通过影响公共预算和管理决策来控制资源。他们可以通过几条途径影响决定：首先，他们可以推动一个具有广泛基础的联盟来支持他们；其次，他们可以尽可能地满足多数人的利益要求，但不可能考虑到所有人的愿望；最后，在集体决定过程中，他们能有技巧地控制进程，以便其提案可以顺利通过。

创新提案一旦被接受，那么将如何持续下去呢？伯恩斯认为关键问题在于企业家的筛选机制。私营部门的创新和公共部门的创新差别在于反馈机制不同，这种反馈机制告诉企业家在消费者或选民看来他们是成功的还是失败的。私营企业家的反馈系统常由消费者的购买决定所构成。如果一名成功的企业家能驾驭市场，那么他得到的是市场份额的扩大和丰厚的利润；而一名想象力、判断力差的企业家则因货币损失而不可能再控制资源。私有产权有助于当创新者发现较好的途径取悦消费者时得到回报，当企业家不合格时将被剔除。同样，政治企业家能够通过发展和实施取悦选民的创新而拥有控制权。伯恩斯指出，良好的开端对于一个成功的政治企业家是十分重要的，当一项好的政策开始启动以后，政治企业家必须找到新方法去说服和充分利用利益群体支持这项政策，另外，还可以通过察看新政策是否真正达到它的预定目标来测量是否成功。显然，在这种分析中，变迁代理的意图起关键作用。

第三节 企业家得以形成的行为动机追溯

众所周知，企业家在世界经济中的作用十分重要，但对企业家（尤其是中小企业家）的研究却被社会学家忽视，社会学家对人们为什么会选择成为企业家（尤其是中小企业家）这一特殊动机的研究不够。虽然动机研究是心理学和社会心理学的中心议题，但不幸的是多数研究限于实验室的动物行为研究，很少涉及人的行为。人的行为受动机指导——他所想的、所信仰的和所期望的。当我们问他为什么行动时，我们就正在关注动机问题。可见，动机理论是研究企业家形成不可或缺的视角。

此外，社会边际理论从社会边际的视角出发，阐述了一部分人成为企业家的特殊的行为动机，为企业家何以形成提供了另外一种合理的解释。

一、动机的心理学理论

在工业领域分析动机最为有名的是马斯洛（Abraham H. Maslow）、赫茨伯格（Frederick Herzberg）和麦克利兰的研究。虽然麦克利兰开了个头，但这些研究都没有回答一个基本的问题，即为什么人们创办自己的企业。

（一）马斯洛的需求层次理论

马斯洛认为人的需求是分层次的，当最低层次的需求得到满足后，便追求更高层次的需求。最基本的需求是生理的，如需要食物和饮料等。当这些基本的需求得到满足后，人们就追求安全的需求、社会的需求（如友谊、爱等）以及尊重的需求，最后是自我价值实现的需求。

虽然马斯洛的人的需求层次假设在理论上有一定的价值，但这一需求层次理论模式很难用实证来证明，重要的是，这一理论模式忽略了一个社会的文化以及亚文化对社会成员和群体的抱负和期望的影响。此外，需求层次理论在一定程度上不宜用于特殊情形，如按照该理论，建立了自己公司的许多人似乎已经满足了低层次的需求，应追求高层次的需求。但位于低层次的安全问题对这些人来讲始终是一个问题，即商业活动中的风险一直是他们担心的问题。因此，如果小企业家们有一个需求层次的话，那么一定不同于马斯洛的需求层次理论。

（二）赫茨伯格的双因素理论

赫茨伯格和其他学者试图对马斯洛的需求层次理论加以修正，并使之特别运用于工业领域的动机分析。他们对白领阶层的动机进行了研究，认为人的动机分为两种：一种因素是“保健”（hygiene）因素，这些因素包括条件和安全，缺少这些因素将导致潜在的不满，但它们对动机没有内在的影响；第二种因素被称为“动机者”因素，这些因素包括责任、认知、声望以及内在的工作兴趣，这是产生成就动机的因素。

同样，赫茨伯格的动机模式没有被实证证明，在理论上也存在问题，而且在他的研究中，有些群体没有被包括进来。此外，还存在另一个与马斯洛同样的问题，即没有考虑不同社会背景对不同人的影响，忽视了工作行为的其他社会影响因素，并且假定所有雇员在面对激励时的表现都是一样的。马斯洛的需求层次理论和赫茨伯格的动机模式都既没有考虑群体之间的差别，也没有将动机模式与社会和文化因素相联系，因而在解释自我就业的职业选择上没有说服力。

（三）麦克利兰的成就动机理论

麦克利兰的研究试图回应对上述两种研究的批评。他一直关注成就动机，并认为个人的社会阶层背景对成就动机有较大影响，他认为高成就动机者并非生来如此，而是因为他们的家庭中来自父母的一定训练，他们的父母为他们设定了较高的成就目标，并且为其达到所设定的目标提供了必要的条件。他们的父母对待孩子并不采取权威主义的方式，而是采取平等沟通的方式。为了证明这一观点的正确性，麦克利兰在哈佛大学对年龄小于 14 岁的、正在进行成就动机训练的学生进行了研究。研究表明，来自中产阶层的学生在训练班结束后仍继续对成就动机的追求，而来自工人阶层的学生在训练班结束后就放弃了成就动机的提高。麦克利兰对这种现象的解释是，因为他们回到家后，家庭环境没有营造一种与培养成就动机相适应的环境。他还用同样的理论解释了美国下层黑人的成就动机较低的原因。

麦克利兰强调社会环境在决定个人动机和设定个人目标方面的重要性。他认为，强调社会现实的宿命论文化环境与适合个人的机会、以成功为取向的文化背景相比，后者更能营造一种利于成就动机发展的氛围。这种理论与韦伯对资本主义兴起的解释有相同之处。麦克利兰的动机理论反映了不同社会群体对社会主流群体所下“定义”的不同态度。韦伯的研究则将基督教企业家的动机与企业家的社会地位结合起来。

麦克利兰的成就动机理论认为，人的需求层次的形成部分发生在早期孩童时期，后来的生活环境对其也有影响。他通过比较成就动机不同的人对朋友的选择来说明这一观点：具有较低成就动机的被访者从义气角度选择朋友，而成就动机较高的被访者选择专家作为朋友。也可以用马斯洛的需求层次理论来解释这一现象：具有较低成就动机的被访者是那些显著需求处于较低层次的人，即在社会层次或附属层次；而那些具有较高成就动机的被访者是那些基于高层次需求的人。

然而，在这种情形下，个人被看成乐于满足的人，即赫茨伯格所称的“保健”要素者，而不是“激励者”。有些研究显示，几组工人为了获得高收入常常放弃有趣和有挑战性的工作。也有研究显示科学家不满足于自己的工作，其满意度取决于他们的价值观，以及他们在社会中对科学角色的定义。人类需要的心理学模式虽然可以解释人类行为的某些方面，但不可能适用于所有的人。进一步说，我们缺少显著的事实来证明这些“需求”是真实的。

心理学家认为，企业家一般产生于父母为孩子设立了较高成就动机的家庭，来自那些鼓励孩子自力更生、较少严格纪律的家庭。那么，什么决定了父母如何设置标准呢？为什么一些父母强调成就动机，而另一些父母不强调成就动机呢？为什么犹太人可以为了他们的孩子而牺牲一切呢？我们知道每一个民族都有获得成功的动机，但就企业家而言，为什么有的多、有的少呢？例如，美国人、中国人、希腊人和犹太人倾向于成为企业家，而黑人对生意人一直都不太尊重。

二、社会边际理论

一般认为，自主创业是一件十分冒险的事，这说明创业者有一种特殊的性格。换句话说，不可能从人群中随便找一个人就可以成为自我创业者。斯坦沃斯（Stanworth and Curran，1973）对英国企业家的实证研究也证明了这一结论，研究表明小企业的自我经营者常常是所谓的社会边际人（social marginal person）。用社会边际理论既可以解释那些具有高度成就动机的自我创业者的个人特征，也可以说明创业过程的社会条件。“社会边际性”意味着个体个人特征（身体特征、智力特征、社会行为模式等）与社会中个人所扮演的角色之间没有连续性。一个人也许与社会环境不协调，但这种不协调不足以引起行为的变化。不过，个体常常不仅将这种不协调视为导致行为反应的重要因素，也把这种不协调视为社会边际人的互动。

例如，在许多小说中所描写的“畜牧工”通常是一名很聪明的手工劳动者，由于他的个性特征（具有较高的智商）和他所从事的工作（非脑力劳动）不协调，因此他处在一种社会边际状态。他生活在两种完全不同的世界中，每一世界都有自己的价值体系和行为方式，但他既不属于较高智商者从事的精神世界，也不属于不需要高智商的体力劳动世界，这就成为他心理失调的根源。现代生活中心理失调的例子是工作在种族歧视性医院的黑人医生。

心理失调程度不同，则导致社会边际性的程度也不一样。由于个人在严重的心理失调时对自己的真实形象产生怀疑，因此可能导致自我认同危机；在与其他人互动的过程中所产生的矛盾心理情感又反过来强化这一怀疑。其实，人们对与他人互动过程中所产生的暗示是相当敏感的。一个人的自我认同在很大程度上取决于与他互动频繁的行动者的看法。例如，家长和学校老师认为某一小学生很笨、很顽皮、不听话，那么这个孩子可能默认自己就是如此。心理学告诉人们，正面表扬对一个人的行为和自信心有很大的影响。社会边际人从其他人那里得到自己的行为是“异常”的、自我形象是有缺陷的暗示，所以他也认同人们对他的这一看法。

为什么现代社会中存在着社会边际人呢？有两个理由。其一，任何社会都不可能达到完全整合的状态，总是有人游离在社会主流之外，在社会生活的各种不同层面之间总是存在着一些冲突或者缺乏合理的边界。其二，一个人是不可能完全为他所生活的社会群体所吸纳、包容的。每一个人在面对其他行动者的一致性需要所构成的社会压力时，总是试图维持自我尊严和构建自我空间。在某种程度上，社会中的每一个人都在自我与他们所生活的社会环境之间维持着某种差异。

从这个层面上讲，社会边际性不可能导致较大的行为反响，它只是社会生活的一种正常特征的反映。但正如上面所谈到的那样，对某些人而言，社会边际性也许会达到较高的层面，在社会的某些方面，社会边际性也许较为严重。无论是个人还是社会的一些领域，社会边际性都将随时间而改变。例如，一方面，以农业为主的乡村社区比大都市社区有较低程度的社会边际性，这是因为城市社区有较低的整合度，社会的异质性较高。另一方面，社会的边际性将随着社会变迁速度的加快而上升。例如，在战争之后，由于战争对社会的破坏，容易产生多种社会边际性。

社会边际群体和个人如何面对这种矛盾呢？面对社会边际性可能有各种不同的反应，既可以寻找一种能消除心理矛盾和结构矛盾的认同感，也可以长期忍受这种心理紧张。但长期忍受心理紧张将会导致轻微或者严重的精神病。面对社会边际性比较主动的办法是寻找一种新的自我认同，换句话说，边际人试图重新创造自己的社会世界，他们也许会重新接受一套为社会现实提供的新的价值体系。

企业家是社会边际理论的特例。英国学者斯坦沃斯等（Stanworth and Curran，1973）指出，在一定条件下，人们用小企业的企业家角色来回应社会边际性。如果一个人在社会中被限制进入经济活动，或者被社会成员阻碍参加其他社会活动，他就有可能采用业主-管理者角色来解决这种边际性，欧洲前工业时期犹太人社区里造就的大量商人就是一个例证。

如果一个人一直生活在商业文化的氛围中，他就有可能采用物主-管理者角色来解决社会边际性问题。所谓商业文化是指一种信仰和价值体系，这种价值体系认为自己办企业是值得的，而企业将对社会福利做出重要贡献。这种情况的例证是一个人出身在家境较好的家庭，而且有些家庭成员已经较成功地开办了自己的企业或者在企业中占有较高的职位，但他自己所获得的教育不太成功。成功地开办一家企业或者在企业中占有较高的职位并不取决于你在学校是否获得高分，成绩是否优秀。但是在社会上，一个没有较高文凭的人是很难找到较理想的工作的。因此，拥有证书不多的人开办自己的公司或企业是解决这种缺乏社会承认的办法。

当然，不是来自具有一定商业文化家庭的社会边际人不太可能寻求业主-管理者的方式来回应社会边际性（Stanworth and Curran，1973），他们可能选择一种极端的政治意识形态或者在工会组织中谋求职位等。当然，一些结构性因素也对成为企业家有较大的影响，如在社会中是否存在成为企业家的机会，这种机会有多大。一般地说，人均收入上升会带来投资机会，因此成为企业家的机会较大。还必须指出，企业家成功的机会对经济增长有加速效果，当经济扩张时，增长的投资和随之而来的乐观主义将使得经济增长的幅度比预期要大（同时也增加了企业家成功的机会）；反过来，当经济衰退时，投资减少和悲观论调将使经济倒退得比预期要快。实际上，寻求成为小企业家的边际人与一个社会企业家生成的机会水平成正比。当然，媒体在宣传经济形势与鼓励人们自我奋斗方面对企业家的出现与成长也有一定的影响，换言之，信息与成为企业家的机会水平是直接相关的。另一个影响企业家生成机会的因素是经济或者某一行业发生结构性变化的快慢。

宽泛地讲，除了绝对下降的变化外，结构性变化越大，诞生的新企业家越多。英国在第二次世界大战后的 15 年里，经济迅速发展并伴随着较大的结构性变化，这 15 年是英国企业家成功机会较高的时期（Stanworth and Curran，1973）。与此同时，这一时期的社会边际性也高，对许多人而言，战争年代是心灵受到创伤的年代，他们的自我认同感被磨灭。战后，人们获取新知识、新技能和新能力，旧的生活方式也随之消失，社会结构本身也由原来的刚性特征变得具有弹性。这些变化和机会有利于激励一个人去改变自己的职业角色。

上面介绍了业主-管理者角色动机的社会源泉理论，试图弥补心理学动机理论忽视动机社会背景的不足。社会边际理论假定小企业中业主-管理者角色的吸引力，但这一角色需要一定的承诺和能力。社会边际理论告诉我们，想成为业主-管理者的人并非随处可见，这样的人只可能在具有一定社会结构的地区出现，只能在经济显示出一定特征时才能出现。如上所述，个体特征与社会角色之间的差异，即为社会边际性。需要指出的是，虽然社会边际性产生于所有的复杂社会中，但是社会边际性的程度是变化的。对某些人而言，他们的个体特征与社会角色之间的差异是相当大的，以至于他们产生自我认同危机并采取行动来回应这种自我认同危机。成为小企业的业主-管理者只是多种行动回应中的一种，而且这种行动回应需要一定的社会条件。因此，不可能任何社会边际人都会成为企业家。

第四节　从创业者到委托管理者：企业家行为与管理行为的相互转换

无论是经济学的企业家概念还是社会学的企业家概念，机遇无疑都是其中蕴含的最重要的要素。从某种意义上讲，企业家就是全社会中无论当前所掌握的资源有多少，都要永无止境追求机遇的那部分人。企业家精神隐含的意思就是，企业家行为以发现并确定机遇开始，以通过个人劳动获得丰厚回报结束。发现机遇即意味着将尝试创业，而获得持续回报则必须建立在有效管理的基础之上。因此，对企业发展而言，任何意义上的企业家行为最终都要转化为有效的管理行为，无论两种行为的实际实施者是否为同一人；同时，社会效率将通过这种相互转换过程达到最大化。正因为个人、组织和社会都会追求某些共同的目标，所以用这些目标来定义企业家将有助于促成一种能够诱发理想行为的机遇。实践经验表明，企业家的经济功能并非通过某些单一行为，而是经由一系列行为实现的。其中，企业家行为与管理行为之间存在某些差异，由此体现了从创业者向委托管理者的转变。

授信型的管理者（创业型企业家）与受信型的管理者（委托管理者）是企业家活动的两个不同维度。授信型的管理者（promoter type of management）即创业者，通常对自己抓住机遇的能力高度自信而不论当前所掌握的资源有多少；而受信型的管理者（trustee type of management）即委托管理者，往往强调充分利用现有资源实现高效率管理。两种管理者在经济生活中占有同样重要的地位，并不存在孰轻孰重的问题。

虽然机遇是企业家精神的核心议题，但机遇在很大程度上是一个相对的概念，即个人机遇将在很大程度上因年龄、以前的成功经历、经济资源甚至个人所处的奋斗环境而异。一些人在经历逆境后具有企业家精神是因为他们以前的机遇来源受阻或被排除。而解释一些人在成功之后变得缺乏企业家精神的原因则较为简单，因为他们转而用权力、声望或闲暇来定义个人机遇，或将注意力转到对现有资源的维持上。由此，机遇概念的内涵相当明确，即一旦认定某种行为的结果是期望中的并有可能实现，那么本来只是可能的情景就会变成一种机遇。并且，某些特别的技能、天赋以及对风险的态度都会影响对结果是否可以实现的认识，而教育、知识和自信心则有助于增进这种认识。

一、创业型企业家行为与管理行为

创业型企业家行为与管理行为在以下方面存在着差别。

（1）在策略与方向上，创业型企业家努力的方向是追求机遇，而委托管理者则强调利用当前所控制的资源。不同的策略和压力促使两种类型的企业家向不同的方向努力。委托管理者的动力在很大程度上源自组织需求，对机遇的关注只是为了适应环境改变。

（2）在机遇的利用上，创业型企业家强调采取行动，但行动不一定能够被长期坚持；委托管理者在行动上相对迟缓，但是一旦做出决定就会将行动持续下去。前者面对快速变化的环境具有显而易见的优势，能够迅速决策或者迅速改变原有决策。

（3）在利用资源上，创业型企业家通常被认为是用较少的资源做更多的事，很多创业型企业家在创业时除了能够确信自己找到了一个“真理”性机遇之外一无所有；而委托管理者则将对现有资源的有效管理作为自己的主要事业和回报来源。由此导致两者为了把握现有机遇而对资源采取不同的利用过程。但是就真正的创业型企业家而言，从他人那里获取必要资源须经历多个阶段。创业型企业家被视为赌徒和尝试者；而委托管理者常常对资源回报做出简单的回应。

（4）在资源控制上，创业型企业家常常为“日常开支”和企业所使用资源的潜在负担而忧心忡忡；委托管理者则常常为所管理的资产总量和员工数量而操心。两者对不同的策略方案具有截然不同的态度和反馈。

（5）二者对管理结构的概念理解不同。对机遇指向的明确认识使得创业型企业家的期望通常能与其他主要合作者保持高度一致，并且能够从个人角度推销其观点和计划，提供个人报偿；而委托管理者通常从更正式的角度来看待组织，明确划分责任，因而要求以一种截然不同的管理模式来使用或者租让资源。

（6）报酬补偿机制不同。具有创业型企业家精神的组织以价值创造和个人表现作为确定报酬的基础，而纯粹管理型组织则将个人要承担的责任所处的层次（如所管理的资产和资源）和相对于短期会计目标（如利润和资产收益率）的个人表现作为确定报酬的基础，并在很大程度上将其提升为奖励手段。

就企业而言，授信型的管理者与受信型的管理者之间并不存在孰轻孰重的问题。每一种管理模式都有其独特地位，是否适合某一特殊管理方式或管理过程在很大程度上因具体企业、具体员工和外部环境需要而异。对于管理者而言，重要的是如何在两者之间做出适当的选择，并依据选择明智行事。相对而言，人们更倾向于强调创业型企业家而忽视只拥有经营权的委托管理者。实际上，创业型企业家的目标通常是创造价值和财富，一旦成功地实现原有目标就会转向对高效率管理的需求。

当企业从发展的创业阶段向成熟的成长阶段转变时，往往伴随着创业能力和发现并抓住机遇的愿望同时下降，因企业管理者希望维护其创业所得，这种守业心理势必会阻碍其追求新的机遇。通过比较研究可以看出，那些即使在取得巨大成功之后也仍然能保持创业型企业家精神的企业通常具有以下三种特征：对机遇具有广泛的感知能力；企业员工亦渴望追求这些机遇；员工相信通过追求这些机遇能够获得个人成功。

个人追求属于自己的机遇是一项基本原则。机遇能够发挥促进个人成长的功能；机遇是个人对所处社会环境中任何可能性的感知；机遇是个人对“是与非”“对与错”和“需要与满足”的独特理解。因此，对机遇的感知具有相当的特殊性，至于什么才是理想中的未来在很大程度上取决于对当前环境的预期。一方面，对已经满足或基本满足于现状的人而言，不可能像对现状极度不满的人那样去寻求变化。另一方面，被社会或组织设定为“不可逾越”的障碍有两种：（1）制度规定或习惯的阻碍能够制约行动倾向；（2）失败后果的阻碍是理性行为者一旦预期到失败结果，就将放弃尝试。

如果希望在组织目标中维持创业型企业家精神，就必须意识到很多成功要素将会阻碍目标的实现。只有逐一了解每一种阻碍力量，才能判断出组织是否已经建立起能够抵御这些阻碍的有效机制。

二、企业家与管理者之间的转换

（一）从企业家到成功管理者的转变

成功通常会直接影响到高级管理者加快变革的愿望，特别是当成功与个人密切相关时。大量有关企业家创业和企业家个人特征的经典研究均表明，企业家的高发人群是受到社会排斥或身处逆境的群体。一旦获得成功，企业家就将趋向于守业而非回到过去曾经历过的失意状态，因为社会身份（包括权力、地位、经济成功等等）将变得重要，并且通常只需保持“正常增长”就足以提供所期望的回报。

对很多创业的企业家而言，保持增长、变化以及额外的经济成功已经十分显著：增长和变化常常意味着行动和参与，而任何行动和参与都将需要占用一定的时间，比如，个人会将机遇定义为拥有更多的闲暇娱乐，参与政治或慈善活动，或者只需管理已经积累的大量财富资源。

但增长和变化同样意味着冒险，风险要么是经济上的，要么仅仅是自我认识上的。经济上的风险显而易见，但对很多成功的企业家而言，他们的自我认识是自己“绝对无误”。新的行动和措施通常会将这种冒险的自我认识推向其个人生活中心理脆弱的平衡点。伴随着生理上健康状况和精力的下降，甚至出现透支，以及对个人权利的挑战日增，保持自我认识的最佳状态只能使个人自信达到顶峰，并且“无须再向他人证明任何事情”，只需维持住现有状态。因此，从企业家向委托管理者的过渡将是一种自然的、理性的选择。作为企业家精神基础的巨大成功早已孕育着收获满意的种子。在某种意义上，目标已经实现。组织的潜在意图十分明显：领导者希望确定社会身份和地位，因而组织的体系、结构和文化都将朝向实现该目标的方向发展。

（二）从企业家到官僚的转变

人们通常将企业家和官僚视为不可弥合的两极，这在某种意义上无疑是对的。因为企业家渴望变化，并认为变化是可能的，而典型的官僚既不寻求变化也看不到变化的可能性。

作为自我中心主义的结果，成功的创业者常常将组织内部其他人员简单地作为自我拓展而没有任何控制需求。不但组织中其他人的作用只是为了贯彻执行指令，组织本身的信息与控制系统也被设计用来提供对需求和控制的反馈。组织内的个人并不认可原创性的价值，也缺乏这方面的追求，而仅仅遵循来自高层的明确指令。组织也许正处于迅速发展中，尚未产生变革的要求，但变革将不会来自基层员工的创造力，因而处于基层的个人不会产生改进工作的内在需求，因为这样的努力将徒劳无功。

其结果通过那些承担变化风险的人的认识来进一步强化。因为管理者仅仅将员工作为“专门工具”，因此一旦组织策略发生变化，他们就将倾向于替换而不是保留原有员工。即使“进展”是通过提高自动化程度和改进工具取得的，管理者的认识也仍然是“同样的报酬应该获得更大的产出”或者“提高生产效率就意味着裁员”。毫无疑问，此类变革将遭到抵制。通常，管理者忽略了个人对自我利益尤其敏感的事实。例如，虽然有关组织的整体回忆冗长而具体，但以往任何不利于低层员工的措施都将被长期记忆；相反，一旦需求获得满足，那么即使是最积极的报酬也很容易被忘却，而当前所关注的只是现状的不确定性。企业家的自我认识和渴望成功、超越困难的内在驱动力是其在组织内部创建典型官僚制的催化剂。

（三）从企业家到失败管理者的转变

对企业家而言，成功后的潜在危险通常不仅是创造了官僚体制，还有可能导致失意的管理者。在一个由成功的创业者管理的企业中，中层管理者同样也会面对那些使底层员工感到不满意的最高级控制指令，但两者的反应将有少许不同。那些看到变化的必要性，并渴望有所改变的管理人员将遭受阻碍，一旦明确感受到这种阻碍，他们的反应就将是把追求有利于建立自我社会地位的个人机遇作为奋斗目标。于是，为了获得个人权力地位和经济上的回报，他们将仅仅关注显而易见的短期任务。或许正是这个原因，才导致当前的管理实践遭到如此多的批评。单个管理者能够明确意识到组织变革的必要性，并期望促进变革，但组织中的“实现情况”正如著名的美国政治家雷伯恩（Sam Raybum）所言，是“搞好关系，随大流”。

还有一些管理上的失败以有利于社会而有损于组织现状的形式表现出来，即一旦管理者离职，那么对其教育、培训的投资以及其所拥有的经验、阅历和判断力将一并失去。但最重要的损失是未来的创意、变革的动力以及失意的管理者带给组织的创造性缺失。虽然成功的创业者及其获得成功的常用手段往往是导致组织官僚化和发展停滞的重要原因，但这并不表现在组织首脑层次上，因为组织为了维系内部的创业精神而采取的种种举措也会产生相当重要的影响。

第五节　从个人机遇到组织更新：企业家精神与企业家成长环境的创新

无论是经济学的企业家概念还是社会学的企业家概念，机遇无疑都是其中的核心内容，进而成为区别企业家与普通人的根本尺度。感知机遇、在生命历程中追求机遇、坚信成功离自己并不遥远，是区分企业家与普通人的三大标准。而为了使组织长期保持企业家精神，就必须在组织中培养有利于企业家成长的良好环境。

一、增强组织对机遇的感知

为了确保组织能感知到机遇，必须对组织内部由个人职位所组成的工作结构进行调整，以满足特定的需要。无论具体操作形式如何，以下要求都将是确保组织具有企业家精神的有效策略。

（一）创造具有真正市场产出效应的职位

市场产出效应的潜在含义是接近最终的消费者。公司规模越大，就越意味着需要进行某种结构化，以便使每一个部门和每一个管理层都明确知晓市场需求，并将这种需求转化为自己的工作目标和任务系统。

（二）使个人对广泛定义的组织目标负有责任

创业初期，创业者事无巨细亲力亲为，就服务、支出、利润、组织专门化及拓展等问题做出各种复杂的决定。即便缺乏清晰而系统的思考，以上决定也会被确定并得以贯彻实施，并且有关决定一旦做出，就常常被作为对上述市场要求的自然反馈。企业随着发展壮大，将会因专门化、职责委派和组织划分而形成若干习惯性思维。通常，当各部门的具体目标变得更具操作性时，机遇将会消失在组织内部的部门间隙中。存在时间限定的决策将变得不再合适，因为长期利益会因短期利益而被牺牲掉。资产收益率决定了对未来增长方式的选择，质量目标和服务将不得不服从于其他更具体、更操作化的目标。

（三）平衡各部门的需求

成功的组织不仅能够保持各个部门之间的合作，而且能够防止任何单一目标占据统治地位，以使各个部门都具有较强的、持续的发言权，从而确保组织具有在长期内满足所有需求的能力。

（四）保持组织对变革的要求

如果将机遇定义为包含变革，那么只有那些渴望变革的组织才能发现机遇。企业如果希望保持住创业精神，就必须使每个员工确信变革是企业压倒一切的目标。

二、强化组织追求机遇的愿望

对于希望在组织内部保持创业精神的管理者而言，必须使个人利益与组织追求机遇的愿望长期保持一致。能够建立起具有创业精神的组织的管理者在营造本企业文化时，都着重强调以下三方面因素。

（一）使追求机遇者获得相应回报

美国式管理的最基本信条是：使成功经受事实检验。要想新项目管理方案获得支持，必须首先认识到任何创新行为都需要投资，并具有可操作性，在绝大多数企业中，更需要的是鼓励。3M 和 IBM 等著名大企业以及其他众多不知名的公司都认识到，维持必要数量的成功离不开一定数量的创业及创新者。风险投资家们也意识到，几乎 50%的风险投资项目将以失败告终，只有构建良好的风险资金预算系统才能有助于支持更多的创业，而不仅仅是能够或者应该给予全部创业融资的问题。尽管往往只有一部分能够满足基本信条，但那些带有实验性质的创新都受到鼓励并被给予全部预期回报。这样做的结果是使人们仅仅通过尝试就能获得满足感，因而全社会形成一种明确的共识，即绝大多数（如果不是全部）重要的成功源自非传统性资源，企业的最终命运将由那些认为创意需要耐心呵护和信任的个人决定。当一种原本令人难以理解的创意最终成为企业新的发展方向时，更多同样性质的创意却被废弃在企业的故纸堆中。因为鼓励每个人进行尝试原本就意味着只有其中的一些人能够最终获得成功。

（二）将由个人承担的风险降至最低

这种做法的合理性在于企业不断寻求各种创新，而个人一次只能涉足其中一种，因此必须由企业承担一定数量的失败风险。相反，如果真的建立起一种个人无须承担任何风险的机制，那么很可能就不会产生任何对于创新的尝试，即使其中蕴含着巨大的潜在能量。然而，如果个人必须承担职业风险而企业的风险却降至最低，那么，这种风险分配体制本身就是非理性的。不幸的是，很多企业管理者的口头禅总是："出了任何差错，你的前途就完了。只有那些拥有无瑕疵记录的人才会得到提升。"

（三）不变革等同于失败

除了要求严格遵循"使成功经受事实检验"的基本准则外，另一种有深刻影响的管理学教条是"好的计划无须改变"。当企业处于稳定增长时期，甚至即便生产效率不那么高时，这一原则还可以接受；但当经济处于波动和衰退时期时，坚持这一原则将会给企业经营带来极为严重的不利影响。任何经济的、技术的、政治的、社会的变化都需要企业做出相应的反馈和回应。很难想象在某一行业中会有一劳永逸的计划，只有那些能够对外部环境变化做出快速反应，适时采取新技术，能够认识到消费者变化并且主动放弃自我意识的企业，才能够在激烈的市场竞争中取得胜利，脱颖而出。环境处于变化中时最易使企业间强弱力量对比发生改变，面对变化、波动的经济社会环境，认准一条路走到底常常是极不明智的。

三、使企业所有员工确信：努力就会成功

除非使组织中的个人相信机遇会对自己有利，否则就企业来讲，机遇也许会在不经意间被轻易放过。在企业发展过程中，原来能够促使单个企业家成功的执着精神和控制能力将会成为破坏企业家精神维系的阻碍力量。组织中的以下四种因素决定了人们是否相信自己能够取得成功。

（一）以短期相对宽松的资金融通支持新的原创计划

众多研究和大量个案均表明，鼓励原创精神的最重要方法之一是允许体验，允许尝试原创，并且不坚持将尝试过早地向公众公开，甚至允许一定的"违法"。人们通常会有一些听起来美妙但未经过证明的创意，而给创意的拥有者以机会，在无损自尊和不用冒失去个人声誉风险的条件下发掘利用这些创意更显得重要。小额资金融通能够增强工程的灵活性，使市场概念甚至生产过程都无须在整个组织共同瞩目下接受检验。

（二）多级化的资源配置体系

组织控制者通常会立即对刚刚提出的方案做出反馈，认为"组织控制系统的职

责就是确保资源不被浪费”，由此导致的问题就是失败的尝试是否意味着浪费资源。对此，一些成功企业的做法是引入多级化的资源配置体系，其优势就在于能够使人们相信其创意有机会被纳入企业整体资源配置计划的考察过程中。人们相信接受考察的是其潜在的成功创意，而不是某些政治手段。最终未获得支持的创意也只涉及某个人，并不是所有人都面对资源配置过程中的激烈竞争，个人将能够继续满怀希望地投入时间和精力进行创新，仍然能感受到其创意有成功的机会。

（三）使资源分享成为一种组织规则

贯彻以上两种行动的唯一方式是发展一种资源分享规则。对成长中的企业而言，面临的主要问题之一是对授权的挑战，即为了企业发展而划分出各个独立的具体部门。每个具体部门的负责人都清楚地知道，权力、地位和经济报酬将来自其所实际控制的资产和所建立的员工基础。因为所有高级管理人员都清楚成本费用控制的重要性，所以他们均为降低支出而战。“固定成本难以实现，变化的成本又行不通”，建立组织资源分享规则要求对使用其他部门资源的请求给予充分信任，并真正允许使用他人的资源，同时还要就企业的总体目标高于部门目标达成普遍共识。最重要的是，它要求管理成为一种正义与公平的竞赛。通过资源分享规则，新技术、市场数据、其他经济信息和消费者投入将会反馈到项目中。若的确如前所述，确定机遇的过程需要与形成竞争环境的所有外部力量保持紧密联系，那么，使用内部专门化就会非常有效，而且能够发挥实际作用。

（四）不因一次否定而阻碍项目实施

能够成功发展并维系住企业家精神的企业，通常不会让具有一定身份地位却相对保守的反对者阻碍革新；它会在某一创意产生的早期阶段就将决定是否给予支持的任务转给潜在的阻碍者。一些企业甚至走得更远，它们营造出一种氛围，使管理者有权决定是否对一定数量的小型创意给予企业财政上的支持，而老板只有在取得该管理者的直接上司的同意之后，才能否决或支持其决定。但一般情况是，很少有创意会差劲到让最高层管理者直接过问并加以推翻。维持企业中的企业家精神需要能够辨别、确认机遇并主动追求机遇。对此，采取一些小而积极的举措、有意识地体验和组织内部学习都是相当重要的。成功的企业在这方面的经验无外乎是：鼓励原创精神；使个人相信是为自我利益而采取第一步行动；使个人对在本组织中实现个人成功的可能性满怀信心。

本章要点

1. 企业家行为是个人为了创造财富和增加社会价值而从事的新的（创造）和不同于以往（革新）企业活动的行动过程，是以经济为导向的新增长的创造和构建。企业家是一个通过萌发新思想、调配资源并促使其发生，从而从事一个增加财富和增加价值过程的行动者，是看准机会，创造一种产品和服务，将资源调配起来，继续制订计划并执行计划，从而充分利用机会的人。

2. 企业家的特征主要表现在冒险、自信、勤奋工作、目标明确、精于计算和创新等方面，其中创新是最根本的特征。

3. 解释企业家的社会来源有动机的心理学理论和社会边际理论。动机的心理学理论以马斯洛的需求层次理论、赫茨伯格的双因素理论以及麦克利兰的成就动机理论为代表；社会边际理论以斯坦沃斯的实证研究为代表。

4. 经济学家和社会学家分别从不同的视野考察了企业家、企业家行为和企业家精神。

5. 企业家行为与管理行为的不同表现在对策略和方向的定位、机遇和资源的利用与控制、管理结构概念的理解和报酬补偿机制的认同等方面。

6. 企业家精神与企业家成长环境的创新都表现在对机遇的把握上。因此，应该增强组织对机遇的感知，强化组织追求机遇的愿望，同时使每一位员工认同只要努力就会成功的观点。

基本概念

企业家　动机心理学理论　企业家精神　社会边际理论　企业家特征　地位退出　企业家的社会来源　成就动机

复习思考题

1. 结合本章内容，谈谈你对企业家的理解。换言之，你认为什么样的人可能成为企业家？企业家应具备什么样的素质？

2. 简述动机的心理学理论和社会边际理论对于企业家社会来源的解释。

3. 经济学家是如何论述企业家的？

4. 社会学视野下的企业家理论是什么？

5. 企业家行为和管理行为有什么异同？

6. 如何创造企业家精神和企业家成长的社会环境？

推荐阅读书目

1. 德鲁克．创新与企业家精神．北京：机械工业出版社，2009.

2. 丁栋虹．制度变迁中企业家成长模式研究．南京：南京大学出版社，1999.

3. 伯恩斯，等．经济与社会变迁的结构化．北京：社会科学文献出版社，2010.

4. 鲍莫尔．企业家精神．武汉：武汉大学出版社，2010.

5. 熊彼特．经济发展理论．北京：商务印书馆，2009.

6. 张维迎．企业的企业家：契约理论．上海：上海三联书店，1995.

7. MENY L A，LIANG T W. Entrepreneurs，entrepreneurship and enterprising culture. NY：Addison Wesley Publishing，1996.

参考文献

1. 沈开艳，徐美芳．上海女企业家工作家庭冲突关系的实证研究．上海经济研究，2009（6）.

2. 童亮，陈劲．女企业家的创业动机研究．中国地质大学学报（社会科学版），2004（4）.

3. 巫宝三，等．经济思想史论文集．北京：北京大学出版社，1982.

4. 周长城，马立秦．私营企业主的人口：社会统计特征、经营状况、个人信念与价值观：武汉市100家私营企业主的访谈式调查．民营经济，1996（6）.

5. 周长城，吴淑凤．企业家与企业家精神：机遇、创新与发展．新华文摘，2001（6）.

6. BAUMOL W J. Entrepreneurship：productive，unproductive and destructive. Journal of political economy，1990，98.

7. BURNS P，DEWHURST J. Small business and entrepreneurship. London：Macmillan，1996.

8. CASSON M. The entrepreneur：an economic theory. Oxford：Martin Robertson，1982.

9. CURRAN J. STANWORTH J，WATKINS D. The survival of the small firms：the economics of survival and entrepreneurship. Hans：Gower，1986.

10. ELLIOTT J. Schumpeter's theory of economic development and social change：exposition and assessment. International journal of social economy，1985（12）.

11. GATEWOOD E J，BRUSH C G，CARTER N M，GREENE P G，HART M M. Diana：a symbol of women entrepreneurs' hunt for knowledge，money，and the rewards of entrepreneurship. Small business economics，2009，32.

12. HAYEK F A. The use of knowledge in society. American economic review，1945，35.

13. HORNADAY J A. Research about living entrepreneurs，encyclopedia of entrepreneurship. NJ：Prentice Hall，1982.

14. KIRZNER I M. Competition and entrepreneurship. Chicago：University of Chicago Press，1973.

15. KLATT L. Small business management：essentials of entrepreneurship.

Belmont：Wadsworth Publishing，1973.

16. LONGENECHER J G，MOORE C W，PETTY J W. Small business management：an entrepreneurship emphasis. NY：South Western College Publishing，2000.

17. MARTINELLI A. Entrepreneurship and management//SMELSER N J，SWEDBERG R. The handbook of economic sociology. NJ：Princeton University Press，1994.

18. MCCLELLAND D C. The achieving society. Princeton，NJ：Van Nostrand，1961.

19. MEGGINSON W L，BYRD M J，SCOTT C R，MEGGIONSON L C. Small business management：an entrepreneurs guide to success. Chicago：Irwin，1997.

20. MENY L A，LIANG T W. Entrepreneurs，entrepreneurship and enterprising culture. NY：Addison Wesley Publishing，1996.

21. PAYNE D，JOYNER B E. Successful U. S. entrepreneurs：identifying ethical decision-making and social responsibility behaviors. Journal of business ethics，2009，65.

22. RICKETTS M. The economics of business enterprise：an introduction to economic organization and the theory of the firm. NY：Harvester Wheat Sheaf，1994.

23. SCHUMPETER J A. The theory of economic development. Cambridge，MA：Harvard University Press，1934.

24. SIRPOPOLIS N C. Small business management：a guide to entrepreneurship. Boston：Houghton Mifflin，1982.

25. STANWORTH M J K，CURRAN J. Management motivation in the small business. Essex：Gower，1973.

26. STOREY D J，JOHNSON S. Regional variations in entrepreneurship in the UK. Scottish journal of political economy，1987，2 (34).

27. TIMMONS J A. New venture creation：entrepreneurship for the 21st century. Burr Ridge：Irwin Press，1994.

28. YETIM N. Social capital in female entrepreneurship. International sociology，2009，23 (6).

29. ZHOU C，BURNS T. Enterprise and entrepreneurs in the private sector in Chinese transitional society. International review of sociology，2000，1 (10).

30. ZIMMER T W，SCARBOROUGH N M. Entrepreneurship and new venture formation. NJ：Prentice Hall，1996.

第十一章
经济与文化

本章主要讨论经济与文化的关系问题。人们已经习惯经济关系对人们的思想、关于世界的看法以及各种符号系统的影响。但事实上，文化的方方面面同样塑造着经济制度和各种经济活动。因此，不仅经济对文化有影响，反过来，文化也同样影响着经济，也就是说，文化与经济的关系是交互式的。

首先，我们将考察经济社会学中文化分析的渊源；其次，分别介绍斯梅尔瑟和贝拉（Robert Bellah）对经济生活进行分析的文化视野；最后，从经济行为与文化的关系角度分析跨国企业的行为。

第一节　文化

一、对文化的再认识

“文化”被定义为“一套价值观念以及赋予其意义的实践活动”（DiMaggio，1994)，这一文化定义作为一种内含文化的经济-社会理论而存在。此定义有利于辨析对文化概念的三大误解（或认识不够，或理解有误），见表 11－1。

表 11－1　关于文化的三个认知性谬误

不足或错误的观点	更全面的观点
1. 文化基于“意识”，如价值观不同于行为和实践	1. 文化基于意识和行为，包括实践活动
2. 文化是社会所有方面的有机组成部分，与其他层面截然分开，如认为文化存在于经济生活之外的观点	2. 文化作为社会中的一个独立的层面，如认为存在经济文化、政治文化等
3. 文化的功能在于将经济活动和政治活动释放的力量保存下来或整合起来	3. 文化既是保守势力，同时也是变迁的源泉

资料来源：HOLTON R J. Economy and society. London：Routledge，1992.

文化不单单是目标的设定或对意识中目标的表述，重要的是它还与实现目标的实践活动紧密相关。换句话说，人类的活动和制度体现了特殊的意义，提倡“行动中的文化”分析，并不是将文化分析限定在“文化的终极价值”对随后行为的影响上。

由于工具理性和理性化的信念被广泛接受，因此人们更易忽视文化的实践性。如果认为理性仅涉及达成既定目标的技术手段，那么目标范围就会位于工具性行动之外。这一解释的问题在于没有将实际行为纳入价值观的范围之内。实践或工具理性并非完全价值无涉或与任何具体价值都无关，如韦伯指出的那样，在找到可接受的科学解释之前，必须相信科学成果的价值。这并不是说工具理性或科学不是建立在确定理性多少或区分善恶科学的自动的认知过程基础之上，也不是说这种理性或科学的标准时而遭拒绝，时而被接受。对于实践理性、技术效率和科学过程的要求也极少明确地面临价值问题，至少在最近兴起的环境保护运动之前是这样的。然而，这种“想当然”正是问题的关键。换言之，这一观点认为将实践从价值中剥离，遮蔽了实践最终仍建立在价值要求基础上这一事实。韦伯在有关理性化的论述中意识到了这一点，他将理性化看作理性成为目的或价值本身的过程。然而，这一点却被其实践者表示为一种与价值分离的实现目的的手段。

有关“行动中的文化”的重要性的讨论也与对文化认识的第二个误区相关。这涉及将文化看作与社会的其他层面（如经济）截然不同的独立层面。从一定程度上讲，将文化与其他社会层面分开的观点是建立在区分目的（文化层面）和手段（经济和政策层面）这一基础之上的。在多重目标下，行动既包括“目标”又包括“手段”，实现一个目标的同时也能获得其他目标或手段。

文化存在于所有的社会活动之中，包括经济生活和政治生活。经济文化或政治文化意指经济或政治生活中那些涉及意义和价值的方面以及体现其实践活动的方面。经济文化的典型例子是经济生活中行动者之间的信任问题。对他人的信任并不能从单纯追求个人利益中得到，而是来自行动者之间就自己的行动以互惠方式妥协的假定。信任的建立需要时间，而且一般建立在既允许持续的交易监管，也允许消极禁止（如将违背信任者排除在外）的人际网络基础之上。若没有实现履行某种义务的承诺，信任也将不复存在。

二、功能主义视野下的文化与经济

帕森斯和斯梅尔瑟的功能主义理论框架显示了保证社会或社会系统存在和不断发展的各种“功能”之间的区别。这些功能被分成适应（A）、目标达成（G）、整合（I）及系统维持（L）四类。这些抽象的概念可以转换成更通俗易懂的词语。例如，通过社会互动来调配自然资源的适应，可被看作传统意义上的经济的内容；而将已习俗化的价值融入静止模式的系统维持功能，可被看作传统意义上的文化的内容。

帕森斯与斯梅尔瑟坚持认为在社会行动的理论分析与实践层面之间存在着差别，这种差别通过特定的力量应用于社会分化之中。通过这样一种区别，提出两个命题：第一个是理论分析命题，认为A、G、I、L功能体现了社会生活过程中社会系统面临的问题，即所有社会系统共有的特征。第二个命题意指尽管这些问题使历史进程达到一个制度专业化很高的程度（如在市场、政府、法律体系以及其他系统之间），但是这种专业化或者分工从来都不是绝对和完全排外的。因为在现实世界里，即使是那些我们认为担负着某个特定功能，已高度专业化，并且与社会其他部分区别很明显的机制，也仍然要面对所有多功能的 AGIL 问题。以市场为例，它们有自己的系统维持功能（L）或文化上的需求，有自己的政治事务或者目标达成功能（G）以及其他功能。从市场文化的例子可见商业团体之间建立的信任网络；而市场的政治内容可以以那些为经济生活中的行动者设定目标的团体为例，如企业主组织、股东大会、商会等。

可以用帕森斯和斯梅尔瑟在社会分化分析中建立的两步论证来使这个论点更加形象化。在图 11－1 中，首先列出了依据四个子系统之间的基本分化概括出的基本的 AGIL 功能模型，并进一步将每一个子系统（用大写字母 A、G、I、L 表示）分成同样的四部分（如适应子系统 A 现在被分成 Aa、Ag、Ai 和 Al）。

第一步：由四个子系统构成的社会系统

A	G
I	L

第二步：每个子系统又被分成四个子系统

Aa	Ag	Ga	Gg
Ai	Al	Gi	Gl
Ia	Ig	La	Lg
Ii	Il	Li	Ll

图 11－1　分化与社会系统

从中能得出什么呢？虽然有人批评这一模型过于抽象和形式化，但它比其他理论模型都更能详尽地解释经济与社会的分化。这一解释包括两个分析层次的结合：第一个层次涉及社会分化成具有 AGIL 功能的专业机制，如市场（A 功能）、政府（G 功能）、法律（I 功能）等；第二个层次涉及那些分化成社会的各个部分，每一部分都面临着共同的 A、G、I、L 需求机制，如经济面临文化需求，政治面临经济需求，等等。在这个框架中，经济与社会的解释不仅仅是文化（L）对经济（A）的冲击问题，也是经济文化（Al）对经济的其他部分（Aa、Ag 和 Ai）的冲击问题。换句话说，文化同时存在于经济生活的外部与内部。

三、文化的多元性

英国人类学家玛丽·道格拉斯认为文化存在某种共同的特征，它将氏族部落社会中的消费与工业社会或资本主义中的消费联系起来。在所有的社会中，货品不仅满足“维持生存的基本需求”，还在“使各类文化变为可见的稳定的东西”的过程中起重要作用。无论如何，货品总是“物质文化”的一部分，并且是文化意义的示意者。文化并不是完全由这些物质表现构成的，因为它也包括口头上的部分（如语言）和意识中的部分（如宗教）。然而物质文化的货品在社会互动中扮演着关键性角色，它们既是人们与他人联系的桥梁，也是将人们隔离开来的樊篱。

从这一观点来看，南非的努尔（Nuer）部落和现代社会并没有什么重大差别。前者通过亲属间牛的交换和仪式性消费来表达文化意义，而后者则通过在圣诞节、感恩节、婚礼、生日等场合礼物的交换和礼节性的食品消费来表达文化意义。在两种情形中，消费都是使不完整的事件变得有意义的仪式性过程（Douglas and Isherwood，1982）。

当然，在有关传统部落和现代社会中消费的文化意义问题上，两者仍然有许多细微差别。这包括文化“嵌入”社会或在更广阔的社会领域中繁华的程度，以及消费技术的特点，如大众传媒的供给等。对传统消费行为的反抗与要求开发新消费产品一样，都影响着创新的程度。消费品局限于小范围内的传统消费模式与永无止境地追求新奇的现代西方消费文化之间的比较，这深刻地反映在电影《上帝也疯狂》（*The Gods Must Be Crazy*）中。在影片中，一个卡拉哈里丛林人捡到一罐飞机所遗落的可口可乐，于是试图寻找这一对他的生活来说很陌生，但是世界其他地方的人们都很熟悉的物质文化产物的意义。

近来有关文化多元化的论述有几个值得注意的特点。第一个特点是有学者试图将“人格”以及诸如性和情感这样的问题整合到目前已经过度经济学化和理性化的经济-社会理论中去。一个典型的例子是科林·坎贝尔（Colin Campbell）1986年对欲望和幻想在消费行为中的地位进行的研究。他既不把欲望和幻想当成自由经济主义模型中的非理性因素加以忽略，也不像政治经济学和批判理论那样把这个问题简化为经济力量对文化的控制。坎贝尔认为，在欧洲浪漫主义中存在着消费欲望和幻想的独立的文化根源。他特别强调在新教工作伦理对资本主义生产的贡献与浪漫主义对资本主义消费方式的贡献之间有某种相似性。如同韦伯相信新教伦理帮助破坏了限制资本主义生产发展的文化束缚一样，坎贝尔相信浪漫主义帮助破坏了限制以市场为基础的消费发展的文化束缚。

浪漫主义使幻想和欲望作为消费选择的有效基础而变得合法化，特别是在涉及那些还没人用过的新货品时，它使人们产生对从未有过的经历的渴望——一种坎贝尔认为处于现代消费主义核心地位的欲望形式。这种渴望常表现为以感情为基础而不是以理性和成本利益计算为基础的幻想，包括白日梦。这种与浪漫主义的联系产生了文化多元论的第二个特点，即消费中审美因素的重要性。美学的介入可能与“时尚”或“新潮”的价值有关，此时款式比使用价值更重要。坎贝尔试图将艺术家专有的角色普遍化为一种对美学的关注（涉及自我的出现）。在未来，在一个已为个人表现品位（包括衣着、外貌以及其他消费特征）风格多元化所控制的世俗社会里，所有人都会最大限度地对曾专属于艺术家的表现领域造成冲击。有关文化独立性与多元化的论述其第三个特点是认为现代性将让位于一种新的文化形式，即后现代主义。尽管后现代主义理论由于过分鼓吹将出现一种崭新的社会文化秩序而遭到批判，但它的某些核心观点还是对经济社会理论做出了贡献。

在法国思想家波德里亚（Jean Baudrillard）的研究中，文化多元化和离心化过程以一种引人注目的方式与消费领域相关。这不是由使用价值或交换价值构成的，而是由符号交换或符号价值构成的。在消费中，存在的是一种积极符号或信息的转移，而不是物体的耗尽。

波德里亚认为，消费过程中转移的符号不断失去与人类主客体的现实世界有着确定的联系。这一观点是依据某种从结构语言学中得到的重要概念而提出的。功能主义者清楚地区分了语言学用语“能指”（signifiers）与行动者“所指”（the signified）所表达的意思，以及这些用语所指向的目标物（the referents）（季桂保，1999）。波德里亚在此基础上指出“能指”逐渐与“所指”和参照物相分离，留给我们的是“能指”的多种体现。消费不再被看作美学符号表达的一种手段，或者如玛丽·道格拉斯所做的人类学解释那样是交往的一种手段，它更被看成一种自我意识性（solipsistic）活动，当行动者享受个人世界的消费时，也就被与其他人区分开来。

对许多社会科学家而言，文化从经济中的分离以及文化独立性的增长都体现了当代社会生活的特点，即文化再也不能被看成由经济和政治决定的次级因素。我们已经建立了关于文化符号化的过程是如何为权力体系而不是市场基础上的个人所控制的理论。

上面论述了文化在经济与社会构成中的重要作用，所探讨的不仅是文化意义对经济的影响，还认为经济本身就是一种文化制度。因此，探寻经济运行过程中经济因素和文化因素孰重孰轻的做法是不明智的。所有的经济实践活动，无论是否与合同、效率、商行或消费者有关，都有其文化层面，因为它们是建立在基于意义认同或意义期望的意义和行动的基础之上的。

第二节 文化与经济活动

一、意识形态与经济

斯梅尔瑟在分析文化因素对经济的影响时，主要分析了价值观和意识形态与经济活动的关系（斯梅尔瑟，1989）。他从四个方面做了阐述：（1）促进或妨碍经济活动的宗教价值观；（2）对现存事物进行道德辩护的思想意识；（3）对现存事物进行道德攻击的思想意识；（4）可缓解压力的思想意识。

斯梅尔瑟主要根据韦伯有关新教伦理与资本主义精神的理念论述促进或妨碍经济活动的宗教价值观这一主题。韦伯指出西方的新教特别注重内心的苦修，内心苦修的精神对人们的影响深远，这是别的宗教所不具备的。清教不要求信徒以苦为乐，但禁止享用不义之财，既不得以财富欺压别人，也不得炫耀财富；不要求信徒像苦行僧一样拒绝一切物质享受，但生活要有节制，不得沉迷于世上美好的事物或无休止的欲念。显然苦修精神的目的是要求人们遵守纪律，崇尚法治。新教的教义要求每一个人都应“专精于”一个行业，人与人的社会关系也应理性。正是这些原因，才使得新教的苦修无意间与资本主义精神建立了联系。信仰新教的人，抱着救世的态度，过着有规律的生活，妥善运用自然资源，并使人际关系趋于和谐，因此造就了中产阶级，也造就出许多新的社会制度。韦伯认为，这种宗教信仰和其他历史性因素共同促使西方的资本主义迅速兴盛。

思想意识对经济活动不但具有支持的功能，而且具有攻击和减缓压力的功能。根据斯梅尔瑟的观点，虽然这些功能并不相互排斥，但彼此之间的关系却易变而微妙。要把握好思想意识与经济活动的关系，关键是了解社会群体地位的转变。一种既定思想意识的最初变化是要打破传统的经济制度，为提高商人群体的社会地位奠定基础。一旦这一群体的新的思想意识深入人心，他们就会尽力维持新的经济体制，压制低地位群体的反对意见，而且会凭借思想意识来减缓某些角色上的压力。

二、宗教与经济生活

受韦伯对经济-宗教关系研究的影响，帕森斯的学生贝拉也开始研究宗教与经济的关系。他发现 19 世纪日本的宗教信仰与韦伯所研究的新教有许多相似之处（贝拉，1998）。在非西方国家中，为什么日本首先比较顺利地实现了现代化？其历史渊源、文化传统的作用如何？贝拉从宗教文化入手把视点定位在德川时代，通过分析当时的宗教状况、伦理价值以及社会与政治结构，揭示了日本传统社会以政治价值为中心的价值系统与社会系统的相互作用已经构成了现代化的文化渊源。贝拉所关心的是，日本的现代化不是以资产阶级为主角，没有采取以资产阶级思想的勃兴为背景的西欧革命形式，而是以下级武士为主角，采取把“封建”道德加以大众化的特殊形式，并试图探究这一特殊的现代化与特殊的宗教动机作用之间的内在联系。贝拉运用帕森斯的 AGIL 模式从三个方面论述了以政治价值为中心的日本价值体系。

（1）从特殊关系的优势来看，对自己所属的特殊系统或集体（家、部落、行会、藩、国家）的关心相对地高于对法、永恒、真理、正义等普遍主义价值的献身。因而，那种特殊群体的首领（家长、领主、天皇等）虽不一定担负实际的执行职能，但却能代表群体，具有巨大的象征意义，而人与群体的特殊纽带关系便象征着对群体的代表性首领的忠诚（忠义）。

（2）业绩对属性的优势一般并非年龄、性别、身份、智力之类，而是表现出在做什么事情方面赋予事物价值的倾向。这一旦与政治价值的优势相结合，就能为达到集体目标而动员一切人力、物力资源，并在做出唯一选择时成为最高的动机，而作为其动员能力的政治权力在其亚系统中产生的程序会变得非常之高。因此，在非政治群体中，群体成员一般对控制他人给予很高的关注，个人的野心与其说倾向于追求财富和文化，不如说企图获得那种控制他人的能力（以及地位）。

（3）政治价值在价值系统中所占的核心地位，是通过阐明其他三个维度的价值位置及其同政治价值的关系而得以反证的。

第一，适应的价值。在日本，从特定群体对目标追求的适应性这一观点出发，适应的行动方式是具有价值的。军事之所以始终得到很高的评价（尚武），是因为它对达到政治目的是一种典型的适应手段。在日本，适应价值属于系统目标的倾向最充分地表现在经济所占有的位置中。一方面，经济同政治一样，只有当业绩的纬度优于属性的纬度时，在价值序列中才会占据有利地位。另一方面，由于经济处于普遍主义纬度，其目标本来在于不限定特定用途的诸手段的生产中，因此往往容易从“利己的”选择出发而不服从于“整体”系统的目标，在某种程序上，就需对经济加以“警戒”。但是，只要经济行动被视为推进了该群体去达到目标（富国强兵），它就完全被正统化了。而且，往往由于政治价值的优先性，适应纬度价值便被极小化，结果是不惜“代价”也要为达到群体目标而进行统治局面的努力。

第二，整合价值。群体成员间的纷争在通常情况下对顺利达到群体目标是不利的，所以理所当然要以“和”为贵，而过分的奢望和好事的倾向容易得到非难。尤其在德川社会，以整合价值为核心的儒教思想已很普遍，国民的日常生活已被繁文缛节的规范形式化了，并强烈要求对制度的归随。

第三，文化价值。就像学术、宗教、艺术一样，文化价值是以“普遍主义”的标准和“归属”价值为特征的，因而与其他的价值相比，文化价值一般不以社会效果而以其自身内在的普遍价值受到重视。但在日本，大多数文化价值依然紧密地从属于作为中心价值的政治价值，学问被赋予很高的价值，就像尊重书籍和对教育、教师的尊敬所表明的那样，但为学问的学问反而受到蔑视，当时的日本社会重视学问对于行动产生的结果，采取的方针是，真正有学问的人应该是真正忠孝的人。因此，追求理论本身在传统的日本没有获得多大程度的发展。相反，即使在接触西方科学很困难并伴有危险的德川时代，西方科学也产生了较强的魅力，这是因为其显而易见的实用性成果发挥了作用。

三、东亚经济增长与文化

傅高义（Ezra Vogel）在论及利于经济增长的文化时指出：“专家治国的精英、入学考试制度、团体的重要性、自省其身的目标，这四种根植于儒家传统而又适应于工业社会需要的制度与文化习惯，产生了前所未有的最高且持续的经济增长。”（Vogel，1991）中国文化和儒家传统在整个东亚都很重要，并且是东西方解释东亚奇迹所归结的主要因素。文化主义的方法认为，儒家传统对当事人的经济行为、对社会组织及其治理方式具有重要影响。具体而言，在儒家文化中，储蓄倾向和教育投资倾向特别高，并可能产生受公共利益强烈驱动的官僚阶层。儒家传统之所以能够实现这些目标，是因为这些传统：

（1）强调团体价值而非个人价值，产生了有凝聚力的政治与企业组织形式；

（2）建立了专家治国的组织制度，因此产生了强烈的学习和接受教育的动力；

（3）使政府与受政府管理的当事人相互负有义务，政策制定因此（相对）受公共利益推动；

（4）确立了合法的权威主义统治，因此使政权长时间存在，政策稳定且有连续性。

不过，研究表明，文化主义论据的适应性很有限。儒家传统在韩国、新加坡，以及中国的香港和台湾地区确实很浓厚，也扩展到东南亚的其他国家，几个东南亚国家中的华人在经济活动中也起着极为重要的作用。但是，中国文化对治理方式的影响很有限，另一个问题是，尽管文化禀赋的变化非常慢，但东亚经济中当事人和政府的经济行为变化却非常大。

第三节　经济行为与文化：社会学视野下的跨国企业

随着世界经济一体化进程的发展，跨国公司日益成为世界经济命脉的掌握者。在这种情况下，对于跨国公司的行为研究就凸显出其重要性。跨国公司是由多个国家的经营实体构成的，但在同一决策体系下运营的企业，这就决定了其如下两点：一方面，单一跨国公司在全球市场上的运营决策具有一定的连贯性，能够体现母公司的特点；另一方面，在这样的一体化国际经营中，即使是闻名全球的产品，也必须根据当地市场的情况加以适当调整。由此可知，跨国公司在经营中同时受到母国文化和东道国文化的双重作用，因此文化对于跨国公司的经济行为和经济决策有着较大影响。

一、跨国企业与文化

科尔曼认为，一个行动者的身体之内包含了两个自我：一个是客体自我，即行动意愿的发出者（委托人）；一个是行动自我，即行动的实际代理人。对于自然人来说，这样的区分也许毫无意义，因为二者是合二为一的。但随着生产由家庭作坊走向社会，原始组织逐渐衰亡，人工创立的有特定目标的法人组织大量出现，并逐渐独立成为行动的主体。作为行动者的法人组织，其委托人和代理人往往是分离的，委托人是指对法人组织具有所有权的一切人，而代理人则是法人组织雇用的所有人。

跨国公司是现代法人行动者的典型代表。它作为营利型的经营机构，目的只有一个，即实现组织自身的利益，因而其行动逻辑遵循的是如何使公司利益最大化的单一原则。但是对于跨国公司的行动分析并不能简单地用这一原则涵盖。

跨国公司往往拥有可媲美国家的经济实力。它的每一利益所得都是以牺牲大量社会资源和社会其他弱小群体的利益为代价的，因而它必须对这样的损害和牺牲给予补偿。另外，作为有巨大影响的社会组织，跨国公司在人们的希望中总是被委以更大的社会责任，如果其行动背离这种期望，就往往会遭到指责，并且给公司的经营活动带来负面影响，因而跨国公司在行动中必须修正以自身利益为核心的行动方式，兼顾社会利益。

按照科尔曼的观点，跨国公司的基本构成单位是职位，公司成员在组织中仅以职位占据者和公司代理人的身份出现。然而这些职位占据者本身又是具有自主能力的行动者，他们的价值观、行动原则、行动能力因人而异，并不总是能按照公司的要求达到公司的目的。虽然每一位成员的单独行动对于组织而言影响是微小的，但一旦这样的行动转变为集体性行为，组织的行动就改变了。因而研究文化对跨国公司的影响有两层意思：一是研究文化对作为整体行动者的跨国公司如何产生影响；二是研究文化是如何通过影响公司成员的行为来影响公司的组织决策和管理结构的。

二、跨国公司的文化分析

（一）跨国公司市场行为的文化分析

作为自在自为的实体，跨国公司主要关注的必然是自己的内部利益，但如同自然人在行动中要考虑环境的制约因素一样，跨国公司的一体化国际经营也受到环境差异的限制。作为全球性社会系统的一种模式，跨国公司与同为全球性社会系统的国家处于根本冲突之中。国家守卫着各自的边界，限制人员与商品的输入与输出，而跨国公司则正是要冲破这种壁垒，寻求人员与商品的自由流动。前者依靠警察和军队等合法暴力手段维护自己的正当权利，而后者可以凭借公私合营的强大经济实力敲开新市场的大门。进入新市场时，跨国公司总是存在对新市场的政策、法律、惯例等制度的适应问题，这样的适应对于经营管理策略灵活的跨国公司而言也许并非难事。与之相比，难以捉摸却又无处不在、无时不在的文化因素更像一道无形的壁垒，阻碍跨国公司的一体化国际经营。

世界各民族所呈现出的价值取向是多种多样的，在一些民族中居于首要位置的价值观念在另一些民族眼里却是次要的，甚至是可以忽略的。比如，守时在西方文化中是居于首要位置的价值观，而在亚洲文化中却不那么受到重视（秦斌，1999）。而且当一些西方发达国家的跨国公司凭借其强大的经济实力进入某一市场时，常被看作当地市场的侵占者和民族文化的侵蚀者，从而引起当地人心理上的恐慌和文化上的拒斥。在这种情况下，能够帮助跨国公司打破僵局、冲破壁垒的仍然是文化。遭遇抵制的跨国公司通常会首选通过建立合资企业、帮助解决就业问题、提供新技术等方式表现出它们帮助当地发展经济的诚意，希望通过这种极具社会责任感的方式博取大众的好感和政府的支持。继而，在产品推介方面寻求产品与当地文化象征的关系，以求拉近与当地民众的心理距离，求得文化认同。在盛产套装木偶的俄罗斯，一排由大到小酷似套娃的嘉士伯啤酒无疑能让人感到亲切。而面对一只将瓶盖垫在瓶底的一边，瓶身微微倾斜的嘉士伯啤酒瓶，意大利人则很快就能联想到著名的比萨斜塔。这样直接的视觉上的联想效果能很快消除人们对产品的陌生感。对于拒斥感不强烈的市场，跨国公司也有标榜母国文化特征以吸引顾客的做法。在这里，母国文化是一种文化资源，跨国公司则努力让顾客相信自己的产品正是这种文化的象征。德国的严谨、瑞士的精致、法国的浪漫以及英国的优雅，跨国公司努力将自己的产品塑造成这些文化气质的体现者，以吸引对异国情调充满好奇与向往的东道国顾客。

可以看到，无论哪一种方法，跨国公司都将突破点放在文化上。对于人类而言，各种物品的功能不仅是维持生存的基本需求，还是各类文化的具体承担者。尤其是现代社会早已不是供不应求的社会，在这样一个以消费者为主导的消费社会里，人们不仅仅关注产品的功能和产品本身，更关注产品作为一种符号在文化或精神上能够带来的满足。据此，跨国公司在产品推介方面也把重点放在后者之上，它们关心目标市场的定位、偏好、品位和价值选择，并试图传递这样的信息：我们的产品正可以满足您的需要。因而，有时候跨国公司会通过展示自己在世界各地的经营网络或产品普及程度，让目标市场群体感受在更大的范围内（如全世界）的群体认同和群体身份识别。当世界各地的青年手捧着一杯可口可乐时，都会感到自己是充满青春与活力、没有被世界潮流抛弃的人，尽管这些产品在口味和口感上都存在差异。在企业整体形象塑造方面，跨国公司总是试图展现其世界级好公民的形象，通过慈善活动或精心策划的形象广告来表现企业对于爱、忠诚、友谊等人类共同的美好情感的关注和强烈的社会责任感。

在一体化的国际市场营销中，企业总是通过同样的包装、同样的标识塑造一个统一的国际品牌，然而事实上产品构成和类型在各地都有差异，因而可以说跨国公司着力树立的是国际概念，同时又通过本土化的广告推介或其他的营销策略，让当地民众感受到企业对当地的重视与尊重。文化成为跨国公司在开拓新市场、扩大经营规模过程中的一件利器。

（二）跨国公司内部的文化分析

跨国公司作为法人行动者，是通过代理人——它雇用的公司成员来发挥作用的，二者之间的互动不同于自然人之间的互动。科尔曼用两个例子生动地说明了这种互动的复杂性。一个是餐馆侍者，他送菜单、端饭菜、帮助结账等行为都是作为餐馆的代理人做出的；另一个是领班，作为车间的代理人，他向经理这一工厂代理人提出有关生产的要求，经理出于工厂全局的考虑拒绝了这一要求。在这两个实例中，前者表现了法人（餐馆）与自然人（顾客）之间的互动，后者体现了法人（工厂与车间）之间的互动。但如果在第一种情况下，顾客主动与侍者攀谈或提出涉及具体事务的问题，那么这个具体的互动过程就分裂为两种——既有法人与自然人之间的互动，也有两个自然人之间的互动。如果在第二种情况下，经理拒绝领班的要求不是出于工厂利益的考虑，而是出于个人恩怨，那么这个互动过程就包括了两个自然人之间的互动。

跨国公司的基本元素是职位，它需要的是公司成员在职位上履行规定的责任，在人员的选择上，它需要的是能满足职位要求的代理人而不是某个特定的人。但是与上述两例情况一样，职位的占据者在行动中均无可避免地会受到自身的价值选择、行动能力和社会关系的影响。因此，在代表公司对外打交道，或作为部门代理人与其他部门进行利益交涉和行动协调时，公司成员都既可能以公司代理人身份出现，又可能以自然人身份出现，在这两种身份涉及的利益发生冲突，或者代理人同时拥有个人及法人行动者的资源并有可能用法人的资源为自己牟利的情况下，跨国公司必须想办法防止自身利益受损。它们通常采用的手段除了严格的规章制度外，还有软性的文化手段。除满足成员的物质需求外，公司很注意培养成员对企业的忠诚和自豪感，这往往是通过满足成员的成就感和加强成员在企业决策中的参与程度来实现的。比如，员工可以通过辞职的方式表现他对公司决策的不满。使情况更趋复杂的是，跨国公司的一体化国际经营必然面临成员之间的生产领域文化冲突和地域民族文化冲突。

每个跨国公司都不是单一产品的经营实体，为了保证公司利润的增长，公司规模不断扩大，这种扩大既包括产品数量也包括产品种类。瑞典沃尔沃早期只负责汽车的设计和组装，并颇以自己分散化的生产体系为荣，但后来仍然不得不将各零配件生产商收于自己麾下，因为想要在主要零配件的生产独立于公司经营体系之外的情况下有所发展是非常困难的（Kinch，1987）。这样的多种产品经营和产供销一体化的国际经营确实为公司带来巨大利润，但也由此带来文化上的问题。

古德诺（Goodnow）曾经研究过反叛的地下矿工群体与较顺服的地表生产工人之间的文化差异，可见在不同的生产领域往往会产生不同的生产文化，因此，跨国公司在不同的生产领域就不能采取同样的管理策略。

更大的冲突来自民族间的文化差异。跨国公司在海外经营时面对的是一个在政治、法律、文化和语言等诸方面与母国截然不同的环境，而且海外员工派遣成本较高，加之为缓和东道国民族的抵制情绪，当地化经营成为跨国公司拓展海外业务、实现一体化增长的重要战略选择。但是由于母国与东道国之间的文化差异以及公司成员个体间的文化差异，因此跨国公司经营管理的本质就是跨文化管理。跨国公司的有效性归根结底取决于跨文化管理的有效性。跨国公司置身于东道国的大文化环境中，必须有针对性地调整经营宗旨和管理方式，使之与当地的社会文化相适应。企业文化的当地化不是全盘套用东道国的当地文化，而是一种相互调整适应的过程。从跨国公司的管理实践来看，秦斌认为以一国为中心或使各种文化并存往往都无法彻底解决跨文化冲突问题。只有正视文化的差异，不断进行文化融合以形成新的公司文化，才是取得文化协同的有效手段。文化融合的结果，往往既不是纯粹的母文化企业文化，也不是纯粹的当地文化，而是一种第三类文化。因此，企业文化的当地化，就是要加强对不同文化相互作用所形成的“异文化界面”的不断调整，努力培养第三类文化（秦斌，1999）。

文化上的差异常常造成来自不同国家的管理人员在管理理念上的巨大差异，这方面的差异常在一些基本环节上得到体现，如在经营目标、市场选择、管理方式、处理作风上的差异很容易造成文化上的冲突。当跨国公司的经营管理者进入另一种文化，面对形形色色的陌生行为方式时，常常产生不安和敌意的心理，这样易于产生冲突。新进入某文化区域的跨国公司管理人员，特别是由发达国家进入发展中国家的经营管理者，常常会抱有某种种族优越感，这样易于招致东道国成员的反感，造成沟通上的困难；而双方在组织文化，比如权力距离上的差异更易于产生交流的困难。因此，跨国公司在选派经理人员时，会选择那些了解东道国文化且具有良好沟通能力的人。在组织结构方面，跨国公司置身于东道国的大文化环境中，总是适当调整自己的管理方式和经营宗旨。在跨国公司的经营管理中，公司必须正视文化差异，不断进行文化融合形成新的公司文化，才能取得有效的文化协同，进行有效的管理。

虽然跨国公司经营管理离不开文化的影响，但难以确定是文化对经营管理的影响大，还是跨国公司对文化的改变多。当产品的符号意义变得越来越重要后，跨国公司大都加强了对地域文化和消费心理的研究。凭借强大的经济实力和市场营销手段，跨国公司不但能追踪消费者的心理偏好，还能有意识地引导消费行为，塑造新的文化潮流。当巨大的金黄色“M”形拱门在非洲小国的街头上树立起来的时候，很难分清是非洲改造了麦当劳，还是麦当劳改变了非洲。

当跨国公司在全球经济生活中扮演的角色越来越重要时，人们不禁会问：当各国的经济系统合并为统一的国际经济时，国家是否仍能够作为独立自主的实体继续存在？虽然答案不得而知，但合并的趋势确实越来越明显。在有些领域，大部分的市场份额掌握在极少数的大型跨国集团手中，小企业的生存空间越来越小，只能通过联盟以求自保或被并入大集团。在这样的情况下，文化因素非但不能成为阻挡跨国公司前进的障碍，反而成为一种可资利用的手段，当跨国公司产品被运送到地球上的某一个角落时，那里的文化正悄悄地被改变。

本章要点

1. 文化在经济生活中扮演着许多角色，如构成行动者和经济制度、界定行动目标和手段、调整目的与手段之间的关系等。“文化”一词指许多不同的构成因素，如计划、隐喻、惯例、范畴体系、制度、提纲和框架、规范、价值观、仪式以及变化的规则等。除了假设“社会结构”的每一方面都能同时解释每一种“结构影响”，或者假设阶级地位在社会网络中的位置或性别对于行为有同样的影响之外，没有更多的理由相信所有这些是在某种特殊的因果性的、构成性的或限制性的关系中体现出来的，或者相信所有这些在任一实际情况中都会趋向相同的方向。

2. 界定抽象的范围和条件是至关重要的。文化的构成性影响往往在一定维度内产生。如果将处于不同时代的社会进行比较，比仅比较某单一社会内的群体，更易于发现经济行动范畴的差异。而如果比较某单一社会中的群体或情境，或比较有不同限制制度的相似社会，就更容易发现限制性影响。持续时间越长，被研究个体的差异越大，人们必须更加注意为了进步而发生的制度变化。持续时间越短，个体相似程度越高，那么忽略文化因素而注重可见变化的结构性解释（包括基于自我利益的解释）就越可靠。

3. 文化理论既是对经济推理的挑战，也是对经济推理的补充。也许最重要的是“建构”和“行动逻辑”的概念。文化理论与经济学中的路径依赖解释有关。如果如韦伯所述，思想是历史的遗迹，那么路径依赖理论就会告诉我们这些遗迹的重要性。某些文化理论（特别是那些强调文化的认知方面的理论）可能与信息经济学的研究和风险与不确定性模型类似，并且可能与多义及文化分歧研究有许多共同之处。

4. 很难发现“文化”对于经济行为的明显影响。比如信任问题，文化方面的理论可能认为文化相似性（在价值观、章程计划、表达符号或所有这些的混合物上）产生信任，导致加强信任的互动和网络联系，这反过来又使控制着交换的规则得到放松成为可能。而经济方面的理论可能认为交易特征（不确定性、高频率、财富特殊性）赋予信任某种理想的关系适应，因此演化的结果才是选择文化相似性较高的行动者密集网络。这些理论在总的逻辑方面，比它们所强调的方面和它们认为是理所当然的方面所存在的分歧要小。

5. 文化带着特殊的力量进入许多对经济学而言大部分是外因性的领域：历史变迁的宽泛模式，经济或市场逻辑无法运用的环境，以及一旦形成便会遵照其理性行动的身份构成。文化因素对于经济学中心地位的某些事实（如偏好的形成和稳定性、经济制度的变迁与革新）的重要作用表明，经济学家（至少是经济社会学家）忽略了文化。

基本概念

文化　跨国公司

复习思考题

1. 如何理解文化的定义？
2. 试述文化与经济发展的关系。
3. 如何处理好跨国经营中的文化冲突？

推荐阅读书目

1. 陈浩文．价值与社会：第二集．北京：中国社会科学出版社，1998.

2. 韦伯．新教伦理与资本主义精神．北京：三联书店，1987.

3. 斯密．道德情操论．北京：商务印书馆，1997.

4. 朱国宏．经济社会学．上海：复旦大学出版社，1999.

参考文献

1. 贝拉．德川宗教：现代日本的文化渊源．北京：三联书店，1998.

2. 季桂保．博德里拉的"消费社会"批判理论述评．国外社会科学，1999（2）.

3. 科尔曼．社会理论的基础．北京：社会科学文献出版社，1999.

4. 秦斌．一体化国际经营：关于跨国公司行为的分析．北京：中国发展出版社，1999.

5. 斯梅尔瑟．经济社会学．北京：华夏出版社，1989.

6. 汪丁丁．经济学理性主义的基础．社会学研究，1998（2）.

7. BERNSTEIN B. Class，gods and control，vol 3：towards a theory of educational transmissions. Boston：Routlodge & Kegan Paul，1975.

8. BLEDSTEIN B. The culture of professionalism. New York：Norton，1976.

9. BOURDIEU P. The logic of practice. Stanford，CA：Sage Publications，1990.

10. BURAWOY M. Manufacturing consent：changes in the labor process under monopoly capitalism. Chicago：University of Chicago Press，1979.

11. DIMAGGIO P. Culture and economy//SMELSER N，SWEDBERG R. The handbook of economic sociology. NJ：Princeton University Press，1994.

12. DOUGLAS M，ISHERWOOD B. The world of goods：towards an anthropology of consumption. NY：Norton，1982.

13. FLINGSTEIN N. Bank control，owner controls，or organizational dynamics：who controls the large modern corporations?. American journal of sociology，1992，98.

14. FLINGSTEIN N. The spread of the multidivisional form among large firms，1919—1979. American sociological review，1985，50.

15. FLINGSTEIN N. The transformation of corporate control. Cambridge，MA：Harvard University Press，1990.

16. FRANK R H. Choosing the right pond：human behavior and the quest for status. NY：Oxford University Press，1985.

17. GRANOVETTER M. Economic action and social structure：the problem of embeddedness. American journal of sociology，1985，91.

18. KINCH N. Emerging strategies in a network context：the volvo case. Journal of management studies，1987，26（1）.

19. KREPS D M. Corporate culture and economic theory//ALT J E, AHEPSLE K A. Perspectives on positive political economy. New York: Cambridge University Press, 1990.

20. LEWIS O. La Vida: a puerto rican family in the culture of poverty: San Juan and New York. NY: Random House, 1965.

21. LOWENTHAL L. The triumph of mass idols//Literature, popular culture, and society. Englewood Cliffs, NJ: Prentice Hall, 1961.

22. MACFARLANE A. The origins of English individualism: the family, property, and social transition. NY: Basic Blackwell, 1978.

23. MUKERJI C. From graven images: patterns of modern materialism. NY: Columbia University Press, 1983.

24. PODOLNY J. A status based model of market competition. American journal of sociology, 1993, 98.

25. POLANYI K. The great transformation. Boston: Beacon Press, 1944.

26. RAINWATER L. What money buys: inequality and the social meanings of income. NY: Basic Books, 1974.

27. RODMAN H. The lower class value stretch. Social forces, 1963, 42.

28. SABEL C. Moebius strip organizations and open labor market: some consequences of the reintegration of conception and execution in a volatile economy// BOURDIEU P, COLEMAN J. Social theory for a changing society. Boulder, CO: Westview Press, 1993.

29. SILVER A. Friendship in commercial society: eighteenth century social theory and modern sociology. American journal of sociology, 1990, 95.

30. SIMMEL G. The philosophy of money. Boston: Routledge & Kegan Paul, (1907) 1978.

31. SMITH A. The theory of moral sentiments. New York: Oxford University Press, (1759) 1976.

32. SPILERMAN S. Careers, labor market structure and socioeconomic achievement. American journal of sociology, 1997, 83.

33. STACK C. All our kin: strategies for survival in a black community. New York: Harper and Row, 1974.

34. VALENTINE C A. Culture and poverty: critique and counter proposal. Chicago: University of Chicago Press, 1968.

35. VOGEL E. The four little dragons: the spread of industrialization in east Asia. Cambridge, MA: Harvard University Press, 1991.

36. ZELIZER V. Beyond the polemics of the market: establishing a theoretical and empirical agenda. Sociological forum, 1988, 3.

37. ZELIZER V. Making multiple monies//SWEDBERG R. Explorations in economic sociology. NY：Rusell Sage Foundation，1993.

38. ZELIZER V. The social meaning of money："special monies". American journal of sociology，1989，95.

39. ZUKIN S. Landscapes of power：from detroit to disney world. Berkeley：University of California Press，1991.

附录一

美国经济社会学分会推荐的经济社会学部分阅读书目

经济社会学读本（共 28 本）

Ⅰ. 经典经济社会学著作（共 11 本）

Marx，Karl. Capital（1867）

Marx，Karl. Grundrisse（1857—1858）

Parsons，Talcott and Neil Smelser，Economy and Society（1956）

Polanyi，Karl. The Great Transformation（1944）

Polanyi，Karl，Conrad Arensberg and Harry Pearson（eds.）. Trade and Market in the Early Empires（1957）

Schumpeter，Joseph. Capitalism，Socialism and Democracy（1942）

Schumpeter，Joseph. The Economics and Sociology of Capitalism（1991）

Simmel，Georg. The Philosophy of Money（1900）

Weber，Max. Economy and Society（1922）

Weber，Max. The Protestant Ethic and the Spirit of Capitalism（1904—1905）

Weber，Max. Essays in Economic Sociology（1999）

Ⅱ. 经济社会学通论著作（共 7 本）

Biggart，Nicole W.，eds. Readings in Economic Sociology. Cambridge：Blackwell，2002.

Dobbin，Frank. The New Economic Sociology：A Reader. New Jersey：Princeton University Press，2004.

Dobbin，Frank. The Sociology of the Economy. New York：Russell Sage Foundation，2004.

Guillen，Mauro F.，Randall Collins，Paula England，and Marshall Meyer，eds. The New Economic Sociology：Developments in an Emerging Field. New York：Sage，2002.

Smelser，Neil J. The Sociology of Economic Life. Englewood Cliffs，NJ：Prentice-Hall，1976.

Smelser, Neil J., and Richard Swedberg, eds. Handbook of Economic Sociology. Princeton, NJ: Princeton University Press, 2005.

Swedberg, Richard, and Mark Granovetter, eds. The Sociology of Economic Life. Second edition. Boulder, Colorado: Westview, 2001.

Ⅲ. 经济社会学主题著作（共 10 本）

Abolafia, Mitchell. Making Markets: Opportunism and Restraint on Wall Street. Cambridge: Harvard University Press, 1996.

Callon, Michel, eds. The Laws of the Markets. Oxford: Blackwell, 1998.

Cetina, Karin Knorr and Alex Preda, ed. The Sociology of Financial Markets. Oxford: Oxford University Press, 2004.

DiMaggio, Paul, eds. The Twenty-First-Century Firm: Changing Economic Organization in International Perspective. Princeton, NJ: Princeton University Press, 2001.

Duina, Francesco. The Social Construction of Free Trade: The European Union, NAFTA, and Mercosur. Princeton, NJ: Princeton University Press, 2006.

Fligstein, Neil. The Architecture of Markets: An Economic Sociology of Twenty-First-Century Capitalist Societies. Princeton, NJ: Princeton University Press, 2001.

Guillen, Mauro F. The Limits of Convergence: Globalization & Organizational Change in Argentina, South Korea, and Spain. Princeton, NJ: Princeton University Press, 2001.

Swedberg, Richard. Max Weber and the Idea of Economic Sociology. Princeton University Press, 1998.

White, Harrison C. Markets from Networks: Socioeconomic Models of Production. Princeton, NJ: Princeton University Press, 2001.

Zucker, Ross. Democratic Distributive Justice. Cambridge: Cambridge University Press, 2001.

附录二

美国斯坦福大学经济社会学教学大纲

斯坦福大学本科生（2010 年秋）经济社会学教学大纲

教师：马克·格兰诺维特（Mark Granovetter）

课程：社会学 114/214（经济社会学）

内容：

（一）引言：经济社会学的多样性（Introduction：Varieties of Economic Sociology）（September 20）

阅读材料

——Mark Granovetter，“Economic Action and Social Structure，” American Journal of Sociology，Nov. 1985. Reprinted in Granovetter and Swedberg（Read pp. 51 - 60）or in Granovetter，Getting a Job，（read pp. 211 - 223）.

——Michael Sandel，“What Money Can't Buy：The Moral Limits of Markets，” Tanner Lectures on Human Values，Oxford University，1998. Download from Zip File on Coursework Web Site.

——Jane Gross，“Elder-Care Costs Deplete Savings of a Generation，” New York Times，December 30，2006（in Zip File）.

（二）经济学、人类学和社会学中的经济概念的演变（Shifting Conceptions of the Economy and Its Study in Economics，Anthropology and Sociology）

1. 经典和现代经济学家的观点（September 22，September 27）：斯密（Adam Smith）、罗宾斯（Lionel Robbins）、弗里德曼（Milton Friedman）和阿玛蒂亚·森（Amartya Sen）

阅读材料

——Adam Smith，The Wealth of Nations（1776）. Book I，Chs. 1，2，10（Part 1）. Read or Print from Ebrary Application at http：//site. ebrary. com/lib/stanford. ElecBook Version is Probably the Best. Also Available at http：//www. econlib. org/library/Smith/smWN. html.

——Lionel Robbins，An Essay on the Nature and Significance of Economic Science（1932）. Chs. 1 - 2（in Course Reader）.

——Milton Friedman,“The Methodology of Positive Economics”(1953)(in Course Reader).

——Amartya Sen,“Rational Fools: A Critique of the Behavioral Foundations of Economic Theory,” in Philosophy and Public Affairs, Summer 1977, pp. 317 - 344. Download Copy from Zip File on Coursework Web Site.

2. 经济人类学家中实体主义与形式主义：波兰尼（Karl Polanyi）(September 29)

阅读材料

——Karl Polanyi, The Great Transformation (1944), Chs. 4 and 6; Read and/or Print from Ebrary Application at http://www-sul.stanford.edu/collect/ebooks.html.

—— “The Economy as Instituted Process,” Reprinted in Granovetter and Swedberg, Chapter 1.

3. 经济的古典社会学理论：韦伯（Max Weber）(October 4)

阅读材料

——Richard Swedberg, Max Weber and the Idea of Economic Sociology (1998), Chapter 2 (in Course Reader).

（三）经济制度的社会学方法（Sociological Approaches to Economic Institutions）

1. 消费社会学（The Sociology of Consumption）

阅读材料

——Robert Frank, Choosing the Right Pond (1985), Chs. 1, 2 (in Course Reader).

——Clifford Geertz, “The Bazaar Economy,” American Economic Review, May, 1978, pp. 28 - 32, Reprinted in Granovetter and Swedberg, Ch. 6.

——Viviana Zelizer, “Human Values and the Market,” Reprinted in Granovetter and Swedberg, Ch. 7.

2. 劳动市场社会学（The Sociology of Labor Markets）

阅读材料

——Mark Granovetter, Getting a Job: A Study of Contacts and Careers, 2nd edition (1995), pp. 3 - 62, 73 - 103, 131 - 182.

复习与讨论

期中考试（Midterm Examination）

期中考试后的讨论（Discussion of Midterm Examination）

3. 公司和工业组织社会学（The Sociology of the Firm and Industrial Organization）

(1) 公司内部（Inside the Firm）

阅读材料

——Melville Dalton，Men Who Manage（1959），Reprinted in Granovetter and Swedberg，Chapter 12.

——George Strauss，“Group Dynamics and Intergroup Relations，”（1955）Reprinted in Granovetter and Swedberg，Chapter 11.

（2）公司控制与管理（Corporate Control and Governance）

阅读材料

——Michael Useem，Investor Capitalism：How Money Managers are Changing the Face of Corporate America（1996），Chapter 1（in Course Reader）.

——Mark Roe，Strong Managers，Weak Owners：The Political Roots of American Corporate Finance（1994）. Introduction，Chs 3，4，Conclusion；Read and/or Print from Ebrary Application at http：//www-sul. stanford. edu/collect/ebooks. html.

——Matthew Karnitschnig and Neal Boudette，“Battle for Bertelsmann's Soul Led to the Ouster of its CEO，” Wall Street Journal，July 30，2002（in Course Reader）.

（3）公司规模和关系的决定因素：市场、等级和网络（Determinants of Firm Size，and Relations Among Firms：Markets，Hierarchies and Networks）

阅读材料

——Richard DuBoff and Edward Herman，“Alfred Chandler's New Business History：A Review，” Politics and Society（1980）pp. 87－110（in Zip File）.

——Exchange among Charles Perrow，Oliver Williamson，William Ouchi and Alfred Chandler，in W. Joyce and A. Van de Ven，Organizational Design（1981），pp. 347－406（in Course Reader）.

——Stuart Macaulay，“Non-Contractual Relations in Business，” American Sociological Review（1963），pp. 55－67. Reprinted in Granovetter and Swedberg，Chapter 9.

——Mark Granovetter，“Economic Action and Social Structure，” Reprinted in Granovetter and Swedberg，Chapter 2：Read pp. 60－74，or in Getting a Job（Read pp. 223－240）.

（4）工业区：计算机行业的个案研究（Industrial Regions：The Case of the Computer Industry）

阅读材料

——Annalee Saxenian，“‘Inside-Out’ Regional Networks and Industrial Adaptation in Silicon Valley and Route 128，” Reprinted in Granovetter and Swedberg，Chapter 17.

（5）工业组织（The Organization of Industries）

阅读材料

——Arthur Stinchcombe，“Bureaucratic and Craft Administration of Production," Reprinted in Granovetter and Swedberg, Chapter 13.

——Paul Hirsch, "Processing Fads and Fashions," Reprinted in Granovetter and Swedberg, Chapter 14.

——Lynn Hirschberg, "The Music Man," New York Times Magazine September 2, 2007; Download from Link on Coursework Website.

（四）用历史和比较的视角审视资本主义（Capitalism in Historical and Comparative Perspective）

阅读材料

——Randall Collins, "Weber's Last Theory of Capitalism," Reprinted in Granovetter and Swedberg, Chapter 18.

——Ronald Dore, "Goodwill and the Spirit of Market Capitalism," Reprinted in Granovetter and Swedberg, Chapter 20.

——Valerie Reitman, "Toyota's Fast Rebound," from the Wall Street Journal, May 8, 1997 (in Zip File).

——Toshihiro Nishiguchi and Alexandre Beaudet, "The Toyota Group and the Aisin Fire," Sloan Management Review, Fall, 1998. Download from Zip File on Coursework Website.

附录三

美国哈佛大学经济社会学教学大纲

哈佛大学社会学系（2013年秋）经济社会学教学大纲

教师：弗兰克·道宾（Frank Dobbin）

课程：经济社会学研讨班（Economic Sociology Seminar）

内容：

本课程将系统回顾马克思、韦伯、涂尔干等早期社会学家的经济社会学思想，并分析自20世纪80年代以来不同学者对经济行为的研究理路，尤其关注角色、传统以及社会结构在形塑政治、宗教和家庭行为中所起到的重要作用。此外，本课程还会详细比较制度（institution）、网络（network）、权力（power）和认知（cognition）这四个经济社会学主要理论流派的联系与区别，并介绍这些理论在分析全球化发展以及金融市场等现实问题中的应用。

（一）经济学与社会学（Economics and Sociology）（September 5）

阅读材料

——Yonay，Yuval. 1998. The Struggle Over the Soul of Economics：Institutionalist and Neoclassical Economists in America Between the Wars. Princeton，NJ：Princeton University Press. Chapters 1 and 10，pp. 3 - 28 and 196 - 222.

——Fourcade-Gourinchas，Marion. 2009. Economists and Societies：Discipline and Profession in the United States，Britain，and France，1890s to 1990s. Princeton，NJ：Princeton University Press. pp. 1 - 30.

——Smelser，Neil. 1995. "Economic Rationality as a Religious System." pp. 73 - 92 in Rethinking Materialism：Perspectives on the Spiritual Dimension of Economic Behavior. Ed. Robert Wuthnow. Grand Rapids，MI：William B. Erdmans.

——Dobbin，Frank. 2004. "The Sociological View of the Economy." pp. 1 - 46 in The New Economic Sociology：An Anthology. Ed. Frank Dobbin. Princeton，NJ：Princeton University Press.

（二）制度（Institutions）（September 12）

阅读材料

——Weber，Max. 2001. The Protestant Ethic and the Spirit of Capitalism. pp. 49 -

85 in The New Economic Sociology：An Anthology. Ed. Frank Dobbin. Princeton，NJ：Princeton University Press.

——Meyer，John W.，and Brian Rowan. 2004. "Institutionalized Organizations：Formal Structure as Myth and Ceremony." pp. 86 - 110 in The New Economic Sociology：An Anthology. Ed. Frank Dobbin. Princeton，NJ：Princeton University Press.

——Campbell，John L. 2004. "The Problems of Institutional Analysis." pp. 1 - 30 in Institutional Change and Globalization. Princeton，NJ：Princeton University Press.

——Scott，W. Richard. 2004. "Competing Logics in Healthcare：Professional，State，and Managerial." In The Sociology of the Economy. Ed. Frank Dobbin. New York，Russell Sage Foundation Press.

——Fligstein，Neil and Doug McAdam. 2012. A Theory of Fields. New York：Oxford University Press. pp. 3 - 33.

（三）网络（Networks）（September 19）

阅读材料

——Powell，Walter W. 1990. "Neither Market nor Hierarchy：Network Forms of Organization." pp. 295 - 336 in Research in Organizational Behavior，vol. 12，edited by L. L. Cummings and B. Shaw. Greenwich，CT：JAI Press.

——Granovetter，Mark. 2004. "Economic Action and Social Structure：The Problem of Embeddedness." pp. 245 - 273 in The New Economic Sociology：An Anthology. Ed. Frank Dobbin. Princeton，NJ：Princeton University Press.

——Leifer，Eric，and Harrison White. 2004. "A Structural Approach to Markets." pp. 302 - 324 in The New Economic Sociology：An Anthology. Ed. Frank Dobbin. Princeton，NJ：Princeton University Press.

——Burt，Ronald S. 1992. Structural Holes. Cambridge MA：Harvard University Press. pp. 8 - 30. Brian Uzzi and Ryon Lancaster. 2004. "Embeddedness and Price Formation in the Corporate Law Market." American Sociological Review 69（3）：319 - 344.

（四）权力（Power）（September 26）

阅读材料

——Marx，Karl. 1978. "The Germany Ideology." pp. 387 - 406 in The New Economic Sociology：An Anthology. Princeton，NJ：Princeton University Press.

——Roy，William G. 2004. "Socializing Capital：The Rise of the Large Industrial Corporation in America." pp. 433 - 456 in The New Economic Sociology：An Anthology. Ed. Frank Dobbin. Princeton，NJ：Princeton University Press.

——Fligstein，Neil. 2004. "The Transformation of Corporate Control." pp. 407 - 432 in The New Economic Sociology：An Anthology. Ed. Frank Dobbin. Princeton，NJ：Princeton University Press.

——Marsden，Peter. 1983. “Restricted Access in Networks and Models of Power.” The American Journal of Sociology 88（4）：686－717.

（五）认知（Cognition）（ October 3）

阅读材料

——Durkheim，Émile. 2004. “The Elementary Forms of Religious Life.” pp. 485－495 in The New Economic Sociology：An Anthology. Ed. Frank Dobbin. Princeton，NJ：Princeton University Press.

——Berger，Peter，and Thomas Luckmann. 2004. “The Social Construction of Reality：A Treatise on the Sociology of Knowledge.” pp. 496－517 in The New Economic Sociology：An Anthology. Ed. Frank Dobbin. Princeton，NJ：Princeton University Press.

——Meyer，John，John Boli，and George Thomas. 1987. “Ontology and Rationality in the Western Cultural Account.” in George Thomas，John Meyer，Ramirez Francisco，and John Boli eds. Institutional Structure：Constituting State，Society，and the Individual. Newbury Park：Sage Publications.

——March，James，and Herbert Simon. 2004. “Organizations：Cognitive Limits on Rationality.” pp. 518－532 in The New Economic Sociology：An Anthology. Ed. Frank Dobbin. Princeton，NJ：Princeton University Press.

——Weick，Karl E. 2004. “Sensemaking in Organizations.” pp. 533－552 in The New Economic Sociology：An Anthology. Princeton，NJ：Princeton University Press.

（六）市场的兴起（The Rise of the Market）（October 10）

阅读材料

——Polanyi，Karl. 1944. The Great Transformation：The Political and Economic Origins of our Time. New York：Rinehart. pp. 56－76 and 135－162.

——Hirschman，Albert O. 1977. The Passions and the Interests：Political Arguments for Capitalism before its Triumph. Princeton：Princeton University Press. pp. 3－66.

——Nee，Victor，and Sonja Opper. 2012. “Capitalism from Below：Markets and Institutional Change in China.” Cambridge，MA：Harvard University Press. pp. 1－11，259－263.

——Stark，David. “Recombinant Property in East European Capitalism.” American Journal of Sociology 1996. 101（4）：993－1027.

——Zelizer，Viviana A. 2004. “Pricing the Priceless Child：The Changing Social Value of Children.” pp. 135－161 in The New Economic Sociology：An Anthology. Ed. Frank Dobbin. Princeton，NJ：Princeton University Press.

（七）经济发展（Economic Development）（October 17）

阅读材料

——Gershenkron，Alexander. 1962. Economic Backwardness in Historical Perspective. Cambridge，MA：Belknap. pp. 5 - 30.

——Cardoso，Fernando Henrique and Enzo Faletto. 1979. Dependency and Development in Latin America. Berkeley，CA：University of California. pp. vii - 28.

——Centeno，Miguel. "Blood and Debt：War and Taxation in Nineteenth Century America." American Journal of Sociology 1997. 102：1565 - 1605.

——Evans，Peter. 1995. Embedded autonomy：states and industrial transformation. Princeton University Press，1995. pp. 1 - 42.

——Gao，Bai. 2004. "The State and the Associational Order of the Economy：The Institutionalization of Cartels and Trade Associations in 1931—1945 Japan." In The Sociology of the Economy. Ed. Frank Dobbin. New York，Russell Sage Foundation Press.

（八）比较资本主义（Comparative Capitalism）（October 24）

阅读材料

——Dobbin，Frank. 1994. Forging Industrial Policy：The United States，Britain，and France in the Railway Age. New York：Cambridge University Press. Chapters 1 and 5，pp. 1 - 27 and 213 - 231.

——Western，Bruce. 1994. "Unionization and Labor Market Institutions in Advanced Capitalism，1950—1985." American Journal of Sociology 99：1314 - 41.

——Whitley，Richard. 1999. Divergent Capitalisms：The Social Structuring and Change of Business Systems. Oxford：Oxford University Press. Chapter 2，pages 31 - 64.

——Hall，Peter A. and David W. Soskice. 2001. Varieties of Capitalism：The Institutional Foundations of Comparative Advantage. Oxford：Oxford University Press. pp. 1 - 68.

（九）全球化（Globalization）（October 31）

阅读材料

——Arrighi，Giovanni. 2007. Adam Smith in Beijing：Lineages of the Twenty-First Century. London：Verso. pp. 1 - 39.

——Swedberg，Richard. "On Legal Institutions and Their Role in the Economy." pp. 74 - 92 in Frank Dobbin（ed.），The Sociology of the Economy. New York：Russell Sage Foundation，2004.

——Meyer，John W.，John Boli，George M. Thomas，and Francisco O. Ramirez. 1997. "World Society and the Nation-State." American Journal of Sociology 103（1）：144 - 81.

——Globalization Pressures and the State：The Worldwide Spread of Central

Bank Independence.

——Simone Polillo and Mauro F. Guillén. American Journal of Sociology，Vol. 110，No. 6（May 2005），pp. 1764－1802.

——Bankrupt：Global Lawmaking and Systemic Financial Crisis. Terence C. Halliday and Bruce G. Carruthers. 2009. Stanford，CA：Stanford University Press. pp. 1－38.

（十）劳动力市场（Labor Markets）（November 7）

阅读材料

——McCall，Leslie and Christine Percheski . 2010. "Income Inequality：New Trends and Research Directions." Annual Review of Sociology 36：329－347.

——Granovetter，Mark S.（1973）. The Strength of Weak Ties. American Journal of Sociology 78：1360－1380.

——Brinton，Mary C. 1988. "The Social-Institutional Bases of Gender Stratification：Japan as an Illustrative Case." The American Journal of Sociology 94（2）：300－334.

——Haveman，Heather A. and Lisa E. Cohen（1994）. The ecological dynamics of careers：the impact of organizational founding，dissolution，and merger on job mobility. American Journal of Sociology 100：104－152.

——American Sociological Review 2006 71：42 Roberto M. Fernandez and Isabel Fernandez-Mateo Networks，Race，and Hiring.

（十一）股东价值（Shareholder Value）（November 14）

阅读材料

——Useem，Michael. 1993. Executive Defense：Shareholder Power and Corporate Reorganization. Cambridge，Mass.：Harvard University Press. pp. 1－56.

——Davis，Gerald F.，Kristina A. Diekmann，and Catherine H. Tinsley. 2004. "The Decline and Fall of the Conglomerate Firm in the 1980s：The Deinstitutionalization of an Organizational Form." pp. 188－226 in The New Economic Sociology：An Anthology. Ed. Frank Dobbin. Princeton，NJ：Princeton University Press.

——Ezra Zuckerman. 1999. "The Categorical Imperative：Securities Analysts and the Illegitimacy Discount." American Journal of Sociology 104（5）：1398－1438.

——Khurana，Rakesh. 2002. Searching for a Corporate Savior：The Irrational Quest for Charismatic CEOs. Princeton，NJ：Princeton University Press. pp. 1－50.

——Dobbin，Frank，and Jiwook Jung. 2010. "The Misapplication of Mr. Michael Jensen：How Agency Theory Brought Down the Economy and Why it Might Again." Markets on Trial：The Economic Sociology of the U. S. Financial Crisis. Research in the Sociology of Organizations 30B：29－64.

（十二）金融化（Financialization）（November 21）

阅读材料

——Donald MacKenzie and Yuval Millo. 2003. “Constructing a Market，Performing Theory：The Historical Sociology of a Financial Derivatives Exchange.” American Journal of Sociology 109（1）：107－145.

——Davis，Gerald F. 2009. Managed by the Markets：How Finance Re-Shaped America. New York：Oxford University Press. pp. 1－30.

——Krippner，Greta. 2011. Capitalizing on Crisis：The Political Origins of the Rise of Finance. Cambridge：Harvard University Press. pp. 27－57 and 138－150.

——Prasad，Monica. 2012. The Land of Too Much：American Abundance and the Paradox of Poverty. Cambridge，MA：Harvard University Press. pp. xi－24.

附录四

美国加利福尼亚大学伯克利分校经济社会学教学大纲

加利福尼亚大学伯克利分校社会学系（2015 年秋）经济社会学教学大纲

教师：玛丽恩·芙卡德（Marion Fourcade）

课程：经济与社会：市场社会的道德视角 SOC 280Q（Economy and Society：Moral Views of Market Society）

内容：

本课程是经济社会学导论。社会学家一直在研究经济过程，虽然也许从来没有像今天这样在学术上好斗和自觉。过去的二十年里，社会学界于这一领域有了相当惊人的繁荣，学者们都在寻求批判主流经济学中常用的分析假设和研究程序，同时也为经济现象提供社会学基础的解释。这一运动使得这些有别于主流经济学体系的关于经济行为和经济发展的见解结构化、制度化，最终形成了经济社会学。本课程将在市场结构、技术和道德范畴之间，从其关系的特定角度探讨经济社会学领域。我们将从社会科学中基于某些最终价值为市场辩护或诋毁市场的道德判断开始，接着逐步达成更具建设性的论点，即市场如何通过不同的方式自我运作，创造出我们符合道德范畴的行为。这将使我们能够沉浸于经济学、社会学和政治学的重要基础工作科学，通过市场发现最新的令人兴奋的社会分类的文献，经济技术的表演作用，以及新自由主义中的主观性和控制经济。

（一）道德的视角

1. 引言：道德的视角（Introduction：Moral Views）（August 27）

阅读材料

——Albert O. Hirschman. 1982. Rival Interpretations of Market Society：Civilizing，Destructive of Feeble? Journal of Economic Literature 20：1463 - 1484.

——Marion Fourcade and Kieran Healy. 2007. Moral Views of Market Society. Annual Review of Sociology 33：285—311.

2. 健康的市场（Good Markets）（September 3）

阅读材料

——Friedrich von Hayek. 1945. The Use of Knowledge in Society. American Economic Review 35（4）：519 - 530.

——Milton Friedman. 1982（1962）. Chapters 1，2，10 in Capitalism and Freedom. The University of Chicago Press.

——Ronald Coase. 1960. The Problem of Social Cost. Journal of Law and Economics 3（1）：1－44.

——Gary Becker. 1993. Nobel Lecture：The Economic Way of Looking at Behavior. Journal of Political Economy 101（3）：385－409.

——Michel Foucault. 2010. The Birth of Biopolitics：Lectures at the College De France，1978－1979. Palgrave MacMillan. Chapters 5，9.

拓展阅读

——Bruno Amable. 2011. Morals and Politics in the Ideology of Neoliberalism. Socioeconomic Review 9（1）：3－30.

——Deirdre McCloskey. 2006. The Bourgeois Virtues. Ethics for an Age of Commerce. The University of Chicago Press.

——Friedrich von Hayek. 1937. Economics and Knowledge. Economica 4（13）：33－54.

——Friedrich von Hayek. 1972（1944）. The Road to Serfdom. The University of Chicago Press.

——James Scott. 1998. Seeing Like a State. How Certain Schemes to Improve the Human Condition Have Failed. Yale University Press.

——Jamie Peck. 2010. Constructions of Neoliberal Reason.（Oxford and New York：Oxford University Press）.

——Johanna Bockman and Gil Eyal. 2002. Eastern Europe as a Laboratory of Economic Knowledge：The Transnational Roots of Neoliberalism. American Journal of Sociology 108（2）：310－352.

——Philip Mirowski and Dietrich Plehwe. 2009. The Road from Mont Pelerin：The Making of the Neoliberal Thought Colective（Cambridge，MA：Harvard University Press）.

——Raghuram Rajan and Luigi Zingales. 2002. Saving Capitalism from the Capitalists：Unleashing the Power of Financial Markets to Create Wealth and Spread Opportunity. Crown Publishing Group.

——Ronald Coase. 1992. The Institutional Structure of Production. The American Economic Review 82（4）：713719.

——Tyler Cowen. 2002. Creative Destruction. How Globalization Is Changing the World's Cultures. Princeton University Press.

3. 不健康的市场（Bad Markets）（September 10）

阅读材料

——Karl Marx. 1867. The Fetishism of Commodities and The Secret Thereof. In Capital Volume I. Use Tucker（ed.）The Marx-Engels Reader.

——Karl Polanyi. 1947. Our Obsolete Market Mentality. Commentary 3：109 - 117.

——Alexander Barnard. Forthcoming. A Brief History of the Tomato. In Freegans. University of Minnesota Press.

——Andrew Leyshon and Nigel Thrift. 2007. The Capitalization of Almost Everything. Theory，Culture，and Society 24：97 - 115.

——Ken-Hou Lin and Donald Tomaskovic-Devey. 2013. Financialization and U. S. Income Inequality，19702008. American Journal of Sociology 118：1284 - 1329.

拓展阅读

——＊Karl Polanyi. 1971（1944）. The Great Transformation. Beacon Press.

——＊Thorstein Veblen. 2008. The Theory of the Leisure Class. Oxford University Press.

——Arlie Hochschild. 2003. The Commercialization of Intimate Life. University of California Press.

——Arlie R. Hochschild. 2003（1983）. Exploring the Managed Heart. pp. 3 - 23 in The Managed Heart. Commercialization of Human Feeling. University of California Press.

——Frank Ackerman and Lisa Heizerling. 2005. Priceless：On Knowing the Price of Everything and the Value of Nothing. New York：New Press.

——Fred Block and Margaret Somers. 2005. Ideas，Markets，and Institutions over 200 Years of Welfare Debate. American Sociological Review70（2）：260 - 287.

——Igor Kopytoff. 1988. The Cultural Biography of Things：Commoditization as a Process. In Arjun Appadurai（ed.）The Social Life of Things. Commodities in Cultural Perspective. Cambridge University Press.

——Lawrence Lessig. 2005. Free Culture：The Nature and Future of Creativity. Penguin.

——Margaret Radin. 2001. Contested Commodities. Harvard University Press.

——Max Horkheimer and Theodor Adorno. 1944. The Culture Industry：Enlightenment and Mass Deception In Dialectic of Enlightenment. New York Continuum 1972. pp. 94 - 136.

——Nigel Thrift. 2001. It's the Romance，not the Finance，that Makes the Business Worth Pursuing[1]：Disclosing a New Market Culture. Economy and Society 30（4）：412 - 432.

（二）资本主义的社会结构（Social Structures of Capitalism）

1. 资本的动力学（The Dynamics of Capital）（September 17）

阅读材料

——Jonathan Levy. 2014. Accounting for Profit and the History of Capital. Critical Historical Studies 1（2）：pp. 171 - 214.

——Thomas Piketty. 2013. Capital in the 21st Century. Introduction，Chapter 3，The Metamorphoses of Capital，Chapter 11，Merit and Inheritance in the Long Run. Harvard University Press.

——Annelise Riles. 2010. Collateral Expertise：Legal Knowledge in the Global Financial Markets. Current Anthropology 51 (6).

——Greta Krippner. 2010. The Political Economy of Financial Exuberance. pp. 443 - 475 in Michael Lounsbury and Paul M. Hirsch (eds.) Markets on Trial：The Economic Sociology of the U. S，Financial Crisis. Research in the Sociology of Organizations 30.

拓展阅读

——Thomas Piketty，2013. Capital in the 21st Century. Harvard University Press. (rest of the book)

——Erik Brynjolfsson and Andrew McAfee. 2014. The Second Machine Age. Work Press and Prosperity in a Time of Brilliant Technologies. WW Norton.

2. 市场和政治（Markets and Politics）（September 24）

阅读材料

——Frank Dobbin. 2001. Why the Economy Reflects the Polity：Early Rail Policy in Britain，France and the United States. In Mark Granovetter and Richard Swedberg (eds.) The Sociology of Economic Life. Boulder，CO：Westview Press.

——Neil Fligstein. 1996. Markets as Politics：a Political-Cultural Approach to Market Institutions. American Sociological Review，pp. 656 - 73.

——Timothy Mitchell. 2009. Carbon Democracy. Economy and Society 38 (3)：399 - 432.

——Douglas Holmes. 2014. Markets are a Function of Language. pp. 21 - 38 in Economy of Words，Communicative Imperatives in Central Banks. University of Chicago Press.

——Frederic Lebaron. 2008. Central Bankers in the Contemporary Global Field of Power：a Social Space' Approach. Sociological Review 56：121 - 144.

拓展阅读

——Greta Krippner. 2007. The Making of US Monetary Policy：Central Bank Transparency and the Neoliberal Dilemma. Theory and Society 36 (6)：477 - 513.

——Greta Krippner. 2012. Capitalizing on Crisis. Harvard University Press.

——James Ferguson. 1994. pp. 1 - 73 in The Anti-Politics Machine. Development，Depoliticization and Bureaucratic Power in Lesotho. University of Minnesota Press.

——Monica Prasad. 2014. The Land of Too Much. Harvard University Press.

——Nicholas Rose and Peter Miller. 1992. Political Power beyond the State：

Problematics of Government. The British Journal of Sociology. 43 (2): 173 - 205.

——Timothy Mitchell. 1999. State, Economy and the State Effect. pp. 76 - 97 in State/Culture: State Formation After the Cultural Turn. Cornell University Press.

3. 书目聚焦 (Book Focus) (October 1)

阅读材料

——Pierre Bourdieu. 2005. The Social Structures of the Economy. The House Market. Polity Press.

拓展阅读

——Alan Kirman. 2001. Market Organization and Individual Behavior. A Study of the Marseilles Fish Market. pp. 155 - 195 in James E. Rauch and Alessandra Casella (eds.) Networks and Markets. Russell Sage Foundation.

——Marie-France Garcia-Papet. 2008. The Social Construction of a Perfect Market: The Strawberry Auction at Fontainesen Sologne. pp. 20 - 53 in Donald MacKenzie, Fabian Muniesa, Lucia Siu. Do Economists Make Markets? On the Performativity of Economics. Princeton University Press.

——Marion Fourcade. 2007. Theories of Markets, Theories of Society. American Behavioral Scientist. 50 (8): 1015 - 1034.

——Mark Granovetter. 2005. The Impact of Social Structures on Economic Outcomes. Journal of Economic Perspectives. 19 (1): 330.

——Harrison White. 1981. Where do Markets Come from? American Journal of Sociology.

——Neil Fligstein and Luke Dauter. 2007. The Sociology of Markets. Annual Review of Sociology 33: 105 - 128.

——Neil Fligstein. 2001. The Architecture of Markets. Princeton University Press.

——Pierre Bourdieu. 2000. Making the Economic Habitus. Algerian Workers Revisited. Ethnography. 1 (1): 17 - 41.

——Alex Preda. 2001. The Rise of the Popular Investor: Financial Knowledge and Investing in England and France, 1840 - 1880. Sociological Quarterly 42 (2): 205 - 232.

——Clifford Geertz. 1978. The Bazaar Economy: Information and Search in Peasant Marketing. American Economic Review. 68 (2): 28 - 32.

——Dick Hebdige. 2000. Object as Image: The Italian Scooter Cycle. pp. 117 - 154 in Juliet Schor and Douglas Holt (eds.) The Consumer Society Reader. The New Press.

——Eric Leifer. 1985. Markets as Mechanisms: Using a Role Structure. Social Forces 64 (2): 442 - 472.

——Franck Cochoy. 2005. A Brief History of Consumers or the Gradual Standardization of Markets and Organizations. Sociologie du Travaii 47：36－56.

——Harrison White. 2001. Markets from Networks. Socioeconomic Models of Production. Princeton University Press.

——Mark Granovetter. 1985. Economic action and social structure：the problem of embeddedness. American Journal of Sociology，pp. 481－510.

——Theodor C. Bestor. 2004. Tsukiji：The Fish Market at the Center of the World. University of California Press.

——Trevor Pinch &Colin Clark. 1986. The Hard Sell：Pattern Merchanting and the Strategic（Re）Production and Local Management of Economic Reasoning in the Sales Routines of Market Pitchers. Sociology 20（2）：169－191.

——Walter Powell. 1990. Neither Market nor Hierarchy. Networks Forms of Organization. Research in Organizational Behavior 12：295－336.

（三）道德规范（Morality）

1. 债务与信用（Debt and Credit）（October 8）

阅读材料

——Friedrich Nietzsche. 2013. Guilt，Bad Conscience，and Related Matters. pp. 43－82 In On the Genealogy of Morals. Penguin.

——David Graeber. 2011. The Moral Grounds of Economic Relations. pp. 89－126 in Debt：The Fist 5000 Years. Melville House.

——Gunnar Trumbull. 2012. Credit Access and Social Welfare. The Rise of Consumer Lending in the United States and France. Politics & Society 40（1）：9－34.

——Roi Livne. 2015. Performing neoliberal governmentality：an ethnography of financialized sovereign debt management practices. Socio-Economic Review（forthcoming）.

——Lainer-Vos，Dan. 2012. Manufacturing National Attachments：Gift-Giving，Market Exchange and the Construction of Irish and Zionist Diaspora Bonds. Theory and Society 41（1）：73－106.

拓展阅读

——Marcel Mauss. 2000. The Gift，The Form and Reason for Exchange in Archaic Societies. WW Norton.

—— Alexes Harris，Heather Evans and Katherine Beckett. 2010. "Drawing Blood from Stones：Legal Debt and Social Inequality in the Contemporary United States." American Journal of Sociology 115（6）：1753－1799.

—— Louis Hyman. 2012. Borrow. The American Way of Debt. Vintage.

——Louis Hyman. 2011. Debtor Nation，The History of America in Red Ink. Princeton University Press.

——Marion Fourcade. forthcoming. State Metrology. The Rating of Sovereigns and the Judgment of Nations. In Kimberly Morgan and Ann Orloff. The Many

Hands of the State. Cambridge University Press.

——Michael Lewis. 2012. Boomerang，Travels in the New Third World. WW Norton.

——Wolfgang Streeck. 2015. The Politics of Public Debt：Neoliberalism，Capitalist Development and the Restructuring of the State. German Economic Review 15 (1)：143 - 165.

2. 烟草市场：与死神的交易（Taboo Markets：Dealing with Death）（October 15）

阅读材料

——Viviana Zelizer. 1979. Morals and Markets，The Development of Life Insurance in the United States. Selections.

——Sarah Quinn. 2008. The Transformation of Morals and Markets. Death，Benefits，and the Exchange of Life Insurance Policies. American Journal of Sociology 114 (3)：738 - 80.

——Cheris Shun-Ching Chan. 2009. Creating a Market in the Presence of Cultural Resistance：The Case of Life Insurance in China. Theory and Society 38 (3)：271 - 305.

——Kieran Healy. 2006. Last Best Gifts，Altruism and the Market for Human Blood and Organs. University of Chicago Press. Selections.

——Roi Livne. 2014. Economies of Dying：The Moralization of Economic Scarcity in U. S. Hospice Care. American Sociological Review79 (5)：888 - 911.

拓展阅读

——Michael Sandel. 2012. What Money Cant Buy：The Moral Limits of Markets. New York：Farrar，Straus，and Giroux.

——Michel Anteby. 2010. Market，Morals and Practices of Trade：Jurisdictional Dispute in the U. S. Commerce in Cadavers. Administrative Science Quarterly 55：606 - 638.

——Rene Almeling. 2007. Selling Genes，Selling Gender：Egg Agencies，Sperm Banks，and the Medical Market in Genetic Material. American Sociological Review 72 (3)：319 - 340.

3. 阅读聚焦：交易与欲望（Book focus：Deals and Desires）（October 22）

阅读材料

——Kimberly Hoang. 2014. Dealing in Desire. UC Press.

4. 使用价值，价值，交换价值（Worth，Value，Price）（October 29）

阅读材料

——Bruce Carruthers and Arthur Stinchcombe. 1999. The Social Structure of Liquidity. Flexibility，Markets and States. Theory and Society. 28 (3)：353 - 382.

——Richard Biernacki. 2001. Labor as an Imagined Commodity. Politics and Society 29 (2): 173 - 206.

——Marion Fourcade. 2011. Cents and Sensibility: Economic Valuation and the Nature of (Nature.) American Journal of Sociology 116 (6): 1721 - 1777.

——Ashley Mears. 2011. Economics of the Catwalk. pp. 27 - 70 in Pricing Beauty. The Making of a Fashion model. University of California Press.

——Horacio Ortiz. 2013. Financial value: Economic, moral, political, global. Journal of Ethnographic Theory 3 (1): 64 - 79.

拓展阅读

——Luc Boltanski and Laurent Thevenot. 2006. On Justification: Economies of Worth. Princeton University Press.

——David Stark. 2009. The Sense of Dissonance, Accounts of Worth in Economic Life. Princeton University Press.

——Claes-Fredrik Helgesson and Fabian Muniesa. 2013. For What It's Worth: An Introduction to Valuation Studies. Valuation Studies 1 (1): 1 - 10.

——Fabian Muniesa. 2007. Market Technologies and the Pragmatics of Prices. Economy and Society 36 (3): 377 - 395.

——Jens Beckert and Patrik Aspers. 2011. The Worth of Goods. Valuation and Pricing in the Economy. Oxford University Press.

——Fabian Muniesa. 2011. A Flank Movement in the Understanding of Valuation. The Sociological Review 59 (s2): 24 - 38.

——Harold James. 2009. The Creation and Destruction of Value. The Globalization Cycle. Harvard University Press.

——Lucien Karpik. 2010. Valuing the Unique, The Economics of Singularities. Princeton University Press.

——Charles W. Smith. 1989. Auctions. The Social Construction of Value. University of California Press.

——Olav Velthuis. 2003. Symbolic Meanings of Prices: Constructing the Value of Contemporary Art in Amsterdam and New York Galleries. Theory and Society 32 (2): 181 - 215.

——Brian Steensland. 2006. Cultural Categories of Worth and the American Welfare State: the Case of Guaranteed Income Policy. American Journal of Sociology 111 (5): 1273 - 1326.

——Charles Smith. 1989. Auctions. The Social Construction of Value. University of California Press.

图书在版编目（CIP）数据

经济社会学 / 周长城主编；杨敏，张杨波副主编
. --4 版 . --北京：中国人民大学出版社，2022.2
新编 21 世纪社会学系列教材
ISBN 978-7-300-30227-0

Ⅰ.①经… Ⅱ.①周… ②杨… ③张… Ⅲ.①经济社会学—高等学校—教材 Ⅳ.①F069.9

中国版本图书馆 CIP 数据核字（2022）第 005988 号

"十二五"普通高等教育本科国家级规划教材
新编 21 世纪社会学系列教材
经济社会学（第四版）
主　编　周长城
副主编　杨　敏　张杨波
Jingji Shehuixue

出版发行	中国人民大学出版社		
社　　址	北京中关村大街 31 号	**邮政编码**	100080
电　　话	010－62511242（总编室）		010－62511770（质管部）
	010－82501766（邮购部）		010－62514148（门市部）
	010－62515195（发行公司）		010－62515275（盗版举报）
网　　址	http://www.crup.com.cn		
经　　销	新华书店		
印　　刷	北京捷迅佳彩印刷有限公司	**版　　次**	2003 年 4 月第 1 版
开　　本	787 mm×1092 mm　1/16		2022 年 2 月第 4 版
印　　张	22.75 插页 1	**印　　次**	2025 年 8 月第 3 次印刷
字　　数	478 000	**定　　价**	59.00 元